LAW

修訂十二版

民法繼承新論

Civil Law: Succession

陳棋炎
黃宗樂　著
郭振恭

三民書局

修訂十二版序

民法繼承編自民國一〇四年一月十四日修正公布後，並未再行修正。惟關於繼承法之適用，仍不斷有學說及實務見解，相關之法規亦有所修正或變動。本書自有隨時更新或補充之必要，以期周全。為此利用此次修訂之機會，就本書之全部內容，再為檢討及增補。

應併為說明者有二：㈠民法總則於民國一一〇年一月十三日修正公布之成年年齡下修為十八歲，未成年人已結婚者，有行為能力之規定，予以刪除，則自該修正規定於一一二年一月一日起施行後，此一部分對繼承法之適用，即有所影響。㈡最高法院之判例制度，已於一〇八年七月四日廢除，其已無拘束力，但其所表示之法律見解及民事庭討論後之決議，仍具參考價值，為此本書原所引用之判例及決議，仍予保留，以供參考。

本次修訂，仍承三民書局多所協助，併此致謝。

黃宗樂
郭振恭　謹識

中華民國一一一年八月

初版序

本人等繼《民法親屬新論》後，又以本書問世，乃因民法繼承編，於民國七十四年，在親屬編修改後，同年五月間經立法院三讀通過，而由總統公布施行，故新法不唯與舊繼承編有所出入，且為應付輓近社會需求，自不能以舊繼承編之參考書，即能達到新法研究之目的。於是，本人等三人，為達成身分法研究之素志，乃繼續親屬編往例，而以拙著《民法繼承》為骨幹，根據修改後之民法繼承編，另闢《民法繼承新論》一書，創立繼承法新的理論體系。

繼承法雖為身分法，但該是「身分財產法」。申言之，繼承法其本身是財產法關係，而以純粹身分法關係為其媒介而成立者。故有關財產法之基本的法律規範與範疇，不唯在一般的財產法上有其適用，而且於身分財產法亦應受其規律，即身分財產法與一般的財產法，其性質相同，惟因以身分法關係為媒介，故難免受該關係或多或少之影響。譬如：父母對其未成年子女特有財產之管理、使用、收益、處分，自應與一般的財產法有所不同，但如繼承回復請求時，對第三人交易安全之保護、遺產分割時（絕對的及相對的）公平之注重等，財產法上基本原則，在其為身分財產法之繼承法上，亦有適用之必要。此與純粹身分法關係之仍有支配、服從關係者大不相同。次則純粹身分法關係所注重者，係人倫秩序，而以確認關係為主，至於身分財產法之繼承法，因其本身即是一般的財產法，僅以身分法關係為媒介而成立已耳，故任由法律或當事人意思來創設、形成者不少，是研究繼承法時不可不注意者。本書仍一貫舊著此一面目，而強調繼承法具有形成的性質。

本書不唯重視比較法的研究方法，隨時提供外國立法例，以明瞭外國法之趨勢，可供讀者之參考。而且本書為配合法律之實際上運用，隨時隨地摘錄解釋例、判例、判決等，以便讀者實際運用法律時之參考。

本書係由著者們三人通力合作之產物，而與先行出版之《民法親屬新論》同。因本書係三人通力合作而成，則大原則，雖相一致，但細部難免不能相同，敬希讀者諸賢諒察。

著者三人在臺大雖有先後期同學之分，但皆承　戴炎輝先生之教誨。尤其在身分法之研究，受　戴恩師之影響非淺。　戴恩師對本人關係殊深，不唯是大學恩師，又是中學老前輩，更是內人表姨丈，而本人所以對身分法發生興趣，亦因　恩師指導有方而來。至於黃、郭兩位教授，雖在臺大法律研究所，由本人指導完成身分法之碩士論文，但我們三人，均對身分法學素有興趣，在大學皆由　恩師教授身分法者，而且爾後在此方面研究，不無受到其裨益，茲欣逢　恩師八秩華誕，特藉此篇幅，由著者三人叩謝師恩於萬一，並恭祝　恩師壽如松喬、德業無疆。

本書與先行出版之《民法親屬新論》同，皆承三民書局董事長劉振強先生盛邀而成者，希望劉董事長能為社會科學書籍之出版，貢獻更多力量，而為此領域爭得更大光榮。

陳棋炎

誌於臺大法學院研究室

中華民國七十八年二月一日

民法繼承新論

目　次

第一章　繼承法基本問題

第二章　遺產繼承人

第三章　遺產之繼承

第四章　遺　囑

第一章　繼承法基本問題

第一節　繼承法之由來與現代法上繼承之根據

一、繼承法之由來

㈠繼承之概念

1.何謂「繼承」？係指死亡人遺產，由生存人個人包括的承繼之謂也。於是，繼承制度常被視為私有財產制度之另外一面，即苟無私有財產制，則應無私有財產「繼承」之可言❶，進而學者或有以為：繼承法為私有財產制度構成要素之一；或有以為：因有繼承制度存在，所有權始有其完整的意義❷。

2.現代法上之「繼承」，係屬財產法上制度，而與往昔所存在之「祭祀繼承」或「身分繼承」制度為身分關係而與有財產法色彩者，大有差別。換言之，在私有財產制度確立以後，尤其在土地所有權確立以後，繼承法始因而確立。惟在財產尚被視為民族或家族共同生活體所共有之狀況下，如該團體之首長死亡，而該首長不但曾為該氏族或家族共同生活體之統率人，且為團體財產之管理人時，該首長地位之承繼，則漸被重視。於是，在大家族制度下，家長更替（包括死亡及日本舊法制上「隱居」），將帶有「地位」與「財產」承繼之雙重意義，即所謂「身分繼承」是❸。唯此種繼承的標的，為共同生活體之代表權及集團財產之管理權，而非個人財產

---

❶ McMurray, *Law of Successions, in the Encyclopaedia of the Social Sciences.* VII 436；近藤著上一項；中川編註釋上一頁（中川）。

❷ Wilhelm von Blume, *Erbrecht*, 2 Bde.

❸ 中川淳著上一〇頁以為：如該家長之團體統率，以「祖先祭祀」為主體者，家長地位之承繼，則帶有「祭祀繼承」之意義。

權本身，換言之，並非個人所有權之繼承態様❹。而在此階段，尚無現行法上「繼承」觀念。及至上舉血族集團衰微或消滅以後，私有財產之觀念漸形變遷，個人才是財產的主體，於是發生繼承法❺。

3. 繼承制度，雖為私有財產制度之另外一面，即若不承認私人財產權之繼承，私有財產制度將殆盡喪失其價值，但個人之終身私有財產，仍有其存在意義，故兩者各有其本身之存在理由。

㈡繼承之根據

1. 因何死亡人（被繼承人）遺產，須由繼承人承繼，以繼續維持其個人之日常生活，學者各有不同看法，茲舉其重要者敘述之：

2. 自然法學派學者以為：凡有權利與權利變動，其根據均應求諸個人意思，繼承權亦非此例外。拉沙 (Lassalle)、賴傅尼茲 (Leibnitz) 等學者則以為：被繼承人意思既不可抹滅 (Unsterblichkeit des Willens)，故隨被繼承人意思之變動，繼承財產亦應由被繼承人移轉於繼承人。又康德 (Kant)、傅豐德夫 (Pufendorf) 等人則以為，權利既以權利人意思為其基礎，故權利人一旦死亡，其遺產隨即陷於無權利人狀態，然如置於不顧，權義關係將生混亂，因此，國家法律推測被繼承人意思之所在，而以與被繼承人意思相合致之個人，為遺產繼承人，承認彼此間之權利變動為正當合法❻。唯此等自然法學者之擬制的意思學說，過於重視個人意思，而忽略繼承之其他因素❼，其不足採，固不待言。

3. 與自然法學派學說相對立者，則有所謂歷史浪漫學派 (Historische-romantische Schule) 之主張，黑格爾 (Hegel)、史塔爾 (Stahl) 等學者屬之。此派學者，以繼承法根據於家族共同生活，故如生存人與死亡

---

❹ Bindschedler, *Die Erbunwürdigkeit*, S. 10.

❺ Hartland, *Primitive Law*, p. 108; McMurray, ibid.；中川編註釋上二頁（中川）。

❻ 康德云：「繼承云者，因死亡人與生存人意思合致，而將死亡人財產，移轉於生存人之謂。」

Kant, *Methaphysische Anfangsgründe der Rechtslehe*, §34.

❼ Endemann, *Lehrbuch des bürgerlichen Rechts*, Bd. III Hälfte 1, S. 9.

人互相間，未曾有實質共同生活，或從無共同生活之感情者，固不能發生繼承關係。是以，歷史的浪漫派學者，對遺囑自由，概抱懷疑的甚且否定的態度，這與自然法學派學者，以遺囑繼承為繼承之本質的方式者，迴不相同❽。歷史的浪漫學派，從歷史的觀點言，其說確中正鵠，然於現今社會，父母子女未必同住一家，或在同一家計下經營日常生活，因此，果將繼承根據求諸家庭共同生活，至少在現代，則未免有失正確。不過，家族共同生活，縱於現今亦甚普遍，而且在原則上，人人各有其家庭生活，故若從現代意義下之家族共同生活，說明繼承根據之正當性，在理論上，似非不可。是以，歷史的浪漫學派之主張，縱在現代，亦尚有其不可忽視之價值❾。

4. 波爾美 (Blume) 之人格價值 (Persönlichkeitswert) 承繼說，亦值得注意。據波爾美說：繼承人承繼被繼承人之人格價值❿，而潛伏著「康德型」（自然法學派）與「黑格爾型」（歷史的浪漫學派）之思想體系。惟此說未免過於擬制，離開現實甚遠。

5. 日本親屬法學者穗積重遠教授以為：人類生活，可分為同一時代之「橫的」生活，與不同時代之「縱的」生活兩種。個人不但在其生存中，須與他人（即家族）經營共同生活，而且尚須承繼先人而將傳諸後代，如此「縱的」共同生活，便是繼承。據穗積教授云：「凡人類生活，均由祖先傳諸子孫，過去、現在以至將來，勤於經營縱的共同生活，而繼承也者，乃為此共同生活體之必然現象。」⓫惟由父而子，穗積教授就繼承根據的這一說法，固無不當，但在現在各國繼承法，父亦可繼承子之財產（請參照民一一三八條二款），在此場合，是否仍能依承先繼後的說法妥為說明？

---

❽ Blume, *Umbau und Ausbau des deutschen Erbrecht*, S. 11.

❾ Blume, *a.a.O.S.* 11.; *Bindschedler, a.a.O.S.* 14–19.

❿ Blume, *Umbau und Ausbau des deutschen Erbrecht*, S. 15f.

⓫ 穗積著二七頁。中川善之助教授，從前也主張此說，中川著大要下一八九頁以下，但現在則否，請參照中川編註釋上六頁以下；中川編注民(24)二五至二七頁（中川）。

至於兄弟姊妹之繼承權及配偶間之繼承關係，則離開穗積教授之「承先繼後」之思想更遠。

6.於是，僅根據死亡人「意思」之變動；或依共同生活關係之存在，為繼承根據之學說，則未必妥善；惟以死亡人「人格價值」，為繼承法立論之說法，則既籠統又不現實；至於承先繼後說法，則不能據以說明現代繼承法制。

二、現代法上繼承之根據

現代法上繼承制度，既為財產繼承，而與「身分」、「祭祀」無涉，則其為私有財產制度另外一面之性質，益形明顯。本人以為現代法上繼承之根據有二，即㈠為「繼承人生活之保障」；㈡為「社會交易安全之保護」。茲就此二者敘述之如次：

㈠繼承人生活之保障

1.家族制度社會下之「家」，係一完整的共同生活體，故「家」中之一家屬死亡，亦不發生繼承問題，但如家長死亡，繼承問題隨即發生，是時必有一人出而繼承家長地位，同時新家長對全體家族須負起重大的扶養責任。申言之，新家長為履行此一義務，一方面必須確保「家」之生產，他方面則須支配家族之勞動。因此，家長對於全體家族握有強大的家長權；家族則須服從家長命令，而從事於「家」的共同生產，隨而才能使其生活獲得充分保障，除此而外，家族別無他途可循。故縱在往時繼承法制下，新家長繼承舊家長，亦非與個人（繼承人）生活之保障毫無關聯。

2.至於在現今個人主義社會下，「家」之構成員之一人或數人，甚至全部，為獲取生活資料，在「家」之外面，獨立從事自己工作。是時，由家族員全體共同保持家族生活一事，固與往昔家族制度社會相一致，但家族在外活動工作，係屬個人的，契約的，並非家族的，身分的；此點則與往昔家族制度大不相同。「家」中財產，乃屬於「家」構成員個人之私有財產，不過，家族均可共同利用與消費。這與在家族制度下，家族員全體之共同生活資料即「家產」，為家族員全體（包括家長與家屬）因家族共同生產而取得，即為家族員全體之公同共有者，又不相同。於是，在現代社會下，

「家」中財產之權利人死亡時，對此財產之儲蓄有所協助者，或於過去，現在以及將來，須依靠此財產始能維持其生活者，理應有權利主張平等取得該死亡人所遺財產。

3.由此觀之，繼承權者，不問往昔與現代社會，都是以保障繼承人個人生活為其目的之權利。詳言之，在家族制度下，家族將其個人一人生活，完全依賴於家長之保障，即家長為全家生活之主持人，而家長一旦死亡或生死不明時，便即發生繼承問題，但於家族員死亡或生死不明時則否。爾後，家族制度漸形衰微，而由個人主義社會取而代之，是時，個人生活盡由家族員個人自行維持，而各個人多少皆有其財產，於是，如該個人死亡時，則須由與該個人有共同生活關係之人繼承，以便於保障自己之生活。

4.要之，繼承即因家族共同生活體內之一構成員死亡，為避免其他構成員之生活陷於絕境，而使其與此共同生活體曾有關係之特定生存人，承繼該死亡人遺產之制度⑫，亦即繼承之根據，在於繼承人個人生活之保障。

㈡社會交易安全之保護

1.繼承制度，既以被繼承人之遺產來保障繼承人之生活為目的，故被繼承人所遺債權，繼承人自可一俟該債權到期，逕向債務人請求清償，以期達到保障繼承人生活的目的。反之，被繼承人所遺留之債務，如因被繼承人之死亡，其債務亦歸於消滅，則不惟不能保護社會交易安全，且又無從保護債權人。於是，被繼承人所遺債權、債務，均應為繼承之標的，而由繼承人繼承始可。

2.惟如被繼承人所遺下之債務，亦應由繼承人繼承，則顯然有違於繼承制度係以保障繼承人生活為其本旨之目的，但其有對價之繼承債權人權益，亦理應受保護，於是，繼承人生活之保障，與繼承債權人權益之保護，則應有一定界限，以期兩者間之公平。

3.在德國民法（二〇一三條）上，繼承人雖亦應繼承全部債務，但其

⑫　中川編註釋上三頁以下（中川），就繼承之根據，曾作如本文所述之說明，但在中川編注民㉔二五頁（中川），則又以為：繼承人在被繼承遺產中，應有其潛在的應繼分，是為所謂繼承權。

責任是有限的，換言之，如繼承人失卻其有限責任利益者，就繼承債務固應負無限責任，理所當然。惟在我國固有法上，自往昔已有「父債子還」之原則⓭。即亡父所遺一切債務，應由子孫負人的無限責任，於是，現行民法（一一四八條）規定，原則上以繼承人責任為無限的；而限於特殊情形，始許其負有限責任⓮，而恰與上述德國民法相反。於前一情形，為單純承認；後一情形，為限定承認是。

4. 惟繼承制度雖以繼承人生活之保障為其目的，但維護繼承債權人權益亦不容忽視，故為保護繼承債權人利益，而可犧牲繼承人權利之最大限度，宜限於繼承積極財產範圍之內，始可謂為合情合理。是故，上舉德國民法之規定，確比我民法規定，較適合於現代繼承法之本質。由此觀之，在繼承法上有兩個課題，即較大者，為對繼承人生活之保障；較小者，為對繼承債權人之保護，但後者須以不侵犯前者為其限度，自屬當然⓯。

第二節　繼承形態與現行法上繼承之意義

一、繼承形態

㈠法定繼承與遺囑繼承

1. 繼承有依法律或依習慣，在被繼承人死亡以前，就預先決定繼承人範圍之「法定繼承」；又有依被繼承人遺囑決定誰為繼承人之「遺囑繼承」。縱在以遺囑繼承為原則之立法，亦仍設有法定繼承順序，以補遺囑繼承之不備。是時，與其謂為法定繼承，寧可謂為無遺囑繼承 (Succession ab intestat)，而羅馬之繼承立法是其適例⓰。

⓭ 仁井田陞著《中國の農村家族》二九、一六八、二八六頁。

⓮ 日本民法（八九六條）上規定，與我民法同，請參照中川編註釋上一二頁（中川）。

⓯ Endemann, *Lehrbuch des bürgerlichen Rechts*, Bd. III, *Erbrecht*, L. Hälfte, S. 8. 以為：繼承權之保護與繼承債權之保護，為平行的，並無上下之分。但中川教授則以為前者為主要的，而以後者為從屬的。請參照中川編註釋上一三頁（中川）。

⓰ 德、法民法雖以法定繼承為原則，但仍將此繼承稱為「無遺囑繼承」(Intestat-

2. 法定繼承與遺囑繼承，以何者歷史為悠久？因遺囑繼承需要更高度的法律技術，故以前者為舊，以後者為新，殊無疑問。兒得曼 (Erdmann) 以為：「凡民族之組織，仍帶有血緣結合之色彩者，則尚不知終意處分之方法」，至於羅馬社會之有遺囑制度，其歷史雖悠久，但亦不過為有史以後的事實⑰；而日耳曼諸民族，其知曉遺囑制度，則遠較羅馬社會為遲。日耳曼古諺云：「繼承人為天然產生的，而非依人為選出的」，由此一語，則可明瞭日耳曼社會採取遺囑制度以前，乃遵循法定繼承之原則⑱。

3. 遺囑繼承主義，似為個人主義之產物，而非由來於家族主義。然在羅馬社會，於西元前二百年時，已有遺囑制度，且甚普遍⑲。詳言之，羅馬家長利用遺囑，選定能幹的繼承人為繼任的新家長，以期維持已「家」之存續⑳。如家長不採此措施時，則依法不得不遵行諸子均分之原則。因而耕地細分，家族漸由鄉土分離，其為繼祖承孫之「家」，將隨而歸諸消滅㉑。是故，羅馬社會上之大部分家長，均利用其絕大無限的家長權，作成遺囑，以期維護其「家」於永遠㉒。

4. 私有財產制度漸形發達，私有財產自由處分之要求益為普遍，隨而遺囑自由將更受社會所重視。是時如家族道德鞏固，家族精神旺盛，則遺囑自由對「家」之維護，勢必有所幫助。然如道德日漸衰微，自由恆被世人濫用，則遺囑制度不但對「家」之維護無所幫助，反而對「家」之崩壞有其加速的作用。此現象在羅馬共和末期，更加顯著。於是，乃在羅馬古

Erbfolge, Succession ab intestat)，而以無遺囑繼承為法定繼承之同義用語。

⑰ Erdmann, *Die Entwicklung der Testierfreiheit im rom. Recht*, S. 2.

⑱ Bindschedler, *a.a.O.S.* 11.

⑲ 原田慶吉著《ローマ法下》一一二頁。

⑳ 中川教授以為：遺囑繼承係基於遺囑自由之原則，而依被繼承人遺囑，將遺產分由兩人以上之人承繼者，始可謂為遺囑繼承。如被繼承人遺產，依遺囑只准由一個人承繼，此時之繼承寧可謂為「選定繼承」或「指定繼承」，是為法定繼承之一形態，而非嚴格意義之遺囑繼承。請參照中川編注民㈳二七頁(中川)。

㉑ Blume, *Erbrecht*, I, 14.

㉒ 船田亨二著《羅馬法四卷》二一八頁；Bindschedler, *a.a.O.S.* 8.

典時代，對舊日繼承制度作種種改革㉓。義務分 (pars legitima) 制度，乃是在此時期，由百人官法院 (centumviri) 判決而成立者㉔。

5. 要之，一方面因從來家產思想根深蒂固，牢不可拔；他方面因私有財產制度發達，尤其因貨幣經濟進步，隨而所有權自由處分之原則益形鞏固。於是，此兩大思想互相摩擦與牽制，以致在學說上或在立法上，到處興起波浪。德國迄至繼受羅馬法時，亦屬如此㉕。惟在爾後，繼承有關立法，漸以近代的家族生活為基礎，而以保障「家」構成員個人生活為其目的。換言之，或有採取法定繼承主義，而對可為自由處分之範圍予以一定限制者；或有雖以遺囑繼承為原則，但為避免家族共同生活體內各構成員生活遭受威脅，而加以妥善考慮者。惟現代各國繼承立法，仍以採取法定繼承主義者為多。

㈡單獨繼承與共同繼承

⑴僅由一繼承人繼承全部遺產，是單獨繼承；而由二人以上繼承人繼承全部遺產，是共同繼承。然依中川教授主張：被繼承人既可依遺囑指定二人以上繼承人繼承遺產，又可僅選定一人為繼承人，而使其繼承全部遺產㉖。是時，前述情形為共同繼承，而後述情形即為單獨繼承，是為中川教授所謂「選定繼承」或「指定繼承」㉗。本人曾以為：遺囑繼承時之繼承人為一人或數人，均由被繼承人即遺囑人之意思擅予決定，故就遺囑繼承，作單獨繼承與共同繼承之區分，已不甚重要㉘。因遺囑繼承，乃是為維護「家」之存續而發生，故是時被繼承人絕不會同時「選定」二人以上

㉓ 船田著前揭書二二一頁。

㉔ Bindschedler, *a.a.O.S.* 16.「義務分」，為對繼承人之最後保障，乃是採取法定繼承主義立法所必有之制度。此制度與特留分制度，頗相類似，但又有其不同之點。請參照原田著前揭書一二八頁；陳著〈關於吾國民法所規定的特留分之研究〉，載在陳著問題四三八～四四六頁。

㉕ Bindschedler, *a.a.O.S.* 12.

㉖ 請參照⑳。

㉗ 請參照⑳。

㉘ 請參照陳著一八頁。

之繼承人同為家長。至於被選定為家長之繼承人，則僅限於一人，而可由該被選定之人單獨繼承被繼承人，是以，中川教授主張：該被選定之繼承人一人為「選定繼承人」或「指定繼承人」，則甚為正確，但其以為：這是「法定繼承」之一形態，則似有不當，蓋該人能被選定為繼承人，係因被繼承人遺囑所決定，而非依法律所預先決定者故也。

⑵惟自私有財產制度發達，所有權自由處分思想逐漸瀰漫於一般社會以後，被繼承人則有以遺囑將其遺產分由兩個以上繼承人繼承之可能。故於遺囑繼承，在近代繼承法上始有單獨繼承與共同繼承之分，而此分類，於今並非法定繼承所專有。

1. 末子繼承

此種繼承形態，其歷史最古，而在各民族歷史上，無不有末子繼承之事實與傳說。舊約聖經創世記所示亞伯拉罕系統圖，起先部分皆是末子繼承。傅烈甲 (Frazer) 就末子繼承，曾提供不少資料㉙。而此種繼承形態，概發生於原始經濟之社會，而其帶有原始性質，可想而知㉚。

2. 旁系繼承

旁系繼承者，謂在家長死亡後，繼承死亡家長者，並非家長之子，而是由在該「家」中最年長男子繼承之繼承形態是。於是，實際上概由家長次弟為死亡家長之繼承人㉛。此繼承形態雖不如末子繼承形態之普遍，但亦有相當廣泛的分布範圍，日本皇統中亦有此例㉜。此外，在希臘、阿拉伯、墨西哥、非洲、土耳其以及埃及等地之古法中，均常見之㉝。因古代

㉙ Frazer, *Folklore in the Old Testament*, I, p. 429.

㉚ 中川著〈末子相續の原始性〉《法學》六卷一二號、〈末子相續制の社會的環境〉《牧野教授還曆祝賀法理論集》、〈末子相續〉《家族制度全集》一部五卷。

㉛ 在母系社會，因無父系觀念，故由與死亡族長同母之弟，或由同母姊妹之子，繼承族長地位者有之。請參照中川著〈ミクロネシヤの身分相續法〉《法學》一四卷二號三六頁以下。

㉜ 日本皇統，起初為末子繼承，繼則為旁系繼承，請參照白鳥清著〈日本古代の末子相續制度に就いて〉《白鳥博士還曆記念東洋史論叢》五六一、五七三、六〇一頁以下。

人人早婚，故家長之子與弟，年齡差距不多，勢力也不甚懸殊之情況下，究為旁系繼承乎抑為長子繼承乎，人人難以取捨，於是，乃有梅因 (Maine)「長子繼承出自旁系繼承」之主張，而史答克 (Starcke) 則持反對見解㉞。

3. 長子繼承

⑴此種繼承形態，為父系的家長制度之產物，即由兄弟中最有實力的長兄繼承死亡家父之謂。而長子繼承制度，在我國、印度則早就有之。惟上古之長子繼承，係僅就官職或家長地位而言，而家產則未必由長子所繼承。詳言之，財產繼承，則寧為共同均分繼承，但有時或由長子或由末子，較別子取得兩倍的應繼分。一至封建時代，因家長俸祿與家產連在一起，而為不可分之一體，將歸於長子所掌握，是為現代所謂長子繼承制。惟上古長子繼承制與封建制度下之長子繼承制，到底有無關係，抑或完全毫無關連，實如梅因 (Maine) 所謂：確是歷史法學上最困難的問題之一㉟。不過，現代所謂長子繼承制，的確根據家長制家族制度之社會，而在封建時代，家長權盛極一時，故長子繼承制，在封建時代甚為風行。家長制愈見盛行，長子繼承形態的分布範圍，亦愈見擴大。現代文明國家，雖均採取共同平均繼承制，但從前無一不經過長子繼承之時代㊱。

⑵在歐洲，因原來就以諸子平均繼承為繼承骨幹，故雖因封建制度產

㉝ Viollet, *Historie des Institutions Politiques*, I, S. 246; Maine, *Ancient Law*, p. 242; Post, *Afrikanische Jurisprudenz*, S. 20.

㉞ Maine, ibid., p. 240; Starcke, *The Primitive Family*, p. 165.

㉟ Maine, *The Ancient Law*, Chap. VII, 3rd. ed., p. 227.

㊱ 關於長子繼承制，請參照石坂音四郎著〈長子相續論〉《民法研究上卷》；青山道夫著〈長子相續〉《家族制度全集》一部五卷；石井良助著〈長子相續制〉《法學理論篇八四〔法律學體系第二部〕》。

中川教授在其著作〈姉家督〉《家族制度全集》一部五卷一文中，報告日本東北地方有所謂「姉家督」之繼承形態，乃是長子繼承之一種。詳言之，不問男女，其為父之初生子女，則可繼承父家，而其由初生女子繼承者，稱為「姉家督」。而於此場合，實際上成為家長者，為此女之夫，並非此女本人。縱為長男在「姉家督」繼承的場合，亦無特殊的繼承權可言。

生而越見長子繼承制發達，但封建制度一旦衰微，長子繼承制亦隨而滅亡。英國不動產法一直採取長子繼承制，但至一九二五年之 Administration of Estate Act，則長子繼承已不見其蹤影。

㈢共同平均繼承與共同不平均繼承

1. 由繼承人二人以上所繼承者，為共同繼承，而與單獨繼承相對稱。共同繼承可再分為二：即一為各繼承人平均繼承被繼承人遺產者，稱為共同平均繼承；他為由繼承人中之特定人，譬如長子或末子，繼承比其他繼承人之應繼分為多者，稱為共同不平均繼承。然自古以來，共同平均繼承為繼承制度之骨幹，雖因封建制度，而曾有長子繼承制，但一俟封建制度消滅，現代各國繼承法，概恢復舊有之共同平均繼承主義。不過，從前共同不平均繼承之實例，亦屬不少，譬如：男子有繼承權，女子則無，更為常見。茲另舉出共同不平均繼承之實例如次：

2. 英國於長子繼承制發達以前，則有所謂「卡備概」(Gavelkind) 繼承形態。據學者云：Gavelkind 係由來於 "give all kind" 一語，即有將遺產平均分配於繼承人之意，而後來學者，則將此語用為平均繼承之同義用語。然於長子繼承制發達以後，「卡備概」繼承形態漸形衰微，而僅於 Kent 州仍然存續，法院亦承認此種繼承形態為該地方之習慣法，稱為 Gavelkind of Kent 或 Kentish Gavelkind，在英國法制史上，頗負盛名㊲。

惟 Kent 州之「卡備概」繼承法，並非平均繼承形態。因「卡備概」繼承，不惟將女子置於繼承之外，而僅限於男子始能參與平均繼承，而且兄弟中則末弟仍有特權，例如：火爐須由末弟繼承是㊳。由此觀之，「卡備概」繼承法，仍可謂為共同不平均繼承。

要之，在中世紀以前或在未開化社會之共同繼承，縱有程度上差異，亦不過是一種共同不平均繼承之法制而已。

㈣一子繼承

1. Anerbenrecht 被譯為「一子繼承」，而是日耳曼農民之繼承習慣法。

㊲ Th. Robinson, *The Common Law of Kent or the Custom of Gavelkind*, 3rd. ed.

㊳ Pollok and Maitland, *History of English Law*, II, p. 271.

因日耳曼民族，原來就有諸子均分繼承之想法，但恐耕地因繼承而被細分，終於產生「一子繼承」之繼承形態。惟「一子繼承」並非一子之單獨繼承，而是以一子為兄弟之代表，而為全體農地之繼承者是。是時，一子繼承人須對其他兄弟，就其繼承之全體農地，按各人應繼分為補償。換言之，一子繼承為共同平均繼承，而僅農地應由一子繼承人繼承，但對其他兄弟給與相當於各人應繼分之補償金 (Abfindung)。誰為一子繼承人，在二十世紀以前，德國各地方各有不同習慣，有採長子制 (Majorat) 者，又有採末子制 (Minorat) 者。德國民法（德民施六四條）承認一子繼承習慣，而禁止由地方法 (Landesgesetz) 限制被繼承人死亡自由處分是項農地。

2. 爾後，納粹政府，為糧食增產，於一九三三年施行世襲農地法 (Reichserbhofgesetz)[39]，而將全部農地為必然的一子繼承農地，而且一子繼承人則無後來的補償義務。因無補償義務之一子繼承形態，即是單獨的繼承形態，隨而一子繼承原來之共同繼承形態之性格，完全歸諸消滅。世襲農地法以誰為一子繼承人，原則上依地方習慣決定，如習慣不明時，則以末子為一子繼承人。惟一俟納粹政權沒落，世襲農地法終被廢除，固不待言。

二、現代法上繼承之意義

繼承云者，因人之死亡而開始 (Viventis nula beredita)，即由其有一定親屬身分之生存人，法律上包括的承繼 (universal succession) 死亡人所遺財產之謂也。其曾為財產主體之死亡人為被繼承人；承繼財產之人為繼承人；包括的被承繼之財產為繼承財產或遺產。現行繼承法，僅承認財產繼承，身分繼承則不包含在內。故除死亡（民一一四七條）與死亡宣告（民九條）外，並無其他繼承開始之原因，各國民法均如是（德民一一九二條一項；法民七一八條；瑞民五三七條一項；日民八八二條）。其得為繼承之權利，稱為繼承權，此權利有因法律規定，而歸屬於特定身分之親屬者（法定繼承）；又有因被繼承人意思，而決定遺產之歸屬者；但此時法定繼承人都有

[39] 關於世襲農地法及一子繼承制之論文如次：中川著〈農民相續權の問題〉《相續法の諸問題》二四頁以下；我妻榮著〈一子相續制に關するスイス民法の改正〉《法學協會雜誌》七三卷一號。

所謂特留分，我民法（一一三八條）以法定繼承為原則，而例外地又承認遺囑處分（民一一八七條）。茲分析說明繼承之意義如次：

㈠本於法定原因開始繼承

1.繼承不因當事人意思而開始，反之，如有一定法定事實，則當然發生繼承之效果，而與當事人之意思表示無關。我民法第一一四七條規定：繼承因被繼承人死亡而開始，而是時之死亡，固應包括死亡宣告。故被繼承人死亡或受死亡宣告者，當即開始繼承，固不待言。現行各國民法，殆均如此。因此，恆謂繼承係因死亡而轉移財產；且有法諺曰：「無論何人，均不得為生存人之繼承人」(Nemo est heres viventes)；或曰：「死亡人由生存人繼承之」(Der Tote erbt den Lebendigen)，皆屬同一意義。惟於身分繼承，則有生前繼承之例；而現行繼承法所規定者，既為財產繼承，故死亡（包括死亡宣告）為繼承開始之唯一原因，自不待言。

2.唯須注意者：若不本於繼承開始之原因（死亡或死亡宣告）所為財產承繼，縱令其承繼為包括的（例如：營業之讓與；法人之合併），亦不能謂為繼承。其以人之死亡為原因之財產取得，除繼承外，尚有遺贈、死因贈與、或因死亡之損害賠償請求權，以及保險金請求權等，惟是時之財產取得，除繼承外，均係以死亡為條件或為期限之個別的取得，而且尚有其他各種直接原因，故不能與繼承相提並論，其非繼承，固不待言。

㈡繼承開始於有一定親屬的身分關係之人之間

1.近代法承認一切自然人皆享有權利能力，故自然人皆有被繼承之資格。至於應以何人為繼承人，則為繼承法上最重要問題。各國民法概限於有親屬或家屬身分者，始有繼承權，是為法定繼承；而以遺囑人個人意思變更之者，是為例外。我民法（一一三八條、一一四四條）以法定繼承為原則；又准被繼承人即遺囑人，在不侵害其他繼承人特留分範圍內，得為各繼承人應繼分之指定或遺產分割方法之指定。

2.惟在我民法上尚有關於遺贈之規定（民一二〇二條），但遺贈，並不以一定親屬的身分為要件，故不可謂之為繼承。包括的受遺贈人，亦屬如此。又於無繼承人承認繼承時，依民法（一一八五條）規定，遺產清算後，如有賸餘，則歸諸國庫。民法既未以國庫為最後順序之繼承人，且又以繼承人為有一定親屬的身分關係之人，故國庫之取得賸餘遺產，並非基於繼承法理而取得者也。

㈢繼承為包括的權利義務之承繼

1. 何謂繼承標的，羅馬法與日耳曼法，其立法主義，互不相同。詳言之，羅馬法採取包括的繼承主義，即將個人於一定時期所有權利義務視為一體，故謂繼承為包括的權利義務 (universitas juris) 之承繼。因羅馬法將繼承財產視為單一的無形物，而積極財產多於消極財產者，謂為「利益的繼承物」(Hereditas lucoativa)；反之，消極財產大於積極財產時，則名之為「損失的繼承物」(Hereditas damnusa)。惟此種無形物權主義，固為近代法律思想所不採。不過，包括的繼承主義，至今仍為大陸法系國家所支持。

2. 日耳曼法則採取個別的繼承主義 (Singular succession)，而以繼承財產，不過為各個別財產之集合，於是，繼承也者，乃為各個權利義務之同時承繼。蓋多數權利義務，縱因偶然情事同歸一人，亦無須將其視為一體之理由故也。日耳曼法主義為英美法等國家所採取。按我國為大陸法系國家，故亦解釋繼承為被繼承人人格或其地位之承繼，而不解釋集合各個別財產而同時開始繼承。縱在共同繼承之場合，亦復相同。即非被繼承人之權利義務個別的同時歸屬於各繼承人，而是各共同繼承人按其應繼分，共同繼承全部遺產（民一一五一條）。

第三節　繼承權

第一項　繼承權之意義

1. 繼承一經開始，被繼承人財產上之一切權利義務，即由繼承人包括的承繼（民一一四八條本文），嚴格言之，在此時期始發生具體的繼承權。惟在我民法所謂「繼承權」，似有兩種不同意義，即繼承開始前之繼承權，民法第一一四〇條、一一四五條所規定之繼承權屬之，是「為繼承之權利」

或「應為繼承人之權利」(Jus succedendi; Erbe zu werben)；他即繼承開始後之繼承權，是具有法律的意義之繼承權。民法第一一四六條、一一七四條所規定之繼承權是，即是「因繼承而取得之權利」或「為繼承人之權利」(Jus Successionis; Erbe zu sein)。

2. 通說，解釋例及判例，均承認此兩種繼承權[40]。惟繼承開始後之繼承權，因繼承人就繼承財產既握有支配權利，故其為明顯的既得權，似無異論。至於繼承開始前之繼承權，則容在後項敘述之。

第二項　繼承開始前之繼承權——期待權性質之繼承權

1. 民法第一一三八條所規定之繼承人，於將來繼承一經開始，便即可依法繼承被繼承人遺產，而日本民法第八九二條稱此種繼承人為「推定繼承人」，我民法則與後述之繼承開始後繼承人同，一律稱之為「繼承人」[41]。茲為分別起見，暫援用日本民法稱呼，稱為推定繼承人。推定繼承人之法律地位，並非確定的，又非支配的。推定繼承人成為實質繼承人，則須後於被繼承人死亡而死亡，又須無喪失繼承權等情事發生（民一一四〇條、一一四五條）始可。此為配偶與第一順序繼承人所應具備之兩個要件，英國法上稱此種繼承人，為 "heir apparent"。至於第二順序以下之推定繼承人，則更應加上別無先順序繼承人存在之要件。父母、兄弟姐妹以及祖父母之希望的地位，常因第一順序繼承人出現（例如：出生、認領、收養、死亡宣告之撤銷、喪失繼承權之宥恕），而被推翻無餘。英國法上之 presumptive heir, qualified heir 是。heir apparent 與 presumptive heir 之間，雖有其希望程度強弱之差，但亦不過同有一種「期待」而已。故伯拉克斯頓 (Blackstone) 以為：此兩者均非嚴格意義之繼承人[42]。

[40] 戴著一六頁；羅著四五頁；胡著四七頁；劉著六七頁；李著二三頁。二一年院字七四四號、二二年上字七九九號、二三年上字三八一號。

[41] 英德曼 (Endemann) 亦指德國民法（二三四六條、二三四九條、二三五〇條）上用語之不當。請參照 Endemann, "*Anwartschaft*"—*Handwörterbuch der Rechtswissenschaft*, Bd. I, S. 238.

2. 惟繼承開始以前之繼承權，是否為期待權 (Anwartschaft recht)，甚有疑問。詳言之，如確為「期待權」，則應如日耳曼古法上之「繼承期待權」(Erbenwartrecht) 或如現行德國民法及瑞士民法上之「後順序繼承人」(Nach erbe)，就其為期待標的之權利，如遭受他人不法處分時，則須具有事前或事後保障之手段始可。然在我民法上，推定繼承人在被繼承人生前，既不能處分被繼承人財產，又對被繼承人之任意處分，亦不能以之為利益受侵害，而作任何請求（請參照民一〇〇條）[43]；而且於認領或收養關係終止時，亦不能排除第三人已得之權利（民一〇六九條、一〇八三條)。由此觀之，在我民法上，推定繼承人之權利，並無發生被侵害情事之可能。於是，既無被侵害，則焉有權利之存在？故以繼承開始以前之繼承權為期待權，而為權利之一種，實嫌其根據過分薄弱。

3. 惟須注意者，我民法（一二二三條）對法定每一順序之推定繼承人及配偶，均置有特留分之明文規定，且非有法定原因則不喪失繼承權（民一一四五條)，由此亦可窺見推定繼承人的法律地位，並非不受法律之保障。不過縱有保障，但既無被侵害可能，故亦無勉強強調其為權利之必要[44]。要之，繼承開始前之繼承權，並非權利，但可解釋為享受一定保障之法律上地位[45]。近代各國繼承法，既以「任何人均不能為生存人之繼承人」(Nemo

---

[42] Blackstone, *Commentaries* II, p. 208.

[43] 在繼承開始以前，推定繼承人固無須負擔被繼承人之財產上義務（二二年上字七九九號)。又對繼承人將來可取得之繼承財產所為強制執行，亦為法所不許（二三年上字三八一號)，此與對債務人之附條件、期限之財產權得為強制執行者（強制一一五條)，有所不同。

[44] 日本學說及判例均以為：繼承開始前之繼承權，並非既得權，而其為期待權之性質亦甚薄弱，但仍為權利之一種。請參照中川著大要下一七九頁；中川編註釋上三一頁；中川編注民(24)五一頁以下（山畠)；日本大審院民事判決，大正八年三月二八日。此外，尚有繼承人地位，可為訴訟標的之判例（日本東京控訴院判決，大正六年五月二日；大阪控訴院判決，大正八年一〇月一六日)。在德國、瑞士亦有承認推定繼承人地位，得為確認訴訟標的之判例。請參照 Kipp-Coing, *Erbrecht*, S. 381; Berner, *Kommentar*, 2, S. 483.

est heres viventes) 為大原則，故繼承開始以前之繼承權，並無須予以重視。

第三項　繼承開始後之繼承權

一、形成權性質之繼承權

1.僅將繼承權，分為繼承開始前之繼承權，與繼承開始後之繼承權，尚有未足。何則？同為繼承開始後之繼承權，但在繼承人尚未承認或未拋棄繼承以前之繼承權，與業已承認或拋棄繼承以後之繼承權，兩者仍有不同性質。詳言之，繼承人承認繼承以後，始能取得繼承財產上之完全的、具體的權利，但在承認以前，繼承人在繼承財產上權利，可能因拋棄繼承而歸諸無權利狀態。於是，如以承認或拋棄繼承以前之繼承權，為所謂「期待權」，則不合於實際；反之，如以之為具體的權利，則又不符合於該權利之內容。繼承開始迄至承認時為止，繼承人雖未完全承受被繼承人一切財產上權利義務，但如繼承人一旦予以承認（繼承），繼承人權利即行確定。

2.是故承認或拋棄繼承以前之繼承權，係位居於繼承開始前之「期待權的狀態」與承認繼承以後之「既得權的狀態」之中間狀態之權利。而在此狀態下之繼承人，雖不是完全的、具體的權利義務之主體，但又與繼承開始前之繼承人不同，即非僅有含糊的「期待」者。換言之，在上舉中間狀態下之繼承人權利義務範圍業已確定㊻，而欲成為完全的、具體的權利人或義務人，則僅為承認之意思表示或將經過限定承認或拋棄繼承之法定期間㊼即可。然如該繼承人拋棄繼承，則將成為無權利人。因此，關於繼承人地位，即繼承權，理應分為三，圖示之如下：

㊺ 中川監註解一六頁。

㊻ 共同繼承人共同繼承遺產時，民法第一一五一條雖規定，在分割遺產前，各繼承人對於遺產全部為公同共有，但是時各共同繼承人在公同共有該遺產範圍內，其責任也是「確定的」，而不是「含糊的」。

㊼ 外國立法例規定：繼承人於限定承認或拋棄繼承之法定期間經過後，仍不為承認或拋棄繼承者，視為單純承認（德民一九四三條、瑞民五七一條、日民九二一條二款）。我民法雖無類似明文，但在解釋上，則理應如此。請參照陳著一五九頁。

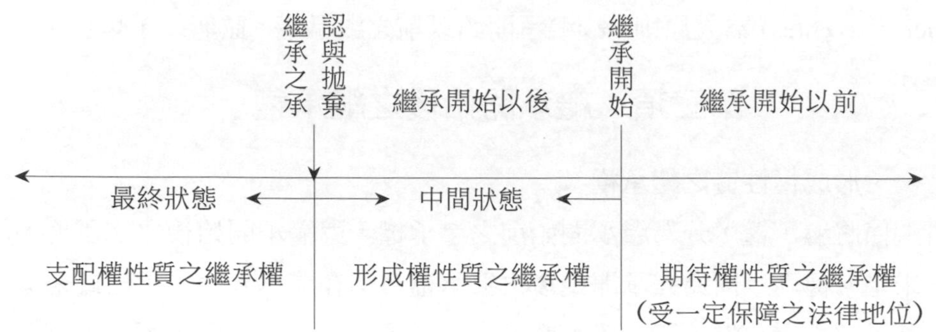

3.在繼承開始以前，被繼承人或有喪失或讓與其財產權之可能，且因是時繼承人之繼承順序尚無法確定，又會喪失其繼承權，故在繼承開始以前之繼承權甚不確實，其非完全的、具體的權利，固不待言。然一旦繼承開始，繼承人順序依法業已確定（民一一三八條、一一四四條），而繼承權範圍亦有所一定，故繼承人一旦承認，隨即可取得完全的權利內容。惟繼承人未承認前（限定承認：繼承開始時起三個月，民舊一一五六條一項）而在拋棄繼承法定期間中者（知悉其得繼承之時起三個月，民一一七四條二項），繼承人或有將繼承權予以拋棄而成為無權利人，或有為限定承認，而將成為有限責任人，抑或有為單純承認，而將取得完全的、具體的權利。於是，在繼承人未承認或拋棄繼承權者，對該繼承人而言，則無完全的、具體的權利存在之可言。是以在此場合之繼承人權利，也許可以之為「形成權的權利」，換言之，繼承人得本於自己之所欲，因承認而將被繼承人所有一切財產上權利義務變為自己所有，抑或因拋棄而與之斷絕關係。

二、支配權性質之繼承權

1.繼承開始以後，繼承人一旦全面的承認繼承者，隨即取得完全的、具體的權利與義務，但如繼承人為限定承認者，繼承人責任為有限的，即僅在積極財產範圍內負有有限責任而已。要之，此種繼承權確為真正權利，中川教授稱之為支配權的性質之繼承權，非無其理由㊽。

2.因此，如有人侵害此種繼承權者，應許繼承人為回復繼承權之請求

㊽ 中川著〈私法學の諸問題〉《石田文次郎先生還曆記念》㈠民法「相續拋棄の理論」五五頁。

（民一一四六條）。至於此種繼承權有無物權性質，則因繼承權雖非物權本身㊾，但有物權的性質甚為明顯，隨而繼承回復請求權，也就與物上請求權頗相類似㊿。又因此種繼承權之發生，以繼承人之特定身分為前提，且不得與之分離，故此種繼承權為身分權，又為該繼承人一身專屬之權利，無容置疑。

應為說明者，民國九八年六月一一日前，關於繼承態樣，以單獨承認為本則，又分為單獨行為之單純承認及有不正行為之法定單純承認（民一一六三條），並以限定承認及拋棄繼承為例外，則於此之前，所謂承認繼承係指單純承認及限定承認。但同年月一二日後，以限定承認（即限定責任繼承）為本則（民一一四八條二項），已無單獨行為之單純承認，但仍有法定單純承認及拋棄繼承之例外（另如後述），則繼承開始後，於繼承人知悉其得繼承之三個月內之考慮拋棄繼承之期間內，為形成權性質之繼承權，除非繼承人有不正行為發生法定單純承認之效果，確定取得支配權性質之繼承權。至於拋棄繼承之期間經過後，繼承人未拋棄繼承權者，即取得支配權性質之繼承權。

第四節　繼承法之性質

繼承法係以一定親屬的身分為基礎之財產法規範，而所謂身分財產法是即廣義的身分法。惟因身分財產法原來就是財產法規範，而僅以親屬的身分法關係為其媒介外，其餘則與一般的財產法關係毫無不同。故繼承法規範與夫妻財產制、親子間之財產法關係、家長家屬間之財產管理、扶養以及監護人與受監護人間之財產法關係等，同出一軌。於是，有關財產法上之基本的法律規範與範疇，不唯在一般的財產法上有其適用，而且身分

㊾ 奧國民法（五三二條）曾以明文規定繼承權為物權。此種思想，實淵源於羅馬法者。因羅馬法以繼承財產為一種無形物，從而發生無形物權之理論。

㊿ 穗積著二三六頁；陳著〈論吾國民法上之繼承回復請求權〉，載在陳著問題三一四至三一六頁。

財產法，亦應受其規律，惟因身分財產法既以親屬的身分法關係為其媒介始能成立，故難免受到該關係之影響。於是，於解釋或適用身分財產法時，理應注重：親屬的身分法關係或多或少之影響，始謂正當。茲就繼承法性質列述之如次：

㈠繼承法係私法

繼承法所規定之法律關係，概為私人相互間之關係，例如：繼承開始之原因、時期如何；誰為繼承人；繼承人應負何種責任；遺產應如何分割等問題是。故繼承法係私法，其性質甚為明顯[51]。

㈡繼承法係普通法

民法繼承編對我國人民，不問其在國之內外，均應適用；又在我國領土的，不問內外國人，共見其適用為原則（請參照涉外民事五八條、五九條），但與外國法不同，對特別財產（例如：不動產），並不制定特別繼承法[52]，故繼承法為普通法，亦無庸置疑。

㈢繼承法係強行法規

繼承法上之大部分規定，概具有強行法性質。譬如：繼承人既承受被繼承人生前財產上之一切權利義務，則對繼承債權人、繼承債務人，應負全面的責任；而且繼承關係人，利害錯綜，故國家應有繼承法上的立法政策，據以抗制，於是，將繼承法解釋為強行法規，自非無其理由。

第五節　繼承法之編訂

一、繼承法之內容

1.繼承法為關於繼承的法規範。被繼承人一旦死亡，或受死亡宣告確

[51] 民法為顧慮社會交易之安全，又為保護繼承人及國家利益計，法院有時可以干涉（請參照民一一五六條、一一五七條、一一七四條、一一七八條、一一七九條、一一九七條、一二一一條、一二一八條等），但此並不影響繼承法為私法之性質。

[52] 英國法是其適例，請參照田中和夫著《英米私法概論》二〇九頁以下。

定，則應由何人任繼承人，而對繼承遺產負何種責任；又繼承財產應如何清算分割等，當然盡屬繼承法之內容。此外，我國民法倣效德國、瑞士、日本民法立法例，將有關遺囑規定，亦納入於繼承編之內[53]。遺囑內容，原不限於有關繼承事項，例如：捐助章程（民六〇條一項但書）、認領（民一〇六五條一項）、監護人之指定（民一〇九三條）等，均得以遺囑為之。故遺囑法可否列入繼承編之內，則不無疑義。惟因遺囑皆因遺囑人死亡而發生效力（民一一九九條），且有關繼承事項，例如：繼承人之廢除及宥恕（民一一四五條一項五款、二項）、遺產分割方法之指定（民一一六五條）、遺贈（民一二〇〇條以下）、遺囑執行人之指定（民一二〇九條）等均須以遺囑為之者，尤不在少數，此足證遺囑與繼承兩種制度關係綦切，故將此兩者併列一編，亦非謂無理安排。

2. 於是，我民法將第五編分為三章：第一章規定遺產繼承人，而將繼承人範圍、繼承人順序、應繼分以及繼承權等納於此章；第二章規定遺產之繼承，而將遺產繼承之效力、限定繼承（於民國九八年六月十日修正公布將限定繼承之節名刪除）、遺產之分割、繼承之拋棄及無人承認之繼承等納於此章；第三章規定遺囑，而將遺囑之通則、方式、效力、執行、撤回以及遺贈等，並將特留分之規定納於最後一章。

二、繼承法之編制

1. 我民法繼承編歷次草案，悉倣德、日民法，獨立成為一編而位列置於民法典之最後，現行民法亦然。從性質言，繼承原屬一種特殊制度，並非僅為財產取得之一般的方法，故將其獨立成為民法上之一編，無須列為他編之附庸，並非無理。而且繼承與人之身分關係密切，自應列於親屬編之後，不得謂非最穩妥之立法也。

2. 現行民法繼承編，係於民國一九年一二月二六日，由國民政府公布，二〇年五月五日施行者，迄今歷時五四年。惟在此五十餘年間，社會結構、經濟形態以及人民生活觀念，多有重大改變，以現行繼承法，誠不能應付

[53] 法國民法以遺囑為遺贈之一種方法，故無關於遺囑之一般規定，而將其列諸財產取得編中，與「贈與」共為一章。我民法不採此立法例。

社會上現實之需求。此種情況，非獨我國，自第二次世界大戰以後，各國民法多有修正，其中尤以身分法之修正幅度最大，例如：德國、法國、瑞士、日本等國是。我國民法繼承編，繼親屬編修正草案於民國六八年四月完成以後，全盤檢討，擇要修正，至六八年七月完成初稿，七四年五月間，立法院三讀通過，同年六月三日與親屬編同時由總統公布修正民法第一一四五條、一一六五條、一一七四條、一一七六條至一一七八條、一一八一條、一一九五條、一一九六條、一二一三條、一二一九條至一二二二條，暨第三章第五節節名；又增訂一一七六條之一、一一七八條之一等；並刪除一一四二條、一一四三條、一一六七條等條文，與舊條文合併成為現行民法繼承編之規定。其後，立法院於九六年一二月一四日三讀修正通過，九七年一月二日總統令公布下列條文：第一一四八條、一一五三條、一一五四條、一一五六條、一一五七條、一一六三條、一一七四條、一一七六條，新增施行法第一條之一。嗣於九七年五月七日總統令增訂施行法第一條之二。

3. 上述九七年一月二日修正公布者，主要在保護無行為能力人或限制行為能力人，使其就繼承債務以遺產為限負清償責任，其固有財產不因繼承而受影響，並就保證債務之繼承，減輕繼承人之責任；但仍以限定繼承為例外。嗣立法院再於九八年五月二二日三讀修正通過，總統於九八年六月十日公布下列條文：增訂第一一四八條之一、一一五六條之一、一一六二條之一及第一一六二條之二；刪除第二節節名及第一一五五條；並修正第一一四八條、一一五三條、一一五四條、一一五六條、一一五七條、一一五九條、一一六一條、一一六三條及第一一七六條；增訂施行法第一條之三，修正施行法第一條之一。此次之修正，改以限定繼承為繼承之本則，但不再以限定繼承為名稱（為便宜計，本書稱之為繼承人之限定責任）。

4. 又因民法上之「禁治產宣告」一級制，經修正為「監護宣告」與「輔助宣告」二級制，並自九八年一一月二三日起施行，民法第一一九八條第二款原規定為「禁治產人」不得為遺囑見證人及民法第一二一〇條原規定為：「未成年人及禁治產人，不得為遺囑執行人。」該二條文於九八年一二月三十日分別修正公布為 ：「受監護宣告或輔助宣告之人不得為遺囑見證人」及「未成年人、受監護或輔助宣告之人，不得為遺囑執行人」。並於繼承編施行法第一一條第二項明定該修正二條文自九八年一一月二三日施行。

5.繼承本則改採限定責任為自九八年六月一二日生效，為貫徹其保護繼承人之立法意旨，施行法本已增訂第一條之三、修正第一條之一，於一定情形，由繼承人繼續履行債務顯失公平者，得溯及適用限定責任之規定，繼承人僅須以所得遺產為限，負清償責任。一〇一年一二月二六日再修正公布上開施行法第一條之三、一〇二年一月三〇日又修正公布上開施行法第一條之一、第一條之二，將由繼承人繼續履行債務顯失公平之舉證責任改由繼承債權人負擔。

6.民法第一二一二條原規定遺囑保管人知有繼承開始之事實時，應即將遺囑提示於親屬會議；無保管人而由繼承人發見遺囑者亦同。為避免親屬會議召開之困難，致延宕遺囑之執行，經修正為遺囑保管人應將遺囑交付於遺囑執行人，並通知已知之繼承人，該條文已經於一〇三年一月二九日公布。

7.一〇四年一月一四日公布修正第一一八三條及增訂第一二一一條之一。按於無人承認之繼承，民法第一一八三條原規定遺產管理人得請求報酬，其數額由親屬會議按其勞力及其與被繼承人之關係酌定之，經修正為遺產管理人得請求報酬，其數額由法院按其與被繼承人之關係、管理事務之繁簡及其他情形，就遺產酌定之，必要時，得命聲請人先為墊付。就遺囑執行人之報酬，民法原未為規定，新增第一二一一條之一，規定除遺囑人另有指定外，遺囑執行人就其職務之執行，得請求相當之報酬，其數額由繼承人與遺囑執行人協議定之；不能協議時，由法院酌定之。

三、繼承法之法源

繼承法法源之最重要者，固為民法第五編之繼承。惟猶如民法其他各編，實質的繼承法規範，並不限於成文法上之規定，其他習慣、解釋例、判例、條理等，仍值得研究。凡直接、間接可適用於遺產繼承事項之法規，皆為繼承法之法源。茲舉其重要者如次：民法繼承編及其施行法、涉外民事法律適用法、國籍法、戶籍法、土地法、民事訴訟法、強制執行法、破產法、遺產及贈與稅法、公證法、家事事件法等，皆應屬之。

第二章　遺產繼承人

第一節　繼承之開始

第一項　繼承開始之原因

民法第一一四七條規定：「繼承，因被繼承人死亡而開始。」即以被繼承人之死亡為繼承開始之唯一原因。現行繼承法，既不認許生前繼承，亦不採身分繼承❶，而僅限於財產繼承，則繼承開始之唯一原因即為被繼承人之死亡❷。繼承之開始，乃法律之所定，繼承開始之原因發生時，當然發生繼承之效力，繼承人之取得繼承權，無庸其另為意思表示或請求，亦不問其知悉與否，更不因其繼承權之被侵害而受影響❸。法諺曰：「無論何人均不能為生存者之繼承人」(Nemo est heres viventes.; Viventis non datur hereditas.) 及「死亡者，由生存者繼承之」(Der Tote erbt den Lebendigen.) 云云，均合於我國之現行繼承制度。

---

❶ 日本民法舊法併採「家督繼承」(繼承戶主地位之身分繼承) 與「遺產繼承」二種制度。於家督繼承，除以戶主之死亡為原因外，因戶主之隱居、女戶主之招婿婚姻等原因，亦開始繼承；但於遺產繼承，則僅限於死亡為開始繼承之原因 (日民舊九九二條)。日本現行繼承法則已廢止家督繼承。請參照中川淳著上五～七頁、二三頁。

❷ 失蹤人尚在生死不明之狀態中，未受死亡之宣告，無從認其繼承為已開始 (參照一八年上字一〇六二號及二八年上字一五七二號判例)，固不待言。斯時，尚無繼承之問題，依民法第一〇條之規定，其財產之管理依家事事件法之規定，即應依家事事件法第一四二條至第一五三條所規定之程序就其財產為管理 。

❸ 繼承因被繼承人死亡而開始，被繼承人死亡後，繼承權被侵害者，儘可依法請求回復，不得因此即謂繼承尚未開始 (參照二一年上字五五號判例)。

所謂被繼承人之死亡，以自然人之死亡為限。至法人解散後，其賸餘財產之歸屬，乃法人清算程序之問題（參照民四四條），並非繼承。是繼承制度係為自然人而設，不適用於法人，於法人自無所謂繼承開始之情事❹。

民法以自然人之死亡為繼承開始之原因，但所謂死亡，不僅以自然死亡為限，並包括法律上之死亡宣告在內。自然死亡，為事實上之死亡，乃自然人之生命絕對的消滅，死亡原因若何，在所不問。死亡宣告，為法律上之死亡，依民法第八條規定，失蹤人失蹤滿一定年限後，法院因利害關係人或檢察官之聲請為死亡之宣告，依第九條第一項規定，以判決內所確定之時推定其為死亡；從而因死亡宣告亦繼承開始。惟死亡宣告係出於推定，苟其人尚生存，經法院為撤銷死亡宣告之判決者，該判決之效力溯及既往，因死亡宣告而為繼承人者即負有返還財產之義務，不過僅於現受利益之限度內負歸還財產之責而已（家事一六〇、一六三條參照）。

民法上之繼承，純為財產之繼承，惟所謂財產之繼承，乃指繼承人惟繼承被繼承人財產上之權利義務，從而於繼承開始之際，即令被繼承人並未遺有積極財產，而僅有債務，繼承人亦應繼承之，繼承之開始毫不受影響。易言之，財產之繼承包括積極財產與消極財產兩者之繼承，並不以被繼承人之有積極財產為其前提。

第二項　繼承開始之時期

繼承開始之時期，乃繼承開始原因事實發生之時期。繼承既因被繼承人之死亡而開始，則被繼承人死亡之時期，即為繼承開始之時期；然繼承開始之時期，並非僅以死亡之日為計，實以死亡之時為據，是宜注意。

繼承開始之時期，為決定有關繼承之各種法律關係之標準，至為重要。例如：⑴有無繼承人之資格，以此時為準。繼承人須於此時生存，否則即無為繼承人之資格。⑵繼承回復請求權逾十年不行使而消滅，其起算自繼承開始時定之（民一一四六條二項）。⑶繼承財產範圍之確定（民一一四八條）、具體的應繼分、特留分之算定（民一一七三條、一二二四條），均以

❹ 法人雖無繼承能力，無為繼承人之資格，但得為受遺贈人，固不待言。

此時為決定之基準。⑷繼承拋棄之效力，溯及於此時發生（民一一七五條）。⑸被繼承人所立之遺囑，於其死亡之時，發生效力（民一一九九條）。

至被繼承人死亡之時之確定，於自然死亡，乃生理的死亡之時❺，於死亡宣告，以判決內所確定死亡之時，推定為其死亡之時，除有反證者外，應為第八條各項所定期間最後日終止之時（民九條）。二人以上同時遇難，不能證明其死亡之先後時，推定其為同時死亡（民一一條）。繼承人須後於被繼承人而死亡，始有為繼承人之資格，如其同時死亡，則互不繼承。例如父甲子乙同船遇難俱亡時，如父甲先亡，則子乙為其繼承人，乙之應繼分再轉由其依民法第一一三八條及第一一四四條所定之繼承人繼承之，乙之配偶對甲之遺產，即可因再轉繼承取得之；如子乙先亡，則乙之配偶對

❺ 於自然死亡，通說以心臟鼓動之停止視為死亡；但最近因醫學之發達，尤其開始有心臟移植手術後，逐漸為腦波停止說所取代。請參照劉得寬著《民法總則》四五頁。又，民國七六年六月一九日公布施行之「人體器官移植條例」第四條採腦死說。惟行政院衛生署依該條例之授權而訂定之「腦死判定準則」，於公告中稱：「腦死判定僅為認定死亡事實標準之一，其判定程序涉及嚴格醫學技術之運用，無法廣泛實施，用以取代呼吸停止、心臟跳動停止等傳統死亡認定標準，故腦死判定程序建制之初，僅適用於人體器官移植之特定範圍……」云云，亦可供參考。

醫學上之死亡有三種徵候，即心臟、肺臟及腦之機能停止。近年以來，由於人工呼吸器等之進步，雖已腦死，但心臟仍在鼓動之症例日增。惟腦死可否即認為死亡，在法律上仍有肯定與否定之見解對立。按人之死亡，非僅為醫學上之現象，其概念，除醫學的或法制的層面外，亦須就心理的、倫理的、社會的層面為考慮；在處理上，本人生前之意思、親族之感情、一般之倫理觀、習俗、社會之習慣等，均須予以尊重。今後尚須繼續針對醫療技術之日新月異，就腦死之各種問題，妥為因應。（請參照日本學術會議醫療技術與人間生命特別委員會於昭和六二年一〇月二三日所發表關於腦死之見解，載《法律時報》五九卷一三號二三八頁。）

我戶籍法第一四條第一項規定，死亡或受死亡宣告者，應為死亡或死亡宣告之登記；第三六條規定死亡登記以配偶、親屬、戶長、同居人、經理殮葬之人、死亡者死亡時之房屋或土地管理人為申請人。惟是否死亡，乃現實之問題，與已否為戶籍上之死亡登記無涉，固不待言。

甲之遺產，並無繼承權，斯時由乙之直系血親卑親屬代位繼承（民一一四〇條參照）；如甲乙為同時死亡時，因甲、乙互無繼承權，就甲之遺產，乙之配偶亦無從繼承，而由乙之直系血親卑親屬代位繼承❻。

第三項　繼承開始之處所

所謂繼承開始之處所，乃繼承開始時，繼承人承受被繼承人財產上權利義務之觀念上的中心地。決定繼承開始之處所，有被繼承人之本籍地、住所地、死亡地（繼承開始原因之發生地）、財產所在地等基準。日本（民法八八三條）、法國（民法一一〇條）、瑞士（民法五三八條一項）明定以被繼承人住所地為繼承開始之處所。

就繼承開始之處所，我民法未設明文。按本籍地與現實之生活地未必一致；死亡地出於偶然，可能在汪洋大海，亦可能在深山溪谷，其處所難以決定；財產所在地，不免分散各處，而不一定，亦有不便。被繼承人之住所地原為其生活之中心地，亦即其法律關係之中心地域，以被繼承人之住所地，為繼承開始之處所，自較適當。我民事訴訟法第一八條第一項規定，因自然人死亡而生效力之行為涉訟者，得由自然人死亡時之住所地法院管轄；依家事事件法第一二七條第一項規定，關於拋棄繼承、無人承認繼承及其他繼承事件，均專屬繼承開始時被繼承人住所地法院管轄。依上開規定，對於繼承開始之處所，於法顯採被繼承人之住所地主義，以求其便利。

第二節　遺產繼承人之資格、種類及其順序

第一項　遺產繼承人之資格

民法對於遺產繼承人之資格，予以規定，須於繼承開始時具備一定要

❻ 父子同時死亡之情形，其相互間不開始繼承，但發生代位繼承之問題，另如後述（本章第四節代位繼承），並請參照中川淳著上二七～二九頁。

件之人始得為繼承人。茲就為繼承人之要件，分別說明如次：

一、須繼承人於繼承開始時生存（同時存在之原則、繼續之原則）

被繼承人財產上一切權利義務，於繼承開始時當然移轉於繼承人，則繼承人自應為於繼承開始時生存之人❼。故繼承開始當時，已死亡者或尚未出生者，即無繼承人之資格，此謂之「同時存在之原則」或「繼續之原則」。

惟如貫徹此原則，則於繼承開始時尚未出生之胎兒，將不得為繼承人，既影響胎兒之利益，亦違反被繼承人之希望及繼承制度之本旨❽。依民法第七條之規定，以將來非死產者為條件❾，於出生以前，賦予胎兒以權利

---

❼ 二九年上字四五四號判例：遺產繼承人資格之有無，應以繼承開始時為決定之標準，依民法第一一四七條之規定，繼承因被繼承人死亡而開始，故被繼承人之子女於被繼承人死亡時尚生存者，雖於被繼承人死亡後即行夭亡，仍不失為民法第一一三八條所定第一順序之遺產繼承人，自不得謂之無遺產繼承權，云云，可資參考。於此情形，該繼承人原已取得之繼承權，即由其繼承人再為繼承，斯即再轉繼承之另一問題。

❽ 胎兒之於將來出生，乃可期待之當然事實，如不予以特別保護，勢將造成不合理之結果。例如甲死亡之時，有妻乙及子女丙、丁，並遺有胎兒，如以胎兒尚未出生，不得享有繼承權，而逕由乙、丙、丁分割甲之全部遺產時，於該胎兒出生後，竟無遺產可得，其欠公平，至為明瞭。從而對未出生之胎兒，依法應予以保護，使其有為繼承人之資格，即有必要。日本民法第八八六條規定：「胎兒關於繼承視為既已出生。前項規定，於胎兒死產時，不適用之」，德國民法第一九二三條第二項規定：「繼承開始時尚未出生之胎兒，視為於繼承開始時既已出生」，即採個別主義（限定主義），保護胎兒之繼承權。我民法第七條及瑞士民法第三一條第二項則採一般主義（概括主義），凡屬胎兒將來可得享受之利益，一般的視為胎兒既已出生，均予以保護，依此胎兒亦有繼承人之資格。

❾ 所謂胎兒以將來非死產者為限，賦予胎兒權利能力，其法律上之性質，有停止條件說（人格溯及說）與解除條件說（限制人格說）之爭論。依前說，胎兒於出生前，並無繼承能力，至其出生時，始溯及於繼承開始時取得繼承能力。依後說，胎兒於出生前，即已有繼承能力，若將來死產時，溯及於繼承開始時喪失繼承能力。日本在學說上，近來多支持解除條件說；登記實務上，亦採取解除條件說，但判例上則採停止條件說（請參照中川淳著上五五～五七頁）。在

能力，則胎兒亦有為繼承人之資格。從而遺產分割中，胎兒為繼承人時，非保留其應繼分，他繼承人不得分割遺產（民一一六六條）。惟胎兒之為繼承人，須於被繼承人死亡時已經受胎（參照民一〇六二、一〇六三條），固不待言。至胎兒非死產者，即確定取得繼承權，即令其生而即死者，乃屬其自身被繼承之另一問題。

二、須有繼承能力

有權利能力之自然人，即有繼承能力。法人雖亦有權利能力，但在我國民法上，法定繼承人與被繼承人之間，須有一定之身分關係（民一一三八、一一四四條），則法人自不得為繼承人。是故，繼承制度僅適用於自然人。

無中華民國國籍之外國人，於法令限制之範圍內，有權利能力（參照民總施二條）。則外國人自亦有遺產繼承之資格；但外國人不得享有之財產權，例如礦業權（礦業法六條一項），即不得繼承❿。

已死亡之人或失蹤人經法院為死亡宣告者⓫，自無繼承能力，無從為繼承人。至因被代位繼承人於繼承開始前死亡所發生之代位繼承，乃代位

我民法第七條之解釋上，以採取解除條件說為妥當，對於胎兒之保護較為周到；且依我民法第一一六六條之規定，非保留胎兒之應繼分，他繼承人不得分割遺產云云，亦應解為胎兒於出生前即有繼承能力，即以解除條件說為可採。

❿ 依九〇年一〇月三一日修正公布之土地法第一七條，林地、漁地、狩獵地、鹽地、礦地、水源地、要塞軍備區域及領域邊境之土地，固不得移轉於外國人，惟仍得因繼承而移轉於外國人；但於此情形，應於辦理繼承登記完畢之日起三年內出售與本國人，逾期未出售者，由直轄市、縣（市）地政機關移請國有財產局辦理公開標售。即外國人為繼承人而繼承上述列舉之土地，仍有一定之限制，適用上宜予注意。

⓫ 失蹤人未經死亡宣告前，既有權利能力，即有為繼承人之資格，固不待言。至失蹤人雖經法院為死亡宣告，如事實上並未死亡者，因在我國民法上死亡宣告之效力，為「推定」失蹤人死亡（民九條一項），並非將失蹤人「視為死亡」，利害關係人仍得提出反證以推翻之，則於繼承開始時，該受死亡宣告而尚生存之當事人，於撤銷死亡宣告之前，仍可證明其尚生存而享有繼承權，不因其尚未經撤銷死亡宣告而影響其繼承能力，是宜注意。

人本於其固有權利，直接繼承被繼承人之財產上權利義務，僅其應繼分從被代位人之應繼分而已，並非代位人由已死亡無繼承能力之被代位人承繼其繼承權，是宜注意（另如後述）。

再者，依我民法第一一八五條之規定，無人承認繼承之賸餘財產，雖應歸屬於國庫，但國庫之取得賸餘財產，乃基於法律規定之結果，非由於繼承，從而國庫並非繼承人⑫。

三、須位居繼承順序者，始得為繼承人

我民法第一一三八條規定繼承人之範圍及順序，並非一切有繼承權之人皆可同時共同繼承，順位在先者先行繼承，順位在後者則須前一順序無繼承人時，始可由其繼承之。從而繼承人仍有先後之分，順位居繼承順序者，始有繼承之權。但配偶則為例外，配偶依民法第一一四四條之規定有相互繼承之權，得與任何一順序繼承人同時為繼承人，並有其法定之應繼分。

四、須非喪失繼承權者，始得為繼承人

繼承人雖有繼承能力，又位居應為繼承之順序，但如有民法第一一四五條所規定之喪失繼承權之情事者，則喪失其為繼承人之地位，亦即為繼承人之缺格。是故，為繼承人者，自須其非對特定被繼承人喪失繼承權者，始有繼承資格。惟依民法第一一四五條而喪失繼承權者，並非全然剝奪該缺格者之繼承能力，其僅對於某一特定之被繼承人喪失其繼承權而已，其對他人另有之繼承權，則不因此而受影響。

第二項　遺產繼承人之種類及其順序

我國固有之繼承制度，以宗祧繼承為本旨，其目的乃在承續宗祧以奉祖先之祭祀，因而有遺產繼承人及遺產承受人之分。繼承宗祧而繼承遺產者，限於有資格祭祀祖先之直系血親卑親屬之男子或無子時所擇立之嗣子，

⑫ 我民法對賸餘財產之歸屬國庫，固非以國庫為繼承人，但外國立法例，如瑞士民法（四六六條）、德國民法（一九三六條）、法國民法（七六八條）則國庫為以繼承人之地位，取得賸餘財產。

始有繼承遺產之權，此即遺產繼承人。如無直系血親卑親屬之男子或嗣子繼承遺產時，承受其遺產之親女及受酌給財產之乞養異姓義子、收養三歲以下遺棄小兒、相為依倚之女婿，因非繼承宗祧而僅承受遺產，稱為遺產承受人。第一次民律草案沿襲其義，以直系血親卑親屬及嗣子為遺產繼承人；配偶、直系尊親屬、親兄弟、家長及親女為法定遺產承受人；乞養義子、收養三歲以下遺棄小兒及贅婿為酌定遺產承受人（民草一四六六條至一四六九條參照）。第二次草案從之。第三次草案則不再以宗祧繼承為前提，而以配偶、直系卑親屬、父母、兄弟姊妹、祖父母同為遺產繼承人。

關於繼承人之種類及順序，外國立法例上，向有羅馬法上之親等繼承制 (Gradualordnung) 與日耳曼法上之親系繼承制 (Parcntelenordnung) 之分。前者以親等為繼承之範圍，例如法國民法（七五五條）兼採親等繼承制，規定旁系血親原則上以六親等以內者為限有繼承權，例外的至十二親等。後者，則以親系為標準之繼承制度，例如德國民法（一九二四條至一九二六條、一九二八條至一九二九條）除配偶外，於血親繼承人，依序以直系血親卑親屬、父母及其直系血親卑親屬、祖父母及其直系血親卑親屬、曾祖父母及其直系血親卑親屬、高祖父母以上之直系血親尊親屬及其直系血親卑親屬為法定繼承人。

我民法上之遺產繼承人，均為法定繼承人⓭，分為血親繼承人及配偶兩種。血親繼承人有先後順序之別，有先順序繼承人時，後順序繼承人即不得為繼承；而配偶繼承人則與各順序之血親繼承人共同繼承，如各順序

⓭ 舊法第一一四三條規定：「無直系血親卑親屬者，得以遺囑就其財產之全部或一部指定繼承人。但以不違反關於特留分之規定為限。」斯即指定繼承人。新法則已將該條文予以刪除，其理由為：「本法所稱繼承人於第一一三八條已有所規定，本條復規定指定繼承人與其矛盾衝突，徒增紊亂；且本條遺產繼承目的，可另以收養或遺贈方式為之，故予刪除。」從而於舊法時，遺產繼承人固可區分為法定繼承人（民一一三八條）與指定繼承人（民一一四三條）兩種，但適用新法時，即已無此種區別情形存在，亦無指定繼承人可言。
復次，舊法時之指定繼承人，其地位與婚生子女同（民舊一〇七一條），另請參照陳棋炎等三人著《民法親屬新論》二六二頁。

之血親繼承人俱無時，配偶即單獨繼承全部遺產（民一一四四條）。易言之，配偶之為繼承人，並不居於一定之順序，乃立於特別之地位。至血親繼承人有四種，其繼承順序，依序為：(1)直系血親卑親屬；(2)父母；(3)兄弟姊妹；(4)祖父母。足見血親繼承人之範圍狹小，且係以父母親系為中心⓮。

第三節　各種繼承人

第一項　直系血親卑親屬

依我民法第一一三八條第一款之規定，遺產繼承人中，除生存配偶為當然繼承人外，以直系血親卑親屬為第一順序繼承人。所謂直系血親卑親屬，即民法第九六七條第一項後段所謂「從己身所出之血親」。除自然之血親關係外，擬制血親之養子女在身分上既亦屬養父母之直系血親卑親屬，自得為繼承人⓯。

⓮ 日本民法上之遺產繼承人，亦分為血親繼承人及配偶繼承人兩大系統。血親繼承人再分為三種系列，依序為：(1)被繼承人之子女及其代位人、再代位人；(2)直系尊親屬；(3)兄弟姊妹及其代位人、再代位人。配偶為當然之繼承人，並不居於一定之順序；如無上開各順序之血親繼承人時，則僅由配偶為繼承，即配偶為單獨繼承人（參照日民八八七、八八九、八九〇條）。並請參照泉、久貴等七人著四五～四八頁。

⓯ 舊法第一一四二條規定：「養子女之繼承順序，與婚生子女同。養子女之應繼分，為婚生子女之二分之一。但養父母無直系血親卑親屬為繼承人時，其應繼分與婚生子女同。」新法予以刪除，其理由為：「舊民法親屬編規定養子女在身分上既與婚生子女同為一親等之直系血親卑親屬，自不發生繼承順序之疑問，且基於平等原則，在繼承法上其應繼分亦不應與婚生子女有所軒輊，況養子女一旦為人收養後，其與本生父母關係，已告停止，喪失其互相繼承之權利，若於養親間之繼承關係中，復遭受不平等之待遇，顯失法律之平，爰將本條予以刪除，使養子女之繼承順序及應繼分，均與婚生子女適用同一法則。」由上開說明可知，適用新法時，養子女之應繼分與婚生子女相同。

依司法院二二年院字第八九五號解釋：「祭產係公同共有性質，公同共有人之被繼承人之直系血親卑親屬，包括子女、孫子女、曾孫子女等，則其繼承人應以誰為先，仍須明文規定，是以民法第一一三九條又規定，以親等近者為先⑯；從而有子女者由子女繼承，無子女者則由孫子女繼承，無孫子女者則由曾孫子女繼承。易言之，於第一順序繼承人中，仍有繼承順序先後之存在，限制其以親等近者為先。

我民法採男女平等繼承主義，女子不問其已嫁或未嫁，皆有繼承權，與男子同為遺產繼承人（二一年院字七四七號解釋、一八年上字二七一五號、四一年台上字五一八號判例），即令其女出家為尼仍有繼承權（三二年永上字一九九號判例）。內孫孫女與外孫孫女，既同為被繼承人之直系血親卑親屬，同可為繼承人，不因其姓氏之不同而有所差別（二二年院字八九八號（二）解釋）。要言之，女系直系血親卑親屬與男系直系血親卑親屬，同為第一順序繼承人⑰。

權利義務，應依其公同關係所由規定之法律或契約定之。由遺產中提出作為其子孫各房按年輪值之祭產，不屬於應繼之遺產，自非養子女所應繼承，養子女不得按年輪值。惟養父母無直系血親卑親屬為其繼承人，而公同共有人，仍承認其房分存在，並認養子女得輪值時，養子女始得輪值」，亦即養子女對於養父母就祭產之權利義務，非當然得為繼承，是宜注意。

⑯ 民法第一一三九條規定：「前條所定第一順序之繼承人，以親等近者為先。」其內容固無不合，但如將其內容改列於同法第一一三八條第一款，而為：「一、直系血親卑親屬。但以親等近者為先。」立法技術上似較連貫、簡明。

⑰ 依司法院二〇年院字第六四七號解釋（四）：「家族中之祭祀公產，以男系子孫輪管或分割或分息者，係本於從習慣為家族團體之公共規約，在女子向無此權，苟非另行約定，自不得與男系同論」；最高法院七〇年度第二二次民事庭會議決議：「祭祀公業之繼承，依從習慣，係以享有派下權之男系子孫或奉祀本家祖先之女子及從母姓之子孫為限，一般女子或不從母姓之子孫（例如招贅婚之子女係從母姓），向無派下權，即不得繼承祭祀公業財產（參照司法院院字第六四七號解釋），故民法所定一般遺產之繼承，於祭祀公業財產之繼承，不能為全部之適用。」是故男女雖有平等之繼承權，但女子對於父母之祭祀公業財產，並不當然得為繼承。惟九六年一二月一二日公布之祭祀公業條例施行後，祭祀公業派下權之繼承，應適用該條例第四、五條之規定。

第一順序之繼承人，既以血親關係為準則，母雖與父離婚或父死後其母再婚，子女自仍對於出母、嫁母有繼承權。立於繼承人地位之子女，其為婚生子女者固不待論，即視為婚生子女之準婚生子女，亦有繼承權，其應繼分亦為均等（參照二〇年院字四一六號（三）、三六年院解字三七六二

又前司法行政部五〇年四月一八日台五〇函參字第二〇五五號函謂：「查臺灣省於日據時代關於本省人之親屬繼承事項，適用習慣（日本大正一一年敕令第四〇七號），按當時習慣因戶主權之喪失而開始之戶主或財產繼承，其繼承人必須係男子之直系血親卑親屬（無論嫡庶私生血親或準血親），且係繼承開始當時之家族為限，因別居異財或分家等原因而離家者，雖係被繼承人之嫡出男子，亦無繼承權（日本昭和四年上字第一九號同年四月一九日判決參考）。被繼承人無上開法定繼承人，得以遺囑為指定（隱居時由隱居人指定），或由親屬協議為選定繼承人，指定或選定之繼承人，亦無妨以女子或非家屬者充之（臺法月報昭和五年五間第一三質詢參考）。……」（載司法周刊雜誌社印行《民事法令彙編》二二五～二二六頁）；五一年三月六日台五一函民字第一〇五九號函：「查繼承開始於臺灣日據時代者，應依當時臺灣省習慣繼承法定其繼承人，即以與被繼承人同居一家之男子直系卑親屬為遺產之法定繼承人。本件被繼承人許金蓮於臺灣光復前死亡時，倘遺有合法上開要件之男子直系卑親屬者，則其情形即與民法繼承編施行法第八條所定無人可為繼承人者有別，似應由該卑親屬繼承其遺產，而不發生由死者之配偶與子女共同繼承之問題。」（載同彙編二八六頁）；最高法院七〇年度台上字第二六八一號判決：「李彰德於日據時期死亡，臺灣省於日據時代關於本省人之親屬繼承事項依日本大正一一年敕令第四〇七號應適用臺灣習慣，本省在日據時代『女子繼承父之遺產以別無男子繼承遺產時為限』『女子而為繼承人之例不少，且依舊習慣無男嗣時女子非不得為繼承人』『依臺灣之舊習慣，被繼承人如無男子時，其女子並非當然得繼承被繼承人之財產，須被繼承人之親屬無異議時始得為繼承』（參見司法行政部《臺灣民事習慣調查報告》第三八〇頁、第三八一頁）足徵本省在日據時代女子依當時習慣非未必無繼承權，此與上開民法繼承編施行法第八條所規定之『依當時之法律亦無其他繼承人者』亦屬有間，原審未注意及此，遽依上開民法繼承編施行法第八條規定，認被上訴人對於李彰德之遺產有繼承權，自難謂合。」（載《民事裁判發回更審要旨選輯（二）》一二三～一二四頁）由上所引可知，繼承開始在臺灣光復前者，因不適用民法繼承編之規定，而應依照當時臺灣之習慣，則女子依當時習慣非必有繼承權，實用上，併須注意及此。

號（三）解釋）。又，直系血親卑親屬為家屬或非家屬，男子是否人贅，皆非所問，對其繼承權，均不受影響（三六年院解字三三三四號、三七年院解字三七九一號解釋）。至繼父母子女之間，為直系姻親，非直系血親關係，因此繼父死後，繼子女對其遺產並無繼承權，繼母死後，亦僅繼母所生之子女對其母有繼承權，亦不待言。

宜注意者，雖對被繼承人為直系血親卑親屬，亦有不得為繼承人者，例如：⑴養子女對於其本生父母，未經與其養父母終止收養關係，即無繼承權（參照民一〇八三條）。⑵依民法第一一四五條之規定喪失其繼承權者。⑶在民法繼承編施行前出繼他宗之子，對於其本生父母之遺產無繼承權（二一年上字四五一號判例 、 二九年一二月一七日最高法院民刑事庭會議決議）。

第二項　父　母

依我民法第一一三八條第二款之規定，以父母為第二順序繼承人，即被繼承人於無第一順序之直系血親卑親屬為繼承人時，其父母始得為遺產繼承人⓲⓳。所謂父母，係指民法第九六七條第一項所謂「己身所從出」

⓲ 我國舊時，家產為家長與家屬之公同共有，自無家產繼承之餘地（與家產之分析有別）；又宗祧繼承為身分繼承，繼承人與被繼承人須昭穆相當，亦無父祖繼子孫，或兄弟互為繼嗣之情形。前大理院九年上字第三四一號判例謂：「死亡人之遺產，無直系卑屬承受，而有直系尊屬者，應由直系尊屬承受之。」然所謂承受遺產，與繼承遺產，尚有不同。請參照戴合著四四頁、陳著四七頁、史著五〇頁、羅著二六頁、胡著二九頁、李著二八頁。

⓳ 外國立法例：日本民法第八八九條第一項第一款規定，無被繼承人之子女及其代位人、再代位人為繼承人時，由直系尊親屬為繼承人，但以親等近者為先。瑞士民法第四五八條、四五九條規定，被繼承人無直系血親卑親屬者，由父母系繼承之，亦無父母系之繼承人者，由祖父母系繼承之。德國民法第一九二五條以被繼承人之父母及其直系血親卑親屬為第二順序法定繼承人 ；繼承開始時，被繼承人之父母均係生存者，僅由父母平均繼承；被繼承人之父母一方死亡者，由死者之直系血親卑親屬代位繼承之，無直系血親卑親屬者，由父母中生存之一方單獨繼承。

而為親等最近之直系血親尊親屬。此之所謂父母，依法應包括養父母而言，但本生父母則不在內；詳言之，養父母對於其養子女有繼承權，在其未終止收養關係前，本生父母對於出養子女之遺產，並無繼承權（參照民一〇八三條）。

父母對於入贅他家之男子，有繼承權（二一年院字七八〇號（二）、三六年院解字三三三四號解釋）⑳；對於已嫁女子之遺產，亦同（二一年院字六四七號（一）、同年院字七八〇號（二）解釋）。父母之再婚，就其對於子女遺產之繼承權，不受影響（三二年上字一〇六七號判例）。生母對於其準婚生子女（參照民一〇六五條二項），亦有繼承權（二〇年院字五八五號解釋、二二年上字一七二七號判例）。生父對於準正或認領之非婚生子女（參照民一〇六四條、一〇六五條一項）之遺產，自有其繼承權。至於繼母對於夫之前妻所生之子女，或繼父對於妻之前夫所生之子女，因其僅屬直系姻親關係，皆無繼承權，至為明瞭㉑。又，本得為繼承之父母而喪失其繼承權者（參照民一一四五條），即無繼承權，亦不待言。

復次，如夫妻同時遇難死亡，而無第一順序之繼承人時，則所謂父母者，夫有夫之父母，妻有妻之父母，各自為其繼承人，互不相混。又如夫妻之一方先於他方死亡，則除後死者仍有配偶之繼承權外，其應繼承人之順序為父母者，亦各自為其繼承人。

第三項　兄弟姊妹

依我民法第一一三八條第三款之規定，以兄弟姊妹為第三順序繼承人。

就情誼以言，被繼承人除其配偶及直系血親卑親屬外，通常以父母為較親切，從而我民法規定，父母為第二順序之繼承人，自屬允當。

⑳ 直系血親卑親屬入贅於他家者，與其本生家之父母、祖父母，仍互為繼承人。此與入養他家之子女，於未終止其收養關係之前，僅可繼承養家之遺產，與養父母、養父母之父母，互為繼承人者，有所不同，是宜注意。

㉑ 二六年渝上字第六〇八號判例：「父所娶之後妻，舊時雖稱為繼母，而在民法上則不認有母與子女之關係，民法第一一三八條第二款所稱之母，自不包含父所娶之後妻在內」，可資參考。

兄弟姊妹為同胞之親，有手足之誼，於法互為二親等旁系血親，故明認其得互為繼承人，並列為第三順序，於被繼承人無直系血親卑親屬及父母時，始得為繼承人。

所謂兄弟姊妹，除全血緣之兄弟姊妹（同父同母之兄弟姊妹）外，因我民法採男女平等主義，則半血緣之兄弟姊妹（同父異母或同母異父之兄弟姊妹），同為出於同源之旁系血親，自應包括在內（二一年院字七三五號（二）、三六年院解字三七六二號（五）解釋）㉒。養子女與養父母之婚生子女，及養子女相互間，亦屬兄弟姊妹，相互有繼承權（參照三二年院字二五六〇號解釋、三二年上字三四〇九號判例）。至同祖父母之堂兄弟姊妹，自不在此所謂兄弟姊妹之內。蓋民法第一一三八條關於遺產繼承人順序之規定，既列兄弟姊妹於祖父母順序之前，其所謂兄弟姊妹，自係指同父同母之兄弟姊妹而言，同祖父母之兄弟姊妹，當然不包括在內（二二年院字八九八號（一）解釋）；況且，祖父母為二親等，雖有繼承權，尚列第四順序，四親等之堂兄弟姊妹自不能視同此一順序之兄弟姊妹，甚為明瞭。推而如表兄弟姊妹亦非此一順序之兄弟姊妹，尤為顯然。

按兄弟姊妹為二親等之旁系血親，祖父母則為被繼承人之二親等直系血親尊親屬，但我民法反以祖父母之繼承順序在兄弟姊妹之後，乃因祖父母雖為被繼承人之直系血親尊親屬，然通常究不若兄弟姊妹關係之親切，故斟酌情誼，以之次於兄弟姊妹之後㉓。

㉒ 在我民法上，無論全血緣或半血緣兄弟姊妹，均為第三順序繼承人，且其應繼分均等。但在日本民法上，兄弟姊妹固為第三順序繼承人（八八九條一項二款），惟半血緣兄弟姊妹之應繼分僅為全血緣兄弟姊妹之二分之一（九〇〇條四項但書）。

㉓ 參照胡著三九頁，羅著三六頁。

日本民法第八八九條第一項規定，直系血親尊親屬為第二順序繼承人，但以親等近者為先。則如被繼承人之父母不存在時，即由其祖父母（包括父方之祖父母及母方之祖父母）為繼承人，其繼承順序即在第三順序繼承人兄弟姊妹之先。請參照中川淳著上七七～七九頁。

第四項　祖父母

依我民法第一一三八條第四款之規定，以祖父母為第四順序繼承人，即被繼承人於無第一順序之直系血親卑親屬、第二順序之父母及第三順序之兄弟姊妹時，其祖父母始得為遺產繼承人㉔。所謂祖父母包括外祖父母在內（二二年院字八九八號（二）解釋）。祖父母與其孫子女之血親關係，並不因其改嫁而消滅，仍有繼承其孫子女遺產之權（三四年院字二八二四號解釋）。

養父母之父母，亦為本條所稱之祖父母（三二年院字二五六〇號解釋）。按收養後所出生之養子女之直系血親卑親屬，及收養後之養子女之養子女，均與養父母及其親屬間，發生親屬關係，於此情形，養父母之父母既為祖父母，自得為養孫子女之遺產繼承人。惟收養時已存在之養子女之直系血親卑親屬，於養父母及其親屬，是否發生親屬關係？其相互間有無繼承權？不無疑問。因收養關係，係自收養時起發生，則收養以前已出生之子女或收養之子女，與養父母及其親屬間，不發生親屬關係，若然，養父母之父母對於收養時所已存在之養子女之直系血親卑親屬之遺產，似即無繼承權㉕。但於九六年五月二十三日修正公布第一〇七七條第四項之前，在我民法之解釋上，養子女與養父母發生婚生親子關係（民一〇七七條），而養

㉔ 在我民法上，直系血親尊親屬之為繼承人者，限於父母與祖父母兩種，且將其繼承順序，予以區別，以父母為第二順序、祖父母為第四順序。此與外國立法例，未盡相同。日本民法（八八九條）以直系血親尊親屬為第二順序繼承人，包括祖父母在內，再以兄弟姊妹為第三順序繼承人。瑞士民法（四五九條）於被繼承人無直系血親卑親屬，亦無父母系之繼承人者，固由祖父母系繼承之，但父或母於繼承開始前死亡者，即由其直系血親卑親屬「代位繼承」（四五八條）。德國民法（一九二六條）固明定祖父母及其直系血親卑親屬為第三順序繼承人，但對第二順序繼承人明定其為父母及其直系血親卑親屬，於繼承開始時，被繼承人之父母一方死亡者，即由死者之直系血親卑親屬「代位繼承」。

㉕ 陳著五〇頁、史著五五頁均謂：於收養以前出生者，除有特別訂定為養父母之孫子孫女者外，不發生親屬關係，其相互間，自無繼承權。

子女與本生父母之關係，於收養關係存續中，又停止其效力（民一〇八三條之反面解釋），足見其係採完全收養制，基於完全收養之精神，除當事人另有反對之約定外，應解為收養時已存在之養子女之直系血親卑親屬，與養父母及其親屬間，亦發生親屬關係㉖。從而宜解為如無特別約定時，養子女之養父母對於收養時已存在之養子女之直系血親卑親屬（即子女）之遺產，因有養祖孫關係，而有繼承之權，其應相互為繼承人㉗。惟此一問題，依新增之民法第一〇七七條第四項規定：「養子女於收養認可時已有直系血親卑親屬者，收養效力僅及於其未成年且未結婚之直系血親卑親屬。但收養認可前，其已成年或已結婚之直系血親卑親屬表示同意者，不在此限。」即除但書規定情形外，養子女於收養認可時，其已存在之未成年且未結婚之直系血親卑親屬，亦與其養父母之父母發生養祖孫關係，相互為繼承人，即該養祖父母亦為養孫子女之繼承人。至已成年或未成年已結婚之養子女之直系血親卑親屬如於收養認可前，經其表示同意與被收養者之養父母及其親屬發生收養關係，該同意並經作成書面及公證，且未附條件或期限者（民一〇七七條五項），始為收養效力所及，其父母之養父母亦為其祖父母，而為繼承人。

內祖父母及外祖父母既同為其孫子女之第四順序繼承人，其應繼分自屬均等。外祖父母之為其外孫孫女之繼承人，與外孫孫女為外祖父母之直系血親卑親屬，可為外祖父母之第一順序繼承人者，互為相應，併為說明。

第五項　配　偶

依我民法第一一四四條規定，配偶有相互繼承遺產之權，得與任何一順序繼承人，同時為繼承人，而有其法定之應繼分。我民法採男女平等主義，夫對妻之遺產固有繼承之權，即妻對夫之遺產，亦當然有繼承之權㉘。

㉖ 參照陳棋炎等三人著《民法親屬新論》三五一頁。

㉗ 戴合著四九～五〇頁認為：養子女之直系血親卑親屬（子女），於收養以前出生者，如無特別訂定留在本生父母家之孫、孫女者，仍發生法定血親關係，而互相為繼承人。

再者，依民國一〇八年五月二二日公布之司法院釋字第七四八號解釋施行法，自同年月二四日起，相同性別之二人，依該施行法第四條之規定，經向戶政機關辦理結婚登記者，互為法定繼承人，亦準用民法繼承編關於配偶之規定，有相互繼承之權利（同法第二三條）。從而，配偶之應繼分（民一一四四條）、特留分（民一二二三條）、拋棄繼承之應繼分歸屬（民一一七六條）、不得為遺囑見證人（民一一九八條）等規定，於同性之配偶均準用之。

所謂配偶，以在繼承開始時有配偶之身分為準㉙。故夫或妻之一方於繼承開始時，繼承他方遺產後再嫁、再娶、或出贅，與既得之繼承權，毫

㉘ 我國舊律，惟繼承宗祧者，始得繼承遺產，二者不能分離，故配偶無相互繼承遺產之權。舊律（明戶令及清律例）規定：「婦人夫亡，無子守志者，合承夫分，須憑族長擇昭穆相當之人繼嗣。其改嫁者，夫家財產及原有妝奩，並聽前夫之家為主。」準此，婦人須無子守志，始得承夫分，且須為夫立嗣。惟所謂無子守志得承夫分，不過暫行管理而已，並非妻對於夫之遺產有繼承權。司法院二一年院字七八〇號解釋即謂：「按守志之婦，在繼承編施行前，依照舊法除得享有其特有財產外，對於夫之遺產，並無繼承權。故守志之婦，在新法施行前，未為故夫立嗣而死亡者，其夫之遺產，當時雖無他人（如親女等）繼承，亦不得視為該婦之遺產，而由其母家親屬繼承。若該婦死亡在新法施行後，於其生前仍無其他繼承其夫遺產之人，依照新法該婦已有繼承權，即應認其應繼之分為該婦之遺產，如無直系卑親屬時，自可由該婦母家親屬繼承。」又，依我國舊慣，妻之財產與夫之財產不分，妻亡之後，其遺產即為夫之所有（參照史著五五頁）。

配偶之間，情誼最親，且為生前經營共同生活之人，現代繼承法為遺產之繼承，非宗祧繼承，男女又屬平等，自應認其互有繼承權。我民法第一一四四條，乃參酌德國民法（一九三一條）、瑞士民法（四六二條），明定配偶有相互繼承之權。

㉙ 事實上，夫妻雖欠缺婚姻之法定方式，但因具有夫妻共同生活之事實，法律固應予以尊重，使其有一部分之法律效果，但配偶繼承權之規定，於事實上夫妻應無類推適用之餘地（請參照郭振恭著《婚姻形式要件之研究》一七〇～一七一頁）。日本之通說，亦認配偶之繼承權，不包含內緣夫婦（即事實上夫妻）在內（請參照泉、久貴等七人著五六～五七頁）。

無影響（二一年院字七八〇號、二二年院字八五一號解釋，二九年上字七〇二號、三〇年上字二〇一四號判例）。夫妻既有相互繼承之權，故如同時遇難而其死亡有先後者，則一先一後影響對方繼承人之權益甚大；如不能證明其死亡之先後時，依民法第一一條之規定，則推定其為同時死亡，此際即不發生相互繼承問題，而由各該方繼承人分別繼承其被繼承人之遺產。又，民法親屬編經修正後，重婚為無效婚（民九八五條一項、九八八條三款），則後婚當事人相互間，並無配偶身分，自無繼承他方遺產之問題㉚；

㉚ 我民法親屬編修正後，重婚為婚姻無效事由之一，固為民法第九八八條第三款所明定，但在修正前，有配偶而重為婚姻者，依舊法第九九二條之規定，為可得撤銷之婚姻，並非無效，利害關係人得向法院請求撤銷之。依民法親屬編施行法第一條規定：「關於親屬之事件，在民法親屬編施行前發生者，除本施行法有特別規定外，不適用民法親屬編之規定。」該施行法既未對修正前之重婚為特別規定，則民法親屬編修正前（即民國七四年六月四日前），有配偶而重為婚姻者，其後婚，仍適用舊法之規定，為得由利害關係人訴請撤銷之婚姻，並非無效之婚姻。民法親屬編修正前之重婚，既非無效之婚姻，而為可得撤銷之婚姻，若後婚未經撤銷而夫死亡者，則後妻亦不失為配偶，與前妻同為有繼承權，惟其應繼分與前妻各為法律所定配偶應繼分之二分之一（二九年院字一九八五號、三六年院解字三七六二號解釋、二八年上字六三一號判例）。從而繼承開始時，如有發生於民法親屬編修正前之重婚，而撤銷婚姻之訴尚未判決確定或利害關係人並未提起撤銷婚姻之訴者，前婚及後婚之配偶，依法既均有配偶之身分，即各有其繼承權，此在適用上併應注意。

繼承開始時，如有民法親屬編修正前之重婚未經撤銷者，前、後婚之兩配偶各有繼承權，依解釋例及判例，其應繼分各為法律所定配偶應繼分之二分之一，已如前述，實用上自無疑義。惟就應繼分一節，陳棋炎教授則另主張：前、後婚配偶與第一順序繼承人共同繼承時，為保障前婚配偶之繼承權，宜解為前、後婚各配偶，逕可依民法第一一四四條第一款之規定，各可取得與第一順序繼承人平均之應繼分。但配偶與其他順序繼承人共同繼承時，因配偶應繼分為確定的（或為全遺產之二分之一或為三分之二），而不因共同繼承人內部情事之變更有所影響，故前、後婚配偶各可取得配偶法定應繼分之二分之一，云云（請參照陳著五三～五四頁），此亦可供參考。

此外，依現行規定，重婚固為無效，惟依釋字第三六二號及五五二號解釋，因一人同時與二人以上結婚，亦經明定為無效婚（民九八五條二項、九八八條三款），其相互間既無配偶身分，亦無相互繼承遺產之權。

宜注意者，生存配偶與第一順序之直系血親卑親屬為共同繼承人時（民一一四四條一款），與其與第二、三、四順序繼承人為共同繼承人時（民一一四四條二、三款），應繼分之決定各有不同。詳言之，於前者，為共同繼承人之直系血親卑親屬與生存配偶，雖各異其繼承系列，但均立於同一地位，其應繼分為平均；於後者，生存配偶與第二、三、四順序繼承人共同繼承時，生存配偶之應繼分，則隨共同繼承人順序之不同，或為遺產之二分之一，或為三分之二，即令第二、三、四順序之血親繼承人之數人拋棄或喪失繼承權，其應繼分亦歸屬於其他同一順序之血親繼承人，生存配偶之應繼分不因之而受影響（參照民一一七六條二項），此與前者之情形，有所不同。

第四節　代位繼承

第一項　代位繼承之意義及其依據

依我民法第一一四〇條之規定：「第一一三八條所定第一順序之繼承人，有於繼承開始前死亡或喪失繼承權者，由其直系血親卑親屬代位繼承其應繼分。」我國所謂代位繼承，乃被繼承人之直系血親卑親屬，有於繼承開始前死亡或喪失繼承權時，由其直系血親卑親屬代其繼承順序之位，而繼承被繼承人之遺產之謂。我民法僅限於第一順序繼承人有代位繼承之事，亦即僅被繼承人之直系血親卑親屬有代位繼承權。故若兄弟姊妹之子

信賴前婚姻已因兩願離婚登記或離婚確定判決消滅而重婚者，於九一年一二月一三日第五五二號解釋公布前，如重婚相對人為善意且無過失，於九一年一二月一三日該號解釋公布後，如重婚之雙方當事人均為善意且無過失者，後婚姻之效力應予維持。民法第九八八條第三款但書並予明定。依此情形，致前後婚姻同時存在時，即有前後婚配偶同為繼承人之情形，宜併予注意。

女、祖父母之其他子女（伯叔父、姑母），均不能代位繼承；夫妻之一方對於他方之應繼分，亦無代位繼承權。至外國立法例則有承認第一順序以外繼承人之代位繼承者㉛。

往昔羅馬，已有代位繼承制度，羅馬法上之按股（株）繼承，自古市民法時代，先死亡或受家父權免除者之子，取得父之應繼分；此制度至優帝時代擴展至旁系親屬之間㉜。日耳曼法原無此種制度，其後受羅馬法之影響，自中世紀起，亦承認代位繼承㉝。今日各國之繼承法，殆皆承認代位繼承制度。

封建時代，產生長子繼承制，限於長子始能繼承家長權，於此社會即無從發生代位繼承制度。封建社會下之單獨繼承制，與近代平等思想不合，法定平均繼承制度代之而起，代位繼承制度另具新使命重趨發達。惟封建色彩較為濃厚之身分繼承，因以「家」為單位，而以嫡系主義為其基礎，故由旁系血親代位繼承之法制，無從發生。反之，於遺產繼承，則須衡量繼承權期待之強弱，予以公平處理，不問其為直系血親或旁系血親，代位繼承制，乃更見擴大。由此可知，代位繼承制度，乃因對於繼承期待權之尊重與公平之原理而來，認為由被繼承人之孫子女承繼其亡父生存時所可得之應繼分，乃保護被代位人之繼承人之繼承期待利益，並符合公平之原則㉞。

㉛ 日本民法除於第八八七條第二、三項明定第一順序之被繼承人之子女之直系血親卑親屬之代位繼承外，又於第八八九條第二項規定第三順序即被繼承人之兄弟姊妹之直系血親卑親屬之代位繼承權。德國民法（一九二四條～一九二九條）及瑞士民法（四五七條～四六〇條），除規定直系血親之代位繼承外，亦承認旁系血親之代位繼承權。

㉜ 參照史著七六頁，陳著五六頁，中川、泉著一一七頁。

㉝ 同上。

㉞ 我國舊律之嫡孫承祖，與代位繼承頗相類似。清律（戶律戶役立嫡子違法條）輯注：「凡立嗣者，先儘嫡長子，不與庶子論長幼，所謂立子以貴不以長，立嫡以長不以賢也。若嫡子有故，已有子者，以嫡長孫承重，不得立次嫡子與庶出子也。」現行律戶役門立嫡子違法條律：「若支屬內實無昭穆相當可為其子立後之人，而其父又無別子者，應為其父立繼，待生孫以嗣應為立後之子。」

第二項　代位繼承之要件

茲依我民法第一一四〇條之規定，論述代位繼承之要件如次：

一、被代位繼承人須於繼承開始前死亡，或喪失繼承權

代位繼承之事由，僅限於死亡或喪失繼承權。至繼承之拋棄，則非代位繼承之原因㉟。死亡包括自然死亡、宣告死亡；喪失繼承權指第一一四五條之規定而言。

被代位人之死亡，須於繼承開始前發生，始有代位繼承之適用。若為繼承開始之後，繼承人未於法定期間內為限定繼承或拋棄繼承前而死亡，由該繼承人之繼承人再為繼承，即由繼承人之繼承人間接繼承被繼承人者，乃為再轉繼承 (succession par transmission)，並非代位繼承，是宜注意㊱。被代位人於「繼承開始前」死亡，其直系血親卑親屬即為代位人，適用代

惟此為宗祧繼承，與現行民法代位繼承為遺產繼承制度者，自有不同。

㉟ 司法院釋字第五七號解釋謂：「民法第一一四〇條所謂代位繼承係以繼承人於繼承開始前死亡，或喪失繼承權者為限。來文所稱，某甲之養女乙拋棄繼承，並不發生代位繼承問題。……」云云，可資參考。

又，第一一三八條所定第一順序之繼承人中有拋棄繼承權者，其應繼分歸屬於其他同為繼承之人；第一順序之繼承人，其親等近者均拋棄繼承權時，由次親等之直系血親卑親屬繼承；先順序繼承人均拋棄其繼承權時，由次順序之繼承人繼承等各情，為民法第一一七六條第一、五、六項所明定，其非代位繼承問題，至為明瞭。

㊱ 代位繼承時，被代位人如係於繼承開始前或繼承開始時死亡，其非被繼承人之繼承人，固不待言，即為喪失繼承權者，亦因喪失其為繼承人之資格，而非被繼承人之繼承人，即被代位人均未曾繼承被繼承人，從而由被代位人之直系血親卑親屬以自己固有之地位而直接繼承被繼承人之財產，至被代位人之其他繼承人則無此權，例如被代位人之配偶、父母均然。再轉繼承之情形，則為繼承人已取得繼承權，但於繼承開始後死亡，該繼承權再由其繼承人為繼承，即由繼承人之繼承人繼承被繼承人，斯種情形，繼承人之繼承人，均有此權，不限於其直系血親卑親屬，繼承人之配偶自得為再轉繼承人。是故，代位繼承與再轉繼承，不可相混，代位繼承人與再轉繼承人有所區別。

位繼承之規定，固甚明瞭。惟如被代位人於「繼承開始時」死亡，即與被繼承人同時死亡時，其直系血親卑親屬有無代位繼承權，不無疑問。按被代位人與被繼承人同時死亡，或同時遇難，不能證明其死亡之先後，於法推定其為同時死亡（民一一條）時，因代位繼承，本為被代位人之直系血親卑親屬，以其自己固有之權利而直接繼承被繼承人，並非承襲被代位人之繼承權（另如後述），其又為本於公平原理與保護直系血親卑親屬利益所生之制度，斯時自宜解為被代位人之直系血親卑親屬亦有代位繼承權㊲。從而親子同時死亡（包括推定為同時死亡）者，其雖互不為繼承人，但子之直系血親卑親屬，仍有代位繼承之權。

復次，被代位人之喪失繼承權，如在繼承開始前發生，為代位繼承之原因，至為顯然。但如「繼承開始後」始發生喪失繼承權之情事，是否亦有代位繼承之適用？因我民法第一一四〇條有「繼承開始前」之文句，而第一一四五條第一項第一款之故意致被繼承人或應繼承人於死或雖未致死因而受刑之宣告，或第四款之偽造、變造、隱匿或湮滅被繼承人關於繼承之遺囑等情形即有發生於繼承開始後者，因而不無疑問。對此問題，有認為：喪失繼承權之事由，亦須在繼承開始前發生，但如發生雖在繼承開始以後，仍應解釋溯及繼承開始時發生效力，而有代位繼承之適用㊳。另有認為：「就法言法，如因偽造、變造、隱匿或湮滅被繼承人關於繼承之遺囑

㊲ 參照史著四五、七九頁；戴著五九頁；林菊枝著〈論我國民法上之代位繼承〉，載《政大法學評論》第二三期二二〇頁。

日本昭和三七年民法一部修正，於第八八七條中將原來代位繼承原因之一之「繼承開始前死亡」（原八八八條），修正為「繼承開始以前死亡」（按即包括死亡日），為對應於第三二條之二新增推定同時死亡之規定，被代位人於繼承開始時死亡，亦包括在內，為代位繼承之原因。易言之，被繼承人與繼承人同時死亡之情形，亦為代位繼承之事由。從而父子同船遇難，依法推定同時死亡者，子雖非父之繼承人，但斯時孫為代位繼承人，繼承祖父之遺產。以上請參照中川淳著上六九～七〇頁，中川、泉著一三二頁，泉、久貴等七人著六一頁，遠藤、川井等六人編四四～四五頁，岡垣學著《相續法》四二頁。

㊳ 參照史著七九頁，林菊枝著前揭文二二〇頁，胡著六四～六五頁。

而喪失其繼承權，既然不必皆為繼承開始前之事；雖其效力溯及於繼承開始之時，既曰『溯及』，則不可認其事實亦限於在繼承開始前也。況依本條文字而觀，『繼承開始前死亡』應為一事，而『喪失繼承權』又為一事，似亦不必故作曲折之解釋也。」㊴查喪失繼承權之事由，我民法第一一四五條即列舉五款情事，其有在繼承開始前已發生者，有在繼承開始後始行發生者，而代位繼承之法律上性質，乃基於公平原理，由代位人本於自己固有之地位而直接繼承被繼承人之財產，應不問喪失繼承權在繼承開始前發生，或於繼承開始後始行發生，均有代位繼承之適用，自宜將代位繼承之事由以「喪失繼承權」為一事，「繼承開始前死亡」又為一事。從而喪失繼承權在繼承開始前者，固不待論，即發生在繼承開始後者，亦為代位繼承之原因，當然溯及於繼承開始時發生效力，由被代位人之直系血親卑親屬代位繼承㊵。

由前所述，代位繼承之事由為被代位人於繼承開始前死亡（包括繼承開始時死亡，即同時死亡），或喪失繼承權。惟如被繼承人之親等近者之直系血親卑親屬全部於繼承開始前死亡，或喪失繼承權，而由其直系血親卑親屬為繼承人時，是否為代位繼承，不無爭議。詳言之，被繼承人之子女

㊴ 陳顧遠講述《民法繼承編實用》（司法官訓練所第九期講義）四頁。

㊵ 依日本現行民法第八八七條第二項之規定，代位繼承之事由有三：⑴繼承開始以前死亡；⑵繼承人之欠格（日民八九一條所規定之事由）；⑶推定繼承人之廢除（日民八九二條之情事）。即死亡限於繼承開始以前，始為代位繼承之原因；但欠格與廢除，於繼承開始後發生者，亦為代位繼承之原因，不以繼承開始以前發生者為限，其於繼承開始後發生者，其效力溯及繼承開始時，由該喪失繼承權者之子女代位繼承。詳請參照中川淳著上七〇頁，泉、久貴等七人著六一～六二頁，中川、泉著一三二～一三六頁。

日本昭和三七年修正民法前之舊第八八八條，規定以「繼承開始前死亡，或喪失繼承權」為代位繼承之原因，因而對喪失繼承權，是否以繼承開始前發生者為限，始為代位繼承之原因，亦有爭論。但由修正後之現行第八八七條第二項規定文義以觀，所謂「有第八九一條規定之情事」、與「經廢除推定繼承人」，其為代位繼承原因，均不限於「繼承開始以前」；至「死亡」則限於「繼承開始以前」者，始有代位繼承之適用。請參照中川淳著上七〇頁、七二頁註7。

全部於繼承開始前死亡，或喪失繼承權時，其孫子女究屬在固有順位上，以其固有應繼分而繼承被繼承人之本位繼承？抑為代位其父母而為繼承之代位繼承？例如被繼承人有子甲、乙兩人，甲乙均於繼承開始前死亡；甲有子A、B，乙有子C；斯時由孫A、B、C三人繼承，如屬本位繼承，A、B、C三人之法定應繼分各三分之一，如為代位繼承，則法定應繼分為A、B各四分之一，C為二分之一，關係至為重大。查日本昭和三七年修正民法第八八七條之前，原規定「直系卑親屬」為第一順位繼承人，則如被繼承人之子全部先於被繼承人而死亡，或喪失繼承權時，孫之繼承被繼承人遺產，究為本位繼承，抑為代位繼承，即發生解釋論上之疑義[41]；但經將「直系卑親屬」修正為「子」之後，確定孫子女非本位繼承人，僅為代位繼承人，其解釋論上之爭議，已因法律之修正而予以解決。對此問題，我國學者有認為：斯時應解為由孫子女以其固有順序，並以其固有應繼分繼承被繼承人（民一一三九條），並非代位其父母而繼承[42]。另有認為：我民法第一一四〇條既以明文規定，死亡或喪失繼承權為第一順序繼承人代位繼承發生原因，故不問子輩之一部或全部死亡或喪失繼承權，均應解為可發生代位繼承；從反面觀之，因子輩尚有人生存或未喪失繼承權，故孫輩須為代位繼承，又因子輩全部死亡或喪失繼承權，故孫輩須為平均繼承，如此解釋，在論理上似缺統一，因此斯時孫輩僅能為代位繼承[43]。按我民

---

[41] 日本昭和三七年修正民法前之第八八七條，原規定被繼承人之直系卑親屬為繼承人；其親等不同者，以親等近者為先；親等相同者，為同順位繼承人。另又於第八八八條規定代位繼承，以直系卑親屬之為繼承人，有於繼承開始前死亡，或喪失繼承權，而其有直系卑親屬者，由其直系卑親屬代位繼承之。則如被繼承人之子全部於繼承開始前死亡或喪失繼承權者，孫之為繼承人，究為本位繼承，抑為代位繼承，學說並不一致，以本位繼承說為通說，惟實務上，則採取代位繼承說。但經修正第八八七條，並廢止第八八八條，明定「子」為第一順序繼承人，孫以下之直系卑親屬之為繼承人，非本位繼承，而為代位繼承後，至為明確。即就該問題，昭和三七年之民法修正，以立法解決上開爭論，採取代位繼承說。請參照中川淳著上五九～六〇頁。

[42] 參照史著八〇頁、戴著五八頁、林菊枝前揭文二三二頁。

法第一一四〇條僅規定第一順序之繼承人，有於繼承開始前死亡，或喪失繼承權，為代位繼承之事由，並未限定第一順序繼承人中尚須有一人或數人生存或未喪失繼承權，始有代位繼承之適用，則以被繼承人之親等近者之直系血親卑親屬全部於繼承開始前死亡，或喪失繼承權時，為本位繼承問題，無代位繼承之適用，而須被繼承人之親等近者之直系血親卑親屬一人或數人於繼承開始前死亡，或喪失繼承權，始為代位繼承之原因，初已嫌無據；且如以第一順序繼承人親等近者全部於繼承開始前死亡，或喪失繼承權，為本位繼承時，即由次親等之第一順序繼承人與被繼承人之配偶平均繼承（例如由被繼承人之配偶與孫子女平均繼承），若然，則被繼承人之已死亡或喪失繼承權子女之子女較少者，其應繼分即因之減少，子女較多者，其應繼分即隨之增加，又因孫子女之人數常較子女人數為多，被繼承人配偶之應繼分亦可能減少，此既與各繼承之人原來之繼承期待不合，亦不免有欠公平、合理。職是，在立法上未於第一一四〇條限定第一順序繼承人中一部於繼承開始前死亡，或喪失繼承權始為代位繼承之要件前，第一順序繼承人無論全部或一部於繼承開始前死亡，或喪失繼承權，均應解為由其直系血親卑親屬代位繼承，較為妥適[44]。

二、被代位繼承人須為被繼承人之直系血親卑親屬

我民法第一一四〇條明定，被代位繼承人為「第一一三八條所定第一

[43] 參照陳著四四～四五頁。

[44] 前司法行政部五九年一二月一七日台五九函民字第九一三九號函復內政部謂：「查民法第一一三八條規定直系血親卑親屬為第一順序之遺產繼承人。且該項繼承人有於繼承開始前死亡或喪失繼承權者，由其直系血親卑親屬代位繼承其應繼分，為同法第一一四〇條所明定，本件饒黃子與饒秋子，既係被繼承人林淑惠之直系血親卑親屬，自有繼承其遺產之權。若該二人均於繼承開始前死亡，依上開法條規定，應由其子女代位繼承，至該饒黃子與饒秋子及其子女之國籍何屬，似不影響其為繼承人或代位繼承人之身分，惟遺產中若有土地而其繼承人為外國人時，尚宜注意有無土地法第一七條、第一八條之適用。」（載《民事法令彙編》二四〇頁）其謂被繼承人之直系血親卑親屬，均於繼承開始前死亡，應由其子女代位繼承，云云，可資參考。

順序之繼承人」，即限於被繼承人之直系血親卑親屬始能為被代位繼承人㊺。故被繼承人之其他順序繼承人、配偶，均不得為被代位繼承人，即令其於繼承開始前死亡，或喪失繼承權者，均無代位繼承之適用。惟上開條文，既僅明定以被繼承人之直系血親卑親屬為被代位繼承人，別無親等之限制，是以被繼承人之孫，亦有為被代位繼承人之資格。從而子死後，可由孫代位繼承，該子該孫皆於繼承開始前死亡，或喪失繼承權而有曾孫時，則由曾孫代位繼承。又因直系血親卑親屬不分性別，故被代位繼承人不分男女皆然；已嫁女子於繼承開始前死亡，或喪失繼承權者，自得為被代位繼承人（二〇年院字四一六號、四二四號、四六五號解釋）。

養子女於法既為被繼承人之直系血親卑親屬，亦屬第一順序之繼承人（民一一三八條一款），自得為被代位繼承人㊻。惟繼承開始時，養父母子

㊺ 日本民法第八八七條第二項明定，被繼承人之子女為被代位繼承人；另又於第八八九條第二項規定，於兄弟姊妹為繼承人時，並準用第八八七條第二項之規定。因此日本民法上之被代位繼承人，除被繼承人之子女外，尚承認被繼承人之兄弟姊妹亦得為被代位繼承人。易言之，兄弟姊妹之子女即甥姪，亦得代位繼承伯父、叔父、姑母、舅父之遺產。請參照中川淳著上七九～八〇頁。又，瑞士（民法四五七條～四六〇條）、德國（民法一九二四條～一九二九條），亦均承認旁系血親之代位繼承權。

㊻ 養子女有無為被代位繼承人之資格，解釋例初曾為否定之解釋，後始肯定之，茲列舉說明於次：

司法院二四年院字第一三八二號解釋謂：「民法第一一四〇條所謂代位繼承其應繼分者，以被繼承人之直系血親為限，養子女之子女對於養子女之養父母既非直系血親卑親屬，當然不得適用該條之規定。」此明示養子女之子女並非被繼承人之直系血親卑親屬，故對該養子女之養父母無代位繼承權，從而養子女亦非被代位繼承人。亦即採否定說。

司法院釋字第五七號解釋謂：「民法第一一四〇條所謂代位繼承係以繼承人於繼承開始前死亡，或喪失繼承權者為限。來文所稱，某甲之養女乙拋棄繼承，並不發生代位繼承問題。惟該養女乙及其出嫁之女，如合法拋棄其繼承權時，其子既為民法第一一三八條第一款之同一順序繼承人，依同法第一一七六條第一項前段規定，自得繼承某甲之遺產。」此解釋已間接承認養子女之子女對於養子女之養父母為直系血親卑親屬關係，使前開院字第一三八二號解釋發生動

女關係如已消滅者，因養子女之子女與養親間並無祖父母孫子女關係，其無代位繼承之適用，固不待言。再者，母因前婚姻關係消滅而再婚，於後配偶之繼承開始前死亡或喪失繼承權者，則此母與前配偶所生之子女，既與繼父無血親關係，且母非繼父之直系血親卑親屬，亦即不發生代位繼承之事（參照三三年院字二六五九號解釋）。此外，繼父母子女，非直系血親關係，而為直系姻親，繼子女自不能代位繼承其繼父母（參照二一年院字七四四號解釋），尤為明瞭。

三、代位繼承人須為被代位繼承人之直系血親卑親屬

我民法第一一四〇條明定由被代位繼承人之直系血親卑親屬代位繼承其應繼分，既以被代位繼承人之直系血親卑親屬為限，始得為代位繼承人㊼，則被代位繼承人之其他繼承人即無此權，例如被代位繼承人之父母或配偶均然（二六年渝上字六〇八號、四一年台上字五四六號判例）㊽。

搖。迨後，釋字第七〇號解釋曰：「養子女與養父母之關係為擬制血親，本院釋字第二八號解釋已予說明。關於繼承人在繼承開始前死亡時之繼承問題，與釋字第五七號解釋繼承人拋棄繼承之情形有別。來文所稱，養子女之婚生子女、養子女之養子女、以及婚生子女之養子女，均得代位繼承。」即採肯定說，於是養子女之子女得為代位繼承，養子女有為被代位繼承人之資格，至為明瞭。

㊼ 二九年院字第二〇四八號解釋：「民法繼承編施行前所立之嗣子女，對於施行後開始之繼承，其繼承順序及應繼分與婚生子女同，為民法繼承編施行法第七條所明定。法律上對其與嗣父同一親屬關係之嗣母(民法親屬編施行法第九條)並未限制其代位繼承。來呈所稱已嫁之女，先於其父而死亡，其父之繼承開始，在該編施行之後，依民法第一一四〇條，自應由其嗣子代位繼承其應繼分。」適用上宜予注意。

㊽ 被代位繼承人之配偶，依現行法之規定，並無代位繼承權，從而被代位繼承人之妻不得代位其夫，而繼承翁姑之遺產，如合於民法第一一四九條規定，僅得請求酌給遺產而已（參照二二年院字八五一號解釋）。日本民法，亦不承認配偶之代位繼承權，但立法論上亦有認為應予承認者（請參照泉、久貴等七人著五七頁）。

我國學者中，有認為被代位繼承人之妻（即媳婦無子守志者），舊律承認其得承夫分，而現行法否認之，其在立法政策上為不當者（參照陳著五八頁、戴合

被代位繼承人之孫、曾孫，亦為其直系血親卑親屬，均有代位繼承人之資格，是以子死後，可由孫代位繼承，該子該孫皆於繼承開始前死亡，則由曾孫代位繼承，固不待言。

被代位繼承人之養子女，既亦為其直系血親卑親屬，自得為代位繼承人㊾。惟被代位繼承人於其被收養時所已出生或收養之直系血親卑親屬，有無為代位繼承人之資格？不無疑問㊿。就此問題，尚未見有解釋例，於

著六一～六二頁)。另有認為：現今我國社會已進入工業時代，一般人組小家庭者為多，留居夫家守寡之婦女已少見，縱有之，民法上設有酌給遺產之制度，寡媳享有遺產酌給請求權，足以保護，如民法再承認配偶之代位繼承權，可能引起更多之問題，使繼承關係更趨複雜，例如妻代位繼承翁姑之遺產後改嫁，夫代位繼承岳父母之遺產，此等現象均非當前我國社會國民之感情所能容，如為遷就現實而僅承認妻一方之代位繼承權又有違反男女平等原則之嫌，可謂問題重重。因此，配偶之代位繼承權，在立法政策上有商榷之餘地云云（參照林菊枝前揭文二三三頁）。按不承認配偶代位繼承權之結果，有時確不免發生不公平之情事，但斯時仍有民法第一一四九條酌給遺產之規定可資適用，以期平衡。但如認配偶亦有代位繼承之權，即發生媳婦可代位繼承翁姑之遺產，女婿得代位繼承岳父母之遺產之情事，其取得遺產後仍不妨再婚，既未盡合理，亦與國民之感情互不一致，且又將擴大繼承人之範圍，使問題趨於複雜。兩相比較，立法上仍以否定配偶之代位繼承權為宜。

㊾ 養子女之婚生子女、養子女之養子女、以及婚生子女之養子女，均得代位繼承，應無疑義，且有司法院大法官會議釋字第七〇號解釋，可資依據，則被代位繼承人之養子女有代位繼承資格，至為明確。

㊿ 在日本，關於養子女於收養關係發生前所已存在之子女（包含養子女）有無代位繼承權？在昭和三七年修正民法前，因其原第八八八條規定為：「……死亡、或喪失繼承權者，其有直系卑親屬時(その者に直系卑属があるときは)……」；故亦發生爭論，有否定解釋者，亦有肯定解釋者，通說採否定說，但肯定說認為法條上所謂之「其」（その者）係指被代位繼承人，在文理上甚明，自不必要求代位繼承人須為被繼承人之直系血親卑親屬。但因昭和三七年之民法修正，於第八八七條第二項但書明定非被繼承人之直系卑親屬不得為代位繼承人後，已終止上開爭論，即在現行法下，養子女被收養前所已有之子女，已無代位繼承之餘地。詳請參照中川淳著上七〇頁及七三頁註9。

九六年五月二三日公布增訂第一〇七七條第四項之前，多數說採取否定之見解，認為：代位繼承既為繼承制度之一種，自不能任意排除血親繼承之原則；且代位繼承乃以被繼承人為中心，並非以被代位繼承人為中心之繼承型態，則要求代位繼承人須與被繼承人間有血親關係，乃理之當然，因此被代位繼承人於其被收養前之子女，與被繼承人間既無親屬關係，即不得享有代位繼承權[51]。惟依九六年五月二三日公布增訂之民法第一〇七七條第四項規定，被代位繼承人於被收養時已有之直系血親卑親屬得否為代位繼承人，須視其是否為收養效力所及，即其未成年且未結婚之直系血親卑親屬，概為收養效力所及，而為代位繼承人，至於已成年或未成年已結婚之直系血親卑親屬，如未另於收養認可前為同意表示者，則為收養效力所不及，即非代位繼承人。又，於民國一一〇年一月一三日修正公布之上開規定，已刪除「且未結婚」、「或已結婚」之文字，則自一一二年一月一日修正規定施行後，被代位人於被收養時已有之直系血親卑親屬為未成年者，自為代位繼承人；已成年者如於收養認可前，為同意表示者，亦為收養效力所及，亦為代位繼承人。

再者，被代位繼承人於喪失繼承權後，始出生或收養之子女，有無為代位繼承人之資格？因我民法第一一四〇條僅規定第一順序之繼承人有喪失繼承權者，由其直系血親卑親屬代位繼承其應繼分而已，是否限於其喪失繼承權時已有之直系血親卑親屬，始有代位繼承權，或縱為其喪失繼承權以後所出生或收養者，亦有此權利，尚欠明瞭。按如因被代位繼承人於繼承開始前死亡而發生代位繼承之情事者，除其死亡時已為其胎兒者外，固不可能於其死亡之後再有直系血親卑親屬者，但被代位繼承人於喪失繼承權後，因出生或收養而始有直系血親卑親屬之情形，自有可能，斯時該直系血親卑親屬有無代位繼承人之資格，即不無爭論，有待檢討[52]。就此

[51] 參照陳著五九頁注二，戴著解說（一）三四頁，林菊枝前揭文二二九頁，史著八二頁。

[52] 關於被代位繼承人於喪失繼承權後，始有之直系血親卑親屬，有無代位繼承權，於日本原亦有「代位繼承原因發生時說」與「繼承開始時說」之對立。依前說

問題，學者之見解不一，茲列舉如次：

⑴有採否定說者，認為其於被代位繼承人喪失繼承權當時，既已出生之直系血親卑親屬，因具有繼承期待地位之故，固有其代位繼承權，然於被代位繼承人喪失繼承權以後，其所生之子女，因既無「期待」，焉能有代位繼承權，似應從消極之解釋53。

⑵有認為被代位繼承人之直系血親卑親屬之有無，應以被繼承人繼承開始時為準，蓋無可疑。惟在我國民法，養子女對於養父母之父母，亦有代位繼承權，則喪失繼承權後所收養子女，不免發生疑問。尤其在民法第一一四五條第一項第一款情形，喪失繼承權者若許其於失權後所收養子女，亦得代位繼承，則失權者仍得以此方法間接的達其繼承之目的，顯有背於誠信原則，故應解釋失權後所收養子女，應例外的認為無代位繼承權，而於失權後繼承開始時之出生或受胎子女 ，則無否認其有代位繼承權之理由54。

⑶又有認為宜以被繼承人之死亡為準，不以被代位繼承人死亡或喪失繼承權為準，如此，繼承人失權後再懷胎或收養之子女，仍得代位繼承。然此種解釋可能帶來副作用，即若許其於失權後所收養之子女，亦得代位繼承，則失權者仍得以此方法間接地達到其繼承之目的，顯有背於誠信原則，甚至極可能將收養關係成立以前已出生之子女予以收養使其代位繼承，可謂不但以代位繼承之方式擴大繼承人之範圍，且失權之人可藉此管理養子女以代位繼承所取得之財產，因此立法上仍有商榷之處55。

⑷另有認為，關於代位繼承權之性質，通說及實務採固有權說，即代

須喪失繼承時已存在之直系血親卑親屬始有代位繼承權；依後說代位繼承人於被繼承人死亡即繼承開始時存在已足。昭和三七年之民法修正，於第八八七條第二項採用「繼承開始時說」，被代位繼承人喪失繼承權後始行出生或收養之子女，均可為代位繼承人。請參照中川淳著七一頁，有地亨著〈代襲相續と同時存在の原則〉，載出畠、泉編五二～五六頁。

53 參照陳著五八～五九頁。

54 參照史著八三頁。

55 參照林菊枝前揭文二三〇～二三一頁。

位繼承人有無代位繼承權，不以被代位繼承人死亡或喪失繼承權之時間有無同時存在之繼承地位，卻以被繼承人死亡時間為依據，因此繼承權喪失後出生之子女，宜准代位繼承。至繼承權喪失後之收養子女有無代位繼承權不能一概而論，卻應依其收養目的是否專為代位繼承而斷。如繼承權喪失之人尚有其他可代位之子女與該養子女共同代位繼承時，因共同代位繼承人之應繼分從被代位人之應繼分，對於喪失繼承權人同一順序之其他共同繼承人之應繼分毫不影響，反而喪失繼承權人負起該養子女之教養責任，故此種情形，不妨讓其代位。反之，如繼承權喪失之人無其他子女，而其收養子女專為該子女代位繼承被繼承人之遺產，則依民法第一〇七九條第四、五項規定（現為第一〇七九條之二），不予以認可收養；如法院認為許可收養為妥當時，則無排除該養子女代位繼承之理[56]。

以上各說，均各有其見地。第查，代位繼承之法律上性質既係代位繼承人固有之權利，直接繼承被繼承人之財產，則有無為代位繼承人之資格，於法自應以「繼承開始時」為準，依其是否具備代位繼承之要件而決定之，非以「代位繼承原因發生時」為憑，決定有無為代位繼承人之資格，則雖為被代位人繼承權喪失後始行出生或收養之子女，但於被繼承人死亡而繼承開始時，其既合乎代位繼承之要件，即有資格為代位繼承人。如因其為被代位繼承人喪失繼承權後始具有直系血親卑親屬身分，而剝奪其代位繼承權，於法難謂有據，且亦屬對該被代位繼承人之直系血親卑親屬之一種制裁，於理亦有不妥。再查，現代親子法注重子女之養育、保護，以子女福祉為中心，即所謂以子女為本位，則法院是否認可收養，自以是否增進養子女之福祉為考慮，此觀之民法第一〇七九條之一明定法院認可未成年子女之收養，應依其最佳利益為之，及第一〇七九條之二規定有所列三款情形之一者，應不予認可收養可明，是縱令喪失繼承權之被代位繼承人專為代位繼承而收養子女，亦非對養子女不利，此蓋因該代位繼承所得之遺產（積極遺產），為該代位繼承人所有，即令其屬未成年者亦為其特有財產（民一〇八七條參照），自屬有利，雖喪失繼承權之父母對於未成年子女之

[56] 參照戴合著八二～八四頁。

特有財產有使用、收益之權，與為子女之利益有為處分之權（民一〇八八條參照），仍非對未成年之養子女不利，法院當無僅因該養子女之被收養可享有代位繼承權，而不認可其收養之理57。況且，我民法上之繼承既為財產上一切權利義務之包括的承繼，即繼承人之另一面尚有負責清償繼承債務之問題，則所謂喪失繼承權之人於失權後仍可藉收養子女以達其繼承財產之目的云云，顯未盡然。由上觀之，繼承權喪失後出生之子女，固有代位繼承權，即令繼承權喪失後所收養之子女，亦應解為有代位繼承權，始屬妥當。要言之，被繼承人死亡即「繼承開始時」，已存在之被代位繼承人之直系血親卑親屬（包括胎兒），即有代位繼承權58 59。

57 假裝收養，即假借收養之形式以達成其他目的，例如為賣淫，為蓄婢，或為提高門第，俾便結婚，而欠缺創設真正親子關係之意思者，固應認其收養為無效。惟鑑於親子關係缺乏定型性，而收養目的又具多樣性，故如僅為傳宗接代或繼承遺產等目的所為之收養，雖無親子的身分共同生活事實，仍應認其為有效。請參照陳棋炎等三人著《民法親屬新論》三四〇～三四一頁。

58 前司法行政部五〇年七月二二日台五〇函民字第三九八八號函謂：「查有無繼承權，應以繼承開始時為準（民法第一一四七條、第一一四八條）。本件被繼承人吳阿統係於民國四七年九月五日死亡，是時繼承開始，其女吳順妹早於民國二二（昭和八）年一〇月二〇日死亡，吳順妹之養女彭陳群妹，亦已於民國二七（昭和一三）年三月一〇日再為人收養，從而彭陳群妹並無代位繼承權之可言。」（載《民事法令彙編》二三八頁）該函之意旨，亦認代位繼承權之有無，以繼承開始時為準而決定之。

59 代位繼承權之有無，固應以繼承開始時決定之，亦即於「繼承開始時」，為被繼承人之直系血親卑親屬之被代位繼承人有於繼承開始前死亡或喪失繼承權之情事，從而被代位繼承人之直系血親卑親屬乃有代位繼承權，得直接繼承被繼承人。又，養子女之子女有代位繼承人之資格，亦如前述。第查養子女在收養關係存續中所生之子女，是否亦隨養子女與養父母之終止收養關係而終止其與養方之親屬關係？此情形，因收養關係之終止，原養祖孫關係，自亦隨之消滅（三三年上字五三一八號判例）。但依司法院三四年院解字三〇一〇號解釋：「收養關係終止時，養子女之子女，如經收養者及養子女之同意，不隨同養子女離去收養者之家，則其與收養者之祖孫關係，不因終止收養而消滅。」即在例外情形，如經收養者與養子女之同意，養子女之子女願留收養者之家時，養復次，代位繼承既係代位繼承人本於固有權而直接繼承被繼承人之遺產，其對被繼承人自須非民法第一一四五條所規定之喪失繼承權者，固不待言；如代位繼承人雖對被代位繼承人有喪失繼承權之情形，但如對被繼承人並無喪失繼承權之情事，仍應解為其有代位繼承權，蓋喪失繼承權之效力為相對的（對人的），僅對特定之被繼承人發生其效果，代位繼承人雖對被代位繼承人喪失繼承權，不得為被代位繼承人之繼承人，但對被繼承人既無繼承權喪失之情形，即有繼承之資格，仍不妨其為代位繼承人[60]。

第三項　代位繼承之性質

代位繼承在法律上之性質，學說及各國立法例有不同之見解，即有代位權說與固有權說之分。

子女之子女與收養者之祖孫關係，仍可繼續存在。若然，於該例外情形時，因養子女與其養父母已因終止收養而互無直系血親關係，但該養子女之直系血親卑親屬仍留在收養者之家，與養子女之原養父母，仍有祖孫關係，則於養祖父母死亡時，該留在養家之養孫子女，對之有無代位繼承權，即不無討論之餘地。按代位繼承之發生須被代位繼承人為被繼承人之直系血親卑親屬，經終止收養關係之養子女，已非其原養父母即被繼承人之直系血親卑親屬，則未離去養家之養子女之子女，於與其存有祖孫關係之養祖父母死亡時，依法即無代位繼承權。惟因原被收養之子女雖自收養關係終止時起，已回復其與本生父母相互間之權利義務關係，但留在養家之孫子女，既與養祖父母仍繼續祖孫關係，則其與父母之本生父母之權利義務，仍在停止其效力之狀態中（民一〇七七條第二項、一〇八三條之反面解釋），自亦不得對其父母之本生父母之遺產享有代位繼承權。準此以觀，養子女於收養關係存續中所生之子女，於養子女與養父母之收養關係終止時，依前開司法院所作之例外解釋，經收養者及養子女之同意後，該留在養家之養子女之子女，雖與收養者之祖孫關係存在，但對其父母之原養父母與其父母之本生父母，竟均無代位繼承其遺產之資格，其欠公平，可以概見。實用上，尤須司法判解針對前開司法院院解字第三〇一〇號之例外解釋，於代位繼承之關係上再作配合之解釋，以期合理，至為明瞭。惟司法院之上開例外解釋，紊亂終止收養之效力，似欠允當。

[60] 參照史著八一頁，遠藤、川井等六人編四七頁。

代位權說，以代位繼承人之代位繼承權係承受被代位繼承人之繼承權，亦即代替被代位繼承人之地位而為繼承[61]。固有權說，則以代位繼承人之代位繼承權，並非由被代位繼承人所承受，乃本於其自己固有之權利而直接繼承被繼承人，僅在繼承順序上代襲被代位繼承人之地位而已[62]。

代位權說認為代位繼承係以「被代位繼承人」為中心之繼承型態；固有權說則以代位繼承乃以「被繼承人」為其中心之繼承型態。我司法院二一年院字第七五四號解釋，雖採代位權說，然在以後之二三年院字第一〇

[61] 二一年院字七五四號解釋謂：「已嫁女子死亡時，依法尚無繼承財產權，則繼承開始時之法律，雖許女子有繼承權，而已死亡之女子，究無從享受此權利，其直系卑親屬，自不得主張代位繼承。」係採代位權說。學者胡長清以代位繼承係代位繼承人代替被代位繼承人之地位而為繼承，否則如被代位繼承人原無繼承權，其直系血親卑親屬又何所據而代位繼承其應繼分？認應採代位權說，請參照胡著六三頁及二七九頁以下。

法國民法（七三九條～七四四條）上之代位繼承，採取代位權說，以代位繼承為法律上之擬制，由代位繼承人代理 (représentation) 被代位繼承人而為繼承，從而子女如為繼承缺格者，孫子女即無代位繼承權。請參照中川、泉著一二一～一二三頁。

[62] 二三年院字一〇五一號解釋謂：「凡繼承開始在民法繼承編施行後，如民法第一一三八條所定第一順序之繼承人，有於繼承開始前死亡者，不問其死亡在於何時，其直系血親卑親屬均得依同法第一一四〇條代位繼承其應繼分。」即採固有權說，並已變更前引二一年院字七五四號之見解。三二年上字一九九二號判例亦採固有權說，謂：「……，代位繼承，係以自己固有之繼承權直接繼承其祖之遺產，並非繼承其父之權利，孫女對於其祖之遺產有無代位繼承資格，自應以祖之繼承開始時為標準而決定之，祖之繼承開始苟在同條（按即一一四〇條）所列日期之後，雖父死亡在同條所列日期之前，孫女之有代位繼承權，亦不因此而受影響。」學者亦多數採取固有權說，請參照戴合著五七頁、陳著六〇頁、史著七八頁、林菊枝前揭文二二七～二二八頁、羅著六二頁、李著三四頁。

日本在學說上認為代位繼承為代位繼承人之固有權利，並非代位被繼承人之權利而為繼承。又，德國民法第一九二四條第三項所規定之代位繼承，彼邦學者亦認係採取固有權說。以上請參照中川、泉著一二二～一二四頁。

五一號解釋，則改採固有權說；最高法院三二年上字第一九九二號判例更明白指出代位繼承人之代位繼承係本於固有權利而來。學說方面，亦以固有權說為通說。

按代位繼承人原亦係被繼承人之直系血親卑親屬，本有其繼承權，而繼承開始前之繼承權，僅屬一種期待之地位，或者為期待權，並非原來意義之繼承權，自不能為繼承之標的，則代位繼承人之繼承權，顯非承受被代位繼承人之繼承權，乃以自己固有之權利而為繼承，可以概見。復次，被代位繼承人喪失繼承權，依法仍可由其直系血親卑親屬代位繼承，如不採固有權說，則其喪失繼承權時，已無繼承權之存在，其直系血親卑親屬又何從得而為代位繼承？再查，依民法第一一四四條第一款之規定，被繼承人之配偶，與其直系血親卑親屬同時為繼承人；於代位繼承時，苟非代位繼承人固有權利而為承受被代位繼承人之權利，何以被代位繼承人之配偶在此情形中，不能對被代位繼承人而承襲其權利？參互以觀，現行法所規定之代位繼承權，乃代位繼承人之固有權利，直接繼承被繼承人者，即以採固有權說為妥當，至為明瞭。

第四項　代位繼承之效力

依我民法第一一四〇條規定，代位繼承之效力為代位繼承人代位繼承被代位繼承人之應繼分。代位繼承人乃本於其固有權利，直接繼承被繼承人，惟係以被代位繼承人之順序為繼承；易言之，代位繼承人在繼承順序上為代襲被代位繼承人之位置，而直接繼承被繼承人之遺產。

代位繼承人之應繼分與被代位繼承人之應繼分相同。則代位繼承人僅有一人時，固與原被代位繼承人之應繼分完全相同，如代位繼承人有數人時，其應繼分乃就被代位繼承人之應繼分平均分配之（參照二〇年院字四一六號解釋）。例如：甲有妻乙及丙、丁兩子；丙於甲之繼承開始前死亡，遺有子戊一人；則於甲死亡，即繼承開始時，對甲之遺產，乙、丁與代位繼承丙應繼分之戊，其應繼分均各為三分之一。上開事例，如丙所遺留之子女非僅戊一人，而有戊、己兩人時，則對被繼承人甲之遺產，其應繼分為乙、丁各三分之一，戊、己兩人代位繼承之應繼分，各為六分之一是。又，舊法時，依第一一四二條第二項之規定養子女之應繼分為婚生子女之二分之一，但新法已將該條文刪除，即養子女之應繼分與婚生子女完全相同，已無差異，在代位繼承之適用上，宜併注意及之。

第五節　應繼分

第一項　總　說

所謂應繼分，乃共同繼承時，各繼承人對於共同繼承財產（即遺產）上之一切權利義務所得繼承之比率；易言之，應繼分即繼承遺產應有之成數，不僅權利，且有義務[63][64]。

---

[63] 應繼分之意義，除指共同繼承人對於繼承財產總額之一定「比率」外（民一一四四條、一一四八條參照）；亦指由該比率所算定之各共同繼承人就繼承財產之具體的、現實的「總額」（民一一七三條參照）。又所謂繼承財產，均包括積極的、消極的財產，是宜注意。

[64] 下列最高法院判決要旨，可供參考：

⑴七〇年台上字第三三九五號判決：「繼承人有數人時，在分割遺產前，各繼承人對於遺產全部為公同共有，民法第一一五一條定有明文。而依同法第八二七條第二項規定，各公同共有人之權利，及於公同共有物之全部，故各共有人無所謂有其應有部分。又應繼分係各繼承人對於遺產上之一切權利義務所得繼承之比例，並非對於個別遺產之權利比例。本件訟爭土地於李西彬死亡後，既由上訴人及李磚等共同繼承，自屬上訴人及李磚等公同共有，上訴人就該土地即難謂有應有部分或應繼分。」（載《民事裁判發回更審要旨選輯（二）》一一八～一一九頁）

⑵七二年台上字第一三五號判決：「訟爭房屋既為黃查某遺產，由兩造共同繼承，依民法第一一五一條規定，在分割前應屬兩造公同共有。而在公同共有，並無所謂持分。被上訴人能否請求上訴人協同辦理訟爭房屋保存登記為兩造共有，持分各六分之一，尚非無疑。」（載前揭選輯（三）二四八頁）

⑶七五年台上字第七六九號判決：「應繼分與應有部分，二者之概念不同。應

繼承人僅有一人時，被繼承人所有遺產上之權利義務，應由其全部繼承，自不發生應繼分之問題；然如繼承人有數人時，則其權利義務應由各繼承人共同繼承，此時自須有分配之比率，以資依據。此項比率，即民法上所謂之應繼分。

應繼分之決定，有兩種方法，其一為由被繼承人所指定者，稱為指定應繼分；其二為由法律所規定者，則為法定應繼分。由被繼承人以遺囑指定應繼分，我民法雖無直接之明文規定，但羅馬法上即已有遺囑之制，而遺囑自由原則，並為近代各國民法所認許，我民法第一一八七條亦承認遺囑人於不違反關於特留分規定之範圍內，得以遺囑自由處分遺產。從而在我民法上，自應許應繼分之指定。惟如應繼分之指定，侵害其他繼承人之特留分時，受侵害之繼承人得依法（參照民一二二五條）行使扣減權，自不待言。次查，於實際情形，我國人民立遺囑者，並不多見，即立有遺囑，被繼承人亦未必有應繼分之指定，且縱為指定，因遺囑未備法定方式等各種原因，該指定因此而無效者，亦非無有。是故，自須另以法律規定各繼承人之應繼分，以資適用❻❻。

繼分係各繼承人對於遺產上之一切權利義務，所得繼承之比例；而應有部分乃各共有人對於該所有權在分量上應享有之部分。原審認定被上訴人六人之應繼分共為二十五分之十，而判命上訴人就系爭土地超過應有部分二十五分之十五部分之繼承登記，予以塗銷，將應繼分與應有部分相混，亦屬可議。」（載前揭選輯（四）二八五～二八六頁）

65 於日本，被繼承人指定應繼分者，並不多見，因此，實際上，所謂應繼分即指取得法定應繼分而言。請參照遠藤、川井等六人編七五頁。

66 依臺灣地區與大陸地區人民關係條例第六七條第一項規定：「被繼承人在臺灣地區之遺產，由大陸地區人民依法繼承者，其所得財產總額，每人不得逾新臺幣二百萬元。超過部分，歸屬臺灣地區同為繼承之人；臺灣地區無同為繼承之人者，歸屬臺灣地區後順序之繼承人；臺灣地區無繼承人者，歸屬國庫。」第四項規定：「第一項遺產中，有以不動產為標的者，應將大陸地區繼承人之繼承權利折算為價額。但其為臺灣地區繼承人賴以居住之不動產者，大陸地區繼承人不得繼承之，於定大陸地區繼承人應得部分時，其價額不計入遺產總額。」適用上，決定應繼分時，如有大陸地區人民為繼承人者，併須依上開規定辦理。

第二項　指定應繼分

我民法對於指定應繼分，並未規定[67]。惟遺囑自由原則，既為我民法所承認（參照一一八七條），而遺產繼承亦可謂對財產之死後處分，被繼承人當無不能自由處分其身後所遺財產之理；且法定應繼分之設，亦屬法律推測被繼承人之意思，依據其與繼承人關係之親疏，所為之規定。則尊重被繼承人之意思表示，認其得指定應繼分，自無不宜。外國立法例，如日本民法第九〇二條第一項明定被繼承人自己得以遺囑指定共同繼承人之應繼分，或委託第三人指定之；德國民法第二〇四八條及瑞士民法第六〇八條亦規定被繼承人得以遺囑或依遺產分割方法之指定，將遺產中之某物歸屬於特定之繼承人。職是，在我民法之解釋上，自應承認被繼承人所指定之應繼分，許其以自由意思指定應繼分[68]。司法院二一年院字第七四一號解釋，認為應尊重立遺囑人之意思，即亦從肯定之見解。

被繼承人指定應繼分之方法，解釋上應以遺囑之方式為之。蓋遺囑為嚴格之要式行為，可資憑信，並足以保障被繼承人之自由意思；且如不以遺囑為之，而許被繼承人以生前行為指定之，易啟親屬間之失和不睦，徒增紛擾。故應繼分之指定應解為須以遺囑為之[69]。日本民法第九〇二條第一項前段明定指定應繼分須以遺囑為之，可資參考。從而，應繼分之指定如非以遺囑為之，或欠缺遺囑之法定方式者，該指定即屬無效。

復次，被繼承人以遺囑指定應繼分，不得違反特留分之規定。此於日本民法第九〇二條第一項但書明定之。按特留分乃為保障繼承人利益，防止遺囑自由之弊端，並維持公益而設之制度，為貫徹法律規定特留分之意

[67] 我民法原於第一一四三條另規定有指定繼承人，惟新法已將之刪除，詳如本章第三節第一項所述。

[68] 我國學者均認為應許指定應繼分。請參照陳著六三頁、戴合著六五頁、史著七一頁、胡著四五頁、羅著四二頁、李著三五頁。

[69] 我國學者亦均認為指定應繼分，須以遺囑為之。請參照陳著六三頁、戴合著六五頁、史著七二頁、胡著四六頁、羅著四三頁、李著三五頁。

旨，解釋上，指定應繼分應不許違反特留分⑰。惟被繼承人之指定應繼分如有侵害特留分情事時，參酌民法第一二二五條規定特留分權利人之權利受侵害時，得行使扣減權，以保全其特留分以觀，應解為其指定並非因之而無效，僅為特留分受侵害之人得按其不足之數，請求扣減而已⑱；易言之，斯情形應類推適用民法第一二二五條關於遺贈侵害繼承人特留分時繼承人行使扣減權之規定。例如甲有子女乙、丙、丁三人，如甲指定應繼分為乙二分之一、丙三分之一、丁六分之一時，固無侵害特留分之情事；但如係指定乙十二分之九、丙六分之一、丁十二分之一時，丁之特留分即受侵害十二分之一，可對乙行使扣減權是。應繼分之指定為單獨行為，其指定如表示一定之應繼分比例，固甚明確；但如已表示應繼分而將各具體財產分配於各繼承人，亦屬明瞭，例如甲有子女乙、丙、丁三人，對其遺產一二〇萬元，指定給與乙六〇萬元之不動產、丙三〇萬元之現款、丁三〇萬元之債權，亦無不合。惟如僅將現實之一定財產給與各繼承人時，例如僅表示A土地給與乙、B土地及C房屋給與丙、D動產給與丁，則其究為應繼分之指定，抑屬遺產分割方法之指定，或僅為對於各繼承人之遺贈，即發生解釋遺囑之困難問題，斯時即應斟酌各情節，具體決定之⑲⑳。

---

⑰ 參照陳著六三頁、戴合著六五頁、史著七四頁、胡著四六頁、羅著四六頁、李著三五頁。

⑱ 同⑰，並請參照遠藤、川井等六人編七八頁。應併為說明者，依臺灣地區與大陸地區人民關係條例第六七條第一項之規定，被繼承人在臺灣地區之遺產，由大陸地區人民依法繼承者，其所得總額，每人不得逾新臺幣二百萬元，已如前述，則如被繼承人對其在大陸地區之繼承人指定應繼分逾新臺幣二百萬元者，其超過部分，因違反禁止規定，應屬無效，而非其他繼承人得行使扣減權之問題；至指定應繼分在新臺幣二百萬元以內，如有違反特留分情事時，始為特留分受侵害人得請求扣減之問題。

⑲ 參照中川淳著上二一四～二一五頁，泉、久貴等七人著一一四～一一五頁。

⑳ 應繼分之指定與遺贈有所不同。詳言之，於指定應繼分時，其優先於法定應繼分而適用，所指定者縱未及繼承人之法定應繼分，該指定仍有其效力；遺贈時，繼承人之中即令有受遺贈，各繼承人仍按法定應繼分取得繼承財產。又遺產中如有債務時，於指定應繼分之情形，繼承人相互間固按指定應繼分之比例負擔

再查，應繼分之指定，如就全體繼承人為之，固無問題。然如被繼承人僅就共同繼承人中之數人或一人指定應繼分，則其他未經指定者之應繼分，應如何決定之，即不無疑問。對此問題，日本民法第九〇二條第二項規定，未經指定之其他共同繼承人之應繼分，仍依其法定應繼分定之。我國民法既明定有法定應繼分，有此情形時，應解為部分之指定仍為有效，其他未經指定之繼承人，則依民法第一一四一條及第一一四四條之規定定其應繼分⑭。例如被繼承人甲有子女乙、丙、丁三人，甲僅指定乙之應繼分為二分之一，則丙、丁二人之應繼分即各為四分之一是。

另外，應繼分之指定，除被繼承人自己以遺囑為之外，能否以遺囑委託第三人代為指定？自不無疑問。外國立法例，如日本民法（九〇二條一項）、德國民法（二〇四八條）許被繼承人委託第三人指定應繼分。我國學者以採肯定說者為多⑮。按遺囑成立後，至被繼承人死亡，遺囑發生效力（民一一九九條）之間，遺產之增減及繼承權人之出生、死亡等各情事，均不免發生而有所變更，如得委託第三人依繼承開始時之實際情況而指定應繼分，即有其便利，自不妨由被繼承人委託其所信賴之第三人，於法律限制之範圍內為指定；再斟酌民法第一一六五條第一項之規定，被繼承人除得自己以遺囑定分割遺產之方法外，亦得以遺囑委託他人代定。解釋上，以採肯定說為宜。又此之所謂第三人，亦可能有不同之見解，但以解為與繼承無關係之人為妥，亦即應為繼承人與受遺贈人以外之人⑯。被繼承人

之（民一一五三條二項參照），但對於被繼承人之債權人仍應負連帶責任（同條一項參照）；於遺贈，各繼承人相互間仍按其應繼分之比例負擔債務，至遺贈如有侵害特留分之情事，得予扣減，乃另一問題。

又指定應繼分時，繼承人並不能執此對抗被繼承人之債權人，債權人之債權，不因此而受影響。請參照遠藤、川井等六人編七九頁。

⑭ 參照史著七四頁、羅著四四～四五頁。

⑮ 陳著六四頁、戴合著七二頁、史著七二頁、胡著四五頁、李著三五頁，均採肯定說。惟羅著四三頁則採否定說，認為：「鄙意法無明文規定，不宜過為擴張之解釋。指定應繼分，事關重大，似應由被繼承人親自為之，方足以昭鄭重，非可假手於第三人也。」

委託第三人指定應繼分既亦應以遺囑之方式為之，則如其僅於生前委託第三人代為指定者，即不發生指定之效力。至受託之第三人如僅就共同繼承人中之數人或一人指定應繼分者，未經指定之其他共同繼承人之應繼分，仍適用法定應繼分，與前述之被繼承人自為一部之指定，發生一部之效力者，亦無不同。

指定應繼分之效力，應優先於法定應繼分而適用；從而如有指定應繼分之情形，則其他繼承人之法定應繼分，即行變更。至指定應繼分如有侵害繼承人特留分權利之情事，該繼承人之得行使扣減權，乃別一問題，亦如前述。又應繼分之指定，如係被繼承人自為之者，該指定之效力，係於遺囑發生效力時發生（參照民一一九九條）；若為被繼承人委託第三人指定者，於遺囑發生效力時，經第三人為指定後，溯及於繼承開始時發生效力，固不待言。

第三項　法定應繼分

共同繼承人之應繼分，解釋上固可由被繼承人以遺囑指定或委託第三人指定之，已如前項所述。惟如有下列情形之一者，即應適用法定應繼分以決定之：⑴被繼承人未以遺囑為應繼分之指定者；⑵被繼承人指定應繼分之遺囑無效或經撤回者；⑶受被繼承人委託指定應繼分之第三人不為指定者；⑷被繼承人或受委託之第三人僅對繼承人中之數人或一人指定應繼分，未就全體共同繼承人均指定應繼分者。我民法第一一四一條及第一一四四條即為法定應繼分之規定。茲分別說明如次：

一、配偶之法定應繼分

我民法第一一四四條規定配偶有相互繼承遺產之權利，且原則上須與民法第一一三八條各款所定順序之繼承人共同繼承，而其法定應繼分，則又視其與之共同繼承之各順序繼承人之不同，而有不同之比率；若無第一一三八條所定各順序之繼承人時，則生存配偶之應繼分為遺產之全部。茲詳為論述如下：

---

76 詳請參照中川淳著上二一六～二一七頁。

㈠配偶與第一順序之直系血親卑親屬共同繼承時

配偶與第一一三八條所定第一順序之繼承人同為繼承時，其應繼分與他繼承人平均（民一一四四條一款）。從而——

⑴配偶與直系血親卑親屬共同繼承時，不論該直系血親卑親屬為自然血親或法定血親[77]，其應繼分與他繼承人平均，即按人數平均繼承。例如被繼承人甲有配偶乙、子女丙、丁為其繼承人時，則乙、丙、丁之應繼分各為三分之一，不論丙、丁為婚生子女抑養子女，均無不同。

⑵民法第一一七六條第一項規定：「第一一三八條所定第一順序繼承人中有拋棄繼承權者，其應繼分歸屬於其他同為繼承之人。」及同條第五項規定：「第一順序之繼承人，其親等近者均拋棄繼承權時，由次親等之直系血親卑親屬繼承。」則配偶如與孫子女共同繼承時，仍按人數平均繼承。例如甲之繼承人為配偶乙及子女丙、丁，丙、丁均拋棄繼承時，如丙之子女為A、B，丁之子女為C、D、E，則乙即與孫子女A、B、C、D、E共同繼承，其應繼分均各為六分之一是。

⑶依上說明，配偶與第一順序之直系血親卑親屬同為繼承人時，其應繼分因與其為共同繼承人之人數多寡而有差異，即其應繼分並非固定不變[78]。此與後述之配偶與第二、三、四順序之父母、兄弟姊妹、祖父母共

[77] 我民法原於第一一四二條第二項規定：「養子女之應繼分，為婚生子女之二分之一。但養父母無直系血親卑親屬為繼承人時，其應繼分與婚生子女同。」新法已將之刪除，則養子女之繼承順序及應繼分，均與婚生子女相同。其詳已如本章第三節第一項中所述，請參照之。

[78] 日本民法第九〇〇條第一款明定，配偶及子女同為繼承人時，配偶之應繼分為遺產之二分之一。德國民法第一九三一條第一款亦明定，配偶與第一順序之直系血親卑親屬同為繼承人時，其應繼分為遺產四分之一。易言之，依上開立法例，配偶與第一順序繼承人共同繼承時，其應繼分亦為固定，而非與直系血親卑親屬平均繼承。此亦可供我國將來立法上之參考。即立法上除宜將配偶之應繼分，予以固定外，並宜增加配偶之應繼分，且應斟酌民法第一〇三〇條之一，夫妻之一方死亡時，他方取得夫妻剩餘財產分配債權之情形，決定配偶之應繼分，以切合實際。

同繼承時，其應繼分為固定之比率者，有所不同。

⑷民法第一一三八條第一順序之親等近者之子女如全部於繼承開始前死亡或喪失繼承權者，配偶如與孫子女共同繼承時，於此孫子女為繼承人之情形，究屬代位繼承，抑為本位繼承，固有不同之見解，其應繼分之決定，即有不同，但似解為代位繼承為妥，已於本章第四節第二項中論敘之，請參照之，茲免贅述。

⑸民法親屬編經修正後，重婚為無效婚（民九八五條一項、九八八條三款），後婚當事人並非配偶，其相互間已無繼承之問題；一人同時與二人以上結婚，亦為無效婚（民九八五條二項、九八八條三款），其相互間亦無繼承之問題，已於本章第三節第五項中說明之，茲免詞費。

㈡配偶與第二順序之父母或第三順序之兄弟姊妹共同繼承時

配偶與第一一三八條所定第二順序或第三順序之繼承人同為繼承時，其應繼分為遺產二分之一（民一一四四條二款）。例如被繼承人甲並無直系血親卑親屬，其繼承人為妻乙、父丙、母丁時，則乙之應繼分為二分之一時，丙、丁之應繼分各為四分之一是。又如被繼承人甲無直系血親卑親屬，亦無父母，其繼承人為妻乙及兄弟姊妹丙、丁、戊時，則乙之應繼分為二分之一，丙、丁、戊之應繼分各為六分之一是。再查，民法第一一七六條第二項規定：「第二順序至第四順序之繼承人中，有拋棄繼承權者，其應繼分歸屬於其他同一順序之繼承人。」是故，與配偶同為繼承之父母或兄弟姊妹之中，有拋棄繼承權者，配偶之應繼分仍固定為二分之一，不受影響。

依上說明，配偶與第二順序之父母或第三順序之兄弟姊妹共同繼承時，其應繼分為固定不變，不因其他同為共同繼承人之人數多寡而有不同，即令第二順序或第三順序之繼承人中有拋棄繼承者，亦然。

㈢配偶與第四順序之祖父母共同繼承時

配偶與第一一三八條所定第四順序之繼承人同為繼承時，其應繼分為遺產三分之二（民一一四四條三款）。例如被繼承人甲無直系血親卑親屬、父母及兄弟姊妹，其繼承人為妻乙及（內、外）祖父母丙、丁、戊、己時，則乙之應繼分為三分之二，丙、丁、戊、己之應繼分各為十二分之一是；

如繼承開始時，祖父母僅有丙、丁為繼承人時，則丙、丁之應繼分各為六分之一是。再依民法第一一七六條第二項之規定，祖父母中有拋棄繼承權者，配偶之應繼分仍固定為三分之二。是故，配偶與第四順序之祖父母共同繼承時，其應繼分為固定不變，不因祖父母人數之多寡或其中有拋棄繼承者而有變更。

㈣配偶並無第一順序至第四順序之繼承人與其同為繼承人時

無第一一三八條所定第一順序至第四順序之繼承人時，配偶應繼分為遺產全部（民一一四四條四款）。被繼承人既無直系血親卑親屬，又無父母、兄弟姊妹及祖父母為其繼承人時，則其遺產全部為配偶所繼承，至為明瞭。惟於此情形，配偶既為唯一之繼承人，遺產由其單獨繼承，嚴格言之，已無應繼分之問題。

二、同一順序繼承人之應繼分

我民法以均分繼承為原則，故於第一一四一條規定：「同一順序之繼承人有數人時，按人數平均繼承。但法律另有規定者，不在此限。」此所謂「法律另有規定者」，即前述民法第一一四四條所規定配偶之應繼分；易言之，配偶與第一一三八條所定第二順序至第四順序之繼承人同為繼承時，須先行算定配偶之固定應繼分後，其餘應繼分方由各該順序之繼承人按人數平均繼承（參照三六年院解字三七六二號解釋（五）），先予說明。

平均繼承之原則，不僅第一順序繼承人為然，即為第二順序之父母、第三順序之兄弟姊妹及第四順序之祖父母，其同一順序之繼承人，通常亦皆有數人，不止於一人，故在各順序內亦應按人數平均繼承，同一順序之各共同繼承人之法定應繼分，均屬相同[79]。

至於代位繼承人之應繼分，依民法第一一四〇條之規定，其既代位被代位繼承人之應繼分，則如代位繼承人有數人時，自應均分此一應繼分，亦甚明瞭。

---

[79] 日本民法第九〇〇條第四款明定，非婚生之直系血親卑親屬之應繼分，為婚生之直系血親卑親屬應繼分之二分之一。亦即對婚生子女與準婚生子女之應繼分，予以差別之待遇。我國民法則非婚生子女依法視為婚生子女者，與婚生子女，均平均繼承其父之遺產，待遇完全相同，毫無差別。

第六節 繼承權之喪失

第一項 總 說

繼承權人對於被繼承人或其他應繼承人有重大違法或不道德行為，或就有關繼承之遺囑有詐偽行為時，則依法剝奪其繼承之資格，使其喪失繼承人之地位，是為繼承權之喪失。繼承人雖有繼承能力，且可位居繼承順序，但如其與被繼承人之共同生活關係，業已破壞，倘仍許其繼承被繼承人之遺產，即不能維持道義，有違承認繼承制度之本旨。職是，民法之規定喪失繼承權制度，其性質上，帶有私法罰之色彩。

因繼承人之重大不道德行為，而剝奪其繼承資格之思想，於古日耳曼法及羅馬法上，即已有之。日耳曼法諺謂：「血手不能為繼承人」(Die blutige Hand nimmt kein Erbe.)，故殺害被繼承人者，固無權為繼承人；即以暴力奪取或毀損被繼承人之財物者，亦喪失就該財物之繼承權。羅馬法上，繼承人致被繼承人於死者，該繼承人原應繼承之財產，依法即予以沒收，將之歸屬國庫；該沒收繼承財產之規定，性質上乃民事責任與刑事責任尚未分化時之制裁[80]。

近代各國亦皆有關於繼承權喪失之規定，惟就其是否當然發生繼承權喪失之效果，有兩種不同之立法例，一為繼承人有喪失繼承權之事由時，其效力當然發生者（例如日民八九一條、瑞民五四〇條、法民七二七條）；另一為基於喪失繼承權之原因，由有繼承利益之人對於喪失繼承權之人，提起繼承財產取得撤銷之訴，經判決確定，始發生繼承權喪失之效果（例如德民二三三九條至二三四四條）。此外，日本民法除於第八九一條為關於繼承權喪失（繼承缺格）之規定，其事由發生，當然喪失繼承資格外；另於第八九二條至第八九五條設有廢除繼承人之制度，於一定之原因發生時（即虐待被繼承人，或加以重大侮辱時，或推定繼承人有顯著之惡行時），

[80] 參照陳著六九頁，中川淳著八六～八七頁。

依被繼承人之意思而剝奪繼承人資格，其反道德行為之程度，較諸前者為輕，且於程序上尚須經家庭裁判所之裁判，始生剝奪繼承權之效力，亦與前者之當然發生效力者有異81。

第二項　繼承權喪失之原因

我民法第一一四五條第一項規定有五款喪失繼承權之原因。惟所規定之五款規定，係列舉之規定，而非例示之規定，故不應作類推之適用，是宜注意。茲就繼承權喪失之原因，分別說明如次：

㈠故意致被繼承人或應繼承人於死或雖未致死因而受刑之宣告者（民一一四五條一項一款）

依本條第一項第一款之規定，其情事有四，即：⑴故意致被繼承人於死，因而受刑之宣告者；⑵故意致應繼承人於死，因而受刑之宣告者；⑶雖未致被繼承人於死，因而受刑之宣告者；⑷雖未致應繼承人於死，因而受刑之宣告者。

所謂「應繼承人」者，指繼承順序在前或同一順序之繼承人而言；如殺害其人，或可使其繼承順序及於本身或可不受應繼分之拘束。至後順序之繼承人，則宜解為不包括在內82，因順序在後者並不得超越其順序而為繼承之故。又所謂「致死」者，乃既遂犯；「未致死」者，即未遂犯之謂；惟預備殺人，如受刑之宣告，亦包括在內83。

依本款情事而喪失繼承權，於適用上須注意者有二：

1.須有致死之故意——繼承人致被繼承人或應繼承人於死，以具有故意為限，至其動機是否謀奪遺產，則非所問；如係出於過失，即非喪失繼承權之原因。行為時不知其為被繼承人或應繼承人而殺之者，嗣後雖知，

81 參照中川淳著上八六頁、九六頁，遠藤、川井等六人編五一～五四頁。

82 參照戴合著七七頁、羅著四九頁、胡著五一頁。又日本民法第八九一條第一款明定，故意致被繼承人、先順序或同順序之繼承人於死……為喪失繼承權事由云云，可資參考。

83 參照陳著七一頁、戴合著七八頁、史著九二頁。

非本款之情事。又若無致人於死之意思，僅因傷害而致死者，亦非本款之情事，固不待言；惟傷害行為，情節上有時屬重大之虐待或侮辱，如經被繼承人表示其不得繼承時，則為另一喪失繼承權之原因（民一一四五條一項五款）。

2.須已受刑之宣告——所謂已受刑之宣告，指諭知科刑之判決業已確定者而言；至其為正犯、從犯、教唆犯，在所不問。若因正當防衛、緊急避難或無犯罪能力而皆未受刑之宣告，均不適用本款。又諭知科刑之判決如已確定，即已喪失繼承權，已否受刑之執行，亦非所問。惟繼承人雖受刑之宣告，但併經宣告緩刑者，如緩刑期滿而緩刑之宣告未經撤銷者，因刑之宣告失其效力（刑七六條參照），在法言法，其繼承權並不喪失[84]。

㈡以詐欺或脅迫使被繼承人為關於繼承之遺囑，或使其撤回或變更之者（民一一四五條一項二款）

依本條第一項第二款之規定，其情事有六，即：⑴以詐欺使被繼承人為關於繼承之遺囑者；⑵以詐欺使被繼承人撤回其關於繼承之遺囑者；⑶以詐欺使被繼承人變更其關於繼承之遺囑者；⑷以脅迫使被繼承人為關於繼承之遺囑者；⑸以脅迫使被繼承人撤回其關於繼承之遺囑者；⑹以脅迫使被繼承人變更其關於繼承之遺囑者。

所謂「關於繼承之遺囑」，特指與繼承有關之遺囑而言，例如為應繼分之指定、遺產分割方法之指定等，固為關於繼承之遺囑，即其他遺囑而可發生繼承法上之效果者，例如對於非婚生子女之認領，亦不失為關於繼承之遺囑。反之，如監護人之指定（民一〇九三條），則與繼承無關，縱有類似本款之情事，亦不在適用範圍之內。又此所謂之遺囑，須為有效者，倘屬無效之遺囑，例如無遺囑能力人所為之遺囑，或不備法定方式之遺囑，或違反公序良俗之遺囑，則無妨害之可能，縱有本款之非行，自無本款之適用。所謂「詐欺」，乃使用詐術使被繼承人陷於錯誤而為意思表示，或利用被繼承人之錯誤而使其為意思表示。所謂「脅迫」，謂使被繼承人發生畏

[84] 同說：史著九一頁、胡著五一頁。認已受刑之宣告者，縱為緩刑之宣告，亦應喪失繼承權者，則有陳著七一頁、戴合著七八頁、羅著五一頁。

怖而為意思表示。凡因此為關於繼承之遺囑或撤回之或變更之，均非出於被繼承人之本意，係侵害被繼承人關於繼承之遺囑自由之行為，自應剝奪該繼承人之繼承權。

㈢以詐欺或脅迫妨害被繼承人為關於繼承之遺囑，或妨害其撤回或變更之者（民一一四五條一項三款）

本項第三款與第二款所不同者，乃第二款係對於關於繼承之遺囑有積極的行為，本款則為消極的有所妨害；易言之，本款乃使被繼承人對於關於繼承之遺囑不作為。本款所規定之情事，比照第二款，亦有六種狀態，可參照之，此不必詳及。

㈣偽造、變造、隱匿或湮滅被繼承人關於繼承之遺囑者（民一一四五條一項四款）

依本條第一項第四款之規定，其情事有四，即：⑴偽造被繼承人關於繼承之遺囑；⑵變造被繼承人關於繼承之遺囑；⑶隱匿被繼承人關於繼承之遺囑；⑷湮滅被繼承人關於繼承之遺囑。

所謂「偽造」、「變造」，乃使遺囑之內容失其真實。所謂「隱匿」、「湮滅」，則使遺囑不能執行。其不正之行為均害及繼承權之存在，故列為繼承權喪失之原因。

又本款與第二款、第三款之情形相類，均不問偽造、變造、隱匿、湮滅、詐欺及脅迫之結果，對該繼承人是否有利，只須有各該款之行為，即為適用之對象，喪失其繼承權[85]。

㈤對於被繼承人有重大之虐待或侮辱情事，經被繼承人表示其不得繼承者（民一一四五條一項五款）

依本條第一項第五款之規定，其情事有二，即：⑴對於被繼承人有重

[85] 同說：史著九五頁、胡著五三頁、李著四一頁。陳著七二頁則認為：無論詐欺、脅迫，或偽造、變造、隱匿以及湮滅，皆須分別情形予以檢討。詳言之，有為自己利益為之者；有為他繼承人或受遺贈人利益為之者；且有時或可能為被繼承人本人之利益而為之者。因此，該人是否應該喪失其繼承權，似應作限制的解釋，始合乎情理云云。

大之虐待，經被繼承人表示其不得繼承者；(2)對於被繼承人有重大之侮辱，經被繼承人表示其不得繼承者。

依本款構成喪失繼承權之要件有二：

1. 對於被繼承人有重大之虐待或侮辱——虐待，乃對被繼承人之身體或精神，予以痛苦之謂。侮辱，則為對被繼承人之人格有毀損之謂。至於虐待或侮辱以重大為必要，重大與否，應以客觀情狀具體定之，不得由被繼承人之主觀意思決之[86]。蓋本屬重大，而被繼承人不以之為重大，自可不表示其不得繼承；若原無重大性，而被繼承人竟視為重大，將其繼承權剝奪，則特留分制度即無意義，自有未合。故如以主觀為準，則重大二字之設，不啻具文，自非允當，亦非保護繼承人之道。又，被繼承人（父母）終年臥病在床，繼承人無不能探視之正當理由，而至被繼承人死亡為止，始終不予探視者，衡諸我國重視孝道固有倫理，足致被繼承人感受精神上莫大痛苦之情節，亦屬重大虐待之行為（參照七四年台上字一八七〇號判例）。

2. 須經被繼承人表示繼承人不得繼承——有繼承權人雖對被繼承人有重大之虐待或侮辱，但未經被繼承人表示其不得繼承，仍不喪失其繼承權。詳言之，虐待或侮辱是否重大，雖應依客觀情狀定之，然若被繼承人主觀上認為並非重大，或雖屬重大而甘願忍受，法律亦無介入之必要。因此繼承權人之喪失繼承權，另須以被繼承人之表示為必要。此之表示，不必以遺囑為之(二二年上字一二五〇號判例)，生前行為亦可，但如以遺囑為之，須有遺囑能力，並具備法定之方式，固不待言；又不以明示為限，默示亦無不可。

具備上開兩要件，始發生繼承權喪失之效力，然以之與第一款相較，本款尚屬相對之喪失，而非絕對之喪失，因繼承權人縱對被繼承人有重大之虐待或侮辱，但被繼承人如未表示剝奪其繼承權，繼承權依然存在，不受影響是也。

綜上說明，依我民法第一一四五條第一項之規定，喪失繼承權之原因，

---

[86] 參照陳著七四頁、戴合著八〇頁、史著九六頁、胡著五四頁、羅著五五頁。

共有五款之情事。復次，同條第二項復規定：「前項第二款至第四款之規定，如經被繼承人宥恕者，其繼承權不喪失。」所謂宥恕，乃對於繼承權人因其不法或不德行為，付諸不咎之感情表示；其無須一定之方式，若繼承權人有本條第一項第二款至第四款之行為，被繼承人知其情後，仍以遺囑對其為應繼分之指定，或為遺產分割方法之指定，即可認為已經宥恕是。易言之，本條第一項第二款至第四款所規定喪失繼承權之情事，為相對之喪失，可因事後之宥恕，不喪失繼承權，又回復其繼承人之資格。再由同條第二項之反面觀之，第一項第一款致被繼承人或應繼承人於死或雖未致死，因而受刑之宣告者，雖經宥恕，已喪失之繼承權，仍無從回復，則為絕對之喪失。至本條第一項第五款之情形，如業經被繼承人表示其不得繼承時，嗣後得否因被繼承人之宥恕而回復繼承權？我民法對此並無明文。惟第五款之失權，既係依被繼承人之表示而剝奪繼承權人之繼承權，自宜解為亦得因其事後之宥恕而回復繼承權[87]。

第三項　繼承權喪失之效力

我民法第一一四五條第一項列舉規定五款喪失繼承權之原因，一有法定情事發生，即當然發生喪失繼承權之效力，無須由法院以裁判宣告之。

繼承權喪失之效力，固於法定事由發生時而發生失權之效果。一般情形，固以發生於「繼承開始前」者為多；然亦有於「繼承開始後」始行發生者，例如本條第一項第一款或第四款之情事，即有可能於繼承開始後，

[87] 同說：戴合著七九頁、陳著七四頁、史著九九頁。陳顧遠氏則認為：其對被繼承人有重大之侮辱與虐待，實為極不道德之行為，被繼承人又表示其不得繼承，業已恩絕義盡，事後撤回該意思表示，未必即屬出諸被繼承人之本意，自以不許撤回為是，藉使不孝不仁不友不恭之繼承人知所警惕。退而言之，被繼承人如果有不念舊惡之意思，無妨於生前贈與其財產而為救濟，遺贈方面雖準用本條各款，對於喪失繼承權之人似乎不能享有受遺贈之權，但既為「準用」即非全然適用，被繼承人如對第一項第五款情形，果為宥恕，衡法揆理，似可許其用遺贈方法，而使該缺格者享有受遺贈之權利云云（請參照司法官訓練所第九期講義《民法繼承編實用》一三頁），亦可資參考。

始確定其繼承權喪失是，斯情形，因喪失繼承權者，本不得有繼承權，從而自應解為溯及繼承開始時發生效力，縱事實上曾為繼承者，亦依法自始非為繼承人。

繼承權人之喪失繼承權，僅對於被繼承人喪失其繼承權而已，仍不妨更為他人之繼承人。易言之，依本條而喪失繼承權並非全然剝奪其繼承能力，僅係對於某一被繼承人方面有喪失繼承權之情事者，乃喪失其繼承權，其對他人另有之繼承權，則不因此而受影響。例如以脅迫妨害其父為關於繼承之遺囑者，雖喪失對其父之繼承權，但其仍可為母或兄弟姊妹之繼承人是。

繼承權人喪失其繼承權時，其直系血親卑親屬有代位繼承權，民法第一一四〇條定有明文。關於喪失繼承權所發生代位繼承之各種問題，已詳述於本章第四節，請參照之，茲免複述。

再者，繼承人繼承權之喪失，對於第三人亦生效力。因此喪失繼承權者如對於第三人以繼承人之資格所為讓與繼承財產之處分行為，應屬無權處分，其效力未定（民一一八條），如真正繼承人不予承認時，第三人並不能取得權利，真正繼承人得請求其返還該繼承財產。惟第三人關於動產，如受民法第八〇一條及第九四八條善意受讓之保護，關於不動產，如受民法第七五九條之一第二項、土地法第四三條信賴登記之保護，第三人所取得之權利，不受影響，自當別論。

第七節　繼承回復請求權

第一項　總　說

1.繼承因被繼承人死亡而開始（民一一四七條），又因繼承開始，繼承人即可包括的取得被繼承人一切財產上權利義務（民一一四八條），是為我民法所採取之「當然繼承」主義及「包括的繼承」主義，而與大陸法系國家立法，殆無不同[88]。申言之，繼承人因繼承，在法律上業已承繼被繼承人一切繼承財產。惟此取得，僅為「觀念」上取得，而在實際上，繼承人未必對每一個個別的繼承財產為實際上支配。即真正繼承人是否現實的占有繼承財產，尚有發生糾紛之餘地。

2.因不問繼承人知悉繼承已經開始，或自己是否為繼承人，惟有繼承開始原因事實發生（即被繼承人死亡），始在法律上當然開始繼承，故真正繼承人被排除於繼承關係之外者，時所恆有。又因繼承人於繼承開始時，即當然承受被繼承人財產上之非專屬性之權利義務，無庸辦理任何手續（拋棄繼承：民一一七四條，規定為要式行為，故應除外）；且又不必現實的占有遺產（因繼承而取得不動產物權者，亦無庸登記；但將要處分該物權時，則非登記不可：民七五九條），故繼承人以為自己業已合法繼承遺產，但其實遺產另由他人擅加占有之例，自非必無。

3.如從非真正繼承人即現實占有繼承財產之人立場言之，則於次述場合，將可發生繼承財產被侵害問題：①喪失繼承權人（民一一四五條）或後順序繼承人（請參照民一一三八條）等，知悉或不知悉自己不是真正繼承人，但因故意或過失而占有繼承財產時；②雖為真正繼承人，但因排除其他共同繼承人（包括代位繼承人：民一一四〇條）而占有繼承財產時；③僭稱其為真正繼承人（或表見上可視為真正繼承人之人）而占有繼承財

---

88 例如：德民一九二二條、八五七條、八四七條、三八條等；法民七一八條、七二四條、七一一條、一三八二條等；瑞民五三七條一項、五六〇條等；瑞士債務法四七條；日民八八二條、八九六條等。所謂「當然繼承」之原則是。
在羅馬法上，繼承財產並不因被繼承人死亡而當然歸屬於繼承人，而應俟繼承人承認，始能發生繼承財產歸屬之效力。申言之，繼承人承認繼承以後，該財產始溯及的歸屬於繼承人；至於繼承之拋棄，乃僅有「不予以承認之消極的意思表示」之意義而已。
在英國法上，繼承財產應先歸屬於繼承財產管理人或遺囑執行人，經其清算後，如有賸餘，繼承人始能請求交付賸餘財產，故英國法上之繼承人，不是被繼承人遺產之當然繼承人。在奧國民法上，繼承財產由法院決定交付繼承人時，始能發生遺產歸屬之效力。故繼承之承認，乃係請求交付繼承財產之意思表示。關於「繼承財產之歸屬」，請參照中川編註釋上一〇七頁；陳著一五一頁以下。

產時；④雖不主張自己為繼承人，但由該人現實的占有繼承財產時；⑤第三人由上舉非真正繼承人或不法占有人受讓繼承財產時是。

4.惟上舉占有人有與繼承權之爭執有關者（例如：①、②、③之占有人）及無關者（例如：④、⑤之占有人）。因當然繼承，真正繼承人已為「本權」人，自可基於「本權」向「與繼承權爭執無關之占有人」行使物上請求權，請求被侵害物之回復[89]；但對「與繼承權爭執有關之占有人」，則可依民法第一一四六條之「繼承回復請求權」，儘速且包括的回復其未被侵害之狀態。是茲所謂「繼承回復之請求」也。

5.近代私法，除純粹親屬的身分法外，原則上不承認人對人之支配服從關係，反而以人之平等的對立，為其規範體系之基礎。故在法律技術上，私法予以受害人（譬如：所有權人）對侵害人（譬如：他人所有物之占有人）有物上「請求權」，以期回復當事人間之和平。因此，關於「繼承回復」之法律上問題，也應以如何安排上述所謂「請求權」始能回復真正的繼承關係，為解決此問題之關鍵。

6.今被繼承人既死，繼承人業已成為繼承財產之主體，故繼承人對繼承財產中之物權抑或債權，皆享有各種請求權，而與被繼承人（繼承財產之原來主體），在其生前對該財產（即繼承財產）擁有各種請求權者，別無二致[90]。且因繼承財產多為複雜的權利之集合，故繼承人對此等多數權利，皆應享有個別的請求權。於是，繼承財產被侵害時，繼承人能否對每一個個別的繼承財產，行使其個別的請求權（物上請求權），而回復繼承財產之原來狀態？按照法理，縱為肯定之解釋，並非不當。不過輓近各國私法，

[89] 本人曾主張：與繼承權爭執無關之占有人，亦可為繼承回復請求權之被告（請參照陳著〈論吾國民法上之繼承回復請求權〉，載在陳著問題三〇一頁）。惟因真正繼承人，已依當然繼承而為本權人，故對不爭執繼承權之占有人，則可以物上請求權請求被侵害物之回復，而不應依二年之短期時效期間（民一一四六條二項）失卻其請求回復之機會。茲更改本人意見，繼承回復請求之相對人，為與繼承權之爭執有關者。

[90] 羅馬法雖不承認當然繼承主義，但因繼承之承認有溯及之效力，故繼承人對被侵害之個別繼承財產，亦應有個別的請求權。

在立法上或解釋上，除承認上述個別的請求權外，沿襲羅馬法制，尚承認另一獨立的請求權，即所謂「繼承回復請求權」(petitio hereditatis)，以期達到與上述個別之請求（例如：基於所有權而為個別的返還請求）所不同的方法，以之具體的解決關於繼承回復的法律關係之目的。

7. 近代各國立法例上，有所謂「繼承回復請求權」之明文規定者，可舉德國民法（Erbschaftsanspruch 二〇一八條至二〇三一條）、瑞士民法（Erbschaftsklage 五九八條至六〇一條）以及日本民法（相續回復請求權八八四條）。不過日本民法僅有繼承回復請求權可罹於短期消滅時效之規定，而為該國學者所訾議[91]。此外，法國民法 (pétition d'hérédité)、奧國民法以及普魯士民法，則依解釋業已達到圓滿解決「繼承回復」之目的。由此觀之，「繼承回復請求權」，為回復真正繼承關係所特有之法律技術，故德國、瑞士、法國之立法及解釋①除強調此請求權之內容之特殊性外；②尚對其與上述個別的請求權之關係（即形式上的特殊性），有妥善的安排與設法。此二個問題，亦為解釋我國民法上「繼承回復請求權」時，所應注意者。

8. 我民法第一一四六條（此次修正並未修改），倣照日本民法舊法第九六六條、九九三條（日民新八八四條：僅改「家督相續人」為「相續人」），而僅規定「繼承權被侵害者，被害人或其法定代理人得請求回復之。前項回復請求權，自知悉被侵害之時起，二年間不行使而消滅；自繼承開始時起逾十年者亦同」。至於繼承回復請求權之內容，即關於「繼承回復」之各種法律關係；以及其與個別的請求權之關係如何等問題，皆付之闕如。

9. 然我國判例及學說，則主張：「繼承回復」之請求權為形成權，且為單一的、包括的權利[92]。通說注重被繼承人地位或人格之包括的承繼，因

[91] 中川編註釋上三五頁以下；中川監註解二二頁以下；川島武宜著〈相續回復〉《家族制度全集》，法律篇 V，相續二〇七頁；中川編注民(24)八二頁以下（泉）。

[92] 四〇年台上字第七三〇號判例：「繼承回復請求權，原係包括請求確認繼承人資格及回復繼承標的之一切權利。此項請求權，如因時效完成而消滅，其原有繼承權，即已全部喪失，自應由表見繼承人取得其繼承權。」司法院三七年院解字第三九九七號解釋：「自命為繼承人之人於民法第一一四六條第二項之消滅時效完成後行使其抗辯權者，其與繼承權被侵害人之關係即與正當繼承人無

此，如有僭稱繼承人侵占繼承財產，即為繼承人地位之侵害，真正繼承人自可請求回復其地位，故為形成權（此訴為形成之訴⑬）。主此說者又云：因以一訴即可包括的回復繼承關係，而且回復請求權罹於消滅時效時，嗣後真正繼承人就個別的繼承財產，亦不得為任何請求，故為包括的、單一的權利。

10.惟上述我國通說是否妥當，尚值得檢討。詳言之，繼承回復法制，為針對繼承財產事實上被侵害時之辦法，即真正繼承人將要回復者，不是抽象的繼承權或繼承人地位，反而是繼承財產之實際上占有。縱有人僭稱其為繼承人，但不現實的占有繼承財產者，亦不發生繼承回復之問題。至於民法就繼承回復請求權設有短期時效規定，乃係出於從速確定繼承關係之主旨，故以此為單一的、包括的權利說之根據，似有未妥。要之，繼承回復請求權，既為回復真正繼承關係所特有之法律技術，故其內容必有其特殊性，且與個別的請求權之關係上，亦應有妥善的安排與考慮始可。茲就淵源於羅馬法及受德國民法頗深影響之我民法上繼承回復請求權敘述如次。

異，被繼承人財產上之權利，應認為繼承開始時已為該自命為繼承之人所承受。」

戴著八五頁；羅著五九頁；胡著五八頁；李著四三頁；劉含章著四九頁。

惟上開判例及解釋，業經民國一〇七年一二月一四日公布之司法院釋字第七七一號解釋，認其中之繼承回復請求權之消滅時效完成後，真正繼承人之原有繼承權，即已全部喪失及被繼承人財產上之權利由自命為繼承人之人（即表見繼承人）所承受部分，與憲法第一五條保障人民財產權之意旨有違，應不再援用（關於該號解釋之評析，另如後述）。

⑬ 日本學者川島武宜著〈相續回復請求權の性質〉《家族法判例百選》一四四頁，以繼承回復之訴為給付之訴，但泉久雄以為：似仍帶有確認之性質（中川編注民(24)一五一頁）。

第二項　繼承回復請求權之法律上性質

1.從繼承回復制度之歷史發展過程來看，則可以得到兩個結論：①因繼承財產常由多數個別的財產所構成，且有互相牽連性質，故為回復真正繼承關係，理應有包括的統一的處置辦法之必要；②惟為此必要所產生之羅馬法上之 petitio hereditatis，則僅為訴權法上的一單位，而在實體法上，不過為法律技術的手段而已；至於其有與個別的請求權互相競合而存在之性質，則唯基於訴權法之特殊性而所以然，故在實體法上，仍無為獨立請求權之意義。因羅馬法如此，故繼受羅馬法之德國民法，雖以 Erbschaftsanspruch 為實體法上規定，但仍脫離不了訴權的單位之性質。不過其與個別的請求權之競合，在德國民法上，已不復存在，而僅成為實體法上的「個別的請求權」之集合體矣。

2.我國民法有關「繼承回復」的明文，係繼受日本民法舊法，而僅設有第一一四六條之規定，至於日本民法，乃繼受德國民法者也。於是，我國民法上繼承回復請求權之法律上性質如何，自應有可循之途徑。然我國通說，將「繼承回復請求權」解釋為形成權，而為包括的、單一的權利。通說如此主張是否妥當，則有重新檢討之必要，已如上述。茲從實體法剖明其法律上性質如次。

3.「繼承權」有「繼承開始前」之繼承權、「繼承開始至繼承人承認時為止」之繼承權及「繼承人承認繼承以後」之繼承權，已如上述。惟第一種繼承權並非權利，而僅有「享受一定保障之法律上地位」之意義而已（或可謂有期待權性質）[94]；第二種繼承權，因繼承人承認繼承與否尚未確定，故繼承人仍非繼承財產之確定的、具體的主體（或可謂有形成權性質）[95]；

[94] 請參照中川監註解一六頁；柚木著七二～七三頁；陳著二四頁以下。我國通說為「期待權」(Anwartschaftrecht)：戴著一七頁（但主張其效力薄弱）；羅著四六頁；胡著四八頁；范著二四頁以下。

[95] 請參照上述「繼承權」。陳著〈繼承拋棄法理之研究〉載於陳著問題四二九、四三〇頁。

至於第三種繼承權，則因繼承人未於法定期間內拋棄繼承或業已屬法定單純承認繼承，而確定的、具體的成為繼承財產之主體，是時之繼承權，乃是具體的權利（或可謂有支配權性質），學者間殆無疑義[96]。民法第一一四六條規定「繼承權被侵害者」云云，其所謂「繼承權」，係指上述第三種（繼承開始以後）之繼承權而言，應無疑義。

4. 但「繼承權被侵害」，究指在如何狀態下，繼承權被侵害，則未必明瞭。採取形成權說者，因將此「繼承權」解釋為繼承人可包括的繼承被繼承人一切權利義務之獨立的地位，故因為此地位被侵害，隨而真正繼承人須予回復，因而是時之繼承回復請求權，即是形成權無疑。然被繼承人之一切權利，於繼承開始時，因「當然繼承」與「包括的繼承」兩原則，在法律上業已由真正繼承人當然的且又包括的承繼（即繼承人業已成為每一個個別的繼承財產之法律上主體），故解釋此「繼承權」為抽象的法律地位，實無重要意義。於是，民法第一一四六條所謂「繼承權」也者，不但是繼承開始後之權利，而且僅將繼承人由被繼承人所繼承之個別的繼承財產之主體地位，包括的稱之為「繼承權」耳。換言之，茲所謂「繼承權」，實不外為個別的物權及債權等主體地位之集合。不過因「繼承」為「包括的繼承」，所以用「包括的」名稱，稱之為「繼承權」而已。

5. 關於民法第一一四六條之「繼承權」，既應作如上解釋，則繼承回復請求權，自應解釋為因個別的「財產權」被侵害而發生之個別的「物上請求權」之集合。在理論上，並無獨立的請求權之性質。然因繼承，繼承人須包括的承繼被繼承人的一切財產權，故我國民法倣效各國民法，便宜上以一獨立的請求權方式，處置有關繼承回復之法律關係。

6. 於是，為了要回復其為他人不法所占有之繼承財產，則以須由繼承人主張：就該被占有之財產有繼承權為已足。由此觀之，繼承回復請求權，的確為請求權而絕非為形成權。至於「繼承權」，乃不過為此「請求」之基礎而已。繼承回復請求之訴的內容，與繼承財產返還之請求，別無二致。

[96] 戴著一九頁；羅著四七頁；胡著四八頁；李著二三頁；范著二五頁；中川編註釋上三二頁；中川監註解一四頁；陳著二七頁。

換言之，繼承回復請求權，為個別的「物權的請求權」之集合，不過便宜上得以一訴為之而已，惟須列舉被侵害之個別的繼承財產。故如以「繼承」為理由而請求返還繼承財產時[97]，不問該訴訟為包括的請求或為個別的請求；又不問繼承財產在繼承開始前或繼承開始當時，抑或在繼承開始以後被侵害[98]；且又不問訴之名稱如何，一律應解釋為「繼承回復請求」之訴[99]。是以在同一訴訟標的之財產上，絕無另一物權的請求權與之競合存在。此結論，與德國民法解釋，別無二致[100]。又須注意者：判決的既判力，僅能及於事實上被請求回復之財產權[101]。此訴，自為給付之訴，甚為明顯[102]。

7. 我民法之繼承回復請求權係仿日本民法第八八四條，惟行使之期間之二年或十年，較日本之五年或二十年為短。該請求權之性質，於日本有獨立權利及集合權利之論爭，但以集合權利說為多數說[103]。則理論上，採

[97] 因繼承開始，繼承人已取得繼承財產，故對繼承財產之不法占有人，請求侵害物之返還，並非繼承回復之請求，而僅為物上返還之請求而已，蓋此請求與繼承毫無關係故也。

[98] 最高法院五三年台上字第五九二號、五四年台上字第一八九號，均以為須在繼承開始時，有被侵害之事實存在者始可。但本人並不以為然，請參照陳著研究五六七至五七四頁。

[99] 日本大審院民事判決（明治四四年七月一〇日）曾云：繼承人如基於自己權利，而就個別的繼承財產為繼承回復之請求時，毋庸使用繼承回復之訴名，縱用繼承財產之交付或塗銷繼承登記，甚至用其他名稱，亦皆應視之為有效的繼承回復之訴訟。

[100] 中川監註解二五頁主張：個別的請求權與繼承回復請求權間之競合狀態，應按德國民法之方法處置。至於德國民法，繼承回復請求權對個別的請求占較優勢地位。故中川監註解主張，在日本民法解釋上，亦應承認此兩種請求權可以互相競合，但與德國民法同，應先適用繼承回復請求權之規定。按在德國民法上，Erbschaftsanspruch 的性質，僅為個別的請求權之集合，而在內容程度上，僅有輕重之差別而已，實質上與個別的請求權本身，別無二致。故兩者互為競合狀態，縱在德國民法上，亦已不復存在。

[101] 請參照中川監註解二五頁；柚木著八二頁。關於此點，採取「形成權說」者，亦不加以反對（例如：戴著八七頁）。

[102] 請參照[94]。繼承回復請求之訴，是否僅有給付之訴之性質，容後敘述之。

取集合權利說，尚非無據。惟適用上，真正繼承人對僭稱繼承人行使繼承回復請求權，請求返還繼承財產，無論於訴訟外或訴訟上為之，均須具體表明請求返還之標的，判決主文自應記明應返還之遺產內容，不可能僅空泛記載返還遺產，致給付內容不確定。且事實上，亦不可能無須個別起訴，僅一次請求，即可概括回復繼承標的。由是觀之，宜採獨立權利說。再依司法院釋字第四三七號解釋，凡無繼承權而於繼承開始時或繼承開始後僭稱為真正繼承人或真正繼承人否認其他共同繼承人之繼承權，並排除其對繼承財產之占有、管理或處分者均屬繼承權之侵害，被害人或其法定代理人得依民法第一一四六條規定請求回復之。其解釋理由書又謂：繼承回復請求權與個別物上請求權係屬真正繼承人分別獨立而併存之權利。司法院釋字第七七一號解釋並再說明繼承回復請求權與個別物上請求權係屬真正繼承人分別獨立而併存之權利。由此觀之，其認繼承回復請求權為獨立之權利，得與物上請求權競合。又，最高法院九〇年度台上字第四六四號判決，除認繼承回復請求權與個別物上返還請求權分別獨立而併存外，並認為不因繼承回復請求權之時效消滅，而阻礙真正繼承人之行使個別物上返還請求權云云，依此為採取該二請求權自由競合，而非相互影響之見解。若然，對真正繼承人固為有利，但繼承回復請求權存在之實益有限，可以概見。

第三項　繼承回復請求權之行使

一、當事人

㈠請求權人

1. 真正繼承人

⑴繼承回復請求權，專屬於真正繼承人，即民法第一一四六條第一項所謂「被害人」是，而在繼承順序上應為繼承之繼承人也。我民法採取血親（包括法定血親）及配偶兩個繼承系統，而自然血親關係皆依自然血統

---

103 請參照中川淳，《相續法逐條解說（上卷）》，三二至三三頁，日本加除出版，一九八五年；近江幸治，《親族法、相續法》，二〇六頁，成文堂，二〇一〇年。

定之；至於法定血親關係之成立，雖須具備法定方式（民一〇七九條），但亦不以登記為其成立要件，於配偶關係亦然（民九八二條）。

⑵且民法第一一三八條及第一一四四條規定，法定繼承人地位，為法律明文所定，故其應為繼承人者，無庸請求法院確認其為繼承人後，始能提起繼承回復請求之訴，反而可逕行起訴。

⑶關於真正繼承人，須注意者有二：

①繼承人通常不只一人，而遺產繼承，以共同繼承之例為多。至於共同繼承財產，則不問全部或一部，被第三人侵害時，固應由共同繼承人全體為繼承回復之請求始可。若由其中一部分共同繼承人為繼承回復之請求，則屬違法。蓋共同繼承關係為公同共有關係（民一一五一條），而共同繼承人在共同繼承財產上所應有之應繼分，是不確定的、潛在的應有部分，與分別共有時之共有人應有部分是確定的、顯在的，即是單獨所有權而僅在分量上受其限制而已者，大不相同。隨而分別共有物被第三人侵害時，民法（八二一條）就允許各共有人得向該侵害之第三人，就共有物之全部，且為其他共有人利益，請求回復。反之，如共同繼承財產被第三人侵害時，上舉民法第八二一條之規定，則不能適用；而須由共同繼承人全體出面請求返還始可[104]。但依九八年一月二三日修正公布之民法第八二八條第二項明定，第八二一條規定，於公同共有準用之，從而共同繼承人對僭稱為繼承人之第三人請求返還遺產時，除由全體為請求權之行使外，亦得由繼承人中之一人或數人為繼承人全體之利益請求僭稱繼承人返還遺產。惟如共同繼承人中之一人或數人，被其他共同繼承人排除於繼承之外者，該被排除人全體（即真正繼承人）須對排除人全體（雖為真正繼承人，但仍兼有僭稱繼承人之身分）請求回復[105]。不過，如被排除人之有繼承人身分，不

[104] 在德國民法（二〇三九條）上，各共同繼承人得單獨行使請求權，但以請求繼承債務人向全體共同繼承人為給付者為限。是時，各共同繼承人之單獨請求，對共同繼承人全體既無害反而有益，在我民法解釋上，亦值得注意。

[105] 二九年上字第一三四〇號：「上訴人之父死亡後，上訴人如已置其姊妹之繼承權於不顧，而以兄弟二人繼承全部遺產之狀態，實際上行使其權利，則雖未分

為排除人所否認者，事實上由被排除人請求按其應繼分分割遺產即可；但如分割後，其應得財產仍受侵害，則始具體的發生繼承回復請求之問題。

②非婚生子女，因被繼承人之遺囑而受認領者，能否為繼承回復請求之原告？值得檢討。遺囑認領，在我民法解釋上亦理應承認[106]，且其效力之發生，亦與生前認領為同一之解釋，即溯及於出生時發生效力（民一〇六九條本文）。認領效力，雖溯及於既往，但第三人已取得之權利，亦依法（民一〇六九條但書）不受其影響。而是時之第三人何指？其為共同繼承人之婚生子女，是否包括在內？如不作肯定解釋，則對被遺囑認領之子女並無實益。於是被遺囑認領之子女，對其他共同繼承人之婚生兄弟姊妹，可請求遺產之重新分割。惟日本民法（九一〇條）為恐遺產已被分割，乃規定依遺囑被認領之人得請求價金。我民法既無此規定，故似應解釋：遺產尚未被分割者，可參加分割；已被分割者，得請求重新分割遺產。

⑷茲又有須注意者，繼承回復請求權，係專屬於繼承人一身之權利，故非繼承人本人，縱為其親屬[107]，亦不得行使。那麼，此權利能否為繼承標的，即繼承回復請求權人死亡以後，其繼承人能否繼承該回復請求權？日本大審院民事判決（大正七年四月九日）曾認為：繼承回復請求權不得為繼承標的，但該請求權人之繼承人，自己得行使其自己之繼承回復請求權，則無不可。本人亦曾採此說[108]。然此說，於其結果，則與承認繼承回復請求權得為繼承標的之見解[109]，別無二致。若為貫徹繼承回復請求權是

割遺產，亦不得謂未侵害其姊妹之繼承權。上訴人既主張伊父所遺八處產業，歷來由伊兄弟二人每人一半分配利益，援用某字據為證，並以上訴人之繼承回復請求權已因時效而消滅為抗辯，自應就其主張是否屬實予以審認」。

二九年上字第一五〇四號：「兄於父之繼承開始時，即已自命為唯一繼承人，而行使遺產上之權利，即係侵害弟之繼承權」。

[106] 請參照陳著二〇二頁。

[107] 日本大審院大正七年一二月二七日判決；大正一二年一二月一〇日判決；昭和一八年七月二三日判決。

[108] 請參照陳著八〇頁；戴著八六頁；羅著六〇頁；胡著五九頁；李著四四頁。

[109] 穗積著一七四頁；柚木著八七頁。

「個別的請求權之集合」，則應解釋繼承回復請求權，亦得為繼承標的，始謂正當。詳言之，該請求權在理論上既不是獨立的、單一的權利，又雖云該請求權係專屬於真正繼承人之權利，但此亦不過表示：真正繼承人才是此種物權的請求權之權利人，即是個別的繼承財產之主體而已。故真正繼承人（繼承回復請求權人）死亡以後，其繼承財產仍繼續受侵害時，應由真正繼承人之繼承人，包括的承繼該正受侵害之個別繼承財產與其物權之請求權（物權的請求權，可為繼承之標的）；質言之，真正權利人之繼承人，即可繼承真正繼承人尚未行使的繼承回復請求權。唯此請求權為一身專屬權係指在「行使」上為「一身專屬」，即不准由繼承人以外之任何人自由行使，但在「享受」上，似無加以限制之必要。即由繼承回復請求權人之繼承人繼承其權利，亦自無不當[110]。繼承回復請求權，既為「行使」上之一身專屬權，故繼承債權人或繼承人之債權人，皆無從代位行使（請參照民二四二條）[111]。

2. 真正繼承人之法定代理人

真正繼承人為無行為能力人時，無妨由其法定代理人代理行使繼承回復請求權，由民法第一一四六條第一項規定，甚為明顯。繼承人如為胎兒時，亦應為同一之解釋（請參照民一一六六條二項）。法定代理人之此種權利，非為其固有權利，而應解釋為代理權[112]。關於此點，日本大審院曾有如次民事判決（明治三四年九月二六日）可供參考：①代理人行為，不問代理為法定與否，通常應解釋為「代理本人而為之者」；②如解釋為法定代

[110] 請參照柚木著八六～八七頁。

[111] 請參照中川編註釋上三七頁；又陳著九二、九三頁。反對說：石坂音四郎著《日本民法》六七〇頁；中島玉吉著《民法釋義 III》六五二頁；近藤英吉著《註釋日本民法，債權總則》六五〇頁。

[112] 中川編註釋上三七頁：日民八八四條既有明文，當然是代理行使；中川編注民⑷九七頁（泉）：不俟民法規定，自為代理行使。惟因民法第一〇六七條關於法定代理人之強制認領請求，本人解釋為：基於法定代理人之固有權利而行使（陳著《民法親屬》二〇八頁），故就法定代理人行使繼承回復請求權是否基於法定代理人之固有權而行使，作如本文之檢討。

理人之固有權利，則有關繼承回復之判決效力，僅對法定代理人發生，反而不及於其為本人之無行為能力人（真正繼承人），因此則不能達到繼承回復之目的；③如強要主張此請求權為法定代理人之固有權，則理應承認無行為能力人取得能力或回復其能力後，基於自己權利，仍應有其自己之「繼承回復請求權」。果如此，則縱法定代理人之此種請求權罹於消滅時效，亦對無行為能力人不生效力，即無行為能力人仍得請求回復，其違反日本民法（舊、新）第一五八條（請參照民一四一條）之精神，莫此為甚。日本大審院此一判決，的確可供我民法解釋上之參考。

㈡相對人；僭稱繼承人（表見繼承人）

1. 繼承回復請求，既因繼承財產被侵害而產生，故須以繼承權之存否為爭執之前提，而實質上，以被侵害物之返還為其主要目的。於是，共同繼承人資格被其他共同繼承人所否認者，或僭稱其為繼承人，抑或外表上令人相信其為繼承人者，均為繼承回復請求之相對人。但無論任何一種僭稱繼承人，均須占有被侵害繼承財產者始可，否則並無繼承回復請求之必要，即因無請求回復之標的物故也（二九年上字一三四〇號；二九年上字一五〇四號；四八年台上字八七三號；六九年台上字二一六一號；七〇年台上字三四三六號；七二年台上字四九二二號）。換言之，茲所謂僭稱繼承人而可為繼承回復之相對人，須具備兩個要件[113]。①彼此就是否為繼承人

[113] 本人曾主張不唯僭稱繼承人（包括表見繼承人及共同繼承人），甚至不法占有人及第三受讓人，亦可為繼承回復請求之相對人，以期繼承關係儘速確定（請參照陳著〈論吾國民法上之繼承回復請求權〉，載在陳著問題三二〇～三二三頁；陳著研究五六七至五六八頁）。惟因我民法（一一四七條）採取當然繼承主義，即自被繼承人死亡時起，真正繼承人即為所有繼承財產之主體（是為包括的繼承主義：民一一四八條），而取得被繼承人生前所有之權利與義務，故繼承財產一旦被侵害，其為權利人之真正繼承人，自可行使其物上請求權。於是，如不法占有人及第三受讓人均為繼承回復請求之相對人，而依民法第一一四六條第二項，可依「二年」短期時效期間及「十年」除斥期間，以對抗真正繼承人，則或可達到儘速確定繼承關係之目的，但對真正繼承人未免有失保護。蓋其為本權人之真正繼承人，有比「二年」或「十年」更長的「十五年」期間

有所爭執；②相對人是否曾占有被侵害繼承財產。故如相對人一旦具有如上性質，真正繼承人即可對之請求回復繼承並為侵害繼承財產之返還。至於僭稱繼承人係善意或惡意，抑或有無過失等，均非所問。

2.只要是僭稱繼承人（包括表見繼承人或共同繼承人），則不問其侵害繼承財產，是在繼承開始以前，或在繼承開始時，抑或在繼承開始以後始行侵害，均應一律視為繼承回復請求之相對人[114]，如此，才能達到民法欲早日解決繼承有關糾紛之目的。

3.僭稱繼承人或表見繼承人如已死亡，而由其繼承人繼續占有該財產者，真正繼承人仍得對之請求回復[115]。又如相對人（包括僭稱繼承人、表見繼承人以及此等人之繼承人）為無行為能力人或胎兒時，其法定代理人亦自得代理應訴，固不待言[116]。

二、行使方法

1.繼承回復請求權之行使方法，在法律上別無任何限制，故無庸以訴訟方式為之[117]。真正繼承人在訴訟外，對相對人請求回復繼承財產時，如

可得向侵害人請求返還之故。

[114] 五三年台上字第五九二號判例：「若於繼承開始後，始發生此事實，則其侵害者，為繼承人已取得之權利，而非侵害繼承權，自無民法第一一四六條之適用」，而採反對說。惟不問繼承財產何時受侵害，請求被侵害物返還之原告，同為真正繼承人；且同由僭稱繼承人所侵害；請求返還之標的物又無不同，故基於上述理由，應無必要只限於繼承開始前繼承財產被侵害者始可。請參照陳著研究五七三頁。

依釋字第四三七號解釋，本條之侵害繼承權之時點，為「繼承開始時」或「繼承開始後」，並不限於「繼承開始時」。按所謂「繼承開始時」，係指「被繼承人死亡時」（民一一四七條），則如依上開判例「繼承開始後」即不得行使繼承回復請求權，適用範圍顯過於狹窄，且與繼承開始後侵害繼承權為常之事實不符。足見該判例之見解，尚欠妥適。

[115] 請參照日本大審院民事判決，昭和一〇年四月二七日。

[116] 請參照日本大審院民事判決，大正二年一一月一三日。

[117] 請參照中川編註釋上三九頁；中川監註解二八頁；柚木著九三頁；中川編注民(24)一〇二頁（泉）；陳著八一頁。

相對人肯歸還者，固非不可。縱為訴訟外請求，亦可發生短期時效中斷之效力（請參照民一二九條、一三〇條）[118]。其以訴訟方式請求回復者，亦不必拘泥於「繼承回復」之訴名，又不必將要請求回復之標的財產（個別的繼承財產）一一列舉[119]，惟如不列舉，則判決既判力及執行力，皆不能及於不列舉之繼承財產而已。此訴在民事訴訟法舊人事訴訟程序上，無明文規定，故應適用民事訴訟法上之一般規定，自不待言[120]。惟民國一〇一年六月一日施行之家事事件法第三條第三項第六款已明定繼承回復事件為丙類家事訴訟事件之一，即應適用家事事件法，並準用民事訴訟法之規定（家事五一條）。

2.請求繼承回復之繼承人，為就①自己確有繼承權之事實，及②請求標的物在繼承開始當時，業已為被繼承人所占有之事實，負擔舉證責任，即以舉證占有事實為已足，無庸為所有權或其他特別權原之舉證。反之，相對人應就其在該繼承財產上有特別權原負舉證責任，始能拒絕繼承回復之請求。

3.繼承回復請求之訴，具有「確認」及「給付」之訴之性質。具體言之，法院不唯應確認原告有無繼承人資格；又應確認被告有無繼承人資格

[118] 請參照日本大審院民事判決，昭和七年九月二二日；中川編注民(24)一〇二頁（泉）。

[119] 請參照日本大審院民事判決，大正八年三月二八日。
本人曾在陳著八一頁主張：「繼承人便宜的可以一訴而包括的繼承回復之請求」。惟此種請求方法，因無具體的訴訟標的，故該訴訟僅有繼承權「確認之訴」之性質，如真正繼承人要具體的回復其繼承財產，則非另提起給付之訴不可。然是時之訴訟，仍為有關「繼承回復請求」之訴訟。故上舉本人曾作主張，難免有重複訴訟之虞。
謹按真正繼承人如對僭稱繼承人於訴訟上行使繼承回復請求權，應為訴之聲明，須具體記明返還之遺產，於判決確定後，如僭稱繼承人仍拒不返還，真正繼承人聲請執行時，應於書狀表明請求實現之權利及記載應返還之遺產，否則執行法院即無從執行。（參照民訴二四四條一項、強執五條一、二項）

[120] 請參照日本大審院民事判決，大正八年八月一八日；昭和四年七月二六日。

而占有標的物之財產，如被告無繼承人資格而占有該財產者，法院應即將該財產判歸原告[121]。要之，此訴毫無「形成訴訟」之性質。

三、行使效果

㈠真正繼承人與僭稱繼承人間之法律關係

1. 真正繼承人請求繼承回復時，僭稱繼承人就請求標的之繼承財產，不能舉證其有特別權原者，則應將其占有之繼承財產返還於真正繼承人[122]。如僭稱繼承人為共同繼承人，且不能否認請求權人之繼承權時，則應順從遺產分割之請求（民一一六四條），已如上述。

2. 真正繼承人有數人時，回復義務人（例如：僭稱繼承人）須按真正繼承人之應繼分歸還繼承財產；反之，如回復義務人兼有共同繼承人身分且有數人時，則應按各義務人之應繼分，歸還財產於真正繼承人。

3. 僭稱繼承人為善意時，對其返還義務，是否應加斟酌，民法雖無明文，但理應準用撤銷死亡宣告時有關財產善意取得人之規定（請參照家事事件法一六三條二項；民九五二條至九五五條），即善意者，僅於現受利益限度內，負歸還財產之責任；惡意者，縱為孳息，亦須歸還（請參照民九五六條至九五八條）。又如不能返還繼承財產原物時，則應依不當得利規定，定其返還範圍（民一八一條、一八二條；又請參照民九五六條）。惟為請求權人與其相對人間之公平起見，如相對人在該財產上支出必要費用者，似應解釋得請求償還（民九五四條、九五五條、九五七條），始謂妥當。

㈡僭稱繼承人對第三受讓人所為讓與行為之效果

1. 第三受讓人由僭稱繼承人受讓繼承財產時

茲所謂僭稱繼承人，係指一般的僭稱繼承人而言，並不包括兼有共同繼承人身分者。關於後者，容後評述。

①受讓繼承財產，如為動產，則因動產讓與，以交付為效力發生要件（民七六一條），又可受即時取得之保護（民八〇一條、八八六條、九四八

[121] 請參照五三年台上字第一九二八號；胡著五八頁；羅著五九頁。

[122] 主形成權說者云：在繼承回復請求前，真正繼承人不得對表見繼承人，請求返還其因繼承所承繼之個別的權利。請參照戴著八九頁。

條)，故似無發生重大困難之可能性。惟僭稱繼承人對真正繼承人，應負損害賠償或不當得利返還之責任。不過尚應注意者：即此時之僭稱繼承人，其惡意者實與小盜無異，故與其適用民法第九四八條之規定，寧應適用民法第九四九條之規定，即第三受讓人限於第二次善意取得人時，始能受善意取得之保護[123]，較為妥當。

②至於不動產讓與，外國立法例對第三人之保護，頗有值得注意之規定，茲略予敘述。德國民法（二三五三條以下)、瑞士民法（五五九條）均規定：受領「繼承證書」(Erbschein, Erbbescheinigung) 之人，其對第三人關係，則被視為真正繼承人；且又以「登記有公信力」之原則解決此類問題。奧國民法上之「繼承財產在裁判上交付制度」(Einsutwortungsverordnung)，亦與上述德、瑞民法上制度大同小異。法國民法，則以判例所承認之「一般的錯誤可造成權利」(error communis facit jus) 為原則[124]，對善意第三人之保護，亦頗周到。我民法關於第三人之保護，與日本民法同，未設特別明文規定。惟因我國土地法（四三條）規定：登記有絕對的效力；而且民法（七五八條）又以登記為不動產讓與之效力發生要件，故較諸日本民法（一七七條）之以登記為對抗要件者，在保護第三人方面，略為妥當。因此，在我民法上，僭稱繼承人須經登記後，始得處分繼承不動產（民七五九條)，然後第三人依法（民七五八條）受讓且為登記者，因登記有公信力而絕對有效（土地法四三條)，故如第三受讓人為善意，即信賴登記簿上之登記，以為出讓人是不動產物權之真正權利人，而受讓該不動產物權時，該受讓行為應屬有效（請參照二八年院字一九一九號)。至於該不正當的不動產物權人，對真正繼承人，須負擔損害賠償或不當得利返還之責，固不待言。

---

[123] 本人以為：民法第九四九條係第九四八條之例外規定，即占有人非在二年除斥期間內，都可以追及被侵害物；反之，如該占有物之受讓人是第二次善意取得人時，始能受善意取得（民九四八條）之保護，以維護第三人交易之安全，始謂正當。

[124] 請參照中川著〈表見相續人の讓渡行為の error communis facit jus の適用〉《相續法の諸問題》一二七頁以下。

③又尚須注意者：真正繼承人對不正當出讓人之判決效力，當然不及於其為受讓人之第三人，故標的物一旦出讓於第三人以後，真正繼承人為達到回復繼承之目的，非另對第三受讓人提起訴訟不可，此訴則應解釋為物上請求權之訴。蓋第三受讓人既與繼承權之爭執無關，而僅因受讓而占有該繼承財產而已，故真正繼承人僅能以本權人身分，行使其物上請求權已耳。於是，由真正繼承人對第三受讓人提起之訴，絕非繼承回復請求之訴。故第三受讓人並不能援用民法第一一四六條第二項之規定，而令真正繼承人有民法第一一四六條第二項所規定更長期間，來保護自己的利益[125]。

④真正繼承人對第三受讓人，應另外提起物上請求權之訴訟，已如上述。不過，如在真正繼承人請求回復以前，先由僭稱繼承人（即出讓人）請求返還時，似應限於第三受讓人返還財產，係出於善意，該第三受讓人始能免其對真正繼承人之責任[126]。

2. 第三人，由有共同繼承人身分之僭稱繼承人受讓繼承財產時

共同繼承人中之一人或數人，排除其他共同繼承人，而占有繼承財產時，如排除人（僭稱繼承人兼有共同繼承人身分者）承認被排除人（即其

[125] 本人曾主張：為期繼承關係能早日確定，不法占有人、第三受讓人均為繼承回復請求之相對人，並有民法第一一四六條第二項規定之適用（請參照陳著問題三二一至三二三頁）。惟因此等人就繼承權並無爭執，而真正繼承人自繼承開始時起已為本權人，是時，本應在真正繼承人手中之繼承財產，反而在不法占有人或第三受讓人手中而已。故真正繼承人為要回復其對於該繼承財產之占有，則應以其為該繼承財產之本權人身分，行使其物上請求權即可。換言之，不法占有人、第三受讓人並非繼承回復請求之相對人，又不能主張民法第一一四六條第二項之權利。於是，真正繼承權人才有更長時間主張其為本權人，以期被侵害繼承財產之回復（請參照陳著問題三二六頁）。隨而其為本權人之真正繼承人之權利，始能受到保護。至於僭稱繼承人於民法第一一四六條第二項所規定之時間經過以後，始將侵害繼承財產讓與給第三人時，因可拒絕真正繼承人繼承回復之請求，但第三受讓人則須依民法第一二五條規定拒絕返還，蓋真正繼承人對第三人所提起者，為物上請求權之訴，而非繼承回復請求之訴故也。

[126] 請參照陳著八三～八四頁。

他共同繼承人）之繼承權者，乃為遺產分割問題，而與茲所謂「繼承回復」問題無涉，已如上述。惟如排除人不但占有繼承財產，且又否認被排除人之繼承權，則被排除人當有權向排除人請求「繼承回復」。茲將有關問題臚列說明如次：

⑴繼承財產尚未分割以前（即在共同繼承關係存續中），而由被排除人請求「繼承回復」時：

由排除人所占有之繼承財產，雖已由排除人出讓於第三受讓人，但該財產原為排除人與被排除人共同繼承之公同共有財產，而公同共有物在公同共有關係存續中，依民法第八二八條第三項、第八二九條之規定，非得全體公同共有人同意不得處分，倘若處分，該處分行為應屬無效（但須注意土地法第三四條之一第五項之規定）。故在繼承財產未分割以前，即在公同共有關係存續中，固不准排除人擅自將其所占有之財產，出讓於第三人，若已出讓，則依法無效。惟為保護交易安全計，如處分標的為動產，則善意取得之規定（民八〇一條、八八六條、九四八條）理應有其適用，以便於應付實際之需要[127]。至於處分標的物為不動產，則土地法第四三條有關登記公信力之規定，應解為亦有其適用，始能符合於交易安全保護之需要。

⑵排除人在繼承財產尚未分割以前，已將其所占有之繼承財產出讓於第三人，但在分割後，始由被排除人向排除人請求回復時：

①民法第一一五一條既規定共同繼承財產，在未分割以前，為共同繼承人之公同共有，則共同繼承財產之分割，與一般的公同共有之分割同，其效力僅有創設效力，即應從分割時起始發生分割之效力（民八三〇條二項、八二四條之一第一項）。於是，民法第一一六七條有關繼承財產分割有溯及效力之規定，為此次民法修正所刪除。因分割無溯及效力，故第三人交易安全，固受到保障，而且與民法第一一六八條所定共同繼承人應負與出賣人同一擔保責任之規定，亦不會有所矛盾。公同共有物本來在公同共

[127] 在此場合之排除人，亦為共同繼承人，對出讓財產亦有權利，而與上述㈡1.所述情形，即僭稱繼承人對出讓標的動產毫無權利，故第三受讓人須限於第二次善意取得人時，始能受善意取得規定之保護者有異。

有關係存續中，不准公同共有人請求分割（民六八二條一項、八二九條），但鑑於在交易頻繁之資本主義社會下，早日結束公同共有關係，對社會交易較為有利；且在現今社會實際生活上，在父母死亡前，兄弟姊妹業已分居分財者不少，故民法對遺產分割另設明文規定：繼承人得隨時請求分割遺產（民一一六四條本文）。但民法又准被繼承人可有禁止分割之遺囑（民一一六五條一項），又准共同繼承人間可有禁止分割遺產之契約（民一一六四條但書），惟不問隨時分割或事後分割，其分割效力，均不應溯及於繼承開始之時，而僅從分割時起，發生分割效力而已，以免社會交易遭受阻礙。

②不問分割結果，該出讓財產係分歸於排除人或被排除人，該財產係在遺產未分割以前，即在排除人與被排除人公同共有之狀態下，由排除人出讓於第三人者，與上舉⑴之情形完全相同，即被出讓財產如係動產，而第三受讓人又係善意；如為不動產，則第三受讓人係信賴登記而受讓者，均應受法律保護，而可取得該財產之合法權利。是時，真正繼承人（即被排除人）自不能向該第三受讓人請求該財產之返還，而僅能向排除人（即僭稱繼承人兼有共同繼承人身分者）請求損害賠償或不當得利之返還而已。

㈢對僭稱繼承人之債務清償

被繼承人之債務人，對僭稱繼承人已為債務之清償者，其清償是否有效？通說以為：此清償係對債權準占有人之清償，自屬有效（民三一〇條，請參照民九六六條）[128]，惟在此場合，債務人之清償，須以善意為要件，否則不發生債務清償之效力，但於僭稱繼承人，則無庸為善意。對準占有人之清償有效時，債權歸諸消滅，於是，真正繼承人對僭稱繼承人，取得不當得利返還請求權。

[128] 請參照戴著九〇頁；中川編註釋上三九頁；中川監註解三〇頁；陳著八四頁。

第四項　繼承回復請求權之消滅及消滅效果

一、短期時效[129]

1. 民法第一一四六條第二項前段規定：「前項回復請求權，自知悉被侵害之時起，二年間不行使而消滅。」此規定係倣照日本民法舊法第九六六條前段（新法八八四條前段）規定所設置者。惟在羅馬法、德國民法及法國民法上，則不特別規定短期時效，反而一律以普通時效（三十年）規律之[130]。我民法第一一四六條第二項所規定之二年短期時效起算點，為從繼承人或其法定代理人知悉繼承權被侵害之事實時起算，並不是從知悉繼承開始之事實時起算者[131]。繼承回復請求權罹於時效以後，於繼承人請求回復時，繼承財產占有人因而得據以抗辯，作為拒絕返還之理由（三七年院解字三九九七號；四〇年台上字七三〇號；七〇年台上字一一一號判決）[132]。

2. 真正繼承人因當然繼承而在被繼承人死亡時，已成為繼承財產之主體，故不問侵害繼承財產之第三人，何時侵害繼承財產，真正繼承人自可基於本權行使其物上請求權，而回復其物。惟如侵占物之第三人，尚且與真正繼承人就繼承權之有無有所爭執時，真正繼承人始得對此種侵害人，

---

[129] 關於繼承回復請求權之短期時效，尤其關於時效援用權人，由故大法官洪遜欣老師處獲益良多，謹誌銘謝。

[130] 繼承回復請求權，本來為保護真正繼承人而設，但因我民法倣日本民法規定而設有短期時效規定，致使該制度變成為保護僭稱繼承人之制度。因此，德、法民法就該制度不設短期時效規定，而以三十年之普通時效期間以規律之。請參照中川編注民(24)（泉）。

[131] 二九年上字第一七四號：「未結婚之未成年人之繼承權被侵害，為其法定代理人所知悉者，繼承回復請求之二年消滅時效，應自法定代理人知悉時進行。」

[132] 繼承回復請求權如罹於消滅時效，則僭稱繼承權人得據以拒絕真正繼承人之請求回復而已，僭稱繼承人並不因消滅時效完成而取得占有物之所有權，真正繼承人亦不因而喪失其為繼承人之資格。故本人不贊成本文所揭解釋例、判例及判決之見解。釋字第七七一號解釋已指明，真正繼承人之繼承回復請求權已罹於時效並經表見繼承人抗辯，真正繼承人不因此喪失其法定繼承人之地位及已承受之繼承財產。

依民法第一一四六條第一項之規定，提起繼承回復請求之訴，已如上述。於是，僅限於僭稱繼承人（包括表見繼承人及身兼共同繼承人身分者），始為繼承回復請求之相對人，即僅僭稱繼承人始能援用短期時效之規定。要之，姑不論不法占有人、第三受讓人均不能援用短期時效規定。是時，更不問出讓人（即僭稱繼承人）是否援用過短期時效規定。惟如二年短期時效期間經過以後，由僭稱繼承人出讓其所占有之繼承財產於第三人時，真正繼承人對該第三人則僅能提起物上請求之訴，請求物之返還，而該第三人亦不能以民法第一一四六條第二項所規定之短期時效，拒絕返還之請求。是時，民法第一二五條則有其適用。不過，第三受讓人如為善意者，則可主張善意受讓。而此主張在交易安全之保護上，亦非不當。

3.須注意者，時效的抗辯，非經援用權利人援用，法院不得據以判決，固不待言[133]。又真正權利人縱在裁判外催告其相對人，消滅時效亦將當然中斷，蓋此請求權為私法上權利故也[134]。

4.繼承回復請求權之消滅時效，與繼承財產占有人（不問僭稱繼承人、不法占有人抑或第三受讓人）之取得時效，此兩者間關係，應如何處理，值得研究。關於此點，我民法未設規定，又無有關判例或解釋例可供參考。按諸日本民法解釋，日本大審院（明治四四年七月一〇日、昭和七年二月九日）曾著判決：繼承回復請求權未罹消滅時效以前，繼承財產占有人不得因一般的取得時效規定，而取得繼承財產。惟此判決，係受德國民法第二〇二六條規定之影響者。該規定云：「繼承回復請求權未罹消滅時效以前，繼承財產占有人不得以其占有之財產係屬於繼承財產，而對（真正）繼承人主張其要援用取得時效。」因德國民法對第三受讓人保護甚為完全，故無從速確定繼承關係之必要，反以回復繼承請求權之消滅時效期間為三十

[133] 二九年上字第八六七號：「民法第一四四條第一項之規定，於民法第一一四六條第二項所定繼承回復請求權之消滅時效亦有適用。故此項消滅時效完成後，非經回復義務人以此為抗辯，法院不得據以裁判」；請參照日本大審院民事判決，明治三九年三月八日。

[134] 請參照日本大審院民事判決，昭和七年九月二二日。

年，即職此故。是以如在德國民法上，於消滅時效未完成前，准許繼承財產占有人得因取得時效而取得繼承財產，反而失卻時效制度之本旨，故德國民法第二〇二六條規定，實非無其理由。

5. 惟我民法，雖有「即時取得」與「登記公信力」之兩種制度，但於繼承法，尚缺乏保護第三人權益之規定，故在繼承回復請求權未罹於消滅時效以前，似有獨立承認繼承財產占有人得因取得時效而取得繼承財產之必要。如此始能達到民法要儘速確定繼承關係之目的，而且第三受讓人亦可因此而得到保護。日本學者，亦多作肯定的主張，而與大審院判決意見相左[135]。

二、除斥期間

1. 民法第一一四六條第二項後段規定：「自繼承開始時起，逾十年者亦同。」此十年為單純的時效期間抑或除斥期間，學者間頗有爭論[136]。民法第一一四六條第二項後段所定「亦同」，非指「亦因時效而消滅」而言，反僅指有「同一消滅」效果之意也。如此解釋，觀諸民法目的，係在於儘速確定繼承關係，亦甚正當。申言之，該條該項前段既規定二年消滅時效，回復請求權即可歸諸消滅，然此時效之起算點，係從知悉受侵害時起算，故從繼承開始時起經過數十年，時效仍不開始進行者，理應有之，果如此，

[135] 請參照中川監註解三二頁；柚木著九九～一〇〇頁；近藤英吉著《獨逸民法 V》（《現代外國法典叢書⑤》）一一三頁；陳著八五頁。
不過，日本大審院（昭和一三年四月一二日）曾承認：第三受讓人得一併表見繼承人之占有，而作因取得時效，業已取得繼承財產之主張。

[136] 時效說：戴著九一頁；李著四五頁；胡著六一頁以下；史著一二九頁。
除斥期間說：羅著六一頁以下；劉含章著九六頁；陳著八五頁。日本大審院民事判決（昭和八年一二月一日）及最高裁判所民事判決（昭和二三年一一月六日）均採時效說；但東京控訴院判決（昭和七年八月三〇日）則採除斥期間說。現在日本有力學說，均採除斥期間說，例如：中川著大要下一九二頁；中川著〈相續回復請求權の二〇年は時效なりや〉《親族相續判例總評》，一卷一八八頁；中川編註釋上四一頁；中川監註解三一頁；我妻、立石著三七二頁；柚木著一〇〇至一〇五頁；中川編注民(24)一〇〇頁（泉）。

則承認時效之主旨，殆成具文。於是，須限一定時間（例如：民法規定從繼承開始起十年）以阻止時效期間之延展，始能達到民法規定短期時效之目的，即可從速確定繼承關係。準此以解，此十年期間，應為除斥期間，絕不是時效期間。

2. 從法理言之，消滅時效期間應從「可得行使之時」起算（請參照民一二五條），始符合於「不行使其權利者，毋庸保護其利益」之時效法理。而在權利尚未發生以前，則絕無消滅時效開始進行之道理。然民法第一一四六條第二項後段所規定之十年，係從「繼承開始時」起算，故繼承財產是否被侵害，繼承人或其法定代理人是否知悉被侵害，即繼承回復請求權具體的發生與否，均與此「十年」期間之進行，毫無關係。換言之，繼承開始已經十年，而繼承人或其法定代理人於是時，始知悉繼承財產被侵害，繼承回復請求權（不問業已具體的發生與否），亦應歸諸消滅；又雖無繼承財產「被侵害」事實，但繼承關係亦應因此「十年」期間經過，而逕行確定。於是，在權利（繼承回復請求權）尚未具體的發生以前，豈有權利逕行歸諸消滅之理，而為消滅時效理論所不能容許，甚為明顯。故此「十年」期間，必係除斥期間，絕不是時效期間。

3. 我國最高法院三二年上字第三一四三號判例云：「民法第一一四六條第二項後段之規定，惟繼承權被侵害人，於繼承開始後十年內不知悉被侵害，或雖知悉而同項前段所定二年之時效期間，於繼承開始後十年內未屆滿者，乃適用之。」由此觀之，最高法院判示：從繼承開始時起業經十年者，不問繼承人或其法定代理人知悉與否，及二年之時效期間是否經過，一律不得請求回復繼承。其以十年為除斥期間，概可斷言。該判例續云：「上訴人於其繼承權被侵害時即已知悉，且於繼承開始後十年內，其二年之時效期間業已屆滿，自應適用同項前段之規定，不在同項後段規定之列。」由此可知：最高法院以「二年」為時效期間，且應限於「十年」之除斥期間內業已屆滿時，始有適用消滅時效規定之餘地；若在繼承開始時起「十年」以後，時效之「二年」始屆滿者，繼承回復請求權，則因適用民法第一一四六條第二項後段之規定而消滅，而不是適用同條同項前段規定歸諸消滅者也。

4.總而言之，民法第一一四六條第二項後段有「十年」期間者，目的係在於儘速確定繼承關係，故此「十年」期間，無論如何都應解釋為除斥期間。除斥期間，無庸當事人援用，法院逕可據為裁判。

三、拋　棄

1.繼承回復請求權可否拋棄？日本大審院（昭和一三年七月二六日）曾就「家督繼承」，著有否定判決，蓋因「家督繼承」順序，為法律所明定，故不允許個人自由加以變更。如採此立場，則因遺產繼承亦有法定順序（民一一三八條、一一四四條），故似亦不應允許繼承人自由拋棄回復請求權，始謂正當137。然繼承人事實上不行使該請求權時（譬如：因時效或除斥期間經過），被侵害之繼承財產，則將由繼承財產占有人繼續占有，但不影響繼承人之繼承權及已取得之繼承財產（請參照釋字第七七一號解釋）。且按民法上繼承權之拋棄，既任繼承人自由為之（民一一七四條一項）；特留分權利人又可拋棄其特留分權138，故繼承回復請求權亦應准其拋棄，較為妥當139。惟在繼承開始前，拋棄回復請求權，則應解釋為無效。蓋繼承權本身之拋棄，如在繼承開始前者，亦屬無效（二二年上字二六五二號）；且在繼承開始前，尚無具體的回復請求權存在之故140。

2.因拋棄回復請求權，該被侵害之繼承財產誰屬？申言之，因拋棄而僭稱繼承人可取得該繼承財產乎？抑或次順序繼承人可成為該被侵害財產之繼承人乎？因民法無明文規定，雖存疑問，但似應作前一解釋（即由僭稱繼承人繼續占有），較為妥當141。例如：共同繼承人中數人（僭稱繼承人），

137 請參照柚木著九七頁，提出此種疑問。

138 請參照陳著〈關於吾國民法所規定的特留分之研究〉，載在陳著問題四五四頁以下、四九三頁。

139 戴著九一頁；中川編註釋上四一頁；中川監註解三二頁；我妻、立石著三七一頁；中川編注民(24)一〇六頁（泉）；陳著八六頁。

140 中川編注民(24)一〇七頁（泉），在不與特留分扣減權衝突限度內，則可在繼承開始前拋棄繼承回復請求權。

141 請參照中川編註釋上四一頁；中川監註解三二頁；柚木著九七～九八頁；陳著

排除其中之一人而為繼承，且又不承認被排除人之繼承權時，該被排除人（即真正繼承人）固有權利請求回復真正的繼承關係。是時，設該權利人拋棄其回復請求權，若解釋：須由次順序繼承人繼承該財產，則共同繼承人，同時由不同順序之繼承人所組成（縱於代位繼承，亦須同為第一順序繼承人始可）；且又與民法第一一七六條繼承拋棄規定不合。故在此情形，宜解釋：拋棄人（真正繼承人）以外之共同繼承人（僭稱繼承人），因拋棄人拋棄其繼承回復請求權，而可增加各個繼承人之應繼分，即與繼承權本身之拋棄時同。如繼承財產由不法占有人所占有者，亦因真正繼承人拋棄物上請求權，該被占有之繼承財產，則仍應由不法占有人繼續占有。

3.如共同繼承人全部拋棄一部繼承財產之回復請求權時，則如何？該一部分繼承財產，應由占有人所得，與上述者固無不同。然如拋棄全部繼承財產之回復請求權時，則因共同繼承人仍為繼承人，而僅拋棄其全部繼承財產之回復請求權而已，故繼承財產仍應由占有人所取得；惟如共同繼承人全部拋棄其繼承權時，即為繼承權之拋棄，依民法第一一七六條規定，應由次順序繼承人繼承財產，不過因遺產仍被人所占有，故次順序繼承人，亦應有其回復請求權，但其有此權利，係基於其固有繼承地位而取得，並不是由前順序繼承人而繼承者，故與繼承回復請求權能否為繼承標的之問題無關。又有須注意者：繼承債權人或繼承人之債權人，能否撤銷繼承人拋棄回復請求權之行為（請參照民二四四條）？似應為消極之解釋，較為妥當，蓋回復請求權，為「行使」上之一身專屬權故也。

第五項　司法院釋字第七七一號解釋後行使繼承回復請求權之問題

釋字第七七一號解釋之內容，除認司法院院字及院解字解釋，其依據並非憲法，其作成之機關及程序，亦與司法院大法官解釋不同，為由當時之司法院以最高司法機關地位，就相關法令之統一解釋，所發布之命令。

八六頁。

於現行憲政體制下，法官於審判案件時，固可予以引用，但仍得依據法律，表示適當之不同見解，並不受其拘束外，就有關繼承回復請求權之適用者有二。即：㈠最高法院四〇年台上字第七三〇號判例謂真正繼承人之繼承回復請求權如因時效完成而消滅，即喪失全部繼承權，並由表見繼承人取得繼承權之部分，及司法院三七年院解字第三九九七號解釋謂自命為繼承人之人，於繼承回復請求權之消滅時效完成後行使其抗辯權，即與正當繼承人無異，並自繼承開始時承受被繼承人財產上之權利之部分，均有違憲法第一五條保障人民財產之意旨，應不再援用。㈡司法院釋字第一〇七號、一六四號解釋，認已登記之不動產所有人之回復請求權、除去妨害請求權無民法第一二五條消滅時效規定之適用，惟因繼承回復請求權與個別物上請求權係屬真正繼承人分別獨立併存之權利，於繼承回復請求權之時效完成後，真正繼承人之繼承財產如受侵害，仍得依民法相關規定排除侵害並請求返還，然為兼顧法安定性，如其行使民法第七六七條之物上請求權時，仍應適用民法第一二五條等有關時效之規定。就該二項解釋內容，尚有分析檢討之必要。

謹查，民法第一一四六條第二項規定繼承回復請求權之期間為二年或十年，較同法第一二五條規定請求權之消滅時效期間十五年者為短。按僭稱繼承人侵害繼承權之情形為多樣，除占有遺產中之動產或不動產外，其他如偽造文書將遺產中之不動產辦理繼承登記為僭稱繼承人所有、受領繼承債務人之清償繼承債務等，繼承回復請求權之消滅時效已完成者，真正繼承人如仍為該請求權之行使，僭稱繼承人即得為時效已消滅之抗辯，真正繼承人之該請求權即受妨阻，其結果，僭稱繼承人為繼續占有遺產，已辦理繼承登記之不動產，於名義上仍為僭稱繼承人所有，所受領清償之利益仍保有之，真正繼承人仍得行使其他權利（如後所述），且於此情形，往往尚有其他未被侵害之繼承財產，當無因被僭稱繼承人占有遺產，真正繼承人之繼承回復請求權，已消滅時效完成，即喪失原有繼承權之理。復次，繼承權之喪失，乃因繼承人有不正或不法之行為，致繼承缺格，民法第一一四五條已明文列舉其事由，於法應無因繼承回復請求權之時效完成，致真正繼承人喪失其繼承權之事。再者，繼承權之取得，須具備一定之要件，尤其繼承人與被繼承人間須存有一定之身分關係（配偶或血親），即令因繼承回復請求權之時效完成，致僭稱繼承人得以繼續占有遺產或保有遺產之利益，亦與繼承權之取得毫無關係[142]。況且，果真真正繼承人喪失繼承權，亦由其直系血親卑親屬代位繼承其應繼分（民一一四〇條），顯不可能由僭稱繼承人取得其繼承權。釋字第七七一號認最高法院四〇年台上字第七三〇號判例及司法院院解字第三九九七號解釋，關於真正繼承人喪失繼承權，僭稱繼承人取得繼承權部分，違反憲法第一五條保障人民財產權之意旨，應不再援用，其結論自屬正確。

至於釋字第七七一號解釋認為真正繼承人之繼承回復請求權之時效完成後，其固仍得行使民法第七六七條之物上請求權，但即令繼承財產中之不動產經登記，其對僭稱繼承人之返還請求權、除去妨害請求權，仍有民法第一二五條消滅時效等規定之適用，應不適用釋字第一〇七號及一六四號解釋意旨，無消滅時效規定之適用云云，似待商榷及釐清。按為繼承標的之權利有不同之內容，僭稱繼承人侵害繼承財產亦有多樣性，真正繼承人請求返還遺產，除行使繼承回復請求權外，亦得依其情形，行使民法第七六七條之物上請求權、第一七九條之不當得利返還請求權、第一八四條之侵權行為損害賠償請求權、第一七七條之準無因管理利益返還請求權及第九六二條之占有物上請求權，發生請求權之競合[143]。真正繼承人自得擇一或合併行使之，且各請求權各有其消滅時效期間，但釋字第一〇七號及第一六四號解釋，認已登記之不動產所有人如行使民法第七六七條物上請求權中之返還請求權或除去妨害請求權時，並無消滅時效規定之適用，勿論其發生不動產所有權與占有（於此情形，所有權人亦非間接占有人）分屬二人之不合理現象，但此一解釋未變更前，適用上，自有其拘束力。惟真正繼承人對僭稱繼承人之無權占有或侵奪其繼承之已登記不動產或妨害

[142] 請參照郭振恭，〈繼承回復請求權問題之探討〉，《自由、責任、法（蘇俊雄教授七秩華誕祝壽論文集）》，四九一至五〇九頁，元照，民國九四年八月。

[143] 請參照郭振恭，前揭文，五〇〇至五〇五頁。

該不動產所有權，本得僅行使物上請求權請求返還或除去妨害，而不行使或不合併行使繼承回復請求權，即得自由選擇之，於此情形，真正繼承人與僭稱繼承人雖對繼承權之有無及是否侵害該不動產所有權有所爭執，但為訴訟上之攻防方法，其訴訟標的仍僅為所有權之物上請求權，而非繼承回復請求權。於該訴訟中，亦不必另行審認其與繼承回復請求權得否競合及其消滅時效是否完成，此際如繼承回復請求權之消滅時效已完成，即認其所行使之物上請求權亦有民法第一二五條之適用，似未斟酌權利人於請求權競合時，得依自己意思決定行使權利之種類及範圍，此一見解似有違私法自治及民事訴訟法上之處分權主義原則。且僅以「兼顧法安定性」為據，限縮釋字第一〇七號及第一六四號解釋之適用範圍，理由似欠充分。

由上說明，繼承回復請求權之時效完成後，真正繼承人並未喪失繼承權，僭稱繼承人亦不可能取得其繼承權，至為明瞭。至真正繼承人對僭稱繼承人之侵害遺產中之不動產，發生繼承回復請求權與所有權之物上請求權競合時，如合併行使，而繼承回復請求權之消滅時效已完成，或先行使繼承回復請求權後，因其時效已完成，再行使物上請求權，自可依釋字第七七一號意旨，認該物上請求權亦有民法第一二五條等消滅時效等規定之適用。但如未曾行使繼承回復請求權，僅行使物上請求權者，而認該不動產雖經登記，仍有民法第一二五條等消滅時效規定之適用，限縮釋字第一〇七號及第一六四號解釋之適用範圍，似欠合理，適用上尚待釐清。

須再說明者，真正繼承人對僭稱繼承人之行使不動產所有權之物上請求權，其所繼承之該不動產如已辦理繼承登記，固不待論，如尚未辦理繼承登記，其於登記前已取得該不動產所有權（民七五九條），亦不影響其行使該物上請求權。再者，真正繼承人就繼承之不動產行使物上請求權時，如僭稱繼承人對真正繼承人之繼承權是否存在為爭執，無論是否以之為攻防方法或以為確認訴訟之標的，並不變更其訴訟標的為繼承回復請求權[144]。

綜據上述，勿論有拘束力之司法院釋字第一〇七號及第一六四號解釋，

---

[144] 繼承回復請求權之訴訟為給付之訴，其前提須判斷原告之繼承資格，但該判斷僅為繼承回復之手段，並非繼承回復之最終目的。請參照中川淳著上三三頁。

認已登記之不動產所有權人行使民法第七六七條物上請求權中之返還請求權或除去妨害請求權時，並無消滅時效規定之適用，其見解是否合理，真正繼承人繼承已登記之不動產，其繼承權被侵害，發生繼承回復請求權與不動產所有權之物上請求權競合者，如對僭稱繼承人僅行使物上請求權時，即令其繼承回復請求權之時效已完成，似仍應依釋字第一〇七號及一六四號解釋意旨，認其無民法第一二五條消滅時效規定之適用。

第三章　遺產之繼承

第一節　繼承之效力

第一項　繼承之標的

第一款　總　說

1. 民法第一一四八條第一項本文規定：繼承人自繼承開始時，除本法另有規定外，承受被繼承人財產上之一切權利義務，是為所謂「包括繼承」之原則，而考此原則，係由來於古代羅馬法者。詳言之，在古代羅馬繼承法上有二大原則，即遺囑自由及包括的繼承之原則是。繼承人一旦依遺囑被指定後，不但應即繼承死亡人之積極財產，同時又須負擔其消極債務。且因繼承人被視為死亡人之人格繼承人，而尚須履行死亡人在宗教上之種種義務。惟及至後世，為減輕繼承人之上述過酷的義務，法務官法始承認繼承人有拋棄繼承之權限，至優帝時，更有限定承認制度之設❶。日耳曼法與古代羅馬法迥異，與其謂為遺囑繼承，寧可謂為無遺囑繼承。又在日耳曼法上，則無包括繼承之觀念，而有動產繼承法與不動產繼承法之別。詳言之，繼承人就被繼承人債務，並不負無限責任，而僅以遺產中之動產予以抵償，即僅負物的有限責任而已；至於繼承人之固有財產及其因繼承所取得之不動產，皆無須供為繼承債務之清償，蓋因日耳曼法並不以繼承為死亡人人格之承繼，而僅以之為財產上之承繼故也。日耳曼法上之「個別繼承」與「物的有限責任」之原則，乃為英國法系所繼受❷。

---

❶ 羅馬法上之繼承制度，詳請參照原田慶吉著《ローマ法下》。

❷ 中川編註釋上一〇八頁～一〇九頁。

2.大陸法系與英國法系不同，乃採取包括的繼承主義，即係繼受於羅馬繼承法之原則者。包括的繼承主義，不依遺產中之個別財產為動產或不動產，而異其繼承原則。詳言之，繼承人不得排除包括的繼承原則，而將繼承財產之一部分由其他部分分離，使之另由其他繼承原則支配之。被繼承人雖可依遺贈，以期達到其目的，但遺贈並非繼承，而只要是繼承財產，皆因被繼承人死亡，即僅因此統一的原因，全部包括的移轉於繼承人。要之，包括的繼承之原則，或為繼承之承認，或為繼承之拋棄，皆有其適用，即應就繼承財產之全部始能為之。民法第一一四八條第一項規定：「繼承人自繼承開始時，除本法另有規定外，承受被繼承人財產上之一切權利義務」，即是上述包括的繼承之意，而與其他大陸法系國家之立法並無不同，但同條項但書又規定：「權利義務專屬於被繼承人本身者，不在此限」，以示此原則之例外。

3.按包括的繼承原則係由來於羅馬法，已如上述，但當時羅馬法僅以國內法為其前提，因而包括的繼承原則或可施行無阻，然於現今社會，個人財產可能分散於各國，是時能否與羅馬法同可適用包括的繼承原則，實有重加考慮之必要。譬如：設有一中華民國人死亡，而其遺產之一部存在於法國，是時，僅依法國民法始能為繼承人之某甲，因而繼承其在法國之被繼承人遺產；而依中華民國民法之繼承人某乙，遂向中華民國法院以某甲為僭稱繼承人，訴請繼承權之回復。於是，中華民國法院乃以其為被繼承人本國法之中華民國民法為判決（涉外民事五八條本文），可能承認某乙之繼承回復之請求。因此，某乙想將此判決擬在法國為強制執行時，必須經過法國法院之許可（請參照強執四條之一）。果如此，則法國法院可能以中華民國法院之判決為違反公序良俗，而不予以承認（請參照民訴四〇二條一項三款）。因有如上考慮，故涉外民事法律適用法第五八條但書乃規定：「依中華民國法律，中華民國國民應為繼承人者，得就其在中華民國之遺產繼承之。」於是，只能在中華民國境內，始能貫徹包括繼承之原則❸。

4.九七年一月二日公布之民法舊第一一四八條第二項規定，繼承人對

❸ 陳著八八～八九頁。

於繼承開始後，始發生代負履行責任之保證契約債務，以因繼承所得之遺產為限，負清償責任。嗣因九八年六月十日公布之同條第二項規定，繼承人對於被繼承人之債務，以因繼承所得遺產為限，負清償責任。即改以限定繼承（限定責任）為本則，繼承人對繼承債務，不問其性質，均負有限責任，是故上述舊規定，新法已予以刪除。

第二款　繼承財產

一、財產法上之權利義務

㈠積極財產（權利）

1.財產法上之一切權利，除一身專屬權外，皆可為繼承之標的。申言之，物權、債權固無論矣，撤銷權、解除權等形成權，如不以被繼承人身分為基礎者，亦可為繼承之客體。又雖非專屬於被繼承人一身之財產權，但多少帶有人格權色彩者，亦非例外。例如：著作財產權、專利權、商標權等無體財產權是。至於被繼承人因行政處分或因公法規所取得之財產權，亦可由繼承人繼承。又縱為附條件或內容不確定之權利，亦可為繼承之標的。在我民法上，占有究為權利，抑或為事實關係，學者間雖有爭論，但依民法（九四七條一項）規定，在我法制上占有得由繼承人繼承，則毫無疑問（請參照德民八五七條；法民七二四條；瑞民五六〇條）❹。於是，繼承一經開始，占有亦當然移轉於繼承人，毋庸繼承人現實管領該財產；又無須確有占有之意思。繼承人繼承被繼承人之占有時，如占有有瑕疵者，亦須一併繼承之（民九四七條二項）❺。

2.新法第一一四八條之一規定：「繼承人在繼承開始前二年內，從被繼承人受有財產之贈與者，該財產視為其所得遺產。前項財產如已移轉或滅失，其價額，依贈與時之價值計算。」其立法理由，乃於新法改採限定繼

❹ 請參照史著一四一頁。

❺ 梅仲協著《民法要義》四五五頁、四五九頁；末弘嚴太郎著〈占有權の相續性〉《穗積先生還曆記念論文集》。又請參照日本大審院刑事判決，明治三九年四月一六日；同上民事判決，大正四年一二月二八日。

承為本則之情形下，「為避免被繼承人於生前將遺產贈與繼承人，以減少繼承開始時之繼承人所得遺產，致影響被繼承人債權人之權益」，「為兼顧繼承人與債權人之權益，爰參考現行遺產及贈與稅法第十五條規定，明定繼承人於繼承開始前二年內，從被繼承人受有財產之贈與者，該財產始視為其所得遺產」。此一規定，擴大遺產之範圍，兼顧繼承債權人及繼承人之權益，立法意旨，固無不合。惟依本條規定，有下列之問題，有待檢討：⑴該二年內之贈與財產視為遺產，如屬民法第一一七三條所列結婚、分居或營業之特種贈與，其價額應加入繼承開始時被繼承人所有財產中，為應繼遺產，即本有扣除（歸扣）之適用，如非屬特種贈與，既依法視為遺產，即屬遺產之一部，未移轉或滅失者為原財產，已移轉或滅失者為贈與時之價值。立法理由（第四項）謂：「本條第一項財產除屬於第一一七三條所定特種贈與應予歸扣外，並不計入第一一七三條應繼遺產」云云，按第一一七三條之應繼遺產為特種贈與價額及繼承開始時被繼承人所有財產，該贈與財產如非屬特種贈與，雖非歸扣標的，但既視為遺產，即屬繼承開始時被繼承人所有財產，為應繼遺產之一部。是故上開立法理由所謂本條第一項財產除屬於特種贈與應予歸扣外，並不計入第一一七三條應繼遺產云云，說明尚欠明瞭。⑵該視為遺產之贈與財產，如屬特種贈與而被繼承人有免除歸扣之意思表示（民一一七三條一項但書），雖不予歸扣，但仍應視為該繼承人所得遺產。⑶該視為所得之遺產，如為不動產，因贈與已登記為繼承人所有時，於繼承開始後，繼承債權人於取得執行名義，聲請強制執行，經查封該視為遺產之不動產後，似宜解為無庸辦理繼承登記，得進行拍賣程序，無論單獨繼承或共同繼承均然。⑷法文僅規定該繼承開始前二年內所受財產之贈與視為繼承人所得遺產，但立法理由中另謂本條視為所得遺產之規定「不影響繼承人間應繼財產之計算」。即依立法理由之說明，僅對於繼承債權人有該贈與財產視為遺產規定之適用，若然，即應於法文中明定之，而非僅於立法理由中說明。⑸該繼承人於繼承開始前二年內所受之贈與，如繼承尚未開始，該繼承人之債權人自得聲請執行；惟如執行尚未終結前，繼承開始，對被繼承人之債權人而言，該財產視為遺產，得否對之聲請執行或參與分配，即成為難題。⑹依該條第二項，贈與物如已移轉或滅失，始依贈與時之價值計算其價額，足見未移轉或滅失者，即以原物視為所得遺產，於換價上，多所不便。又，論者固有認本條第一項繼承人受贈財產視為其所得遺產，亦應以贈與時之價值計算其價額者，此一見解固較方便，但自第二項明定其財產如已移轉或滅失始計算其價額者，原物如仍現存，即非以價額計算之，至為明瞭。未來立法宜修正為概以價額為計算。⑺如受贈與之繼承人，於繼承開始後，拋棄繼承，本條即無所適用。⑻本條之增訂為參考遺產及贈與稅法第一五條規定，惟贈與視為遺產，併入遺產總額，於遺產稅之計算，並無任何困難，但本條如僅對繼承債權人有其適用，又不影響繼承人間之應繼分及遺產分割，則多所疑義。由上說明可知，增訂之民法第一一四八條之一，其問題不少，有待更深入之檢討。

3.繼承既為包括繼承，故繼承一經開始，被繼承人之財產權，應以繼承開始時之狀態移轉於繼承人。無論繼承標的有無瑕疵或限制；又不問被繼承人所為或所受詐欺或脅迫；且與被繼承人之善意、惡意或過失等無關，繼承標的物全部歸屬於繼承人。因繼承而移轉財產，亦無須個別的履踐移轉程序，繼承標的之各個個別財產權，皆包括的移轉於繼承人。例如：不動產物權之移轉，通常雖以登記為移轉效力發生之要件(民七五八條一項)，然因繼承而取得不動產物權者，則不必為登記，繼承人即可取得該不動產之所有權，惟如欲為處分，則依法應經登記始得為之而已（民七五九條)，蓋此為包括繼承之當然效果之故也。其他如被繼承人之住所與繼承人之住所不同時，則繼承債權之清償地，勢必因繼承而有所變更（民三一四條)，固不待言。

㈡消極財產（義務）

1.民法既採包括的繼承主義，則不唯積極財產，縱為消極財產，亦應包括的予以繼承，即繼承人就繼承財產須負無限責任，故遺產中縱無積極財產而僅有消極財產，該消極財產仍應由繼承人負清償責任。是時，繼承人僅能依限定承認或拋棄繼承，以避免上述之不利益。至於專屬於被繼承人一身之債務，則應與被繼承人同一命運，不得移轉於繼承人。

2.只要不是被繼承人一身專屬之債務，則不問其發生原因如何，係屬作為債務或不作為債務；通常之債務抑或物上請求權上之債務（包括登記債務），應全部移轉於繼承人。不特私法上之債務始可為繼承標的，縱為公法上債務，亦未嘗不可為繼承之對象❻。一般保證債務，並不因保證人死亡而消滅❼，但如連帶債務人中之一人繼承另一人，或主債務人繼承保證人，或保證人繼承主債務人時，如其中一債務有特別擔保；或債務人中有一人為限定承認者，則應解釋為一人兼負兩個連帶債務或負擔本債務與保證債務❽。蓋若不為如此解釋，則有違連帶債務或保證債務之本旨也。

3.民法舊第一一四八條第二項規定：「繼承人對於繼承開始後，始發生代負履行責任之保證契約債務，以因繼承所得之遺產為限，負清償責任。」此為新法所增訂，即一般保證債務固為繼承標的，於繼承開始時移轉於繼

❻ 中川編註釋上一二五頁；近藤著上三三一頁。
惟完納罰金義務，日本學者（中川編註釋上一二五頁；我妻、立石著四〇八頁）或有主張不移轉於繼承人，而我刑事訴訟法第四七〇條第三項亦僅規定，由受刑人遺產執行；遺產及贈與稅法第一七條第一項第八款則規定，被繼承人死亡前依法應納之各項稅捐、罰鍰及罰金，均應由遺產總額中扣除；公務人員交代條例第一八條亦僅規定：公務人員財物移交不清者，移送法院就其財產執行。於是，我國學者或有將完納罰金義務、公務人員所負交代責任中財產上之義務，為繼承標的，應為誤解。
此外，再參酌稅捐稽徵法第一四條第一項規定：「納稅義務人死亡，遺有財產者，其依法應繳納之稅捐，應由遺囑執行人、繼承人、受遺贈人或遺產管理人，依法按稅捐受清償之順序，繳清稅捐後，始得分割遺產或交付遺贈。」反面言之，納稅義務人死亡，如未遺有財產者，繼承人等即無繳納該稅捐之義務，則以公法上義務亦為繼承標的云云，應屬無據。

❼ 中川監註解九二頁；史著一四四頁。又請參照五一年台上字第二七八九號：「職務保證原有專屬性質，除有特約或特殊情形外，保證人之責任因其死亡而消滅，蓋此種保證，於保證契約成立時，被保人尚未有具體的賠償之債務，必待被保人發生虧損情事後，其賠償之責任始能具體確定，而遺產繼承，應以繼承開始時，被繼承人之權利義務狀態為準，倘繼承開始時，被保人尚未發生具體而確定之賠償義務，則此種保證契約，自不在其繼承人繼承範圍之內。」

❽ 戴合著一一二頁；史著一四四頁。

承人，惟：①於繼承開始前，因主債務人不履行債務，保證人應代負履行責任，保證人死亡後，其繼承人對該保證債務，固應負無限責任；但如於繼承開始後，因主債務人不履行債務，始發生保證人之繼承人應代負履行責任者，繼承人雖繼承該保證債務，但僅以遺產為限負清償責任，即僅負有限責任，而無須以其固有財產負責，不論該繼承人是否為限定繼承表示。②條文明定為：「繼承開始後，始發生代負履行責任之保證契約債務」，此在一般保證，保證人代負履行責任，以主債務人不履行債務為停止條件，固無疑義，但於連帶保證者，並無補充性，保證人與主債務人連帶負債務履行責任，亦即不問主債務人是否履行債務，連帶保證人均有履行之責，並無民法第七三九條：「於他方之債務人不履行債務時，由其代負履行責任」規定之適用，則民法繼承編新增之上開規定之代負履行責任之保證契約債務，是否包括連帶保證契約債務，即有疑義。參酌其增訂之理由為：「按保證債務之成立，原則上係基於保證人與被保證人之間信任關係而為保證，從而，保證人的死亡，其繼承人對保證債務之信任性未必與原來之保證人相同，又保證人之繼承人對保證債務之存在多不知情，以致於被繼承人死亡後莫名承受被繼承人之保證債務，有欠合理，云云。」即其立法趣旨在保障保證人之繼承人之權益。具從屬性之連帶保證契約似亦有該新增規定之適用，若然，在適用上似宜解為：於繼承開始後，債權人始得對主債務人或保證人之繼承人同時或先後請求給付者，繼承人以因繼承所得之遺產為限，負清償責任。③至票據法上之保證係屬單獨行為及不要因行為，且原則上具獨立性，與民法上之保證不同，故非屬本條所訂保證契約之範疇；又且權利轉移功能之票據背書，及付款人表示同意付款之票據承兌，亦非屬本條所訂保證債務（請見立法之說明）。

上述繼承保證債務，僅以遺產為限負清償責任，繼承人不必以其固有財產負責之情形，原應自九十七年一月四日當時之新法施行後，始有其適用，本不溯及既往。惟立法院於同年四月二十二日三讀通過，總統同年五月七日公布之施行法第一條之二規定：「繼承在民法繼承編中華民國九十七年一月四日前（按：應為一月三日前）開始，繼承人對於繼承開始後，始發生代負履行責任之保證契約債務，由其繼續履行債務顯失公平者，得以所得遺產為限，負清償責任。前項繼承人依中華民國九十七年四月二十二日修正施行前之規定已清償之保證契約債務，不得請求返還。」即以由繼承人繼續履行保證債務顯失公平為要件，民法舊第一一四八條第二項之規定得溯及九十七年一月三日前所已開始之繼承而適用。惟此一增訂之施行法第一條之二，對債權人所已取得之權利，有所影響，尚欠允當。嗣九八年六月十日公布增訂之施行法第一條之三第二項因應全面改採限定繼承，規定於九八年新法施行（即九八年六月一二日）前已發生因繼承而須代負履行責任之保證契約債務，由其繼續履行顯失公平者，繼承人得以遺產為限負有限責任。即附條件使新法溯及既往。一〇一年一二月二六日修正公布之上開施行法第一條之三第二項，將繼承人繼續履行債務顯失公平之舉證責任，改由繼承債權人負擔。

㈢因死亡所生損害賠償之繼承性

人因死亡即喪失其權利能力，故不問死亡人（即被害人）因被致死之財產上損害或精神上損害（即慰撫金）能否請求賠償，即此等請求權能否為繼承標的，而由繼承人向加害人請求賠償，茲又分財產上損害及精神上損害敘述之：

1.財產上損害賠償

⑴英國法上曾有「致人於死，並非不法侵權行為」原則，惟因違背常理，後來則由一八四六年之詹伯卿法 (Lord Champell's Act, 1846) 所緩和，而限於死亡人之配偶、子、孫、繼子、父母、繼父母、祖父母等；就因死亡人死亡所生金錢上損害，始有請求賠償之權利，但並不允許請求賠償精神上痛苦（包括死亡人及生存人之精神上痛苦）。德國民法對因生命損害之侵權行為，如致被害人於當場死亡者，間接被害人僅能請求賠償因負擔殯葬費用之損失及因喪失扶養期待權所受之財產上損害（德民八四四條、八四五條；請參照民一九二條）。惟如未致死，而僅身體、健康受有損害者，被害人本身就財產上及精神上損害，均可請求賠償。財產上之損害賠償請求權雖可為繼承標的，但精神上損害賠償，須限於被害人已依契約承諾或

已起訴者，始能由被害人之繼承人繼承（德民八四七條；請參照民一九五條一項、二項）。日本最初學說（梅謙次郎著《民法要義，卷三》八七四頁），對因受害而當場死亡之被害人否認其能請求財產上損害賠償，及該損害賠償請求權之繼承性，乃以被害人已死亡，並非權利主體為其理由。惟因對傷害較小之不法侵權行為，即對受傷而不當場死亡者，不唯財產上損害，且得請求精神上之損害賠償（日民七〇九條、七一〇條）。果如此，則輕重未免有失均衡，且不合理。於是，現今日本通說❾，均採肯定說，即不唯受害致死之被害人有損害賠償請求權，而此請求權又可由被害人之繼承人繼承。

⑵我民法關於此點未設明文，但最高法院判例則採否定見解（五四年台上字九五一號）❿。惟學者中，如史尚寬氏則從加害人立場，「因故意或過失，不法侵害他人之權利者，負損害賠償責任」（民一八四條一項前段），而解釋加害人應負損害賠償責任，且此賠償義務並不因被害人死亡而消滅，而可由被害人之繼承人繼承⓫。惟因我民法第一九二條，就加害人負擔之

❾ 日本通說中，有①時間的間隔說，例如：鳩山秀夫著《增訂日本債權各論下》八七一頁；柚木著一五八頁；加藤一郎著《不法行為（增補）》二五七頁。大審院大正一五、二、一六。②極限觀念說，例如：末弘嚴太郎著《債權各論》一〇二二頁。③人格存續說，例如：平野義太郎著〈生命侵害による葬式費用の賠償〉《法學志林》二七卷二號一八八頁。④同一人格繼承說，穗積重遠〈相續は權利の承繼か地位の承繼か〉《法學協會雜誌》四八卷一號一頁以下；我妻榮著《事務管理、不當得利、不法行為》（《現代法學全集》）四六六頁。各說立場雖不同，但皆肯定受傷當場死亡之被害人應有財產上之損害賠償請求權，且此請求權又有繼承性。

❿ 不法侵害他人致死者，其繼承人得否就被害人如尚生存所應得之利益，請求加害人賠償，學者間立說不一。要之，被害人之生命因受侵害而消滅時，其為權利主體之能力即已失去，損害賠償請求權亦無由成立，則為一般通說所同認，參以我民法就不法侵害他人致死者，特於第一九二條及第一九四條定其請求權人及請求範圍，尤應解為被害人如尚生存所應得之利益，並非被害人以外之人所得請求。

⓫ 史尚寬著《債法總論》一四一頁。本人曾主張：時間的間隔說（陳著研究四七

財產上損害賠償範圍有所一定，而又於第一九四條規定，請求權人限於被害人之父母、子女及配偶，且不唯就財產上損害及非財產上損害，均得請求賠償。由此觀之，在我民法上，受害即死之被害人之繼承人，仍不能請求財產上及非財產上損害賠償，反之，僅符合於民法第一九四條之請求權人以固有身分，始得向加害人請求財產上及非財產上損害賠償，而並非以繼承人身分為之⓬。惟本人贊成史氏見解，故認為被害即死之受害人之繼承人，當可繼承受害人之財產上損害賠償請求權外，如該繼承人為受害人之父母、子女或配偶者，尚可依民法第一九二條、第一九四條，行使其固有之損害賠償請求權。

2. 精神上損害賠償

⑴英、德法制，均不承認受害而當場死亡之被害人有精神上損害賠償(慰撫金) 請求權，及其請求權之繼承性。惟如被害人受傷並未立即死亡者，雖可請求精神上之損害賠償，但此請求權係一身專屬權，除非被害人依契約承諾或已起訴而成為普通債權外，該請求權並無由被害人之繼承人繼承之性質。惟晚近日本最高裁判所判例⓭則認為：慰撫金請求權亦為單純的金錢債權，於被害人死亡時即發生，無須被害人有行使此權利之意思，但除被害

九頁)，但史氏見解更容易令人理解。史氏以為：侵權行為之制度，與其謂為被害人之損害填補，不如謂為加害人損害之擔任也。有謂我民法第一九五條明定不得讓與或繼承云云，(而同條同項規定) 係就非財產上之損害賠償請求權而言，不包含財產之損害賠償請求權在內，不得以此規定而間接推論因生命侵害受賠償地位之能否繼承。蓋此規定 (按：精神上損害賠償之請求)，不外以非財產上之損害賠償請求，應顧及被害人之意思也。史氏見解與法國民法第一三八二條規定同，即因過失損害他人者，須負損害賠償責任 (請參照民一八四條)。於是，在法國民法解釋上，則有人主張：不必限於直接受害人，縱為間接受害人而能舉證自己確受損害者亦可請求賠償；又其損害，並不限於物質上損害，精神上損害，亦無不可。請參照陳著九六頁。

⓬ 陳著九六頁。

⓭ 昭和四二年一一月一日：民集二一卷九號二二四九頁；昭和四三年五月二八日：《判例時報》五二〇、五二；昭和四五年四月二一日：《判例時報》五九五、五四。

人有意拋棄行使此請求權者外，此請求權亦有繼承性。日本學說中，有肯定說與否定說⑭，而本人亦以為財產上損害賠償既不問受害人當場死亡或事後死亡，均可請求，且該請求權又有繼承性，則精神上損害賠償（慰撫金）請求權，亦應可作同樣解釋，以期在兩種場合可作同一之處理。

⑵至於因傷當場死亡之被害人精神上損害賠償，本人亦欲與日本民法上處理同作肯定解釋。惟因我民法第一九五條第二項明定：前項請求權（慰撫金請求權）不得讓與或繼承，但已依契約承諾或已起訴者，不在此限，即此請求權，原則上為被害人之一身專屬權。此與日本民法（七一〇條）因無此類似規定，隨而不問受害人就精神上損害賠償有無積極的意思表示，均一律認為可由其繼承人繼承者可比。換言之，被害人之精神上損害賠償請求權（民一九五條二項）不問其當場死亡與否⑮，均為被害人之一身專屬權，即須有被害人請求賠償之意思表示始可，並無由其繼承人繼承之性質⑯。惟其繼承人仍得依民法第一九四條向加害人請求其固有的精神上損害賠償（四九年台上字六二五號）。

⑶被害人受傷致死時，限於父母、子女或配偶為損害賠償請求權人（民一九四條），而日本民法第七一一條亦有同一之規定。日民之此條規定，是為避免有無精神上損害之舉證責任而設，乃以本條承認：被害人之父母、子女及配偶均有慰撫金請求權者。故縱為該條所定請求權人以外之親屬，若能舉證因被害人死亡，確受有精神上痛苦者，則無不准請求慰撫金之理⑰。要之，為保護其他親屬（例如：祖父母、兄弟姊妹）利益，在立法

---

⑭ 肯定說：加藤一郎編集《注釋民法⒆》二二三頁（植林弘）；我妻榮著《事務管理、不當得利、不法行為》二一三頁；末弘嚴太郎著《債權各論》一一一三頁。否定說：中川監註解八八頁；加藤一郎著《不法行為》二六〇頁。

⑮ 被害人受傷即死時，就精神上損害賠償依契約承諾或因起訴，使其成為具體的金錢債權之機會殆無。請參照王澤鑑著《民法學說與判例研究⑸》二二八頁。

⑯ 被害人之精神上損害賠償額已變為具體的金錢債權者，被害人之繼承人固有權繼承其債權。

關於被害人之精神上損害賠償及其有無繼承性，請參照陳著研究四八〇頁至四八一頁。

政策上及在法律解釋之理想上，均有作擴大立法或解釋之必要。戰後之日本法院判決⑱，亦漸趨於此方向。

⑷我國現今社會雖已進入於工業社會，但此亦僅限於若干大城市而已，鄉下農村則仍停留在農業社會，而且尚以大家族制度（也許已無中世、近世大家族制度之意義與實質）為該社會家族構成之骨幹，故「家」除由配偶、父母子女構成者外，尚有可能由祖父母、伯叔父母、兄弟姊妹來構成一家。即同居共財習俗，仍在當今臺灣鄉村社會所恆見。尤其祖孫、兄弟姊妹等親屬感情，在中國現今社會更為顯著。於是，若在現今中國社會下，嚴格適用民法第一九四條規定，限制請求權人範圍，則將有悖該條要保護被害人親屬之精神上損害賠償之本旨⑲。

㈣被繼承人之屍體

被繼承人之遺體，或有以之為「物」，而得為所有權之標的（近藤著上四三〇頁），但繼承人不得隨意拋棄其所有權（日本大判昭和二年五月二七日；昭和一四年三月七日），且繼承人行使其所有權，應受公法及私法上限制。本人以為：被繼承人屍體因曾有人格，故與通常所謂「物」有異，並非繼承財產，而繼承人則有埋葬屍體之權利義務，即對屍體有處分權，上舉日本大審院判例亦係此意。繼承人處分被繼承人屍體，固應遵從被繼承人遺志為之，且須受善良風俗之拘束。如不遵守死亡人遺志，而將遺體攝影或付諸解剖時，則須得繼承人同意，且因此所得對價，將為遺產之一部，而由繼承人繼承。

㈤人壽保險受益人之地位及遺族卹金

⑴因要保人指定受益人後，尚有權處分保險利益（保險法一一一條一

⑰ 中川善之助著〈身分權への不法行為〉《身分法の總則的課題》六六頁以下；加藤一郎著《不法行為》二四一頁。

⑱ 日本盛岡地方裁判所（昭和三一年五月三一日）；東京地方裁判所（昭和三六年四月二五日）；福岡地方裁判所（昭和三四年一〇月三〇日）；東京高等裁判所（昭和三六年七月五日）。請參照加藤編集《注釋民法⒆》二三五～二三六頁（植林）。

⑲ 請參照陳著研究四九三～四九五頁。

項)，故人壽保險受益人權利，須在要保人不行使其變更權而死亡時，始能確定。因此，受益人死亡，其地位並不立即移轉於受益人之繼承人。換言之，受益人能行使受益權，須限於要保人不行使變更權而死亡，且須於被保險人死亡以後，始能行使。故受益人之繼承人並不能繼承受益人地位，而僅能繼承因受益人行使受益權而取得之現款而已。惟如被保險人死亡，要保人未指定受益人者，該保險金額將成為被保險人之遺產（保險法一一三條）[20]。

⑵至於遺族恤金，係死亡人之遺族基於其為遺族之身分而受領者，故亦非為繼承之客體（二五年院字一五八號（一))。

二、一身專屬之權利義務

㈠一身專屬之權利

1.依民法第一一四八條但書規定，專屬於被繼承人一身之權利，則不得為繼承標的。至於一身專屬權，則有「權利行使」上者（民二四二條)；又有「權利享受」上者（民一一四八條)。因兩者範圍不同，隨而有「不能代位、又不能為讓與或繼承之標的者」(扶養權利：民一一一六條)；有「不能代位行使但可以繼承者」（禁止扣押之債權：強執一二二條)，有「可以代位行使但不可以繼承者」(因僱傭、委任而發生之權利：民四八二條以下、五二八條以下)。要之，不得讓與或不得繼承之權利，未嘗不能由他人代位行使；反之，不許他人代位行使之權利，亦未必不能由繼承人繼承[21]。

2.被繼承人之一身專屬權能否為繼承標的，則依其權利有無移轉性而定。例如：身分權、人格權均不能由繼承人繼承，但如由身分權、人格權所發生之損害賠償或慰撫金請求權（民一八條、一九五條、九七九條、九九九條、一〇五六條、一〇五七條、一〇八二條)，則如受害人不行使權利

[20] 依日本商法第六七六條第二項規定：要保人未指定受益人而死亡時，以應受保險金額之人之繼承人，為保險金之受領人。是時，保險金受領權，係該繼承人之原始取得，即是該繼承人固有之權利。請參照中川監註解九三頁；中川編註釋上一二五頁。

[21] 請參照中川監註解九一頁；日本東京地方裁判所判決(大正五年一月二七日)。

而死亡者，此等權利固不能為繼承標的，但如受害人已起訴或依契約承諾者，因已變為金錢債權，故可由繼承人繼承。惟以特定身分為基礎之財產權，譬如：扶養請求權、夫妻財產制度上之權利、親子間之財產法上權利；或以特別信任關係為前提之權利，如因僱傭或委任而發生之權利，則均不能由繼承人繼承。至於被繼承人生前所訂立之終身定期金契約，則因其為當事人之被繼承人死亡而消滅，故亦不能由繼承人繼承，自不待言（民七二九條；又請參照民七三三條)。

㈡一身專屬之義務

1. 被繼承人一身專屬之義務，依法（民一一四八條一項但書）亦不能由繼承人繼承，譬如：以被繼承人之身分或地位為基礎之債務（扶養、監護)；債務之履行與被繼承人人格、知識相結合者（委託監護人、遺產管理人、遺囑執行人，或藝術家、著作家之給付義務)；債務係以被繼承人之信任關係為基礎者（使用借貸、委任、僱傭、身分保證、職務保證、信用保證；五一年台上字二七八九號)，於其性質上，類皆不能為繼承之標的。

2. 扶養義務既以一定身分為其基礎，故其不能為繼承標的，已如上述。惟一旦扶養義務人死亡，竟令受扶養人喪失其權利，則其生活無著，殊可憐憫，故我民法（一一四九條）特設遺產酌給請求權，令被繼承人生前繼續扶養之人，有權請求從遺產中酌給若干財產。至於其因扶養義務人履行遲延而發生之扶養債務，則為繼承標的，固可由受扶養義務人之繼承人繼承。

第三款　法律關係之繼承與訴訟之承受

1. 被繼承人之財產法上法律關係，不以被繼承人之地位、身分、人格為其基礎者，須盡移轉於繼承人，例如：因租賃而發生之租賃關係；因買賣而發生之出賣人地位；僱傭契約上之僱用人地位㉒等，皆可為繼承標的。代理人之地位，則因代理人死亡而消滅（民五五〇條)；但無權代理關係，則應移轉於繼承人，是以，繼承人如於繼承開始前，曾以被繼承人為本人而為無權代理行為時，因繼承開始，其代理行為被視為繼承人本人之行為，

㉒ 我妻、立石著四〇八頁。

而不許該繼承人一方面為無權代理人而免其責任（民一七〇條一項）；他方面則為本人而對該行為得予以拒絕（民一七〇條二項）。換言之，因繼承開始，無權代理行為應即消滅，而繼承人就該行為須負本人之責任㉓。

2. 至於法律關係互有關連者，該法律關係之存續，是否可能因關係人死亡而受影響？本人以為：股東權應依共益程度之厚薄，隨而其繼承性亦有差異，譬如：共益性濃厚者（無限公司股東地位：公司法六六條一項二款；兩合公司無限責任股東之地位：公司法一一五條），則不能為繼承之標的。反之，其共益性稀薄者即僅以自益權為其內容者（股份有限公司之股東地位：公司法一六三條；兩合公司之有限責任股東地位：公司法一二三條二項），自可轉讓，或由繼承人繼承。但公司發起人地位、董事地位，則應有一身專屬性，非營利社團（學會、工會、社交團體、同學會、同鄉會）等成員之地位亦然㉔。

3. 訴訟能否由繼承人繼承，則應視訴訟標的之性質如何而定。其為訴訟標的之權利義務或法律關係，如得移轉於繼承人者，該訴訟雖因被繼承人死亡而當然停止，但仍須由繼承人（或遺產管理人抑或其他依法令應續行訴訟之人）承受其訴訟（民訴一六八條）。如有訴訟代理人者，訴訟並不當然停止（民訴一七三條），但繼承人仍不妨承受之。至於訴訟標的專屬於被繼承人者，該訴訟則因被繼承人死亡而終結，但訴訟費用上之權利義務，仍為繼承標的，法院就訴訟費用應為裁判，而令繼承人承受此訴訟㉕。

第二項　繼承之費用

一、繼承費用之意義

德國民法第一九七五條之"Nachlass"係指被繼承人遺產經清理後剩

㉓ 請參照日本大判昭和二年三月二二日；七年一月一三日；九年九月一〇日；一〇年八月八日；一七年二月二五日。

㉔ 日本大判大正三年四月二八日。

㉕ 日本大判大正五年一二月二二日；一二年四月二二日；一三年五月二六日；昭和二年二月一二日。

餘之積極財產；而在該民法第一九二二條之“Erbschaft”乃指被繼承人所留下之整個遺產而言。至於我民法第一一五〇條所規定「遺產」，似較接近於Nachlass，但實際上並無嚴格的區分（例如：民一一五四條），而與日本民法上之「遺產」與「繼承財產」同，似無區別。惟無論如何，繼承一開始，被繼承人所遺留之財產，依「當然繼承」及「包括繼承」兩原則，應即歸屬於繼承人，故繼承開始後，有關繼承的一切費用，皆應由繼承人負擔（請參照日民八八五條）。我民法第一一五〇條則限於遺產管理、分割及執行遺囑之費用，始由繼承財產負擔。如繼承人為單純繼承時，因繼承人之固有財產與繼承財產混同，其由何種財產擔負上開費用，自無須究明外，如繼承人為限定承認或拋棄繼承者，則有規定上開費用應由繼承財產負擔之必要，否則繼承人勢必以固有財產為給付而有違限定繼承、拋棄繼承之原意，於是，為保護繼承人，始有民法第一一五〇條之規定。而且此等費用尚有共益費用之性質，即不僅於共同繼承人間有利，對繼承債權人、受遺贈人、遺產酌給請求人等均有利害關係。關於繼承費用，我民法第一一五〇條雖為限定的立法，惟在立法政策上，作概括的立法，則關於繼承財產之費用，較能為妥善之處理（請參照日民八八五條）。

二、繼承費用之負擔

民法第一一五〇條本文規定：關於遺產管理、分割及執行遺囑之費用，由遺產中支付之。所謂遺產管理之費用，係指遺產保存上所必要不可欠缺之一切費用而言，例如：事實上之保管費用、納稅、訴訟費用、清算費用等。遺產分割費用，乃係繼承人分割遺產時所支出之費用，即因分割方法之決定或分割遺產之清算所需要之費用是。遺產在尚未分割以前，為共同繼承人之公同共有（民一一五一條），故遺產分割費用，應該先以遺產對該費用之債權人為清償，且為保護該債權人，共同繼承人仍須負連帶責任（民一一五三條）。至於執行遺囑之費用，則凡屬於執行遺囑所需一切費用皆應包括在內。例如：關於遺囑之提示、開視抑或遺囑執行之報酬等是。惟喪葬費用是否為繼承費用，民法雖無明文，但遺產及贈與稅法第一七條第一項第十款則規定被繼承人之喪葬費由繼承財產扣除[26]。繼承費用除上述者外，如有其他費用出現時，為保護繼承費用之債權人起見，理應由繼承財產負擔，甚至進而應解釋由共同繼承人連帶負責。於是，如繼承費用因繼承人過失而為支付者，則應由該繼承人負擔，不得請求遺產支付（民一一五〇條但書）㉗。蓋因該費用之支付既非必要，又為由於繼承人之過失而發生，若仍須由遺產支付，乃是將其過失結果轉嫁於一切利害關係人，則未免有失公平。

第三項　遺產酌給請求權

一、總　說

1. 自古以來，人類集體而居，無論在氏族時代如此，在大家族時代更是如此。至於現今人類社會，雖是個人主義社會，但個人仍不能脫離其所屬集團而經營其個人之日常生活。詳言之，被繼承人於生前，不唯與繼承人共營共同生活，又有繼承人以外之第三人，倚賴被繼承人以圖生存。如被繼承人一旦死亡，繼承人固可繼承被繼承人之遺產，以謀日後生計，惟依賴被繼承人生存之第三人，則因被繼承人之死亡，其日後生活自無著落，值得同情。而且徵諸繼承制度之存在理由，為生存人生活之保障，而與上開第三人之處境，又未符合。於是，扶養權利人與繼承人順序須為同一之見解，於瑞士民法立法時，已為學者所主張㉘，非無見地。

㉖ 因過失致人於死者，則由不法行為人負擔出殯費用之責（民一九二條）。
日本民法第三〇六條、三〇九條則規定喪葬費費用之債權人，就債務人（即被繼承人）之總財產（繼承財產）上有先取特權。請參照中川編註釋上三三頁。

㉗ 為保護繼承費用之債權人計，無論如何，該債權人應可就繼承財產取償，或可令共同繼承人連帶負責清償，是時自應由其他共同繼承人就有過失繼承人之過失負舉證之責，而可請求不當得利之返還。惟如無共同繼承人時，則須由該債權人就繼承人過失負舉證之責，自屬當然。

㉘ 德國民法（一六〇六條）及瑞士民法（三二九條）上之扶養權利人順序大體上與法定繼承人順序相同。至於前蘇俄法制，則除直系卑親屬及生存配偶外，唯由被繼承人生前扶養，且無資產又無勞動力之人，始得為繼承人，是將「繼承」制度，視為「死後扶養」者，而於遺產酌給亦非此例外。

2.惟被繼承人生前扶養之第三人，或有與被繼承人並無任何親屬的身分關係者（請參照民一一一四條）㉙，是時則無從將此等曾受扶養之人，列於與法定繼承人同一之順序，而在被繼承人死亡後，仍得由遺產酌量受扶養㉚。我國舊律則有相為依倚之義男、女婿及收養三歲以下遺棄小兒，雖不得立為嗣子，但仍得酌給遺產之例㉛。大理院判例（三年上字三八五號、三年上字七七九號、四年上字一六九號、七年上字七六一號、八年上字七〇五號）則擴張其義，而對相為依倚之族孫、親女及妾媵等，亦得酌給遺產。民法（一一四九條）遵循舊律，又參酌外國立法例，而有「被繼承人生前繼續扶養之人，應由親屬會議，依其所受扶養之程度及其他關係，酌給遺產」之規定。其特色有三：①對遺產請求酌給，非對繼承人請求扶養；②對受酌給遺產之權利人不作硬性規定㉜；③酌給程度及方法亦富有

㉙ 生存配偶（法民二〇五條、奧民七九六條）；離婚有責配偶之對方配偶（德國婚姻法五八條）；非婚生子女對生父之繼承人（德民舊一七一二條、瑞民三二二條）；繼承缺格人（奧民七九五條）等之扶養請求，皆以遺產酌給，係出於死後扶養之見解者。

㉚ 於遺產酌給制度，請求權人行使權利，有兩種不同的行使方法。即一為對遺產行使之；而另一為對被繼承人之繼承人請求扶養。至於其得請求之限度，或有以請求權人如為繼承人時則得享有之應繼分（瑞民三二二條）抑或以特留分為限度者（德民一七一二條）。

㉛ 明清律（戶律戶役門），立嫡子違法條附例規定：「若義男、女婿、為所後之親喜悅者，聽其相為依倚，不許繼子並本生父母，用計逼逐，仍依大明令分給財產（清律：仍酌分給財產）」。

民律草案（第一次）第一四六九條：「乞養義子，或收養三歲以下遺棄小兒，或贅婿素與相為依倚者，得酌給財產使其承受」。此等遺產承受人既非被繼承人之遺產繼承人，又非法定順序之扶養權利人，而與㉘所舉歐西立法例，就遺產酌給的看法，稍有不同，而似在出於情愛而注重被繼承人生前「共同生活體」(Gemeinschaft) 之維持。

㉜ 依上舉㉙，在外國立法例上，則有生存配偶、離婚無責配偶、非婚生子女、繼承缺格人等，均有可能是法定扶養權利人，但依我國上述舊律及民律草案，則請求權人並非法定扶養權利人，而現行民法第一一四九條上之請求權人亦似如此，但並無出於情愛而有共同生活體維持之性質，反而死後扶養之性質更為濃厚。

彈性㉝，而由親屬會議就具體情形予以決定。

二、遺產酌給請求權之要件

我國民法上之遺產酌給制度（民一一四九條），對曾受扶養之人，不問其是否為親屬（尤其法定扶養義務人），一律賦予權利而由親屬會議酌給遺產，故與舊律上之酌給遺產制度，係出於情愛，又想維持其與被繼承人之共同生活體者不同。反而與外國立法例注重「死後扶養」者同出一軌，但我民法並不限於法定扶養權利人始能請求酌給遺產，而對曾受被繼承人扶養之人，皆賦予權利而可請求酌給遺產，故比歐西立法更貫徹死後扶養之目的。惟因由親屬會議酌給，如親屬會議不酌給遺產時，則死後扶養之目的，並不容易達到。茲就民法第一一四九條所規定之遺產酌給制度敘述之。

㈠須為被繼承人生前繼續扶養之人

被繼承人生存中，不唯其繼承人、法定扶養權利人抑或第三人，均可依賴被繼承人而生活，但如被繼承人一死，繼承人雖可依法繼承被繼承人之財產而維持日後生活，但法定扶養權利人，甚至於曾受扶養之第三人，則因被繼承人死亡，其素來之生活將受影響，顯而易見。民法立法者為救助繼承人以外之此等曾受扶養之人（包括法定扶養權利人及第三人），始設有民法第一一四九條之遺產酌給制度。因本條用意係在對於被繼承人生前繼續扶養之人酌給遺產，以安頓此等人之生活為目的，故不問此等人是否為被繼承人之法定扶養權利人，只要曾受被繼承人繼續扶養者，均得向遺產請求酌給，以維持其日後生活㉞，本人贊成此說，惟或有鑑於本條所規定「扶養」，係承親屬編之扶養義務而設，故如無特別情事，其意義內容應相一致，而限於法定扶養權利人始能請求酌給遺產㉟。果如此，則能請求

㉝ 酌給遺產，依民法第一一四九條，則由親屬會議「依其（請求權人）所受扶養之程度及其他關係為之，故親屬會議視各種情形，亦可不酌給。果如此，則死後扶養之目的自不能達到。至於由親屬會議酌給遺產，是否妥當，容後述之。

㉞ 胡著八五頁；李著五二頁；劉含章著一〇四頁；陳著一〇四頁。
未受生父認領之非婚生子女、事實上夫妻或妾（三六年院解字三六七二號、三九年台上字一五七一號）均可請求遺產之酌給。

㉟ 范著八九頁；羅著七七頁；劉鍾英著二二頁。

遺產酌給之人的範圍未免過狹，而不能達到本條所設定的目的，故本人不能贊同。至於本條所謂「繼續扶養」，並無時間長短之限制，只要在被繼承人死亡以前，未曾間斷地繼續扶養為已足。

㈡須被繼承人未為相當的遺贈

遺產酌給制度，係為顧慮曾受被繼承人繼續扶養之人，在被繼承人死亡以後之生活，而為之規定，故如被繼承人事前以遺囑安排解決曾受繼續扶養人之困境，以免在其死後與繼承人發生事端者，自無酌給遺產之必要（二六年渝上字五九號）。

㈢須酌給請求權人不能維持生活而無謀生能力

1. 民法上扶養權利人，除直系血親尊親屬及配偶外，須以不能維持其生活而無謀生能力者，始能請求受扶養（民一一一七條、七九年台上字二六二九號判例）。遺產酌給請求權人，既為曾受被繼承人繼續扶養之人，自有人主張：此等請求權人理應具備與上述扶養同一之要件㊱。惟尚有人主張：民法既無限制明文，而且民法第一一四九條原為推定被繼承人之情感而設，故毋庸以之為要件者㊲。而本人以為：如被繼承人有意安排被扶養人日後生活，則可依遺贈方式妥為設法，然既無此項遺囑，則應限定於不能維持生活而無謀生能力之人，始可准其請求酌給遺產，較為妥當㊳。

2. 惟於法定扶養義務，既有「生活保持義務」與「生活扶助義務」之區別，故於遺產酌給時，亦有作此區別之必要。例如，事實上之夫對於事實上之妻，應為生活保持義務，是無須顧慮扶養義務人之給付能力，即使犧牲自己仍應扶養對方，且又不問扶養權利人之需要者（請參照民一一一七條、一一一九條）。至於對其他親屬（包括法定扶養權利人及曾受被繼承人繼續扶養之人）之扶養義務，是為生活扶助義務，即除考慮扶養權利人是否能維持生活及有無謀生能力外，尚應按扶養權利人之需要與扶養義務人之經濟能力及身分為扶養（請參照民一一一七條、一一一九條）㊴。

㊱ 羅著七八頁。

㊲ 胡著八五頁。

㊳ 戴著一〇二頁；陳著一〇五頁。

三、遺產酌給方法及標準

1.遺產酌給請求權之行使，由被繼承人生前繼續扶養之人（即推定權利人），向親屬會議請求之（民一一四九條），但不得逕向法院請求遺產之酌給（二三年上字二〇五三號、三七年上字七一三七號、四〇年台上字九三四號、四〇年台上字九三七號）。惟如繼承人與推定權利人間成立協議，則似不必強其向親屬會議為之。且鑑於我國當今情況，親屬會議不能成立或不作成決議者有之㊵，是時則可請求法院裁判酌給，又如對親屬會議決議不服者，依法（民一一三七條）自得向法院聲訴不服。

2.親屬會議會員，由被繼承人之親屬充任之（民一一三一條），而由推定權利人召集（二二年上字二二四六號）。惟如推定權利人係無行為能力人時，則由其法定代理人代理召集（民一一二九條）。如親屬會議不能召開、召開有困難或召開不為或不能決議時，則得由有召集權之人聲請法院處理之（民一一三二條）。

3.遺產酌給之標準，應依請求權人曾受扶養之程度及其他關係決定之（民一一四九條）。詳言之，不唯應考慮被繼承人生前曾為扶養之程度，次應考慮其與被繼承人之身分關係及情誼之厚薄（即係生活保持義務或係生活扶助義務）、遺產情況、以及請求人之性別、年齡、身體狀況、生活情形等以決定遺產之酌給。至於酌給遺產，有無最高數額之限制，我民法雖無明文，判例（八年上字七〇五號）與學說㊶，或有以為不得超過任何繼承

㊴ 中川編註釋下二三八頁以下。
關於生活保持義務與生活扶助義務，請參照陳等三人合著四二六頁。

㊵ 在現今工商業社會，人民遷徙頻仍，親屬會議召開不易，縱能召開，但不為決議，或因利害關係之會員不參加決議，致使決議不成立之情況，勢非必無；且又鑑於親屬會議決議事項繁多，故如外國立法例，准由國家以公權力干與國民私生活更為合適。請參照陳著〈從民法上「親屬會議」論及家事糾紛之解決途徑〉《臺大法學論叢》一四卷一、二期一六二～一六三頁。

㊶ 戴合著一二二頁；史著一五五頁。
瑞士民法第三二三條第二項：扶養支付，不應大於如經認領而為繼承人所得請求之額。

人之應繼分者，而本人亦曾作此主張[42]。惟鑑於遺產酌給制度係出於被繼承人與受酌給人之情誼而設，且受酌給人雖曾受被繼承人繼續扶養，但仍與繼承人與被繼承人間之關係密切者有別，故理應限於任何繼承人特留分範圍內，而由親屬會議酌給遺產，始為妥善[43]。

4.是否應為遺產之酌給，依法（民一一四九條）應由親屬會議決定，已如上述，故共同繼承時，則應由遺產扣除酌給之數額，共同繼承人始能分割遺產，固屬當然。而且受酌給人應後於繼承債權人，而先於受遺贈人受遺產之酌給，蓋受酌給人受遺產之酌給雖係無償取得，但尚具有死後扶養之性質之故。又如因遺贈或遺產酌給，致使繼承人之特留分不足時，繼承人（特留分權利人）依法（民一二二五條前段）可行使扣減權，以保護繼承人之特留分權益。是時，以遺贈為先，酌給遺產為後而受扣減。茲須注意者：酌給遺產與遺贈同，包括在應繼財產之中，故算定繼承人特留分時，不應以遺贈及酌給遺產為繼承債務而除去之（民一二二四條）。至於無人承認繼承時，依法（民一一八五條）清償債務並交付遺贈物及酌給遺產後，始將賸餘遺產歸屬於國庫。惟如請求權人久不請求遺產之酌給，或已由親屬會議決議遺產之酌給後，受酌給人久不請求受酌給遺產之交付時，似應解釋為：權利人再也不能依民法第一一四九條之規定有所主張（請參照二八年院字一八八八號）[44]。

四、遺產酌給請求權之性質

1.我國往昔之遺產酌給制度，係基於與被繼承人情誼而設，而現行民法第一一四九條所規定之遺產酌給制度，則不問是法定扶養權利人與否，只要在被繼承人生存中曾繼續受扶養者，經親屬會議決議酌給一定遺產，

[42] 陳著一〇六頁。

[43] 德國民法第一七一二條第二項：父之繼承人，對於父之非婚生子女，得視同婚生，給與相當於婚生子女之特留分數額。
胡著八七頁。

[44] 史著一五八頁。但戴著一〇八頁主張：應適用民法第一二五條普通請求權之消滅時效規定。不過本人認為採取短期時效說（民一一四六條二項前段），較為妥適，蓋酌給請求權與繼承關係有密切關係之故也。

即受酌給人範圍，並不僅限於法定扶養權利人。由此觀之，我國現行民法上之遺產酌給制度，並非無死後扶養之性質。如被繼承人（扶養義務人）一旦死亡，扶養權利人受扶養之權利即消滅，其生活無著，殊堪憐憫，故民法始設有第一一四九條之規定。是時，僅由遺產負物的有限責任而已，即以遺產為限度，親屬會議始能決定酌給遺產與否，故繼承人無須由其個人固有財產負責。要之，酌給遺產，是遺產債務（史著一五六頁；戴著一〇七頁），而與繼承人無涉。

2. 至於對遺產請求酌給之權利人所作請求酌給之主張，是物權的？抑或債權的？即於被繼承人死亡時，請求權人是否可立即取得對遺產之權利？又能否解釋此權利為特殊繼承權？如既稱為繼承權，則與主張此權利為物權者無異，蓋繼承權有物權效力之故。然此請求權究有物權之效力，抑或債權之效力，似有檢討之必要。

3. 民法第一一四九條既規定：「被繼承人生前繼續扶養之人，應由親屬會議依其所受扶養之程度及其他關係，酌給遺產。」由此則可明瞭：①請求權人非皆有權請求遺產之酌給，申言之，須具備上舉三個要件時，始有權利請求，此與法定繼承人依法皆有繼承權者不同；②民法為期公平，乃規定以親屬會議為遺產酌給之決定機關㊺，而由親屬會議審查請求權人是否具備上舉三個要件外，尚須就其所受扶養之程度及其他關係予以考慮後，始能決定是否酌給及酌給之數額。由此觀之，以請求權人之權利是物權的，或以此權利為特殊繼承權之見解，自有未妥。而且其能否受酌給及受酌給之程度如何，既皆決定於親屬會議，則與物權之基本的性格之「排他性」，殊不相符合。採取物權說者，或有以為此請求權係針對遺產之權利，故為物權。惟受遺贈之權利亦為對物的，而其效力則僅有債權的效力㊻，故上舉物權說之根據似嫌薄弱。主物權說者又有以為：我國「家產」為家長與家屬之公同共有財產，而請求權人就家產亦有相當的物權。此說似乎言之

㊺ 以親屬會議為酌給遺產之機關是否公平，則有存疑，請參照㊵。酌給遺產，理應由公權力干與，即由家事法庭決定酌給遠較公平而合理。

㊻ 請參照陳著二七二～二七三頁。

有理，例如，事實上之夫妻雖無互為繼承之關係，但有可能存在公同共有之「家產」。不過，妾之不在夫家者，雖無公同共有之家產，但應有權利請求酌給遺產。

4.現行民法上之繼承，以包括繼承為原則，不問債權債務，均應由繼承人承受，已如上述。然遺產酌給請求權，則僅得就遺產中之積極財產有所主張，以利請求權人日後生活之保護，但對消極財產則可視若無睹，顯與包括繼承原則不合，故請求酌給遺產之權利，並非繼承權之一種。又依民法第七五八條、七六一條之規定，物權變動必須以登記或占有交付為其成立要件，但因繼承取得物權者，無庸登記，便可發生物權變動之效力（請參照民七五九條）。至於遺產酌給請求權並非繼承權，已如上述，又並未對此請求權作特殊例外的規定，請求酌給遺產，一旦由親屬會議有所決定時，自應由繼承人或遺囑執行人，依上舉物權編之規定，將酌給物交付或移轉登記與請求人，始能發生物權移轉之效力。要之，遺產酌給請求權，既非特殊繼承權，又無物權的性質。從而，受酌給人對遺產並無應繼分及特留分。

5.果如上述，則此請求權是否應有債權的性質，亟待檢討。詳言之，酌給遺產之請求人，曾繼續受被繼承人扶養，即本有扶養之債權債務關係，如被繼承人（扶養人）一旦死亡，則彼此間之扶養權義亦隨而消滅，曾受扶養人（即遺產酌給請求權人）日後生活殊堪憐憫，故法律為保護受扶養人起見，乃規定受扶養人得向遺產請求酌給扶養財產，以保障其日後生活。於是，由遺產酌給於曾受扶養之人者，為遺產債務，而與繼承人之固有財產無涉，已如上述。我民法第一一四九條並且規定，應由親屬會議酌給遺產，即不唯就請求權人是否具備上舉三個要件，又就其請求的內容（即債權）作具體之決定。要之，本人將此請求權解釋為債權，而不問親屬會議決定是否酌給遺產，並不影響受扶養人請求權所具有之債權的性質。又因此請求權既為債權，故不應過問被繼承人與曾受其扶養之人間有無法定扶養之權義關係，只要曾受被繼承人繼續扶養者即可；又受遺產酌給之權利人，僅承認積極財產而不承認消極財產，亦屬無妨。

6.如受酌給之財產為不動產，則須經登記（民七五八條）；如係動產則須經交付（民七六一條），始能發生物權變動之效力㊼。受酌給人因係無償取得，故應俟繼承債權為有償者受清償後，始能受酌給；又雖與遺贈同為無償，但遺產酌給時，因受酌給人在被繼承人生前，曾繼續受其扶養，彼此關係密切，受遺贈人自不能與之相比，故受酌給人應較受遺贈人先受遺產之酌給㊽。受酌給財產與受遺贈財產，均在繼承財產之中（請參照民一二二四條），且受酌給財產不得大於任何繼承人之特留分，已見上述，故如酌給財產及遺贈侵害繼承人之特留分者，則應先扣減遺贈後，仍有不足，始能扣減受酌給遺產。因此，如果繼承人不能取得特留分時，受酌給人亦不能取得受酌給財產㊾。受酌給遺產，既為權利又不附任何義務，故不問親屬會議是否具體的決定酌給，均可拋棄，且此權利不得繼承、讓與或扣押而專屬於請求權人，固不待言。惟如繼承人在酌給遺產前逕行分割遺產時，民法第一一七一條自有其適用；至於受酌給人，如對被繼承人負有債務者，則應由受酌給財產中扣除，理所當然。

㊼ 遺產中之不動產，如繼承人未為登記，則應由親屬會議請求遺囑執行人或遺產管理人，對受酌給該不動產者為移轉登記；如繼承人已將該不動產登記為自己名義時，則得由親屬會議或受酌給人，請求繼承人為移轉登記。受酌給之動產，未為繼承人占有者，則由親屬會議取得占有後，再交付占有於受酌給人；如酌給之動產由繼承人所占有時，則得由親屬會議或受酌給人請求其交付。
請參照史著一五八頁。

㊽ 受酌給遺產之權利，與受遺贈雖同為無償行為，但均應在一定期間內報明（請參照民一一五七條；陳著一七五頁），令繼承人明瞭且交付受酌給財產或遺贈物。惟兩者之受交付雖有前後之分，已如本文所述，但如受酌給人在受遺贈人已受清償後始為請求者 ，則應得向先受清償之受遺贈人請求交付受酌給之財產，但如受酌給人未在上舉一定期間報明者，則僅能就賸餘財產取償。

㊾ 日本民法（三〇六條、三一〇條）有「先取特權」之規定（日破產法四七條九款：對破產人及由其扶養之人之扶助金為財團債權），而日本學者或有以受酌給遺產之權利，應有先取特權以保護受酌給人。本人亦曾作此主張（陳著一〇九頁），唯我民法已無先取得權之法制，故改本人之見解如上述本文。

第四項　共同繼承

第一款　總　說

一、共同繼承在我國法制上之意義

1.在我國固有法制上，不唯無現行民法繼承編所規定之「遺產繼承」觀念，當然也無所謂「共同繼承」。在大家族制度下，「家」係一完整的共同生活體(Gemeinschaft)，故縱家中之一構成員（包括家長）死亡，亦不會因而發生財產繼承之問題。詳言之，無論土地、房屋以及其他財產，均為該共同生活體內各構成員之公同共有❺⓪，故構成員中之一人死亡，亦僅有構成員變動之意義，而對其為財產主體之共同生活體本身，則毫無影響，換言之，生存構成員仍可繼續維持生活共同體。惟此共同生活體之代表人，即公同共有財產之管理人（亦即「家長」）死亡時，該管理人地位，雖應由另一構成員出而代替，但此代替亦僅有身分繼承之性質（繼承標的，為共同生活體之代表權）。而無現行民法上「財產繼承」之觀念存在（即以財產權之繼承為目的）。要之，我國固有法認為：「家」應有家產，以之維持大家族制度存續，至於家產乃係屬於家長與家屬之公同共有，除因分家而須分析家產（即「分居」、「分家」、「分傢伙」）外，此種公同共有關係，理應繼續存在。

2.現行民法雖設有家制（民一一二二條以下），但並無固有法制上「家」所具有之抽象意義，而肯定其繼續存在的價值；故沒有特別設有家產為公同共有之明文❺①。惟因鑑於父母死後兄弟同居為我國淳風美俗，且又不敢

---

❺⓪ 在我國固有法制上，通說則以家產為家長與家屬之公同共有物。請參照中田薰著《唐宋時代の家族共產制》；仁井田陞著《支那身分法史》四三五頁以下。不過，滋賀秀三著《中國家族法論》一三〇頁以下則主張：旁系親屬為家長時，家產始為家長與家屬之公同共有。直系尊親屬為家長時，因其教令權強大，致使家產似僅為家長之個人財產，但如旁系親屬為家長時，家產為公同共有物之色彩，甚為明顯。

❺① 陳等三人著《民法親屬新論》四八二～四八三頁。

遽予廢除兄弟（即繼承人）對父母（被繼承人）遺產（即家產），有公同共有之關係。於是，民法乃遵循固有法制，又參酌外國立法例（德民二〇三二條、瑞民六〇二條、日民八九八條）[52]，就共同繼承採取日耳曼法主義，規定各共同繼承人於遺產分割前，對於遺產全部為公同共有（民一一五一條）[53]；而被繼承人之債務，則由共同繼承人負連帶責任（民一一五三條一項）。民法關於共同繼承為公同共有之規定，僅寥寥三條（民一一五一條至一一五三條），故民法第八二七條、八二八條、八二九條、八三〇條、八三一條等有關公同共有之規定，於共同繼承，自有其適用，固不待言。

二、共同繼承之立法主義

被繼承人死亡，而由二人以上之繼承人繼承時，各繼承人間之權利義務應如何分配，是為所謂「共同繼承」關係。在我國固有法上，雖有分居、分家觀念，但並無「共同繼承」這一現代繼承法上之實質形態，至現行民法，始有遺產在分割之前，為共同繼承人公同共有之立法（民一一五一條），已如上述。本人曾以三篇論文[54]，究明共同繼承之實質，以明瞭我民法立

---

[52] 如解釋日本民法第八九八條為分別共有時，則可能使日本民法第九一二條規定（各繼承人就遺產分割時之債務人支付能力，互負擔保責任），等於具文，而且日本民法第九〇九條規定（遺產分割有溯及效力；我國民法修改前亦有此立法〔民舊一一六七條〕，現已刪除），則可能對交易安全構成威脅。然若解釋第八九八條之共有為公同共有，則無此等弊端。請參照近藤著下五二〇頁以下，來栖三郎著〈共同相續財產に就いて〉《法學協會雜誌》五六卷二、三、五、六號一一五五頁。又請參照中川編註釋上一四四頁以下、中川監註解一〇二頁。

[53] 我國現行民法（一一五一條），以公同共有來把握共同繼承，固非不當，且甚符合於固有法之精神。惟劉鍾英著二四頁批評云：「認遺產為公同共有，足使各繼承人之權利及於全部，且使各繼承人不得自由處分其應繼分，並不得於公同共有關係中請求分割。從保存遺產之點觀察，洵不為無利。惟有時使個人生活陷於困難，社會經濟失其活動，亦不得謂為毫無流弊。」本人亦在拙著〈共同繼承法理之法源的研究〉（陳著問題三三八頁）一文中云：「在現今注重交易安全之市民社會下，受了『共有體』限制之公同共有形勢，難免仍有不當約束，以致有礙交易安全，顯而易見。故對這一點，在將來立法政策上，理應加以注意，勢所必然。」

法之依據。關於共同繼承，在立法例上，大別有兩種不同之主義，即一為羅馬法主義；他為日耳曼法主義，茲就此兩立法主義分述之如次：

㈠羅馬法主義（分別共有制）

此主義為個人主義思想之表現，故主張：繼承一開始，①各共同繼承人，就個別的繼承財產，法律上當然按其應繼分，各享有確定的、顯在的應有部分；②各共同繼承人，縱在遺產分割以前，亦得單獨處分其應繼部分；③而且繼承債權或繼承債務，除其標的不可分者外，法律上當然變成各共同繼承人之分割債權或分割債務。由此觀之，此主義係採取分別共有制 (Bruchteilsgemeinschaft) 者[55]，德國普通法、法國民法（八一五條）從之。

㈡日耳曼法主義（公同共有制）

此主義則以家族共同體 (Hausgemeinschaft) 為其前提，故主張：①各共同繼承人，在全部繼承財產上都有其應繼分，而其應繼分為潛在的、不確定的[56]，即在個別財產上，無顯在的，確定的應有部分（三〇年上字二〇二號、三二年上字三〇〇號）；②各共同繼承人雖不得處分個別財產上之應有部分，但如共同繼承人全體同意處分個別財產，則無不可。惟如各共同繼承人要處分全部繼承財產上之應繼分，則通常須得全體共同繼承人之同意（請參照民六八三條）[57]；③繼承債權與繼承債務：迄至遺產分割時為

[54] 陳著〈共同繼承法理之法源的研究〉、〈共同繼承法理之比較法的研究〉、〈關於吾國民法共同繼承法理之研究〉，均載於陳著問題三三七～四一七頁。

[55] 原田著《ローマ法下》四一〇頁以下；中川編註釋上一三五頁以下；中川監註解一〇一頁以下；陳著〈共同繼承法理之法源的研究〉陳著問題三三九～三四六頁，〈共同繼承法理之比較法的研究〉陳著問題三七五～三八七頁。

[56] 在此法制上，所謂應繼分為潛在的、不確定的，係指下列情形而言。共財親之一人死亡，而有其直系血親卑親屬者，該「房」之應分額仍然存在，但如無直系血親卑親屬者，其應分額則增添於其他生存之共財親「別房」，即所謂「生存人權」(Survivorship) 者是。此種共有，或稱為「可變的應分額之共有」(Miteigentum mit beweglichen Anteilen) 或「附有互相增添權之共有」(Miteigentum mit gegenseitigen Anwachsungsrecht)，即日耳曼法上之「合手的共同」(Gesammthand) 是。

止，不可分的（或連帶的）歸屬於共同繼承人全體。由此觀之，此主義係採取公同共有制 (Gemeinschaft zur gesammten Hand) 者[58]，德國多數邦之特別法、普魯士民法亦有此立法例，德國現行民法亦採此法制。

三、我民法上共同繼承遺產為公同共有之本質

我民法第一一五一條規定：「繼承人有數人時，在分割遺產前，各繼承人對於遺產全部，為公同共有」，是跟德國民法同，採取日耳曼法制者，已如上述。詳言之，共同繼承人對外則構成一綜合體；繼承財產則自各共同繼承人之固有財產獨立，即具有獨立的特別財產之性質，而歸屬於共同繼承人全體。

㈠應繼分之性質

共同繼承人雖就共同繼承財產之全部，有其應繼分，但其應繼分係不確定的、潛在的，而顯帶有身分法的色彩，並無物權法的（分別共有）性質。因此，各共同繼承人個人亦不能處分個別的繼承財產上之權利，惟如共同繼承人全體同意處分個別的繼承財產者，則固無不可。至於共同繼承人將其應繼分轉讓於第三人，而使該第三人與其他共同繼承人成立公同關係者，自為共同繼承關係性質上所不許，但如得其他共同繼承人同意，而將自己應繼分轉讓於其他共同繼承人，則應無不可之理由（請參照民六八三條）。

㈡共同繼承為公同共有之實質上內容

共同繼承之遺產，在分割遺產前，既為共同繼承人之公同共有，則在公同共有關係存續中，①由遺產所取得之權利義務或徵收遺產之代價，均為共同繼承人之公同共有。出賣人公同共有之遺產，所取得之價金債權，

[57] 縱得全體共同繼承人同意，共同繼承人中一人，亦不能將其在全體遺產上之應繼分，讓與於第三人，使其與其他共同繼承人維持公同共有關係，但如讓與應繼分於其他共同繼承人，則應無不可。

[58] 中川編註釋上一三五頁以下；中川監註解一〇一頁；來栖三郎著〈共同相續に就いて〉；山中康雄著《共同所有論》（法律學體系理論篇）。又請參照上舉陳著〈共同繼承法理之法源的研究〉陳著問題三四六～三五六頁；〈共同繼承法理之比較法的研究〉陳著問題三五九～三七五頁。

仍為公同共有，而非連帶債權（七四年台上字七四八號判例）。②如共同繼承人中之一人或數人，就遺產兼有債權人及債務人之資格者，其債權債務應繼續存在，不因混同而消滅（請參照民三四四條但書）。③遺產債務人唯得對共同繼承人全體為清償，而共同繼承人亦僅能共同向繼承債務人請求清償，但設有管理人時（民一一五二條），則得由管理人代表全體共同繼承人受領清償或請求清償。繼承債務人，又不得以其對於任何共同繼承人之債權與其對於遺產之債務抵銷（民六八二條二項）。④繼承債權人可向任何共同繼承人請求全部債務之清償，即共同繼承人對於被繼承人之債務，應負連帶責任，但以因繼承所得遺產為限負責（民一一五三條一項），但如得繼承債權人之同意，各共同繼承人始可免除連帶責任（民一一七一條）。

㈢共同繼承遺產可隨時請求分割

公同共有財產，在公同共有關係存續中，原則上不准分割公同共有財產，以維持公同關係之繼續，譬如：一般的公同共有是（民八二九條），而合夥亦然（民六八二條一項）。惟於夫妻共同財產制，因民法第一〇〇七條規定，夫妻財產制契約得變更或廢止，故在夫妻關係（即公同關係）存續中，有可能分析夫妻共同財產外，民法又在第一一六四條本文規定，繼承人得隨時請求分割遺產，以免除公同共有之限制，以利社會交易之流通。而且分割前之遺產，既為共同繼承人之公同共有，故分割效力不應溯及既往，而將民法修改前之第一一六七條（有溯及效力之規定）予以刪除，以符合遺產分割後繼承人互負擔保責任（民一一六八條）之規定（請參照民八二五條）。而且遺產分割時，尚須歸扣各共同繼承人之特種贈與，從而分割應有共同繼承財產清算 (Auseinandersetung) 之性質，即非俟清算完畢，共有繼承財產，不與各共同繼承人之個人財產發生混同。

㈣其　他

1. 遺產公同共有關係，雖未具有法人格，但如有管理人（民一一五二條），則似可解為非法人團體，而在訴訟上有當事人能力，即得以團體名義為原告或被告（民訴四〇條三項）[59]。

[59] 依三九年台上字第三六四號判例：「臺灣之祭祀公業，如僅屬於某死亡者後裔

2. 關於財產之公同共有，在我民法上，於物權編設有一般的公同共有規定（民八二七條以下）外，在債編則有合夥之規定（民六六八條以下），在親屬編則有夫妻共同財產制之規定（民一〇三一條以下），而在繼承編則有共同繼承為公同共有之明文（民一一五一條以下）。惟公同共有制度，實發源於共同繼承，而共同繼承即是公同共有之典型。

第二款　共同繼承財產有關行為

一、共同繼承財產之管理、使用及收益

㈠管理行為

1. 共同繼承財產，原則上應由全體共同繼承人過半數及其應繼分合計過半數之同意管理（請參照民八二八條二項準用八二〇條一項、德民二〇三八條一項、瑞民六〇三條二項）。而且各共同繼承人就通常(ordnungsmässig) 管理[60]所必要之措施，則有協助義務（德民二〇三八條一項）[61]，至於共同繼承遺產之保存行為，則得由共同繼承人單獨為之（請參照民八二八條二項準用八二〇條五項、德民二〇三八條一項）[62]。

公同共有，不過為某死亡者後裔公同共有祀產之總稱，尚難認為有多數人組織之團體名義，故除有表示其團體名義者外，縱設有管理人，亦非民事訴訟法第四〇條第三項所謂非法人之團體，自無當事人能力。」則關於遺產之爭執，亦得由該管理人起訴或被訴。

我國學者固多認於共同繼承，就遺產設有管理人時，該遺產之公同共有關係具團體性，為訴訟法上之非法人團體（另參照史著一六七頁、戴合著一三三頁）云云。惟依判例（四三台上一四三號、六四台上二四六一號）見解，非法人團體必須有獨立之財產，始足以當之，若然，遺產於分割前，為共同繼承人全體之公同共有（民一一五一條），並無與共同繼承人分離之獨立財產，難謂其為非法人團體。

[60] 所謂通常，係指遺產之占有取得、保管、防禦、修繕、使用安排、收取孳息、交付保險、起訴、收取債權等。請參照史著一六九頁。

[61] 對違反協力義務之繼承人，得請求損害賠償。史著一六九頁。

[62] 例如：緊急修繕、易腐孳息之出賣、已屆清償期之債務之清償、妨害排除之請求（日大判大正一二年四月一七日）、遺產被征收之防禦措施等。史著一六九頁。

2.民法第一一五二條規定：公同共有之遺產，得由繼承人中互推一人管理之(三三年上字三四四號，又請參照瑞民六〇二條一項)。所謂「互推」，猶如民法第一一二四條所規定之家長之推定，依選舉，或受推戴，或依習慣就任管理人，均無不可。惟管理人之管理權，乃係基於委任契約，故委任人得隨時終止（民五四九條一項；三〇年上字一九五五號）。

㈡使用收益

1.遺產既為共同繼承人之公同共有，且又有各人之應繼分（雖為潛在的、不確定的，已如上述)，故就個別的繼承財產，各繼承人均有使用權，而不能排除其他繼承人使用（請參照瑞民六四八條一項)。

2.繼承財產之收益（孳息)，應歸於共同繼承人全體，即為繼承財產之一部，而可充為繼承費用之負擔[63]，不過繼承費用之債權人，亦可請求共同繼承人全體連帶負清償之責。至於收益之分割，應依共同繼承人之應繼分為之，固不待言。

3.如共同繼承人就繼承財產之管理、使用、收益有所約定者，不唯在共同繼承人間有效，且對各共同繼承人之繼承人亦有效力，又不問該約定對特定繼承人有利與否（請參照德民七四六條）[64]。

二、共同繼承財產之處分

1.分別共有時，因各共有人皆有獨立的、物權的應有部分，故共有人各得處分自己之應有部分（民八一九條一項)，但要處分整個共有物，則須得到全體共有人之同意（民八一九條二項）[65]。然在公同共有時，在個別

我國學者有主張：遺產管理人只能為保存行為，若改良行為，則非經共同繼承人過半數並有其應繼分合計已過半數之同意，不得為之。請參照胡著八二頁；羅著七三頁；李著五五頁。

[63] 管理繼承財產之費用，亦為繼承費用，雖應由繼承財產負責償還，但共同繼承人亦須負連帶責任。

[64] 共同繼承遺產，如有管理人時，管理人於管理必要範圍內，有使用收益之權利，且應按照共同繼承人間之約定管理。

[65] 土地法第三四條之一第一項有特別規定，(分別）共有土地或建築改良物，其處分……應以共有人過半數及其應有部分合計過半數之同意行之，但其應有部

的公同共有物上，公同共有人（即共同繼承人）雖有其應有部分（即應繼分），但其性質為潛在的、不確定的，且無物權的性質，從而無從處分標的物。惟如繼承人得到共同繼承人全體同意，則能處分該個別的繼承財產（民八二八條三項、德民二〇四〇條三項）(66)。換言之，個別的共同繼承財產之處分，非經全體共同繼承人之授權，各共同繼承人不得單獨為之。而與分別共有物之處分，大不相同。

2. 縱繼承債權為可分的，繼承債務人亦應對全體共同繼承人為給付（請參照德民二〇三九條）；各共同繼承人亦不能按其應繼分受領清償，而更不得以繼承債權抵償其個人之債務(67)。進而繼承債務人亦不得以其對於共同繼承人中之一人之債權，抵銷其對於繼承財產所負之債務（請參照德民二〇四〇條二項）。抵銷為繼承財產之處分行為，故由非公同共有人之繼承債務人主張抵銷，似非不可，但為保護公同共有關係之圓滿起見，仍應從消極解釋為是。繼承債務人身兼有繼承人身分時，如由其主張繼承債務與繼承債權抵銷，則有違遺產清算之公平，又考慮其他繼承債權人利益，仍應作消極解釋，始為正當(68)。

3. 至於繼承財產之撤銷權、解除權等形成權之行使及拋棄，則屬於處分行為之範疇，故應由共同繼承人全體、或管理人，始能行使（請參照民二五八條二項）。惟如共同繼承人中之一人，為契約相對人時，為解除此契

分合計逾三分之二者，其人數不予計算。此是民法處分（分別）共有物時之特別規定。同條項之規定於公同共有，準用之（同條五項）。

(66) 如由共同繼承人中之一人或數人，未得到其他共同繼承人之同意，擅自處分共同繼承之個別財產時，其處分應屬無效，但尚應注意民法第八〇一條、八八六條、九五一條等條及土地法第四三條之規定（三七年上字七三〇二號）。

(67) 德國民法第二〇三九條規定：各共同繼承人得請求義務人，為繼承人全體提存給付物。我民法既無類此明文，故不能作同一之解釋，但各共同繼承人單獨向繼承債務人請求向全體共同繼承人清償，則對全體共同繼承人既無不利，反屬有益，故縱為積極解釋，亦似非不可。請參照陳著一一七頁；近藤著《獨逸民法V》一二九頁。

(68) 本人曾作肯定解釋（陳著一一八頁），今欲改之。

約，則毋庸得到該共同繼承人之同意。

三、共同繼承不動產之登記

1. 共同繼承財產中之不動產物權，固為公同共有之標的，共同繼承人雖各有其應繼分，但此應繼分為潛在的、不確定的，而與分別共有時之應有部分，為物權的者，大不相同，已如上述。依土地法第七三條及土地登記規則第一二〇條規定，於共同繼承，得由繼承人之一人或數人為全體繼承人聲請繼承登記，就繼承之土地為公同共有登記，而如經繼承人全體同意，並得就繼承土地為分別共有登記。

2. 共同繼承人中之一人，如以單獨名義為繼承登記時，其他繼承人固得請求塗銷其登記，而為共同繼承人之公同共有。在未塗銷登記以前，第三人信其為單獨所有權人，而善意受讓該不動產並為登記者，自可有效發生不動產物權移轉之效力。共同繼承人雖應為「共同繼承」之登記，但如第三人誤為一般共有之登記，而受讓應有部分者，善意第三人亦同受公信力之保護。至於共同繼承人中，有人拋棄繼承權者，其應繼部分則按比例增添於其他共同繼承人，即生存人權 (right of survivorship) 是，是公同共有具有「附有互相增添權之共有」(Miteigentum mit gegenseitigen Anwachsungsrecht) 性質故也。

第三款　共同繼承人就繼承債務所負責任

一、立法主義

共同繼承人，就被繼承人生前所負債務，究應負如何責任？向來有三種不同立法例[69]。一為分割主義（分割責任主義 “nomina sunt ipso juredevisa” 之原則），即共同繼承人就被繼承人生前所負債務，給付可分者，按各人應繼分負責清償；給付不可分者，則由各共同繼承人負不可分債務人之責。此主義自羅馬法以來，為德國普通法、普魯士民法、法國民法（一二二〇條）、日本民法（八九九條）所採取（請參照二八年上字二三三九號）。

[69] 近藤著下五四四頁、近藤著《獨逸民法 V》一四五頁；戴著七八頁；胡著八二頁；羅著七四頁；陳著一一九頁。

二為連帶主義（共同責任主義 Exbengemeinschaft zu gesammten Hand），即無論給付可分與否，被繼承人所負債務，均應由共同繼承人，連帶負擔清償責任者是。此為德國民法（二〇五八條）、瑞士民法（六〇三條）、奧國民法（八二〇條）等所採取，但德國民法（二〇五九條）關於共同繼承人責任，原則上採取物的有限責任。因此，在未為分割以前，共同繼承人得拒絕以其固有財產清償繼承債務。三為折衷主義，即在遺產未分割以前，繼承債權人僅能對遺產，請求清償其債權，而在遺產分割後，則可對共同繼承人，按其應繼分請求清償。而此立法主義，為荷蘭民法（一一四七條）、葡萄牙民法（二二一五條）所採用。上述三種立法主義，各有得失，然如從保護繼承債權人立場言，則採取連帶主義為適當⑰，我民法（一一五三條）從之。

二、共同繼承人繼承債務時之對外關係

1. 共同繼承關係為公同共有關係（民一一五一條），又因新法以繼承人對繼承債務僅以遺產負責，因而民法（一一五三條一項）也就規定，共同繼承人，就被繼承人生前所負債務（即繼承債務），以因繼承所得遺產為限，負連帶責任。此立法是公同共有關係在債務法上所表現之立法，隨而繼承債權人 (Nachlassgläubiger) 即將受到充分保護。於是，繼承債權人得向共同繼承人中之任何一人，均可請求全部債務之清償（二六年渝上字二四七號；二七年上字二五八七號）⑱，而各共同繼承人亦不得以應繼分之多寡為理由，拒絕為繼承債務全部之清償，固不待言。

2. 因繼承債務，既應由共同繼承人連帶負責，故民法債編有關連帶債

---

⑰ 郁著三一頁云：亟待保護者，為繼承人，不是繼承債權人，故民法採取連帶責任制，實屬失當。

⑱ 民法第一一五三條第一項既規定，共同繼承人，對於被繼承人之債務，須負連帶責任，故繼承債權人，依民法第二七三條第一項規定，得向共同繼承人中之一人或數人，同時或先後請求全部或一部之給付。另外，繼承債權人，亦得以全體共同繼承人為被告，而主張公同共有債務之清償，是時之訴訟，為必要的共同訴訟，而與上舉訴訟向共同繼承人個人分別請求清償者不同。請參照二七年上字第二五八七號判例。

務之規定（民二七二條至二八二條）自有其適用。於是，上舉二六年渝上字第二四七號判例云：「繼承人對被繼承人之債務，雖與其他繼承人負連帶責任，但連帶債務人中之一人所受之確定判決，除民法第二七五條之規定，其判決非基於該債務人之個人關係者，為他債務人之利益亦生效力外，對於他債務人不生效力。故債權人對於繼承人未有確定判決，或其他之執行名義時，不得依其他繼承人間之確定判決，就該繼承人所有，或其他繼承人公同共有之財產為強制執行。」例如A對B及B子甲，各有九萬元及一〇萬元之債權，B死亡時尚有子乙、丙。是時，上舉九萬元為繼承債務，應由B子甲、乙、丙連帶負責。然A向甲起訴請求清償一〇萬元時，其判決效力，自不能及於共同繼承人之乙、丙（民二七五條）。故A以此判決查封乙個人所有財產或甲、乙、丙公同共有財產，自非法律所許。惟如A對甲提起者為連帶債務（九萬元）清償之訴時，則甲以其應負擔部分為限負清償責任；且因此訴對其他共同繼承人（即乙、丙）亦發生絕對效力，故乙、丙亦應按其應繼分負擔清償責任即可，而非平均負擔（請參照民二七一條、一一五三條二項）。又如A生前欠B九〇萬元，B另向A子甲借四〇萬元，A死亡時，A子甲、乙、丙應向繼承債權人B負連帶債務人之責，與上例殆無不同。是時因B欠甲四〇萬元，故乙、丙可向B主張，甲亦應負擔三〇萬元之連帶債務（民二七七條），而乙、丙僅就九〇萬元－三〇萬元＝六〇萬元負連帶責任即可（請參照民二七五條）。於是，B則可受九〇萬元繼承債權之清償，但因B尚欠甲四〇萬元－三〇萬元＝一〇萬元，故B仍須償還甲一〇萬元債務。

3. 各共同繼承人之連帶責任，原非任意所得推卸，然在遺產分割以後，則未便使繼承人永久為連帶責任所束縛，故民法乃規定，在一定情形下，各共同繼承人免除其連帶責任（民一一七一條一項），詳細容後敘述之。

4. 民法第一一五三條舊第二項規定：「繼承人為無行為能力人或限制行為能力人對於被繼承人之債務，以所得遺產為限，負清償責任。」此為九七年一月二日所公布增訂，繼承開始時，繼承人為無行為能力人或限制行為能力人者，無須其另為限定繼承之表示及向法院呈報，就繼承債務，僅以遺產為限負債務清償責任，即僅負有限責任。其立法理由為：「本法採當然繼承制度，使無行為能力人或限制行為能力人有直接因被繼承人死亡而負擔其債務之危險，為避免此種危險影響無行為能力人或限制行為能力人之人格及發展，爰增訂第二項規定」云云。按繼承承認及拋棄之選擇，本為繼承人之自由，屬單獨行為，而依九七年一月二日修正公布之規定並就限定繼承及拋棄繼承之期間，修正為繼承人「知悉其得繼承之時三個月內」（民舊一一五六條一項、一一七四條二項、一一七六條七項），已較合理及明確，則就繼承債務之清償，按繼承人有無行為能力，而予以區分，尚有再為檢討之必要。茲就本條項之適用，分析如下：⑴按繼承之形態有共同繼承及單獨繼承之分，即亦有僅無行為能力人或限制行為能力人一人單獨為繼承者。民法第一一五三條為共同繼承人對繼承債務負連帶責任之規定，則將無行為能力人或限制行為能力人就繼承債務負有限責任之規定，列於本條，尚有未洽。惟解釋上，僅其一人單獨繼承，而非共同繼承者，仍有本條項之適用。⑵無行為能力人或限制行為能力人，雖無待其為限定繼承之表示，即得就繼承債務負有限責任，但本條項應非強行規定，其仍得選擇為單純承認或拋棄繼承，似無疑義。惟如其又為限定繼承之呈報時，有無必要，則有待探討。按限定繼承之選擇，為繼承人之權利，本於繼承承認及拋棄不得撤回之原則，其如為限定繼承之呈報，即不得再為單純承認或拋棄繼承；且依民法舊第一一五四條第二項規定，共同繼承人中之一人為限定繼承時，其他繼承人原則上視為同為限定繼承，如無行為能力人或限制行為能力人之繼承人，未另為限定繼承之呈報，即無此擬制其他繼承人同為限定繼承之規定之適用。由此觀之，繼承人為無行為能力人或限制行為能力人者，似仍得另為限定繼承之表示。至無行為能力人或限制行為能力人向法院為限定繼承或拋棄繼承，須由其法定代理人代其為之（非訟一一條準用民訴四五條），如為單純承認之表示，於無行為能力人，應由其法定代理人代理，於限制行為能力人，應得其法定代理人同意，均不待言。⑶依民法繼承編施行法第一條之一第二項規定：「繼承在民法繼承編中華民國九六年一二月一四日修正施行前開始，繼承人於繼承開始時為無行為能力人或限制行為能力人，未能於修正施行前之法定期間為限定或拋棄繼承，於修正施行後，得以所得遺產為限，負清償責任。但債權人證明顯失公平者，不在此限。」即該增訂之民法第一一五三條第二項施行前之繼承事件，如無行為能力人或限制行為能力人為繼承人，未經限定或拋棄繼承，即已為單純承認繼承人者，仍得主張僅以遺產為限負有限責任，惟須判斷是否顯失公平，其為僅負有限責任之主張時，如經爭執，須經法院為實體上之判決，甚為明瞭；惟依一〇二年一月三〇日修正公布之該條項將顯失公平之舉證責任改由債權人負擔。至該無行為能力人或限制行為能力人為單純承認繼承人，於本條項施行前已為繼承債務清償者，雖有顯失公平情事，亦不得請求返還（施行法一條之一第三項）。

5. 九八年六月一〇日修正公布之民法第一一四八條第二項明定以限定繼承為本則，即不問其為有行為能力人、限制行為能力人或無行為能力人，就繼承債務均同為僅以遺產為限負責，上述第一一五三條第二項，已無必要，新法已予刪除。

三、共同繼承人繼承債務時之內部關係

1. 只要是繼承財產，則不問其為積極財產或消極財產，均為共同繼承人之公同共有，而各共同繼承人在此財產上，則僅有潛在的、不確定的應有部分。是時，各共同繼承人對外應為一體，就繼承財產連帶負責，以達到繼承債權人保護之目的，已見上段所述。但就共同繼承人間之關係言，則為當事人內部關係之公平，而須依共同繼承人之應繼分，衡量彼此間之權義，自非不當。詳言之，繼承債務 (Nachlassverbindlichkeiten)，於九八年六月十一日前繼承本則為單純承認繼承時，除限定承認之繼承及拋棄繼承外，共同繼承人之固有財產及遺產，同為繼承債務之責任財產，共同繼承人亦應以其固有財產就繼承債務負連帶清償之責。其立法理由，原在保護繼承債權人之利益，而且繼承債務為共同繼承人之公同共有，即在其性質上使然。

2. 在共同繼承人相互間，應按其應有部分比例分擔繼承債務，始能合乎事理之平（民舊一一五三條三項）[72]。惟此比例負擔之規定，並非強行規定，如共同繼承人間另有約定，仍可從其約定，自無不可（民舊一一五三條三項)。原則上，共同繼承人既應按其應繼分比例分擔連帶債務，故連帶債務人平均分擔連帶債務之民法第二八〇條本文規定，自不適用。但同條但書，及因共同繼承人中之一人清償，或因其他行為，使其他共同繼承人同免責任時，所發生之求償權問題（民二八一條)，以及無從行使求償權之規定（民二八二條)，則於上述共同繼承債務時，亦有其適用。至於共同繼承人能行使求償權，是限於共同繼承人，以其固有財產清償共同債務時，固不待言。

3. 惟九八年六月一〇日修正公布之民法第一一五三條第一項固仍規定共同繼承人對繼承債務負連帶責任，但另明定以遺產為限負清償責任，即共同繼承人之固有財產與遺產已分離，共同繼承人之固有財產非繼承債務之責任財產，其既無須以其固有財產清償繼承債務，已無內部分擔關係，其如以自己固有財產清償繼承債務，亦不得向其他繼承人求償，則同條第二項仍規定其對繼承債務按應繼分比例負擔之，未隨新法而修正，即有未合，有待檢討。

第四款　遺產之分割

第一目　總　說

一、遺產分割之意義

遺產分割 (partage de la succession) 云者，由二人以上繼承人共同繼承時，自須按照共同繼承人應繼分，而將繼承財產分配於共同繼承人，即以消滅遺產公同共有關係為目的之法律行為也。換言之，繼承人僅有一人時，

---

(72) 例如：甲雖對於 B 有四〇萬元之債權，但因 A 生前欠 B 九〇萬元，而甲、乙、丙同為 A 之繼承人，故乙、丙可主張連帶債務為九〇萬元 − 三〇萬元 = 六〇萬元，已如上例所述。惟是時，自甲、乙、丙內部觀之，甲、乙、丙各須支出二〇萬元外，就甲已現實支付之三〇萬元，甲、乙、丙亦各應分擔一〇萬元，然後得以維持共同繼承人之公平。至於 B 尚須償還甲一〇萬元，則與繼承一事無涉，固不待言。

則不發生遺產分割問題，但如繼承人有二人以上時，遺產將成為共同繼承人之公同共有，是時始有必要消滅公同共有關係，令各共同繼承人能個別的享有其權利及負擔其義務。

二、遺產分割之立法主義

關於遺產分割，有兩種不同的立法主義，即：

1. 遺產先歸諸遺產管理人，而此方式，為英國法所採取。詳言之，繼承一開始，尤其是共同繼承開始時，遺產並不直接移轉於繼承人，反而必須先選任遺產管理人（受託人），而將遺產委諸此人，而令其清算遺產，故遺產管理人須作成遺產目錄，而後清償繼承債務，並受領繼承債權之清償後，始將賸餘財產按應繼分分配於繼承人。由此觀之，在此立法例上，須有遺產管理人之移轉行為，繼承人始能取得其應繼財產。

2. 遺產雖直接歸屬於共同繼承人，但須俟遺產分割以後，各共同繼承人始可按其應繼分，具體的取得其應繼財產，故由繼承人一人單獨繼承遺產時，自無遺產分割之必要。惟在上述場合，尚有兩種不同的立法主義：

⑴日耳曼法主義：在日耳曼法制上，遺產在未分割以前，為共同繼承人之合有 (Gesamthand)，故各共同繼承人之應繼分，雖為對遺產全部之一定分額，但其應繼分是潛在的、不確定的，而對個別的應繼財產，並無物權的、確定的應有部分可言。從而共同繼承人個人並不能處分個別的遺產，甚至原則上亦不能處分全部遺產上之應繼分。至於繼承債權與債務，在尚未分割遺產以前，均為共同繼承人之連帶債權及連帶債務。因此，在日耳曼法主義上，遺產分割，則有潛在的、不確定的應繼分之確定化、具體化意義。

⑵羅馬法主義：在羅馬法制上，遺產為共同繼承人之分別共有。詳言之，羅馬法承認在個別的繼承財產上，各共同繼承人均有其物權的應有部分，即分別共有。因此，無論物權、債權、債務，均依一般的多數當事人之債權關係（請參照民二七一條），即按其應繼分，分別歸屬於各共同繼承人。故採此主義之立法，遺產分割與一般的分別共有物分割，別無二致。

三、我國固有法制上之遺產分割

1. 在我國固有法制上，「家」有家產，而為家長與家屬之公同共有物，此與日耳曼法制大致相同。因在「家」有公同共有之家產，故縱家長或直系尊親屬死亡，家屬仍能保持家族共同生活；且因有公同共有關係，尚可防止家產之散逸，但並不絕對的禁止遺產之分割。要之，無論我國固有法制或日耳曼法制，均承認遺產係屬公同共有，在維持家制上有其存在之必要，即家屬始能有依靠公同共有之物的基礎（家產），永續的（相對的）維持其「家」。至於日後不能再繼續維持該一「家」，而須分割家產，乃是不得已之事，並非自始家屬即有分割家產之想法。

2. 因家產為公同共有，是以家制繼續的維持為其目的，故公同共有通常都有一段存續期間。事後因不得已理由而分割公同共有之家產時，為顧慮交易安全，其分割效力，則不應有溯及效力，猶如現行民法上合夥之解散（民六九二條以下）同，應有創設的效力，固屬當然。

四、我國現行民法上之遺產分割

1. 民法第一一五一條規定：「繼承人有數人時，在分割遺產前，各繼承人對於遺產全部，為公同共有」，而此係參酌我國固有法，且係仿照日耳曼法主義之立法。於是，由民法此一規定，則可推定我民法係以共同繼承關係，即公同共有關係本身為其終局的目的，而以遺產之分割為不可避免之後果。果如此，則遺產分割之效力，不應溯及至繼承開始時發生，反而應規定：自分割以後，始發生效力，始謂正當。

2. 惟我民法未修正前之第一一六七條曾規定：遺產之分割，溯及繼承開始時發生效力，既與上舉民法第一一五一條之共同繼承為公同共有關係之規定，互相矛盾，且妨礙交易安全，顯而易見，故於民法修改時，將第一一六七條規定予以刪除。

3. 關於我民法上遺產之分割，尚有引人注意之規定。詳言之，在我國現今社會，直系尊親屬死亡後，伯叔子姪兄弟等同居者，亦屬常見。於是，民法乃承認被繼承人得以遺囑禁止遺產之分割，而其效力可及於十年（民一一六五條[73]），而且共同繼承人又得以契約禁止遺產之分割（民一一六四條但書)。果如此，則民法承認在分割以前之遺產，為共同繼承人之公同共有之意旨更為明顯。隨而公同共有遺產分割之效力，應具有創設效力，始謂應該。於是，在民法修正時，即將民法第一一六七條之規定予以刪除，誠非偶然。

4.遺產分割效力既不溯及既往，則各繼承人對於他繼承人因分割而得之遺產，自應負與出賣人同一之擔保責任（民一一六八條；請參照民八二五條)。此外，各繼承人對於他繼承人因分割而取得之債權，應就債務人之資力負擔保責任（民一一六九條)；又對擔保責任比例之加重與減免（民一一七〇條）及連帶責任之免除（民一一七一條）等規定，因而始能作妥善之解釋。

5.不過，民法立法者為顧慮交易安全與流暢，而事實上也有此必要[74]，乃於民法第一一六四條本文規定「繼承人得隨時請求分割遺產」，是時遺產分割效力固不溯及既往，即自分割時起發生分割之效力。換言之，民法第一一六四條規定，雖不以公同共有關係為其自己目的關係；反而僅以之為暫時不得已之關係，但為顧慮交易安全與流暢，民法縱作如上之立法，本人以為應無不可[75]。

---

[73] 為應付今日工業社會之需要，民法第一一六五條第一項將以遺囑禁止遺產分割期間由二十年縮短為十年（請參照民八二三條二項、日民九〇八條、韓民一〇一二條)。

[74] 遺產在未分割以前已為共同繼承人之公同共有，則共同繼承人想要處分個別財產，或處分整個公同共有遺產之應繼分，甚至於保存、使用、收益，都因係公同共有而有各種限制，的確對公同共有人（即共同繼承人）造成莫大的阻礙，且在交易上甚不方便。

[75] 在民法修改前，因第一一六七條仍未被刪除，即遺產分割有溯及效力。故在解釋上，以遺囑禁止分割遺產（民一一六五條）或共同繼承人以契約禁止分割遺產者（民一一六四條但書)，為保護交易安全，分割效力自不應適用民法第一一六七條規定。換言之，該條規定，不能適用於已有一段公同共有關係存在之場合（請參照陳著二二五頁)。我民法第一一五一條雖以分割前之遺產為共同繼承人之公同共有，但因民法第一一六四條又另規定：共同繼承人得隨時請求分割遺產，以致民法在修改以前承認之遺產公同共有，與固有法上之家產公同共有

第二目　遺產分割請求權

一、分割之自由——原則

1. 共同繼承人在分割遺產前，對遺產之全部，既為公同共有（民一一五一條），依公同共有之法理，共同繼承人不得於公同關係存續中，請求分割遺產（民八二九條、六八二條一項）。然民法第一一六四條規定：繼承人得隨時請求分割遺產，但法律另有規定，或契約另有訂定者，不在此限（請參照德民二〇四二條、瑞民六〇四條、法民八一五條、日民九〇七條一項）。換言之，該規定並無積極的使公同共有關係永久存續之意思，但如被繼承人以遺囑禁止繼承人分割遺產（民一一六五條二項）[76]，或共同繼承人依契約約定不分割遺產而欲繼續其公同共有關係者（期間容後詳述；民一一六四條但書），民法亦不加以禁止。民法之所以如此立法，意在恐因公同共有阻礙經濟流通耳，已見上述。

2. 至於所謂「得隨時請求分割」，則不問在何時請求分割遺產，又不限於何種理由請求分割之謂。而且縱有禁止分割之約定在先，或有禁止分割之遺囑，但如共同繼承人全體意見一致時，仍得分割遺產，蓋遺產分割自由為民法上之原則故也[77]。

之內涵不能一致，即公同共有本身並無存在之意義，而僅為暫時不得已之存在而已。不過，民法既承認遺產之公同共有，則遺產分割效力，自不應再有溯及效力，始謂正當。於是，在修正民法時，將第一一六七條規定刪除，自非無理。要之，在無論如何情形下分割遺產，其分割效力，應有創設效力，而民法第一一六八條、一一六九條、一一七〇條、一一七一條等條，均當然有其適用。

[76] 民法繼承編施行法第四條規定：禁止分割遺產之遺囑，在民法繼承編修正前生效者，民法第一一六五條第二項所定之期間，仍適用修正前之規定。但其殘餘期間，自修正施行日起算超過十年者，縮短為十年。

[77] 在德國民法第二〇四六條解釋上，如依遺囑絕對的禁止遺產分割時，縱經共同繼承人全體之同意，而遽為分割，其分割仍為無效，遺囑執行人得提起「分割無效確認之訴」。但如分割結果，第三人與繼承財產發生利害關係者，則不得以分割無效對抗該第三人。例如：甲、乙、丙三繼承人，不顧被繼承人絕對禁止分割之遺囑，而同意分割遺產，因而甲取得 A 財產；乙取得 B 財產；丙取得 C 財產後，甲將 A 讓與於第三人丁時，縱使確認分割無效之判決已確定，

3.共同繼承時之遺產之公同共有，與一般情形下之公同共有，其性質略不相同。詳言之，一般的公同共有，係以公同共有關係本身為其終局的目的，而以分割為不可避免之後果；反之，遺產之公同共有，係以遺產之分割為其終局的目的，而以公同共有關係為暫時的存在。故一般的公同共有，在其關係存續中，不得請求為公同共有物之分割，而於遺產之公同共有，則得隨時請求分割遺產。然遺產分割效力，與一般的公同共有物之分割同，有創設的效力，故修改民法時將第一一六七條予以刪除，已如上述。

4.共同繼承中，只要有人請求分割遺產，其他繼承人便負有分割協力之義務，即因裁判上或裁判外之意思表示，將產生應為分割手續之法的狀態，故分割請求權應為形成權。惟如共同繼承人中有人請求分割遺產，而其他繼承人協力為分割者乃為「私法的自治」之效果，毋庸視為形成權行使之效果，從而分割請求權，係依裁判程序而得強制進行分割者，始可謂為形成權[78]。

5.分割協議，係共同繼承人間之一種契約，故應以繼承人全體參加為必要，即排除一部分繼承人所為之分割協議，不唯無效，被排除於協議之外之共同繼承人如受損害，則得對其他共同繼承人請求不法行為上之損害賠償[79]。

二、分割之限制——例外

遺產在共同繼承人分割以前，雖為共同繼承人之公同共有，但民法原則上允許繼承人得隨時請求分割，已如上述。惟如共同繼承人一致欲保持公同共有關係者（民一一六四條但書），或被繼承人以遺囑禁止分割遺產，而欲共同繼承人維持公同共有關係者（民一一六五條），民法並不予以禁止。

㈠不分割之特約

1.各繼承人得因全體同意，訂立遺產不分割契約，而繼續遺產公同共

丁對 A 之所有權，亦不因此而受影響。KG, OLGE, 40, 112ff.; KGJ, 52, 113ff.，請參照近藤著《獨逸民法 V》一三五頁。

[78] 川島著一六三頁。

[79] 中川編註釋上一九二頁（有泉）。

有關係（民一一六四條但書），是公同共有遺產得為自由分割之例外。蓋凡契約之不違反強制規定、禁止規定以及公序良俗者，皆應認為有效（民七一條、七二條），況且民法（民一一六四條但書）既有允准不分割遺產之明文規定，故各繼承人更可以契約約定不分割遺產，而繼續公同共有關係。

2. 分別共有之不分割特約，在我民法（八二三條二項）上，則有不得逾五年之規定⑧⓪，惟關於遺產不分割期間，民法則付之闕如，且遺產既為共同繼承人之公同共有，故更不能適用上舉分別共有物不分割之規定⑧①。既如此，則適用民法第一一六五條第二項所規定之十年期間如何⑧②？因民法關於遺產不分割既無時間上之限制，故無庸為民法第一一六五條所限制，即縱超出十年，亦非無效，但如遺產不分割之約定期間過長，則恐有礙經濟流通。故似應解釋：約定不分割之期間超過十年者，縮短為十年，又不得更新，再予延長⑧③。

3. 又在我國社會上，常有於分割遺產時，留存遺產之一部分（例如：田宅）而禁止分割，當作祭祀祖先之財產（即祭祀公業、祭田、祠產）⑧④，此一不分割契約，雖不違反公序良俗，但不唯阻礙經濟流通，而且將來益增子孫間之不睦，徒增法律解決之困擾⑧⑤，故除分割當事人有明白表示合

⑧⓪ 在法國民法上，遺產共有，有不得超過五年之限制，但得更新（法民八一五條二項）；日本民法上並無遺產共有期間之限制，而在解釋上，可援用日民第二五六條第一、二項規定，不唯其期間不得逾五年，且不得更新。中川監註解一三七頁。

⑧① 贊成：范著一二一頁；李著五七頁；劉含章著一三一頁。反對：胡著一二五頁；羅著一一二頁。

⑧② 未修改前民法第一一六五條第二項規定以前，以遺囑禁止分割之最長期間為二十年（民法修改後，已將其期間縮短為十年）。戴著八四頁；陳著一二七頁。

⑧③ 上述法、日民法，禁止分割期間皆甚短，且不得更新。惟兩民法上「共有」均為分別共有，而不因共有而成為交易之阻礙。然我民法之遺產共有，是公同共有，故公同共有之期間越長，越妨礙交易之流暢。因此，在我民法解釋上，原則上更不應允許不分割契約更新。

⑧④ 二〇年院字第六四七號、二二年院字第八九五號。祭祀公業、祭田、祠產，係更接近於「總有」之公同共有。請參照史著二〇一頁；羅著一〇〇頁。

意者外，原則上不分割之合意，應限於十年。至於以契約禁止分割遺產，不問就全部或一部禁止之，均無不可，固不待言。

㈡不分割之遺囑

1. 民法第一一六四條但書所規定之「法律另有規定者」，係指民法第一一六五條第二項，即就被繼承人得以遺囑禁止分割遺產而言。關於遺產之分割，本應尊重被繼承人之意思，於是，民法乃明文規定被繼承人得以遺囑指定遺產分割之方法（民一一六五條一項），故並無限制被繼承人得以遺囑禁止分割遺產之理由。

2. 被繼承人禁止分割遺產，復有兩種限制：①為形式上之限制，即被繼承人欲禁止分割遺產之意思表示，須以遺囑方式為之，是為要式行為。蓋若非如此，則不能確保被繼承人之真意，且可避免繼承人日後之爭議。②為實質上之限制，即禁止分割期間，不得超過十年（民一一六五條二項）[86]。惟所定禁止分割期間，為十年以上者，究為全部無效，抑或僅超過部分無效而得縮短為十年，以保持其禁止分割之效力？通說從後說，即非全部無效，僅超過十年之部分無效而已[87]。如在遺囑上被繼承人囑繼承

---

[85] 祭祀公業爭訟事件，在臺灣，不惟日據時代繁多，現今仍涉訟者亦不在少數。贊成：羅著一一六頁；李著五七頁；劉含章著一三五頁；陳著一二七頁。反對：胡著一二六頁。

[86] 請參照[82]。
以遺囑禁止分割遺產之期間，各國立法例不一。德國民法（二〇四四條二項）為三十年；日本民法（九〇八條）為五年；瑞士民法（六〇五條一項）僅規定：共同繼承人得依契約展延繼承財產分割之時期。但學說上，被繼承人亦得依遺囑禁止分割遺產，其期間為十年。(Escher, *Kommentar zum Schweizerischen Zivilgesetzbuch*, III, S. 282f.)；法國民法（八一五條二項）僅就共同繼承人之不分割契約有所規定（五年），而被繼承人以遺囑禁止分割時，此規定是否有其適用，學說紛歧，判例又不一致 (Heinscheimer-Wolff-Kaden-Merk, *Code Civil Art* 815, Anm.)。

[87] 民法修改前：
贊成：戴著八五頁；李著五七頁；羅著一一六頁；范著一二〇頁；陳著一二八頁。反對：胡著一二六頁。

人，務宜長久不分割，或未定分割遺產之期間者，則可作同一之解釋，即限於十年期間內，有禁止分割之效力。被繼承人固得以遺囑禁止分割遺產，而為祭祀祖先之用，猶如上述不分割之特約同，但禁止分割之期間，亦不能逾越十年。如被繼承人禁止分割期間，尚不足十年時，繼承人仍得在十年剩餘期間內，得以特約約定不分割遺產之全部或一部。要之，遺產在分割以前，為共同繼承人之公同共有，而成為獎勵經濟流通之阻礙，故上舉共同繼承人間之不分割契約，或被繼承人以遺囑禁止分割者，公同共有期間不宜歷時過久，均以民法第一一六五條第二項所規定之十年不分割期間為標準，較為妥當。

要之，遺產尚未分割以前，為繼承人之公同共有，民法（一一五一條）既有明文，故分割效力，從分割時起發生，不唯在一般公同共有如此（民八二五條），共同繼承之公同共有，亦如此。上舉共同繼承人有不分割遺產之特約，或被繼承人有禁止分割遺產之遺囑時，遺產之公同共有狀態仍然存在，自應受公同共有關係之各種限制，其妨礙經濟流通，甚為明顯。故不分割之約定，或禁止分割之遺囑，其不分割之期間均不應過久，才能符合於現今社會之需求。惟在不分割之期間屆滿後，共同繼承人分割遺產時，亦從分割時起發生分割效力，與一般的公同共有物分割時，並無不同。

第三目　遺產分割之方法

民法規定遺產分割，應以共同繼承人之應繼分為標準（民一一四〇條、一一四一條、一一四四條）。然應繼分僅為繼承人承受遺產之比率，而遺產內容之具體的權利義務，究應如何安排、分割，則有另行規定之必要。

一、依被繼承人之遺囑

1. 遺產應作如何處理，首應尊重被繼承人意思，已如上述。故民法依從外國立法例（德民二〇四八條、二〇四九條；法民一〇七五條；瑞民六〇八條；日民九〇八條），而在第一一六五條第一項規定，被繼承人得以遺囑直接指定遺產分割之方法，或得間接委託他人代為指定。至於被繼承人

民法修改後：

戴合著一四〇頁：超過十年部分無效。

得以遺囑委託第三人代為指定分割之方法，乃因為既允許被繼承人得依遺囑自由指定分割之方法，自無禁止其委託可信賴之第三人代為指定分割方法之理。

2.無論直接或間接指定，均須以遺囑為之，違反者當屬無效。又不問何種指定，均不可侵害特留分（二一年院字七四一號（一）），但縱違反特留分之規定，其指定亦非無效，僅受害之繼承人得行使扣減權而已（民一二二五條）[88]。

3.分割方法之指定，得就遺產全部或一部為之，又不問專為分割方法之指定，抑或指定應繼分同時又為分割方法之指定，均無不可。

4.為分割方法指定之受託人，其指定顯不公平時，各繼承人得向法院請求重新分割，此時之訴訟為必要共同訴訟[89]，受委託指定，係受託人之權利而非義務，故如受託人不為指定或不能指定時，則等於無委託指定之狀態，共同繼承人即可協議分割。惟如受託人指定與否不明時，繼承人應得依民法第一七〇條第二項之規定，限相當期間催告受託人確答是否接受被繼承人之委託，逾期未為確答者，視為拒絕[90]。

二、協議分割

1.如有下列情形時，共同繼承人得協議分割遺產，即①被繼承人未以遺囑指定分割方法時；②未以遺囑委託第三人代為指定時；③受委託指定之第三人未為指定時；④被繼承人或受委託代為指定之人，僅就遺產之一部為指定時等是。其方法或為現物分割，或為變賣分配價金，或使一繼承人取得財產而支付價金於他繼承人，即價格賠償均無不可。

2.除有禁止分割之遺囑，各繼承人得隨時以協議決定分割之方法。分

---

[88] 中川編註釋上二〇〇頁。

[89] 德國民法第二〇四八條亦規定：繼承人得請求法院以判決重為分割。
日本民法解釋上，近藤著下六〇七頁以為無效；中川編註釋上二〇一頁；我妻、立石著四五〇頁以為，得向家庭裁判所請求重為分割。
不過，共同繼承人不逕向法院請求分割，而為協議分割，應屬更佳途徑。

[90] 我妻、立石著四五〇頁。

割協議，須繼承人全體同意，故將一部分繼承人除外之協議為無效。又，協議分割遺產，並非要式行為（七三年台上字四〇五二號判例）。

三、裁判分割

1. 共同繼承人不能協議決定分割方法時，始得聲請法院以判決決定分割之方法（民八二四條二項；日民九〇七條二項；德民二〇四二條；瑞民六〇四條）。所謂不能協議，係指協議不成立，或協議不能而言。前者如關於分割方法之不一致；後者如繼承人中有人所在不明，重病抑或占據遺產，拒絕他繼承人之分割請求等是[91]。

2. 法院裁判分割方法，以原物分割為原則，並依情形，得以金錢補償之（民八二四條二項一款、三項）[92]，如原物分割顯有困難時，得採取變賣分割之方式（同條項二款）[93]。此訴係基於分割請求權即形成權所生之形成之訴（請參照日本大判大正三年三月一〇日）[94]，而非給付之訴。蓋遺產分割之實施方法，乃係以之請求決定共同繼承人間權利關係之程序，故該訴之判決有創設的效果。於是，在該訴未判決確定以前，遺產既尚未分割，自不能請求給付分割物。此訴由繼承開始時被繼承人住所地或主要遺產所在地之法院管轄（家事事件法七〇條）。至於在此訴訟，當事人就分割方法縱有所主張，法院亦不受其拘束[95]。又此訴訟為必要的共同訴訟，故原告須以其他共同繼承人全部為此訴訟之被告，始為適法。

---

[91] 我妻、立石著四四八頁。

[92] 五四年台上字第二六六四號：民法第一一六四條所指之分割，非不得由各繼承人依協議方式為之，苟各繼承人已依協議為分割，除又同意重分外，殊不許任何共有人再行主張分割。

[93] 史著二〇七頁：以原物分割時，如共有人（即共同繼承人）中，有不能按其應繼分受分配者，得以金錢補償之。

[94] 史著二〇六頁；陳著一三一頁。又請參照日本民法第九〇七條第二項；日本家事審判法第九條乙類一〇。

[95] 二九年上字第一七九二號：裁判上定共有物（包括公同共有物）分割方法時，分配原物，與變賣而分配價金，孰為適當，法院本有自由裁量之權，不受任何共有人主張之拘束。

四、胎兒應繼分之保留

1.關於胎兒個人利益之保護，我民法（七條）已在總則編總括的規定：胎兒被視為已出生。故胎兒於繼承開始時業已受胎者（民一〇六二條、一〇六三條），就被繼承人之遺產，自有繼承之權限，無庸以民法第一一六六條之規定保護之。惟在我民法上，對胎兒視為已出生者，係以將來非死產者為限，始賦與權利能力，而並非事先就賦與權利能力，然後於出生時如為死產，則溯及的使其喪失權利能力。故無論採取上述任何一種見解，胎兒繼承權之有無，須至其出生時始能確定[96]。

2.於是，若要分割胎兒亦為繼承人之遺產時，不能將胎兒之應繼分置而不顧。在外國立法例上，或有明文規定胎兒未出生以前，其他繼承人不得請求分割遺產者（德民二〇四三條一項）；又有規定須延展至胎兒出生以後，始得為遺產之分割者（瑞民六〇五條一項）[97]。

3.我民法（一一六六條一項）則許在其他繼承人保留胎兒應繼分後，得將遺產予以分割，是時則以其母為代理人（民一一六六條二項）。惟如胎兒與其母同為繼承人時，關於遺產之分割，母與子（胎兒）之間有利害衝突之可能，因而母之代理成為自己代理，於法（民一〇六條）無效。是時，不如以母為胎兒之代理人，請求法院選任特別代理人分割遺產，以期保護胎兒利益。雖共同繼承人應保留胎兒應繼分始能分割遺產，但如出生時，為雙胞胎以上或死產者，則均須另行分割遺產。如共同繼承人不顧胎兒應繼分而逕行分割遺產者，則可由上開特別代理人請求重新分割[98]。

[96] 史著二〇八頁，似採停止條件說，但並未言其採何說，只說：其繼承權尚在不確定狀態。陳著一三一頁則明言應採停止條件說，尤其陳著三七、三八頁亦採同一見解。

[97] 日本民法，關於此點並無明文規定，故或有主張與德民法作同一解釋者（即在胎兒出生前，不准分割遺產）：柚木著二一六頁；或有主張雖不得分割，但如分割，則可類推適用日本民法第九一〇條規定，而得請求價格之支付（中川編註釋上一九一頁、一九二頁；中川監註解一三六頁、一三七頁）。

[98] 如母與胎兒同為繼承人，而母不贊成在胎兒出生前分割者，則應作如本文之解釋，但如胎兒之母，對遺產分割不作任何表示者，其分割於法（民七一條）應

4.胎兒繼承財產，通常被繼承人應為其父，於是，民法第一一六六條第二項始規定，胎兒關於遺產之分割，以其母為法定代理人。惟是時母與胎兒同為繼承人，利害有所衝突，故應由母代理胎兒請求法院選任特別代理人，已如上述。但如胎兒之兄（姊）未婚而死亡，父母又拋棄繼承時，胎兒依法（民一一三八條三款）則可繼承亡兄（姊）之遺產，是時，母與胎兒則非同為繼承人，並無利害衝突，故母為代理人之規定，自可適用。惟在此場合，胎兒之生父尚在，依民法第一〇八六條規定：父母為未成年子女之法定代理人。故應無須另設「母為（胎兒）代理人」之規定，而於必要時才由母委託其父為代理人之理由[99]。

5.胎兒有無繼承權，須至出生時方能確定，已如上述。故我民法，只要保留胎兒應繼分，其他繼承人即可分割遺產。果如此，則胎兒為死產或雙胞胎以上之胎兒出生時，自應重新分割，其不合實際，至為明顯。進而共同繼承關係既為公同共有關係，故待胎兒出生後始行分割(至多十個月)，方能適合於公同共有之團體性，在立法政策上，寧可採取德民法主義，既簡明又切合實際。

第四目　分割之實行

一、總　說

1.繼承人得隨時請求分割遺產，是我民法遺產分割之原則，而與一般的公同共有，不准在公同關係存續中分割公同共有物者不同[100]。但因考慮實際上需要，乃例外的承認得依共同繼承人間之特約，又得依被繼承人遺囑，禁止分割遺產（民一一六四條但書、一一六五條一項），均已見上述。公同共有遺產，在現今社會交易頻繁之狀態下，要實行分割時，究應作如

屬無效，事後，可由其父請求重新分割。至於胎兒與其母並非共同繼承人時，則可由母及父請求重新分割。

[99] 陳著一三二頁。

[100] 合夥關係亦為公同共有關係，故在民法第六八二條第一項也規定：合夥人於合夥清算前，不得請求合夥財產之分析。至於夫妻共同財產制，雖亦為公同共有關係（民一〇三一條一項），但民法允許在婚姻關係存續中可隨時變更。

何安排，亟待研究。

2.在德國民法（二〇四六條）上若要分割遺產，必須先行清償繼承債務，始行分割遺產。若繼承債務尚未屆清償期或有爭執者，則應保留清償所必要之財產。惟在我民法上，並無像德國民法上之限制，即繼承債務縱未清償，共同繼承人仍得分割遺產，而將繼承債務移歸一定繼承人承受，或劃歸各繼承人分擔，但須經繼承債權人同意，繼承人始能免除連帶責任（民一一七一條）[101]。

3.關於遺產之分割，通常由繼承人為之，惟有遺囑執行人時，則由該人擔任分割職務。此時，遺囑執行人固須依遺囑所指定之分割方法為執行，但共同繼承人間之協議不牴觸遺囑者，應按協議實行分割[102]。

4.民法為期共同繼承人間遺產分割公平，特設有①繼承人對被繼承人負有債務之扣還規定（民一一七二條）；②生前特種贈與之歸扣規定（民一一七三條），亟待詳述。

二、繼承人對被繼承人負有債務時之扣還

1.繼承財產為一種特別財產，切不可與繼承人之固有財產混淆，故繼承人對被繼承人之債權債務，均不因繼承而發生混同（請參照民一一五四條、三四四條）。但如繼承人只有一人，且為單純承認時，則不在此限。

2.惟如繼承人中，有人對被繼承人負有債務者，於遺產分割時，應按其債務數額，由該繼承人之應繼分內扣還（民一一七二條；德民二〇四六條二項；瑞民六一四條），以顧其他繼承人之利益。如該負有債務之繼承人拋棄或限定繼承時，則如同第三債務人，應負清償債務之義務。如債務與該繼承人之應繼分相等，則該繼承人毫無所得，但如債務超過應繼分，該繼承人仍須清償其超過額[103]。

3.然如繼承人中有人對被繼承人享有債權者，於分割時應作如何處理，法並無明文，通常可由該繼承人先受領債權之清償後，再與其他繼承人按

[101] 陳著一三三頁。

[102] 中川監註解一三六頁。

[103] 胡著一四二頁。

其應繼分參與分割。但或有不令該繼承人先受清償；反而先得該繼承人（即繼承債權人）同意後，與其他繼承人，從事於該債權之分割者（請參照民一一七一條一項），是時，並不問該債權劃歸而由各共同繼承人分擔，或移轉歸該享有債權之繼承人承受，在該繼承人應負擔部分，均會發生混同之效果。

第五目　生前特種贈與之歸扣

一、總　說

共同繼承人之一部或全部，如在繼承開始以前，已由被繼承人受有財產之贈與者，於遺產分割時，為期繼承人間公平起見，是否應由該繼承人之應繼分中歸扣？各國立法例不一，茲將立法主義[104]略作敘述如次：

1. 非歸扣主義 (non admission du rapport)，是為丹麥、挪威、墨西哥等國所採取。因被繼承人在不違反特留分規定之範圍內，原得自由處分自己財產，故繼承人亦無須以被繼承人生前所與之特別利益，補償 (Ausglei-chung) 其他繼承人之必要，其理論並非無據。

2. 歸扣主義 (admission du rapport)，是自羅馬法以來，為多數國家所採取。即將已受贈於被繼承人之財產，於遺產分割時，由受贈之繼承人應繼分中歸扣，在共同繼承人之遺產分割上，頗為公平合理。詳言之，將受贈財產算入於應繼財產之內，然後才由共同繼承人按其應繼分取得財產，而並不違背法定應繼分之立法本旨。我民法（一一七三條）採此主義。

3. 歸扣主義中，又因情形不同，尚有不同的立法例，即①只要是贈與，就應歸扣者（法民八五一條；荷民一一三二條；義民一〇〇一條、一〇〇八條；葡民二〇九八條；西民一〇三七條；奧民七九〇條；瑞民六二六條）。②除贈與外，「包括遺贈」亦應歸扣者（德民二〇五〇條、二〇五二條；日民九〇三條、九〇九條）[105]。③我民法則限於特種贈與，始為歸扣之標的（民一一七三條）。

4. 歸扣主義中，尚有因繼承人之補償方法不同，而有不同之立法例，即①現物返還主義 (rapport en nature)，是法國舊民法（八五八條）所採取，

---

[104] 請參照胡著一四三頁；陳著一三四頁。

[105] 中川編註釋上一七二頁。

是時，受贈人並非確定的所有人，而於分割遺產時，須現實的返還贈與財產。其有害交易安全，又違背被繼承人之意思，殊不足採。②充當計算主義，是德國民法等所採取（德民二〇五〇條、二〇五二條；瑞民六二六條；法民八五八條一項；日民九〇三條；奧民七九三條）。受贈人為確定的所有人，不過應返還贈與財產之價額而已。我民法（一一七三條）從之[106]。

5. 依新法第一一四八條之一，繼承人在繼承開始前二年內，從被繼承人受有財產之贈與者，該財產視為其所得遺產，已如前述。按該財產如屬第一一七三條之特種贈與，即為因結婚、分居、營業而受贈者，仍屬歸扣之標的，於共同繼承人分割遺產時充當計算之，另一方面該財產亦為繼承債務之責任財產，被繼承人之債權人得對之聲請強制執行。

二、歸扣內容與效力

㈠歸扣內容

1. 歸扣程序

我民法第一一七三條為維持共同繼承人間之公平，採取歸扣主義，且以充當計算主義計算特種贈與物之價額。茲就民法第一一七三條第一、二項規定，敘述歸扣方法如次：①先就繼承開始當時之被繼承人所有財產予以確定；②次則要確定各繼承人從被繼承人所受特種贈與；③將此特種贈與，加入於上揭被繼承人現有遺產中為應繼承財產；④再依民法第一一四一條、一一四四條規定，算定各繼承人之應繼分；⑤然後由此應繼分中，扣除由被繼承人所受特種贈與額；⑥其剩餘價額，始為該繼承人之應取得財產。是時，不受贈與之其他共同繼承人雖得因「分享」而參加共同繼承，但其「分享」應有最低限度之限制，詳容後述。至於被繼承人於贈與時，有免除歸扣之意思表示者，則可免受歸扣，詳細亦容後敘述之。

2. 歸扣義務人與權利人

⑴歸扣義務人

受特種贈與之繼承人除拋棄繼承外，即須負歸扣責任(Kollationspflicht; Ausgleichungspflicht)。按拋棄繼承之人，既與繼承立於無

[106] 請參照陳著一三四頁。

關係之地位，則拋棄繼承人縱受被繼承人特種贈與後拋棄繼承，多數見解說其無須受歸扣[107]。然本人認為：因不拋棄之繼承人仍應有其特留分權，故如其特留分權一旦被侵害，應准不拋棄繼承人得向拋棄繼承人，行使特留分之扣減權，否則特留分之規定等於具文[108]。

歸扣義務人，以共同繼承人之受有特種贈與者為限。故其直系血親之尊、卑親屬抑或配偶，縱受有特種贈與，亦與該繼承人無涉。惟尚應注意：代位繼承人之直系血親尊親屬（被代位人）曾受特種贈與，及代位繼承人本身曾受特種贈與時，是否應負歸扣義務[109]，亦容後詳予論述之。

⑵歸扣權利人

共同繼承人中，如有人曾由被繼承人生前受有特種贈與者，則應由其應繼分扣除其曾受贈與額，是為維持共同繼承人間之公平而設之歸扣制度。故只要是同一繼承順序上之繼承人（包括代位繼承人），而未受特種贈與或受特種贈與較少者，皆為歸扣權利人。至於拋棄繼承人及受遺贈人，則或因與繼承無關[110]，或僅能就被繼承人在繼承開始後之剩餘積極遺產，始可行使其權利，故兩者均非歸扣權利人（瑞民六二六條一項）。

繼承人為歸扣權利者，其債權人，如具備民法第二四二條所定要件，則得以自己名義，代位行使債務人（即該繼承人）之歸扣請求權[111]。

歸扣之請求，由各繼承人按其應繼分不足部分單獨行使為已足，不以共同繼承人共同行使為必要。惟因歸扣程序既須就被繼承人遺產作全盤檢討，故非全體共同繼承人參與，誠難實現請求人歸扣之請求。至於歸扣之請求，則應於遺產分割同時為之，不請求歸扣人亦同時蒙受歸扣請求之利

---

[107] 胡著一四五頁；戴合著一四六頁；中川監註解一二一頁。請參照中川編註釋上一七四頁。反對說：羅著一三八頁。

[108] 陳著一三六頁。又請參照後述。

[109] 陳著一三六頁。又請參照後述。

[110] 拋棄繼承人因已與繼承立於無關係之立場，原則上不唯不能請求歸扣，反之，有時尚須負歸扣且有被扣減義務，詳細容後敘述之。

[111] 繼承人為歸扣權利人時，如因歸扣請求，則可獲得債務清償，故其債權人可代位行使該歸扣請求權。請參照陳著問題四六二頁。

益，但拋棄歸扣請求者，只能就繼承開始當時之積極遺產計算其應繼分[112]。惟如繼承人拋棄其歸扣請求權，而有害繼承人之債權人，該債權人則得聲請法院予以撤銷，理所當然。

3.應受歸扣之贈與

在法定繼承主義之下，被繼承人有所有權之自由，即在其生存中可擅自處分（包括贈與）其所有物，繼承人不能過問。惟對被繼承人生前因結婚、分居、營業，對繼承人所為贈與，民法第一一七三條第一項本文，則稱之為「特種贈與」，乃是民法對被繼承人生前自由處分之限制，即命將該特種贈與歸入於繼承開始之遺產中為應繼財產，由共同繼承人一起繼承，以之謀求共同繼承人間遺產分割之（絕對的）公平。此歸扣制度，係倣效外國之法例所立法者，已如上述。至於因結婚、分居、營業之特種贈與，係列舉的，並非例示的（二一年院字七四三號、二二年上字一六號、二七年上字三二七一號），即只限於因上舉三個原因所為生前贈與，始為歸扣之標的。申言之，被繼承人雖在其生存中可擅自處分（包括贈與）其所有財產，而與繼承人無干，但如被繼承人一旦為上舉特種贈與時，受贈與之繼承人，須將受贈之特種贈與價格歸入於被繼承人遺產中，由共同繼承人一起繼承後，再由該受贈與繼承人應繼分中扣除該受贈與額。要之，特種贈與之歸扣制度，不唯是對被繼承人生前自由處分之限制，又是為謀求共同繼承人遺產分割公平而設者。

因何上舉贈與才應受歸扣？蓋此等贈與，僅係被繼承人便宜上所為應繼分之前付，而非以特別有利於受贈人之意思所為者，故推測被繼承人意思，以從該受贈與之繼承人應繼分中扣除受贈與價格為適當。

應予歸扣之贈與，是否以原本為限？民法第一一七三條並未將孳息、收益，加算在該贈與之內，而且贈與當時並不可能有孳息與收益，故應解釋：應受歸扣者僅限於原本，而不及於孳息及收益，方始合理。

贈與財產受贈後滅失或毀損者，是否仍以贈與價額為歸扣，宜從積極

---

[112] 史著二二六頁：共同繼承人於分割時，不妨全部或一部不為充當計算而為遺產之分割，此時可謂為係扣除權（即歸扣權）之拋棄。

說為適當（請參照日民九〇四條）。蓋不問因受贈人（繼承人）對受贈財產有過失，或因第三人對該財產有過失[113]，致受贈財產滅失或毀損者，自不應將過失責任轉嫁於其他共同繼承人。而且我民法既採充當計算主義，因而受贈與之繼承人已取得受贈與物之所有權，進而規定贈與物之價額，以贈與時價值計算（民一一七三條三項）；故作如上解釋，自無不當。

㈡歸扣之效力

繼承一經開始，歸扣效力當即發生，於是，民法第一一七三條乃明定：除被繼承人於贈與時有反對意思表示者外，應將該贈與財產之價額歸入於繼承開始時被繼承人所有財產之中，為應繼財產；同條第二項則規定：於遺產分割時，該贈與價額，始由受贈與之繼承人應繼分中扣除。換言之，歸扣效力已於繼承開始時當即發生，而就應繼財產已為充當計算[114]，即於遺產分割時，共同繼承人中如有人主張歸扣者，自應繼續上述計算，是時，不作歸扣請求之其他共同繼承人，亦將蒙受歸扣之利益[115]。惟如共同繼承人中無人主張歸扣者，則無所謂「應繼財產」，而僅就被繼承人在繼承開始當時之現有遺產為分割，是為歸扣權之拋棄，已如上述。

因歸扣而作充當計算之結果，受贈與之繼承人所受贈與價額，與該繼承人之應繼分相等，或超過其應繼分時，該繼承人固不能由該繼承財產再受分配（請參照日民九〇三條二項）。至於受贈價額超過應繼分時，受贈與

---

[113] 因第三人過失致使受贈與物滅失或毀損者，受贈人自可向該第三人請求損害賠償（民一八四條一項前段），而與所謂歸扣無涉，即受贈與之繼承人，仍應受歸扣。

[114] 戴合著一五二～一五三頁：歸扣之效力，因繼承之開始即當然發生，僅於分割遺產時，應行充當計算而已。在此意義之下，上述歸扣義務，僅係甘受此種充當計算而已。

[115] 譬如：甲有A、B、C三子，甲因結婚，已贈與A五〇萬元，而於死亡時，遺有財產一〇〇萬元。不問A、B、C是否作歸扣主張，依民法第一一七三條規定，則在繼承開始時就應依充當計算主義為計算。日後遺產分割時，如僅B作歸扣主張，不作歸扣主張之C，亦可蒙受歸扣之利益。如C拋棄歸扣利益者，則僅能就繼承開始當時之現有遺產一〇〇萬元計算其應繼分。

之繼承人，亦無須將超過部分之價額歸返。茲舉例說述：設甲有子女A、B、C三人，甲於生前分別對A、B為特種贈與四〇萬元及三〇萬元，甲死亡時之遺產二〇萬元。此時，依民法第一一七三條規定，甲之應繼財產二〇萬元加四〇萬元加三〇萬元等於九〇萬元，故A、B、C之法定應繼分為三〇萬元。然A因特種贈與已取得四〇萬元，業已超過其應繼分；而B亦因特種贈與而已取得三〇萬元，與其應繼分相等，故A、B均不能過問甲現有遺產二〇萬元，此二〇萬元應由C獨得。是時，C亦不得再向A請求其超過應繼分之一〇萬元。蓋是時之C雖亦應有其特留分（詳容後述），但其特留分 (30×1/2=15) 未受侵害之故[116]。

三、歸扣之免除

共同繼承人中，如有人曾由被繼承人受有特種贈與時，則應由其應繼分中扣除，已如上述。但此係指被繼承人無「歸扣免除」之意思表示者而言。故如被繼承人於贈與時，有反對意思表示者，自無須將該贈與額歸入於繼承開始當時之被繼承人現有遺產中為應繼財產，再由該繼承人之應繼分中扣除該受贈與財產（民一一七三條一項但書；二一年院字七四三號）。因特種贈與被視為應繼分之前付，故如被繼承人既有反對之意思表示，則無庸歸扣以示被繼承人意思應受尊重。

免除歸扣之意思表示，是否須明示（瑞民六二六條二項規定須明示），我民法雖無明文，但縱解釋無須明示，亦無不可。

免除歸扣之表示，有無時期限制，即是否僅限於贈與當時，抑或贈與以後亦可為之。從民法第一一七三條第一項文義觀之，似應限於贈與當時，但關於遺產繼承，首應尊重被繼承人意思，故宜認為被繼承人在贈與以後，亦可作免除歸扣之表示。果如此，則可以遺囑免除歸扣。

共同繼承人中之一人所受特種贈與，因附有免除歸扣之意思表示，以致其他共同繼承人應有之特留分（詳容後述）受侵害者，則應如何處置？

---

[116] 陳著一三九頁。
因特種贈與侵害其他共同繼承人之特留分時，特留分被侵害人能否援用民法第一二二五條而行使扣減權，詳細容後述之。

詳細亦待後論述之。

四、我民法上之特留分扣減制度

㈠特留分之意義

因民法（一一八七條）例外的承認遺囑自由，故不得不設有特留分法制（民一二二三條），進而准許特留分權利人，如其特留分權利被侵害時，依法（民一二二五條）尚可行使扣減權，作為特留分權利人最低限度之保障。茲就特留分之意義分述之如次：

1. 特留分為繼承人於繼承開始後所享有之特權：被繼承人為遺囑處分時，依民法第一二二三條規定，凡是生存配偶及法定繼承各順序上之法定繼承人，皆享有特留分，但此等人於繼承開始以前業已死亡，或喪失繼承權者（民一一四五條），則無特留分權可言。惟法定第一順序繼承人之代位繼承人，則有其固有的特留分權利（民一一四〇條）。至於繼承人拋棄繼承權者，因已與繼承立於無關係地位，依理應無特留分權可言[117]。

2. 特留分為應保留於繼承人之遺產之一部分：被繼承人為遺囑處分時，應保留於繼承人之特留分，並非被繼承人遺產中之某特定財產，而僅為遺產中之一定數額而已。又因特留分權利人仍為繼承財產之包括的繼承人，故就繼承財產各有應有部分，而就繼承債務，仍應連帶負其償還責任，則與共同繼承時，毫無二致[118]。至於被繼承人作生前處分（譬如：特種贈與），是否亦可作同樣解釋，容後詳述之。

3. 特留分為不可侵害之最低限度繼承分：我民法繼承編，係以法定繼承為原則，例外的始承認被繼承人在特留分範圍內，得以遺囑為死後處分

---

[117] 譬如：被繼承人有子女二人，又遺贈於第三人時，如子女均為單純繼承，則可實現被繼承人欲為遺贈之意願，但如繼承人二人通謀，使一方拋棄繼承，則因拋棄繼承人無特留分權，致使因不拋棄繼承之另一繼承人之特留分權備受侵害，而可對受遺贈人行使扣減權。終於不能實現被繼承人所欲為之遺贈，而使受遺贈之第三人不能受益者有之。請參照五十嵐著《遺留分制度》四八九頁；陳著問題四五三、四五四頁。

[118] 關於債務之負擔方法，請參照近藤著下一一〇五頁、一一〇六頁；陳著問題四五六頁註明。

（民一一八七條）。因此，特留分也者，乃為避免因被繼承人之遺囑處分，對於繼承人最低限度繼承分有所侵害者而設。立法者對被繼承人之死後處分，既有特留分制度，以之保護繼承人，甚且又有扣減權之規定（民一二二五條），可使特留分權利人免受侵害，而有其最低限度之保障。然立法者對被繼承人之生前處分，因在所有權自由原則下，雖無從對繼承人有特留分之保障，又無特留分保全手續之扣減權，概非無理。惟特種贈與既須歸扣（民一一七三條），是立法者對被繼承人生前自由處分之阻卻，惟如特種贈與過鉅，則似有必要考慮不受特種贈與之其他共同繼承人間之相對的公平，即應作特留分及扣減權之考慮，始謂正當合理，詳細容後敘述之。

㈡特留分數額之算定與保全（扣減權）

特留分數額若干，則應先算定應繼分，然後再乘以民法第一二二三條所定特留分比例，以算定之。至於算定應繼分，則依民法第一一七三條及第一二二四條，將特種贈與額歸入於繼承開始當時之遺產中為應繼財產，然後除去債務，而由此數額算定應繼分及特留分。不過，遺產與債務額相等或過少時，切不可逕視為無應繼財產，因為尚應歸入特種贈與財產，始能決定應繼財產之有無故也。

民法第一二二四條所規定之應扣除債務，不僅為私法上債務，租稅、公課等公法上債務，凡應由被繼承人負擔者，皆包括在內。遺贈雖為因繼承所發生之債務，但因業已算在積極財產之內，故不能再將其扣除，然後才算特留分。繼承費用（民一一五〇條）既有共益費用之性質，故繼承費用應解釋為繼承債務，而由應繼財產中扣除[119]。至於遺產酌給請求權（民一一四九條），本人曾以之為有優先權之債權[120]，但現已解釋：應為普通債權而受酌給，但無論如何，酌給遺產，均是繼承債務，而應由應繼財產扣除。

[119] 因為日本民法第八八五條第一項、一〇二一條但書，均規定：不得因此而侵害共同繼承人之特留分，致使不少日學者主張：繼承費用，不在扣除「債務」之列。中川監註解四五〇頁；中川編註釋下六六五頁；近藤著下一一三六頁、一一三七頁；谷口知平著〈遺留分〉《家族制度全集・法律 V》一八九頁。

[120] 陳著一〇九頁；陳著問題四八二頁。

民法繼承編雖以法定繼承為原則，但因例外的承認遺囑自由（民一一八七條），而不得不設有特留分規定（民一二二三條），且為特留分免受侵害，民法另設有扣減法制（民一二二五條），作為特留分權利人（法定繼承人）最低限度之保障。立法者對被繼承人死後處分（譬如：遺贈），不唯設有特留分制度，進而對其侵害特留分者，尚令其可得行使扣減權，作為特留分權利人最低限度之保障。然立法者對被繼承人之生前處分（譬如：特種贈與），因所有權自由原則，就無從對繼承人有所保護。惟本人以為在特殊的情形下，不受生前贈與之其他共同繼承人，亦理應承認其應有特留分權，甚且又有扣減權，以資保障最低限額之特留分。

至於特留分扣減權之行使（民一二二五條；請參照德民二三〇五條、二三二五條；法民九二〇條、九二一條；瑞民五二二條、五二四條；日民一〇三一條），應有「積極」與「消極」兩種作用。詳言之，標的物已交付於相對人時，特留分權利人（扣減權人）尚可請求歸還被侵害額（積極作用），譬如：特種贈與及其免除歸扣義務者（詳容後述）。是時，本人主張：應準用民法第一一四六條第二項規定，即自扣減權人知其特留分被侵害時起二年間不行使而消滅，自繼承開始時起逾十年者亦同，而「二年」為消滅時效期間；「十年」為除斥期間[121]。至於尚未支付標的物者（譬如：遺贈），則特留分權利人可拒絕標的物之交付（消極作用），本人以為此「拒絕」為一種抗辯權[122]。

五、特種贈與之歸扣與扣減

㈠有特種贈與時之遺產分配

繼承人在被繼承人生存中，縱受所謂特種贈與，雖應受歸扣，但爾後其所得尚不足其應繼分者，仍可繼續再受分配而滿足其應繼分。如所得包括所獲特種贈與額與應繼分額相等，則不能由遺產再受分配，理所當然，關於此點並無任何爭論。惟如所得包括特種贈與額而超過應繼分額時，則

[121] 陳著問題四九三頁、四九四頁。

[122] 戴著二八八頁；陳著二九四頁；中川編註釋下二三一頁；近藤著下一一四三頁；李著一三五頁。

受贈人是否須將超過部分返還，而由其他共同繼承人分享，立法例及學者意見各不相同。

德國民法第二〇五六條規定：共同繼承人因給與而取得多於分割時所應得者，就其超過額，不負返還之義務。是採否定說之立法者，即超過部分無庸返還。反之，瑞士民法第六二九條第一項規定：給與超過應繼分之數額時，如能證明被繼承人有對該繼承人特予優惠意思者，其超過部分無須補償。是採肯定說之立法，即除能證明被繼承人有特惠於受贈與之繼承人意思者外，超過部分原則上應予歸還。日本民法第九〇三條第二項規定：遺贈或贈與之價額，等於應繼分或超過者，受遺贈人或受贈人不得再受其應繼分。由此觀之，此條文僅規定，受贈與額與應繼分相等或超過之者，不得再受分配，但是否須返還，則未言及。日本通說及判例則認為：民法既規定遺贈及贈與超過應繼分者，受遺贈人或受贈與人不得再受其應繼分，則反面解釋，亦無須返還[123]。惟或有主張：該受贈與之繼承人，就超過部分，對其他共同繼承人，推定負有債務，以期維持共同繼承人間之公平[124]。

特種贈與超過應繼分時，應如何處置，我民法並無規定，故不侵害不受特種贈與之共同繼承人或應有之特留分權者可不歸還外（已見上述），縱對特留分有所侵害之贈與，雖應受歸扣，但被侵害人不能依扣減權而請求歸還，是我國現行之通說[125]。惟間或有劉鍾英氏，為維持共同繼承人間之公平，而主張：「應由該繼承人（即受特種贈與人）補出為宜」[126]，或羅鼎氏則為補救特留分規定之不完全，而主張超過部分應由受特種贈與之繼承人負責返還[127]。此兩位先生見解，在結論上，與我見頗相類似。本人以為：雖有特種贈與，但既有共同繼承事實，則理應注意共同繼承人間之公平，

[123] 中川淳著上二三五頁；谷口編注民(25)一七三～一七四頁（有地）。

[124] 岩田健次著〈特別受益者の相續分〉《續學說展望》九〇頁；請參照林秀雄著〈論生前特種贈與與價額超過應繼分價值時之解決辦法〉《法學叢刊》一二四期三八頁。

[125] 胡著一四四～一四五頁；戴合著一五三頁；史著二二六頁。

[126] 劉鍾英著八八頁以下。

[127] 羅著一三六～一三七頁。

亦至屬當然。茲將拙見敘述於後。

㈡特種贈與侵害不受特種贈與之其他共同繼承人亦應有之特留分時

1.其他共同繼承人有無特留分權

民法繼承編，既以法定繼承為原則，則固應受所有權自由原則之拘束，於是，在被繼承人生存中，一方面非許被繼承人自由處分自己財產不可；他方面，被繼承人生前自由處分後所剩餘財產（即遺產），則應由法定繼承人繼承，並不允許被繼承人以遺囑廢除法定繼承人之繼承人地位；惟如又以遺囑另作遺產之處分（死後處分）者，立法者就設有特留分規定，且以扣減權，作為特留分權利人（法定繼承人）最低限度之保障。由此觀之，民法立法者，對被繼承人生前處分，則任其自由處分而毫無限制；反之，對被繼承人之死後處分，則設有特留分制度，且以扣減權之行使，保障特留分權利人之最低限度之繼承分。立法者所以為此立法，雖有其根據，但實質上在共同繼承人間顯失公平。

如上所述，被繼承人生存中，對其所有財產，在所有權自由原則下，固可擅自處分，繼承人及立法者，均無法干涉。唯獨於被繼承人生存中因結婚、分居、營業[128]，而贈與於繼承人者，稱為特種贈與，依民法第一一七三條規定應為歸扣。要之，特種贈與之歸扣，是立法者對被繼承人生前自由處分之限制。特種贈與財產，一旦依法歸入於繼承當初之遺產而為應

[128] 徵之外國立法例，除特種贈與外（法民八五一條、瑞民六二六條、德民二〇五〇條、日民九〇三條），有一切贈與，均應歸入計算者（法民八四三條、荷民一一三二條、義民一〇〇一條、一〇〇八條、瑞民六二九條）；有限定於繼承開始時起一定期間內所為贈與者（瑞民五二七條三款：五年；德民二三二五條：十年；日民一〇三〇條：一年）；又有規定，縱在上述期間以前所為贈與，苟贈與當事人雙方，明知該贈與有害於特留分者（日民一〇三〇條）；尚有規定以不相當對價所為有償行為，苟雙方當事人均明知其可能侵害特留分者（瑞民五二七條、日民一〇三九條），均應將該贈與額及因不相當對價之有償行為所得金額歸入於繼承當時之遺產，計算應繼財產。由此觀之，在我民法上應負歸扣義務者，僅限於因結婚、分居、營業之三種列舉的原因而已，故我民法對被繼承人生前自由處分之限制較寬，隨而對不受贈與人較為不利。

繼財產後，則由受特種贈與之繼承人與其他共同繼承人一起繼承。是時，受特種贈與之繼承人雖可「獨享」其受特種贈與權利，但不受特種贈與之其他共同繼承人，則可就因歸入而增大之應繼財產，參加繼承，而「分享」歸扣利益。是時，其他共同繼承人權利既為「分享」，自應有一定最低限度之限制。本人以為：此場合之限制，應以特留分為限，且為保護其最低限度之權利（即特留分權）起見，似亦可類推適用民法第一二二五條之扣減權規定為宜。

申言之，特種贈與一旦依法應受歸扣，被繼承人又無特別有利於受特種贈與人之意思，即特種贈與僅為應繼分之前付，於是，民法第一一七三條乃命令特種贈與財產應歸入於繼承開始當時之遺產為應繼財產，且由此應繼財產算出各繼承人之應繼分後，受特種贈與人須由其應繼分扣除受特種贈與額，以期共同繼承人間遺產分割之公平。惟如特種贈與過鉅，則縱歸扣亦無從達到共同繼承人間之公平目的時，共同繼承人間之相對的公平目的亦應考慮。故在法定繼承時，如有特種贈與，尤其贈與額過鉅時，理應考慮其他共同繼承人亦應有特留分，始能有最低限度之保障。

2.特留分被侵害時，有無扣減權可得行使

民法第一二二五條雖規定扣減權之行使，限於遺贈（即被繼承人之死後處分，包括依遺囑所為應繼分之指定、遺產分割方法之指定、遺產分割時之擔保方法之指定等）侵害繼承人特留分者，始可行使，則似僅限於遺贈侵害特留分權利人之特留分者，始能考慮「特留分」，又於「特留分」被侵害時，始可允許扣減權之行使。其實，特留分制度，於上述法定繼承而有特種贈與尤其數額過鉅時，不受特種贈與之其他共同繼承人，亦應有其特留分權。而且是時，亦應有扣減權為之保障特留分權利人最低限度之取得額。換言之，有了扣減權，特留分權利人始能確保其應有之特留分。

3.既得權之保護，與共同繼承人間之相對的公平

特種贈與是繼承人在被繼承人生存中，因結婚、分居、營業，已受之贈與，是受特種贈與人之既得權無疑，自應受相當之保護。惟如既得權違反法律之強行規定，而侵害他人權利時，該權利是否應該仍受保護，則值

得檢討。如上所述，鉅額特種贈與受歸扣後，不受特種贈與之其他共同繼承人，既應有其特留分權，且因特留分規定（民一二二三條）有強行規定之性質，自不應准受特種贈與之繼承人，可「獨享」特種贈與，而使不受特種贈與之其他共同繼承人之特留分亦不能維持。要之，在此場合，自不該允許受特種贈與之繼承人，隨便有所故違（即不應准許受特種贈與之繼承人「獨享」特種贈與），反而應准不受特種贈與之其他共同繼承人（特留分權利人）可行使扣減權（民一二二五條），以利其能維持特留分額。惟在此場合，既得權之存在價值，並非全部被否定，而僅其侵害他人特留分權利部分被否定而已，而且否定與否，任由被侵害人取決，故對既得權之影響，並非全面的。如由特留分被侵害人（即不受特種贈與之其他共同繼承人）行使扣減權，以致不能維持既成法律秩序之安定，而不能完全保障既得權之完整，乃屬不得已之後果。換言之，於共同繼承時，最重要者，莫非是共同繼承人間之絕對的公平，至少亦得應考慮共同繼承人間之相對的公平之維持。於是，因鉅額特種贈與，以致不受特種贈與之其他共同繼承人亦應有之特留分權被侵害者，縱類推適用民法第一二二五條之特留分扣減之規定，亦與該條之立法意旨，並無違背。

因遺贈尚在遺產之中，仍未交出，故是時扣減權之行使，僅有消極作用，即僅拒絕交付遺贈物即可；反之，如特種贈與物已交付於受贈與之繼承人，則受侵害之特留分權利人（即不受特種贈與之其他共同繼承人），要行使扣減權，自須在一定期間內（已如上述），積極的向侵害人請求始可。是時，僅因受特種贈與係在被繼承人生存之中，以致舉證、請求返還，較為困難已耳，但切勿因有此困難，而否認應有積極作用之扣減權存在。

特種贈與之歸扣，是對被繼承人生前自由處分之限制，一方面以之謀求共同繼承人間遺產分割之（絕對的）公平；他方面又在承認：不受特種贈與之其他共同繼承人，亦應有其特留分權，以達共同繼承人間（相對的）公平之目的。於是，受特種贈與之繼承人，應將曾受之特種贈與，依充當計算主義，計算其特種贈與額，於繼承開始，即行歸入於繼承開始當時之遺產，為應繼財產，而與其他共同繼承人一起繼承。是時，因尚應承認不受特種贈與之其他共同繼承人有其特留分權，故如該特留分有被侵害之事實，則上舉共同繼承人（即特留分權利人）當可行使扣減權，以求共同繼承人間遺產分割之相對的公平之目的。而且尚須注意，在此場合所行使之扣減權，應有積極作用之性質。

茲就特種贈與侵害不受特種贈與之其他共同繼承人特留分，舉例說述之：

甲曾特種贈與於長子A一〇〇萬元；次子B三〇萬元；而遺產二〇萬元死亡時，應繼財產為一五〇萬元（二〇加一〇〇加三〇等於一五〇），由A、B、C三子平分，應繼分各人五〇萬元，特留分各二五萬。因A已受一〇〇萬元特種贈與，故對現有遺產二〇萬元，不能再作主張；B亦已受三〇萬元特種贈與，且可滿足其特留分二五萬元，故二〇萬元現有遺產，應由C獨得，但尚不能滿足其特留分二五萬，因而C尚可向A行使五萬元（二五減二〇等於五）之扣減權。於是，A得九五萬元，B得三〇萬元，C得二五萬元。要之，苟不作如上安排，則同為共同繼承人A、B、C，則A因曾受過鉅之特種贈與而受鉅益，C連最低限度保障之特留分也不能維持，其違反相對的公平原則，莫此為甚故也。

尚須注意者如次：

⑴拋棄繼承人既與繼承立於無關係之立場，故拋棄繼承人縱曾受特種贈與，亦無庸歸扣，又無須考慮其他共同繼承人能否得到其應得之應繼分（已如上述）。此理論，於特種贈與價額較少時，固無不可，且甚正確，但如繼承人獲取多額特種贈與後逕行拋棄繼承時，則顯有值得考慮者。茲舉例說明之：甲有A、B、C三子，而曾對A為二萬元特種贈與，死亡時則有遺產一〇〇萬元，而A則拋棄繼承。惟A雖拋棄繼承，但為共同繼承人之公平計，A曾受之特種贈與二萬元，仍應受歸扣，故應繼財產為一〇二萬元（一〇〇加二等於一〇二），而由B、C均分，各人應繼分為五一萬元，特留分為二五・五萬元。惟B、C既由現有遺產一〇〇萬元，各可取得五〇萬元，而滿足其特留分，則A縱曾受特種贈與二萬元而拋棄繼承，亦無庸歸扣。B、C由現有遺產一〇〇萬元，各可取得五〇萬元。然如A所獲

特種贈與為一〇〇萬元，而甲死亡時之遺產為二萬元時則如何，則有值得檢討者。歸扣結果，應繼財產與上例同為一〇二萬，B、C 各人應繼分亦同為五一萬元，特留分各人亦同為二五・五萬。惟現有遺產二萬元，因 A 拋棄繼承，而應由 B、C 均分，各人可得一萬元，各人特留分（二五・五萬）顯受二四・五萬元（二五・五減一等於二四・五）之侵害。為共同繼承人之相對的公平計，B、C 尚可向拋棄繼承人 A，各可行使二四・五萬元扣減權，至於行使扣減權與否，則為 B、C 之自由。在此場合，作如上安排，應較合理與妥適。要之，只要拋棄繼承人受有特種贈與，均應先將特種贈與額歸入於繼承開始當時之遺產為應繼財產，俟查明其他共同繼承人之特留分有無受侵害，始能作最後決定，以之謀求共同繼承人間之相對的公平。換言之，拋棄繼承，雖為繼承人之自由，惟如繼承人曾受鉅額之特種贈與後，任其自由拋棄繼承，則不拋棄之其他共同繼承人，未免將受禍害，有時或有可能一無所得，尚應負擔繼承債務。於是，為謀共同繼承人間之相對的公平起見，縱作如上安排，應無不當，反甚合理。

⑵代位繼承時，亦有從既得權人之既得權，謀求共同繼承人間相對的公平之必要。茲舉例言之，如甲對長子 A 曾為特種贈與一〇〇萬元，而後遺產二〇萬元死亡時，假使 A 因喪失繼承權，而由其直系血親卑親屬 d、e 代位繼承甲之遺產。是時甲對 A 所為特種贈與一〇〇萬元仍應受歸扣，故應繼財產一二〇萬元（二〇加一〇〇等於一二〇），則由次子 B，三子 C 與姪子 (d、e) 三平分，B、C、(d、e) 應繼分，各為四〇萬（但 d、e 應繼分，各二〇萬元），特留分各二〇萬元（但 d、e 特留分各一〇萬元）。惟因被代位人 A 已曾受一〇〇萬元之特種贈與，故代位繼承人 d、e 就現有遺產二〇萬元，不能有所主張，而由 B、C 各可取得一〇萬，但因 B、C 特留分二〇萬元顯受侵害，隨而 B、C 尚可向 A；如 A 已死亡，則可向 d、e，各可行使一〇萬（二〇減一〇等於一〇）之扣減權，以之保留其特留分。

又如甲有子女 A、B、C 三人，而曾對 A 為二〇萬元之特種贈與，事後 A 又喪失繼承權，但 A 尚有二子 d、e，是時甲死亡而遺產一〇〇萬元。A 所受特種贈與二〇萬，仍須歸入於甲一〇〇萬元遺產之中，應繼財產為一二〇萬，而由B、C與代位繼承人(d、e)三平分。但因被代位人A，已受特種贈與二〇萬元，故(d、e)不能與B、C作三平分之分割。甲之現有遺產一〇〇萬，應由B、C各取得四〇萬，d、e則各可取得一〇萬，而與被代位人A所曾受之特種贈與二〇萬元合計為四〇萬，則與B、C應繼分四〇萬相等，共同繼承人間之遺產分割，始能公平。

至於繼承人之直系血親卑親屬，縱由被繼承人受有特種贈與，本與該繼承人無涉，已如上述。惟如發生代位繼承情事時，則代位繼承人曾受之特種贈與，應否受歸扣，茲有不同立法例。詳言之，由德國民法第二〇五三條第一、二項觀之，受贈與人未成為代位繼承人以前已受特種贈與，則不應受歸扣；反之，如受贈與人已成為代位繼承人以後，始受特種贈與者，則方受歸扣。換言之，被代位人死亡或喪失繼承權以前，代位繼承人已受特種贈與者，被繼承人對受贈與人（代位繼承人），並不以應繼分前付之意思而為特種贈與，自無須歸扣，但如代位繼承人在被代位人死亡或喪失繼承權以後，始受特種贈與者，被繼承人則已有應繼分前付之意思，自應受歸扣。至於法民法（八四六條）則以繼承開始時為準，決定應否受歸扣。詳言之，凡在繼承開始以前，不問被代位人或代位繼承人已受特種贈與者，皆負歸扣義務，而注重共同繼承人間之相對的公平（請參照瑞民六二七條）。特種贈與雖為應繼分之前付，但受特種贈與人所以應負歸扣義務（民一一七三條），主要目的乃在於共同繼承人間遺產分割之公平。故本人贊成法民法之立法意旨，而以為：只要受有特種贈與者，不問共同繼承人、代位繼承時之被代位人抑或代位繼承人，均應負歸扣義務。惟如所受特種贈與額過鉅，而侵害其他共同繼承人之特留分時，亦應讓其他共同繼承人（特留分權利人）得行使扣減權，以謀共同繼承人間之相對的公平始可。

⑶特種贈與附有被繼承人免除歸扣意思表示者，依民法第一一七三條第一項但書規定，則無須歸扣。申言之，被繼承人所為特種贈與，而附有免除歸扣之意思表示，則此一意思表示應受尊重，始能符合於被繼承人之意思。惟如該特種贈與因免除歸扣，而侵害共同繼承之特留分權利人之特留分時，是否亦應讓特留分權利人行使扣減權，以謀最低限度保障之救濟？

本人以為：免除歸扣，雖為被繼承人之遺志而值得尊重，但共同繼承人間之公平，亦不應予忽略。況且縱免除歸扣，亦不能完全無視被繼承人意思，而使不侵害特留分權利人之特留分部分，免除歸扣意思表示仍屬有效。即僅侵害特留分部分，始讓特留分權利人可行使扣減權而已。至於被繼承人免除歸扣之意思表示雖應受尊重，但如其意思表示偏重於特定繼承人之保護，並不考慮繼承人間公平，甚且侵害共同繼承人之特留分者，恐或有違於被繼承人為人之常情。尤其共同繼承人既應有其特留分，而特留分為不可侵害之繼承分，又是特留分權利人最低限度之保障，故縱有被繼承人免除歸扣之意思表示，而其意思表示又違反強行規定，於實行免除歸扣時，則應注意及之，始謂妥當。於是，特種贈與如附有免除歸扣意思表示者，仍須一旦歸扣後，查明特留分權利人之特留分是否受侵害，如受侵害，則縱有免除歸扣之意思表示，亦應准特留分權利人可行使扣減權。惟如共同繼承人之特留分未受侵害者，則應尊重被繼承人意思，該特種贈與就免負歸扣之義務。茲舉例敘述之：甲曾對其長子 A 為四萬特種贈與，且附有免除歸扣之意思表示，惟於死亡時，則有遺產二〇〇萬元，由其子 A、B、C 三人共同繼承。是時對 A 所為特種贈與四萬元，仍應歸入於二〇〇萬元中而應繼財產為二〇四萬元，故 A、B、C 之應繼分各六八萬，特留分各三四萬元，而現有遺產二〇〇萬元，A、B、C 各人特留分，並不因特種贈與附有免除歸扣之意思表示而受影響。故 A、B、C 各可獲二〇〇萬中之應繼分外，A 可多獲四萬之特種贈與，即 A 可「獨享」四萬元，而 B、C 並無「分享」之權。惟如 A 所獲特種贈與為二〇〇萬元又附免除歸扣之意思表示，而甲所留遺產為四萬時，B、C 特留分則顯受侵害。因二〇〇萬元特種贈與之歸入，是時應繼財產為二〇四萬（四加二〇〇等於二〇四），A、B、C 各人應繼分為六八萬，特留分各為三四萬元。而就現有遺產四萬元，A 固不能過問，自應由 B、C 各分得二萬元，隨即 B、C 特留分各受三二萬元（三四減二等於三二）之侵害，而各可向 A 行使三二萬元之扣減權。要之，如不作如上安排，則被繼承人作特種贈與後，隨便附有免除歸扣之意思表示，則共同繼承人或有無從取得任何繼承財產之可能。不唯有失共同繼承人間之相對的公平，甚且與特種贈與歸扣目的相反。蓋特種贈與歸扣，是被繼承人生前自由處分之限制，而以謀求共同繼承人遺產分割公平為其目的。甚且是時，立法者尚有其他共同繼承人亦應有特留分權之觀念(已如上述)，故如不顧其他共同繼承人之特留分，而任被繼承人隨時就其所為特種贈與附有免除歸扣之意思表示，則特留分規定等於虛設，有時或恐有違被繼承人為人之常情。

六、結　論

在法定繼承原則下，被繼承人生前，就其財產，固有其自由處分之權限，然如被繼承人在其生存中，因結婚、分居、營業，而對繼承人所為贈與，民法（一一七三條）稱為特種贈與，而令其應行歸扣。要之，歸扣制度，一方面是被繼承人生前自由處分之限制，他方面因特種贈與額須歸入於現有遺產中為應繼財產，而由共同繼承人平均繼承，是以共同繼承人遺產分割公平為其目的者。歸扣制度之有如此性格，不唯在法制史上如此，於比較法上亦然，均已見上述。惟如特種贈與過鉅，則縱為歸扣，不受特種贈與之其他共同繼承人，從現有遺產，或有無法取得任何遺產之可能。果如此，則焉能達到謀求共同繼承人間相對的公平之目的。於是，為達此目的，除歸扣制度外，尚有另作考慮之必要。

我民法繼承編，除以法定繼承為原則外，例外的尚承認遺囑自由，而以「特留分」為該自由之限制（民一一八七條)。民法第一二二三條以配偶及在法定繼承順序上之各種繼承人，均有一定特留分，且為避免特留分被侵害，又准許特留分權利人得行使扣減權（民一二二五條)，以之保障其為最低限額繼承分之特留分。惟此一公平原則維持之理想，是否僅限於被繼承人死後處分時，始有作此考慮之必要，反之，對被繼承人生前處分，除以歸扣制度謀求共同繼承人間之公平外，別無他途可作考慮。詳言之，因在法定繼承原則下，被繼承人生前，就其財產，固可自由處分，已如上屢述，故除以特種贈與歸扣，可謀共同繼承人間遺產分割之公平外，無法又無從考慮他途，以之謀求共同繼承人間之公平。於是，民法立法者，乃令其為被繼承人生前自由處分之特種贈與應行歸扣，是時，受特種贈與之繼承人，雖可「獨享」特種贈與（請參照民一一七三條：由該繼承人應繼分扣除特種贈與額），但不受特種贈與之其他共同繼承人，因就歸入特種贈與額之應繼財產，參加共同繼承，即可「分享」歸扣之利益，是時則有考慮共同繼承人間公平之必要。詳言之，不受特種贈與之其他共同繼承人，雖對因歸扣所得利益，既可「分享」，但其「分享」理應有一定限制，始謂正當。於是，限制被繼承人遺囑處分之「特留分」制度，是時則值得考慮。特留分既為特留分權利人最低限度之保障，故不受特種贈與之其他共同繼承人所能「分享」部分，則理應以特留分為限度，自無不當。由受特種贈與之繼承人言，如特種贈與額不足應繼分者，則可繼續由遺產受分配；如與應繼分相等，則不能再受分配則理所當然；至於特種贈與額過鉅，則受特種贈與之繼承人，不唯可滿足其應繼分，且因「獨享」特種贈與，以致其他共同繼承人不能保障其特留分時，則不准受特種贈與人「獨享」，反應許其他共同繼承人可行使扣減權，以之保護其特留分，始能達到共同繼承人間相對的公平之理想。

茲須注意者，因特種贈與，係在被繼承人生存中，業已贈與於繼承人者，而與遺贈或應繼分之指定等，標的物尚在遺產中者不同。故於後者，特留分權利人為保護其特留分所能行使之扣減權，即僅拒絕交付標的物即可（消極作用），但於前者場合，不受特種贈與之其他共同繼承人（即特留分權利人）要行使扣減權，則須對曾受特種贈與之既得權人行使不可，故在此場合之扣減權之行使，應有積極作用，且有一定時間之限制，已如上述。特種贈與為既得權，其既定法律秩序自應受保重，惟如特種贈與過鉅，甚且或有被繼承人免除歸扣之意思表示，但共同繼承人間相對的公平理想亦不能忽略。且世人都有想將遺產留給子孫之常情，故特種贈與過鉅，以致同為子孫之共同繼承人，無從取得遺產，則是否違反人之常情。要之，特種贈與過鉅時，既得權之保護，則不如謀求共同繼承人間相對的公平理想之實現為重要。

民法為達此共同繼承人間之相對的公平之理想，則設有「歸扣」與「扣減」兩制度，值得注目。詳言之，民法為限制被繼承人生前自由處分，而於其第一一七三條規定：特種贈與應行歸扣，終極的以求共同繼承人間之公平為其目的。惟民法為限制遺囑處分，另設有特留分制度，且以扣減權之行使，讓特留分權利人能確保其特留分。僅從表面看，此兩制度成立動機與目的各不相同，甚且係各自獨立之制度，即一係對付被繼承人之生前處分者，他係對付被繼承人之死後處分之方法，但依據上述己見，對被繼承人生前處分也好，對死後處分也好，均應以謀求共同繼承人間之相對的公平為其理想，而以「歸扣」與「扣減」此兩種制度，始能達此理想之目的。要之，「歸扣」與「扣減」，其立法目的雖異，但對共同繼承人間相對的公平理想之實現，則協力無間而無隙可擊。

特種贈與與遺贈，雖有被繼承人生前處分行為與死後處分行為之別，但均是無償取得行為，則無兩樣。是時，立法者則對後者，有「特留分」及「扣減權」之保護，而於前者則無之，顯係立法不當。如對被繼承人之死後處分，而繼承人既受如此保護，在立法政策上，則對其生前處分，其他共同繼承人亦應有同樣保護，始謂正當。要之，民法上「歸扣」（民一〇七三條）與「扣減」（民一二二五條），同以維持共同繼承人之間相對的公平，為其目的者。

七、關於特種贈與之歸扣與扣減之學說及實務見解

如前所述，因生前特種贈與致歸扣義務人之特種贈與價額多於應繼分，甚至侵害他繼承人之特留分者，為謀求共同繼承人間之公平，應否將超過應繼分部分為返還，特留分權利人得否行使扣減權？立法上可資討論。惟就現行法之適用，謹就學說及實務見解說明如次：

㈠特種贈與價額少於應繼分者，該繼承人自可再受分配，以滿足其應繼分，固無問題。惟如多於應繼分者，該繼承人應否就超過應繼分為返還（補出）？法無明文。學說則有肯定與否定之不同。肯定說認為若不由該繼承人補出，他繼承人之應繼分即有不足，與各繼承人按應繼分平等受遺產上權利之原則不能貫徹。惟由該繼承人補出，尚無明文可據，多數說及實務見解（最高法院九〇年度台上字二四六〇號判決）即採否定說，認該繼承人無庸就超過應繼分部分為價額之返還，但其亦不得再受分配。

㈡特種贈與如侵害他繼承人之特留分者，固有認為特留分權利人得行使扣減權者。惟特留分受侵害，權利人行使扣減權之標的，除民法第一二二五條規定之遺贈外，依通說應繼分之指定及遺產分割之指定，亦為扣減之標的，依多數說死因贈與亦應為扣減之標的，其均為死後處分，其與特種贈與為生前處分者，有所不同。故多數說採否定見解，認特種贈與不為扣減之標的，實務見解亦同（司法院院字七四三、二三六四號解釋，最高法院二五年上字六六〇號、四八年台上字三七一號及五一年台上一四一六號判決先例）。

第六目　分割之效力

一、分割之創設的（移轉的）效力

1. 共同繼承人，在遺產分割以後，就其分得之部分，始成為單獨的所有人。惟分割效力，究應自何時開始，立法例上，有兩種不同的主義。一曰宣言（認定）主義，即各共同繼承人因分割所得財產，被視為自繼承開始時，已歸諸各繼承人之單獨所有。換言之，分割有宣言的或認定的效力(effect déclaratif)之謂，是為法國民法（八八三條）所採取之主義，日本民法（九〇九條）從之。二曰創設（移轉）主義，即以遺產分割，為繼承人應有部分之互相移轉，故須俟遺產分割後，各繼承人就分得之財產，始能取得單獨所有權。換言之，遺產分割具有創設的或移轉的效力(effect attriputif, effect translatif)之謂，為德國民法（二〇三三條二項）所採取，瑞士民法（六〇二條二項）倣之。

2. 上舉兩種立法主義，各有利弊，即宣言主義較能符合繼承之本質，而認各繼承人分得之財產，皆直接繼承於被繼承人，並非繼受於其他繼承人，但對交易安全之保護，則值得考慮。至於創設主義，則將遺產分割，視為繼承人應繼分之交互移轉，此主義雖不符合繼承之實質，但因繼承人，在遺產分割前，就遺產既為公同共有關係（民一一五一條），則關於遺產分割之效力，即採創設主義，以保護交易安全。我民法（八二五條）就一般共有（分別共有）物之分割，採取創設主義法制，令各共有人，對他共有人因分割所得之物，按其應有部分，負與出賣人同一之擔保責任，此於公

同共有物之分割亦然（民八三〇條二項）。共同繼承在遺產分割前，既為公同共有關係，故民法修改時，關於遺產分割之效力，改採創設主義法制，而將採取宣言主義之民法第一一六七條條文予以刪除，並非不當，反而適合於「共同繼承為公同共有」之意旨[129]。

3.民法雖以共同繼承為公同共有關係，但非如固有法上家產之公同共有有其自己目的，民法第一一六四條本文明定「繼承人得隨時請求分割遺產」，於是，在分割自由原則下之遺產分割，或在被繼承人以遺囑禁止分割（民一一六五條二項），或因共同繼承人以契約禁止分割（民一一六四條但書），或繼承人選任管理人而不分割，即縱公同共有關係繼續一段長時間後，始行分割，其分割均有創設之效力。

4.共同繼承在遺產分割前，為公同共有，繼承人雖各有應繼分，但其應繼分係潛在的、不確定的，而有互相增添權的性質，並無物權的性質之可言，故共同繼承人，不能單獨有所處分（民八二八條三項）；第三人就遺產，亦不能由繼承人中之任何一人取得權利。要之，公同共有關係，對社會交易安全頗成阻礙，而必俟遺產分割後，公同共有關係之拘束，始能解除。

二、共同繼承人應互負擔保責任

㈠總　說

關於遺產分割之效力，我民法已刪除第一一六七條之規定，不採宣言主義，而留下民法第一一六八條至第一一七一條條文，由此可見，民法關於遺產分割之效力，顯採創設主義之立法無疑。詳言之，為顧慮各繼承人間遺產分割之公平，民法第一一六八條規定（請參照民八二五條），各共同繼承人，對於其他繼承人，應負與出賣人同一之擔保責任；復為各繼承人的利益均衡，就因分割所得債權，特使各繼承人擔保債務人之支付能力（民

---

[129] 胡著一三〇頁以下；李著五九～六〇頁；陳著一四一～一四二頁。
中川編註釋上二〇三頁；中川監註解一四三頁以下；近藤著《獨逸民法 V》一二一頁以下；原田著〈日本民法相續編の史的素描〉《法學協會雜誌》六〇卷三號四三頁以下；Ripert, *Traité él émentaire de droit civil de Marcel Planiol* III, 3éd，就此二主義，有詳細比較與說明，可資參考。

一一六九條）。而民法上開二條文，在創設主義立法下，係理所當然之規定[130]。茲將共同繼承人應互負擔保責任事項，分為「追奪及瑕疵擔保責任」與「債務人資力擔保責任」敘述之。

㈡追奪及瑕疵擔保責任

1. 民法關於遺產分割效力既採創設主義之立法，故於第一一六八條明文規定：遺產分割後，各繼承人按其所得部分，對於他繼承人因分割而得之遺產，負與出賣人同一之擔保責任（請參照德民二〇四二條二項、七五七條；瑞民六三七條一項；法民八八四條；日民九一一條），乃理所當然。

2. 所謂出賣人之擔保責任，其種類有二：一曰追奪擔保責任（即權利瑕疵擔保責任），民法第三四九條、三五〇條所規定者是；二曰物之瑕疵擔保責任，民法第三五四條規定者是。

3. 繼承人因分割所得之物或權利之全部或一部，在分割前已屬於他人（民三四九條、三五〇條）；物或權利之數量不足或有其他瑕疵者（民三五四條），其他繼承人在法律上，應負擔保之責，以期繼承人間之公平。此時，初不問其分割係依被繼承人之遺囑（直接或間接指定），或因繼承人間之協議，或因法院之判決，均有民法第一一六八條之適用[131]。擔保責任成立要件之原因事實，是否應限於繼承開始前存在，或就繼承開始後分割完畢前所發生之事實，始應負擔保責任，我民法上並無明文之規定。日舊民法繼承編（一〇一三條），以明文肯定應限於繼承前已存在者（法民法八八四條同），而學者多訾議之（日民九一一條已無此限制）[132]。在我民法解釋上，

---

[130] 在被刪除之民法第一一六七條採取宣言主義之立法下，雖仍有民法第一一六八條、一一六九條之規定，但為繼承人間遺產分割之公平，不得不有繼承人應互負擔保責任及擔保債務人支付能力之規定（請參照民八八四條；日民九一一條、九一二條）。請參照中川編註釋上二一五、二二一頁；中川監註解一四九頁以下。

[131] 贊成說：胡著一三六頁；李著六一頁；戴合著一五五頁；陳著一四四頁；中川編註釋上二一七頁。

反對說：羅著一二五頁：法院分割判決，有既判力。

[132] 中川編註釋上二一五頁以下；中川監註解一四九頁；近藤著下六一五頁。

為期公平起見，似無庸予以限制[133]。

4.出賣人擔保責任之內容，依民法債編之規定有三：即一為損害賠償請求權；二為價金減少請求權；三為契約解除權。惟關於遺產分割效力，我民法已不採宣言主義，且為遺產分割之公平，而留下創設主義之規定（民一一六八條至一一七一條），即承認遺產在分割前，係繼承人之公同共有，故不問何時分割遺產，分割效力均不溯及既往，即自分割時起，方發生分割之效力。於是，為實現遺產分割之公平，繼承人可行使上列三種請求權[134]，茲分述如次：①損害賠償請求權：因分割所得之物或權利之全部或一部已屬於他人（民三四九條）；分得之物數量不足；分得財產上有第三人用益權之限制；或因抵押權之實行而喪失所有權；或分得物上有瑕疵時，該分得人得對其他繼承人，請求因此所生之損害賠償（民三五三條、三六〇條）。②價金減少請求權：共同繼承中一人所分得之財產，少於其他繼承人時，得對其他繼承人，請求相當該不足部分的價金。③契約解除權：在此時，所謂契約解除權，係指再分割請求權而言。惟解除契約顯失公平者，則僅得請求減少價金（民三五九條）。

---

[133] 范著一三四頁；李著六一頁；羅著一二六頁；戴合著一五五頁；陳著一四五頁。

[134] 出賣人之擔保責任之內容有三種；已如本文所述。在民法修改前，即遺產分割有溯及效力之情形下，自應無契約，更無所謂價金（胡著一三五頁），但尚有學者（羅著一二三頁以下；范著一三二頁以下；李著六一頁以下）以為：如共同繼承財產經限制分割以後，始行分割者，則為公同共有財產之分割，是時，分割已無溯及效力，自應從創設主義，故上舉三種請求權均可行使。至於一時的狀態之共同繼承財產分割時，①如被繼承人定有分割方法者，因民法欲實現繼承人直接繼承被繼承人遺產之意旨，且尊重被繼承人意思，故無庸特別賦予繼承人再分割請求權；②由受委託之第三人定分割方法者，或共同繼承人協議定分割方法者，應解釋除了損害賠償請求權外，尚可請求再分割或請求補償相當的價金；③由法院判決分割時，因判決有既判力，似僅有損害賠償請求權可得行使（請參照陳著一四五頁）。在宣言主義下，關於與出賣負同一擔保責任之問題，請參照戴著一三五、一三六頁；中川編註釋上二一六頁以下；中川監註解一五〇～一五一頁；我妻、立石著四五七頁；近藤著下六一七頁；川島著一六九頁；柚木著二二七頁。

5. 民法第一一六八條既明定按其所得部分，負擔保責任，自應依其所得分額（日民九一一條規定為應繼分）負責任即可（民一一六八條）。

㈢債務人資力之擔保責任

1. 民法第一一六九條規定：遺產分割後，各繼承人按其所得部分，對於其他繼承人因分割而得之債權，就遺產分割時之債務人支付能力，負擔保之責。此為瑞士民法（六三七條）及日本民法之所同，其性質為法定擔保責任[135]，當事人間無庸另有約定。原來，債權之出賣人對買受人，僅擔保該債權之存在為已足（民三五〇條），非契約另有訂定，對於債務人之支付能力，並不負擔保責任（民三五二條）。蓋於債權買賣，買受人概視債務人資力而訂其價金，且有承受危險之意思故也。惟因遺產分割，尚須考慮繼承人間之公平，故民法第一一六九條第一項規定自非無理[136]。至於，此債權是否包括有價證券上之債權，我民法並無明文規定，但瑞士民法（六三七條二項）則將有市價之有價證券上之債權除外。日本民法亦無明文，而日學者然之。甚至於股票之買賣，出賣人亦無庸就公司之資力負擔保責任[137]。因此，關於此點，我民法縱作同一解釋，似無不可。

2. 此擔保責任之時期如何，亦有加以考慮之必要。申言之，民法第一一六九條第一項所規定之債權，自係指未附停止條件之債權、已屆清償期之債權，以及未定期限之債權而言，故就此債權，則應擔保遺產分割時之債務人支付能力。蓋未附停止條件及已屆清償期之債權，原應立即行使；不定期限之債權，債權人隨時可以請求清償故也（民三二五條）。換言之，遺產分割時，如繼承人分得此等債權，雖不難於分割後立可行使其權利，惟為分割公平，民法第一一六九條第一項，仍令其他繼承人，就分割時之債務人支付能力，負擔保責任。至於繼承人分得之債權，為附有停止條件，或未到期之債權時，則如何？此等債權，必俟條件成就，或清償期屆至，始能請求履行，故民法第一一六九條第二項乃要求其他繼承人，應就清償

[135] 請參照史著二三二頁；胡著一三八頁。

[136] 中川編註釋上二二〇頁：無分「可分債權」與「不可分債權」之必要。

[137] 近藤著下六二二頁；中川編註釋上二二〇頁。

時之債務人支付能力，負擔保責任，理所當然。

3.擔保責任，亦應以各繼承人所得部分為限度（日民九一一條規定為應繼分），自屬當然。

三、擔保責任之分擔及加重、減免

1.遺產分割時，各繼承人就其他繼承人分得財產，應按其所得部分，負追奪、瑕疵及債務人支付能力之擔保責任，乃民法所明定。如應負擔保責任之繼承人，其資力足以償還所擔保之損失，自無問題，但其中或有資力不足，或全部無資力，而不能償還其分擔額時，其不能償還之部分，應由何人負擔，理應有所交代，始謂妥善。於是，民法第一一七〇條乃規定：其不能償還之部分，由有請求權之繼承人與他繼承人，按其所得部分比例分擔之（日民九一三條規定為應繼分[138]）。例如：共同繼承人有 A、B、C 三人，A 因分得財產有瑕疵而有一五萬元之損失，A 自可向 B、C 各請求五萬元之損害賠償。此時，如 C 全無資力償還五萬元，則由 A 與 B，按其所得部分，各分擔二・五萬元，故 A 可向 B 請求七・五萬元。至於 B 亦無資力時，A 則無可奈何。惟 B、C 既分得無瑕疵之財產，則除非受破產宣告外，則應無「全無資力」之情形可言，且縱 B、C 受破產宣告，A 亦得以普通債權人資格參與分配，始謂正當。

2.就上舉擔保責任，共同繼承人能否另行訂定其相互間之擔保責任範圍（例如：加重、限制或免除）？又被繼承人能否以遺囑排除法定擔保責任之規定？關於此二問題，我民法均乏明文規定。惟我國學者或有主張：關於繼承人擔保責任之規定，無庸解釋為強制規定（羅著一三一頁：解釋為強制規定，隨而繼承人間不能任意訂定關於擔保責任之契約），故繼承人得訂定關於擔保責任之加重、減輕或免除等特約，是時，自可準用民法第三六六條有關出賣人之免除或限制擔保義務特約之規定（請參照日民五七二條[139]）。至於被繼承人能否以遺囑排除法定擔保責任規定之適用，因被繼承

[138] 日本學者亦有以為：按應繼分負擔保責任，為不合理。請參照中川編註釋上二一八頁；史著二三三頁註。

[139] 戴著一三八頁；胡著一三九頁（註八）；陳著一四八頁。

人既有以遺囑為應繼分指定之自由，從而繼承人間之擔保責任，自無不許被繼承人以遺囑排除其適用之理由（日民九一四條已作肯定之明文規定）。不過，被繼承人表示排除之意思，須以遺囑為之，又須以不違反特留分之規定為要件。如違反前者，當即無效；如違反後者，則於被侵害限度內，應允許特留分權利人行使扣減權[140]。

四、連帶債務責任之免除

1.被繼承人之債務，既為共同繼承人之公同共有，自應由繼承人一起負連帶責任（民一一五三條），固不待言。於是，須先由遺產返還繼承債務，如遺產不足清償，原則上始由繼承人之固有財產負無限的清償責任；惟於九八年六月十二日後繼承人僅須以繼承所得遺產為限，負清償繼承債務之責任。詳言之，此時，不問其為繼承債務，或因管理遺產所生之債務，於遺產分割時，並先予清償，如清償期未到或有爭執者，亦應保留其數額（請參照德民二〇四六條一項；民六九七條一項），然後始可將賸餘財產，分配於各繼承人（請參照德民二〇四七條一項）。

2.惟我民法關於遺產債務之清償，並未作如合夥清算之規定（民六九七條一項），反而允許繼承人無庸先行清償繼承債務，而得逕行分割遺產（請參照民一一七一條一項）。於是，於遺產分割時，繼承債務雖未清償，但共同繼承人仍得約定，將該債務以特約劃歸由特定的繼承人承受，或按應繼分而由各繼承人分擔。但此係債務之處分，故須經債權人同意，繼承人不得擅自決定。如債權人同意，各繼承人始可免除連帶責任（民一一七一條一項）（三八年台上一七四號），而與債務承擔時，須經債權人承認，始對債權人發生效力者，正屬相同（民三〇一條）。至於「同意」，則須繼承人

[140] 擔保責任之免除，固非民法第一二二五條所規定之「遺贈」受扣減，但理論上，仍與「特種贈與之免受歸扣者」，應作同一解釋，始謂正當。否則特留分權利人之特留分，將隨時受到損害，而喪失特留分為最低度保障之特色。故本人於特留分有受侵害之可能性時，例如：被繼承人以遺囑指定應繼分時，被繼承人以遺囑直接或間接指定分割方法時，特種贈與與附有免除歸扣之特種贈與者，一律解釋特留分權利人在其受侵害範圍內得行使扣減權，以保障其特留分權利人之權益。

先行通知遺產分割，繼承債權人始為承認而後可。故分割後未為通知；或雖通知但債權人未予承認（同意）；抑或債權人逕為反對之意思表示者，則無適用本條項規定之餘地。

3.遺產一經分割，公同共有關係（民一一五一條），亦應即消滅，但因民法第一一七一條准共同繼承人，不先行清償繼承債務，亦可分割遺產，故在遺產分割後，繼承人對繼承債務，除得債權人同意外，仍應負連帶責任（民一一五三條一項），已如上述。至於共同繼承人就繼承債務，須負連帶責任，乃係因共同繼承關係為公同共有關係之故，而其有利於債權人，固不待言。然公同共有關係，既因遺產分割而終止，故除得繼承債權人同意，繼承債務已變為特定繼承人之單獨債務，或各繼承人之分割債務者外，並無永久拘束繼承人，使其負連帶責任之必要。於是，如繼承債務已屆清償期，而繼承債權人不即請求清償，則顯為怠於權利之行使，繼承債權人縱未明白表示同意：繼承債務可由特定繼承人承受，或由各繼承人分擔，各共同繼承人亦不必再負連帶責任，以保護繼承人，始謂合情合理。於是，民法第一一七一條第二項乃規定：繼承人之連帶責任，自分割時起；如債權清償期在遺產分割後者，自清償期屆滿時起，經五年而消滅。即民法區別清償期之屆至係在遺產分割之前者，自遺產分割時起算；如在其後者，則自清償期屆至時起算，其立法自非不當。至於五年期間，為法定期間（即除斥期間），而非時效期間[141]。

第二節　繼承人之限定責任、拋棄繼承及法定單純承認

第一項　總　說

第一款　繼承之態樣

[141] 贊成說：戴著一三九頁；反對說：胡著一四一頁（消滅時效說）。

繼承一經開始，被繼承人財產上之一切權利義務，依法律規定當然移轉於繼承人，不必另為意思表示，且係權利義務包括之承繼，更無須各別地履踐移轉之手續，是為當然繼承主義（民一一四八條一項）。惟在沿革上，羅馬法係採取承認繼承主義，即繼承財產並不因被繼承人之死亡而當然歸屬於繼承人，須俟繼承人為承認繼承人意思表示後，始發生歸屬之效力；至於繼承之拋棄，則僅為不予以承認之消極的意思表示而已。日耳曼固有法則採取當然繼承主義，繼承財產之歸屬繼承人，乃當然的，不必繼承人之為意思表示[142]。

我民法固採當然繼承主義，但關於繼承之範圍既僅限於遺產，即僅為財產上權利義務之繼承而已，故關於繼承之權利，與其他之權利同，不能強人以取得，自得拋棄之，而關於繼承之義務，亦無強令其負擔之理。從而，立法上即許繼承人有選擇之自由。我民法於九八年六月十日修正公布前之舊法許繼承人就繼承之單純承認、限定承認及繼承拋棄之三種態樣中，任意選擇其一[143]。新法之更張，另如後述。

我國舊制，以宗祧繼承為主，既為宗嗣，即不允其廢除；且有「父債子還」之慣例，子對於其父生前所負之債務，應負無限責任。前大理院判例仍沿襲之（四年上字二二一號、四年上字二六九號、八年上字一三一二號）。現行民法繼受歐陸近代法律思想，確立個人獨立人格之觀念，以舊制度責繼承人以無限之負擔，對於繼承人未免束縛過甚，且無視個人之意思，強制其繼承權利義務，亦屬不可，乃推翻舊有之習慣，明認繼承人就繼承之單純承認、限定承認或拋棄，有選擇之權。按繼承人對被繼承人債務之責任，若限於以繼承財產為範圍，則僅採取繼承之單純承認與拋棄之兩種

---

[142] 參照陳著一五一頁。

[143] 外國立法例，有認許為單純承認、限定承認及拋棄繼承者，如日本民法（九一五條）、法國民法（七七四條、七八四條）。有僅許為單純承認，或於繼承開始後拒絕承受遺產者，如瑞士民法（五六六條以下）。有許單純承認；或於繼承開始後拒絕繼承；或於繼承開始前，依繼承拋棄契約 (Erbverzichtsvertrag) 拋棄繼承權者，如德國民法（一九四二條、一九四三條、二三四六條以下）是。

為已足；倘以繼承人須就被繼承人之債務負無限責任時，為減輕繼承人之負擔，尚另有採取限定承認制度之必要。

如前所述，繼承之態樣有三，即單純承認、限定承認及拋棄繼承。此三者，因遺產狀況之不同而各有其優點：如遺產狀況良好，或積極財產多而消極財產少，自以單純承認對繼承人為有利；如遺產狀況尚屬中平，或繼承開始以後，被繼承人所遺之積極財產是否足供清償債務，無法確知時，繼承人以限定承認較為有利，若然，繼承人僅以遺產為限度，償還被繼承人債務，其既無受損失之虞，而如有剩餘遺產，其仍可取得；反之，如遺產狀況不佳，或積極財產少而消極財產多，對繼承人言，以拋棄繼承為宜。

復次，繼承人為單純承認，或限定承認，或拋棄繼承，有其選擇權，任憑其自由選擇，此民法所賦與之權利，應解為被繼承人不得以遺囑限制或干涉之[144][145]。惟為保護弱勢繼承人，九七年一月二日修正公布之規定，保護無行為能力人或限制行為能力人，使其對繼承債務以遺產為限負有限責任，但仍以單純承認為本則，限定繼承及拋棄繼承為例外；但九八年六月十日修正公布之新法，則改為全面之限定繼承，即繼承人就繼承債務僅

[144] 參照史著二四三頁，胡著八九頁註三，戴著繼承九一頁，谷口編注民(25)四五二頁。

[145] 依臺灣地區與大陸地區人民關係條例第六六條第一項規定：「大陸地區人民繼承臺灣地區人民之遺產，應於繼承開始起三年內以書面向被繼承人住所地之法院為繼承之表示；逾期視為拋棄其繼承權。」則如有繼承人為大陸地區人民時，須於三年之法定期間內積極為繼承之表示（依該條例施行細則五九條之規定，須檢具聲請書、被繼承人死亡時之除戶戶籍謄本及繼承系統表，符合繼承人身分之證明文件，向管轄法院為繼承之表示），繼承之效力，始對其發生；否則應視為其拋棄繼承，自繼承開始時即不為繼承人。此為特別規定，有此情事時，應先於民法而適用之，固不待言；惟該條文所謂「繼承之表示」，應係指「承認」繼承之表示，從而應包括單純承認之表示及限定承認之表示；易言之，該繼承人得選擇為單純承認之表示或限定承認之表示 。 惟新法以限定責任為本則，於九八年六月一二日生效後，此所謂「繼承之表示」，似應指不拋棄繼承而為限定責任之表示，其雖包括繼承遺產，但對繼承債務僅負有限責任，並有不拋棄繼承之效果。

就遺產負責，惟繼承人仍得選擇為繼承之拋棄。即依新法，繼承態樣已有所更張，尚待深入之分析。

第二款　新法施行後之繼承態樣

新法於九八年六月十日修正公布，即新法自九八年六月十二日起發生效力。依新法，於第一一四八條第二項明定：「繼承人對於被繼承人之債務，以因繼承所得遺產為限，負清償責任。」即繼承開始時，繼承人當然繼承被繼承人非專屬性之權利義務，但僅以遺產為限對繼承債權人負責，其固有財產不因繼承影響，此即舊法之限定繼承，但舊法之限定繼承為法定要式行為，須於法定期間內向法院為呈報（舊法一一五六條），但如上所述，新法無庸繼承人為意思表示，即當然發生限定繼承之效力，僅須以遺產為限對繼承債務負責，且將第二章第二節「限定之繼承」之節名刪除，即新法雖以限定繼承為本則，但法典上已無此一用語，如何之名稱始為確切，不無困難[146]。參考此次之修正草案總說明及修正理由稱之為繼承人負限定責任，為便宜計，似宜稱為繼承人之限定責任。法務部九九年十二月出版之《民法親屬、繼承編》於再版例言中亦謂：「修正後之繼承限定責任更是我國所獨創」。

新法仍維持拋棄繼承之規定，繼承人得自知悉其得繼承之時起三個月內，以書面向法院為之（民一一七四條），經拋棄繼承者，溯及繼承開始時發生效力（民一一七五條），自始不為繼承人。易言之，繼承開始後，繼承

---

[146] 對於新法第一一四八條第二項明定繼承人對繼承債務僅以遺產為限負清償責任，並刪除限定繼承之節名後，就繼承之本則之用語，有稱之為「法定繼承」或「法定繼承有限責任」者，亦有稱為「概括繼承有限責任」者。惟法定繼承乃有別於遺囑繼承，概括繼承則與個別繼承不同，有限責任又有物的有限責任與量的有限責任之分；而繼承態樣為繼承主體之決定，概括繼承為繼承客體（標的）之問題。是上開各種名稱，似非允當。按繼承標的與繼承態樣（繼承之承認或拋棄）為不同之概念，新法如將第一一四八條第二項放置於第一一五四條之中，限定繼承之節名原可不必刪除，新法既不以限定繼承為意思表示，繼承人即無庸為選擇，則以限定繼承為繼承本則，至為明確，而無用語上之困擾。

人得選擇拋棄繼承，即依其意思表示，而與繼承立於無關係之地位。

舊法雖以單純承認之繼承為本則，但無此一用語，惟多數說及實務見解（五二年台上字四五一號判例），均承認之，並分其型能為二，一為「一般單純承認」，為不要式之意思表示，明示或默示在所不問，另一為「法定單純承認」，於有民法第一一六三條所列各款情事之一者，繼承人不得主張限定繼承之利益，即視為單純承認，而為法定單純承認。[147]新法既以繼承人就繼承債務負限定責任為本則，對繼承人為有利，似已無必要再承認遺產與繼承人固有財產混合，對繼承債務負無限責任之一般單純承認。惟新法第一一六三條之規定依舊，僅將「不得主張第一一五四條所定之利益」修正為「不得主張第一一四八條第二項所定之利益」而已，則繼承人如有第一一六三條所列三款不正行為時，有無以之為法定單純承認繼承人之必要？似待分析。按新法仍有拋棄繼承之規定，而繼承人如有該條所列各款情事之一時，是否仍得為繼承之拋棄？不無疑問。依通說，此為強制該繼承人無限繼承，即繼承效力依法對繼承人無限制發生，不許其為繼承拋棄[148]。若然，有此情事之繼承人既確定對繼承債務負無限責任，而與僅負限定責任之情形有別，似宜認為其為法定單純承認之繼承人。易言之，依新法雖無一般單純承認之繼承，但仍應有法定單純承認之繼承。

綜上說明，新法施行後，其繼承態樣有三：㈠限定責任——於繼承開始時當然發生此效力，繼承人對繼承債務僅以遺產為限，負有限責任。此為繼承之本則，與繼承人之意思表示無涉。㈡法定單純承認——此為法定效果，於繼承人有民法第一一六三條所列三款情形之一時，強制其對繼承債務負無限責任，除遺產外，其固有財產亦對繼承債權人負清償責任。㈢拋棄繼承——為法定要式行為，繼承人須於知悉其得繼承之時起三個月內，以書面向法院為之，其效力乃自始不為繼承人。

---

[147] 參照陳棋炎、黃宗樂、郭振恭著《民法繼承新論》，一八五～一九四頁，三民，二〇〇九年三月。

[148] 同前註一八八頁。

第三款　繼承財產之管理

因繼承之開始，繼承財產固當然歸屬於繼承人，但因繼承人於法定期間內對繼承之拋棄有選擇之自由，則在繼承人拋棄之前，繼承關係尚未具體確定，即發生繼承財產管理之問題。

繼承財產之歸屬，於具體確定前，為避免其毀損、滅失，致造成終局之繼承人、繼承債權人、受遺贈人及其他利害關係人之損害，即有暫定管理人之必要。在當然繼承主義之下，由繼承人管理繼承財產，自為妥適之方法[149]。從而繼承人於拋棄繼承之前，自有管理繼承財產之義務，民法第一一七六條之一即規定，拋棄繼承權者，就其所管理之遺產，於其他繼承人或遺產管理人開始管理前，應與處理自己事務為同一之注意，繼續管理之。

繼承人之管理繼承財產，應與處理自己事務為同一之注意，即就具體的輕過失負其責任。此在拋棄繼承權者，於其拋棄後，其他繼承人或遺產管理人接管之前，就其管理之遺產，應負具體的輕過失責任，為民法第一一七六條之一所明定，已如前述。

繼承財產之管理，指對繼承財產之保存、利用及改良行為而言，至處分行為不包括在內，固不待言。繼承人有二人以上時，繼承財產即由共同繼承人全體共同管理之；惟保存行為，僅維持繼承財產之現狀而已，對有關繼承之利害關係人均屬有利，自得由各共同管理人單獨為之，不須由共同繼承人共同為之，應無疑義(參照民八二八條二項準用八二〇條五項)[150]；至保存以外之通常管理行為，即應由共同管理人全體為之（參照民八二八條三項)。

繼承人於拋棄之前，有管理繼承財產之義務，已如前述。惟繼承人如

---

[149] 日本民法第九一八條第一項明定：「繼承人須以與處理自己固有財產為同一之注意，為繼承財產之管理。但已承認或拋棄繼承者，不在此限。」
德國民法第一九五九條第一項亦規定：「繼承人於拒絕繼承前之處理關於遺產事務，對於應繼承人，其權利義務與無因管理人同。」

[150] 參照中川淳著前揭文一六頁；中川、島津編二四五頁。

不為管理或管理失當時，於法即應有保全繼承財產措施之規定，以保護利害關係人之利益，但我國對此並無明文[151]。解釋上，似可類推適用民法第一一七七條、一一七八條及一一七八條之一之規定，選定遺產管理人，管理遺產，於遺產管理人選定前，法院得依利害關係人或檢察官之聲請，為保存遺產之必要處置[152]。

[151] 為保存繼承財產，日本民法第九一八條第二項規定，家庭裁判所得依利害關係人或檢察官之請求，隨時命為保存繼承財產之必要處分。
德國民法對繼承財產之保全，亦於第一九六〇條第一項規定：「於繼承人承認繼承之前，遺產法院為保全遺產，應為必要之監理。繼承人之有無不明，或是否承認繼承不確定時，亦同。」同條第二項規定：「遺產法院得命為遺產之封印，金錢、有價證券及貴重物品之提存，遺產目錄之編製；並得為應為繼承之人選任遺產監理人 (Nachlasspfleger)。」

[152] 參照戴合著一七一頁。
史著二四七至二四八頁認為：在繼承人為繼承之確定的承認限定承認或拋棄以前，繼承人管理不當或不能管理時應如何處置，我民法未有規定。依余所見，此時可準用關於失蹤人財產管理之規定，法院依利害關係人之聲請，得就遺產之管理以裁定命為必要之處分，或為選任或改任管理人 (非訟五一條二項〔現應為家事事件法一四三條二項〕、五二條〔現應為家事事件法一四五條〕)。
查民法第一一七七條以下規定無人承認之繼承，其程序在選定遺產管理人，管理及清算無人承認繼承之財產，以維護繼承人、繼承債權人等之利益；新法並增設第一一七八條之一之規定，在遺產管理人選定前，法院得因利害關係人或檢察官之聲請，為保存遺產之必要處置，以資保全遺產。則在我民法未對繼承人於繼承承認或拋棄前之管理遺產而有管理失當，或不為管理，設有保全遺產措施之規定前，就該情事使其類推適用上開管理無人承認繼承財產之有關規定，自無不合。至失蹤人財產管理之規定，斯時因該財產並非繼承財產，其性質上與此之保全繼承財產者，有所不同。則繼承人於承認或拋棄前之管理繼承財產，如有不為管理或管理失當之情事，為保全繼承財產，自以類推適用關於管理無人承認繼承財產之規定，較為妥當。

第二項　繼承人之限定責任

第一款　概　說

我民法舊規定仿法、日民法，以單純承認為本則，以限定繼承及拋棄繼承為例外，已如前述，繼承人選擇限定繼承或拋棄繼承，須依法定方式。所謂限定繼承，乃繼承人限定以因繼承所得之遺產，償還被繼承人債務之意思表示。我民法舊第一一五四條至第一一六三條即規定該制度。法條之用語為「限定之繼承」，實則乃「限定承認之繼承」。限定繼承制度源於羅馬法，即始於優帝之「史給姆士」(Scimus) 法典；嗣後為法國法所採用。我民法為保護繼承人利益，乃從法、日立法例，採取限定繼承之制度，使繼承人對被繼承人之債務得僅以遺產為限度負償還責任，即僅負物的有限責任而已。

我民法採取當然繼承主義，不問繼承人之意思若何，一經繼承開始，繼承之效力即行發生，不待繼承人之承認，然為保護繼承人之利益，舊法許繼承人為限定繼承。繼承人如為限定繼承，其責任僅限於遺產而已，雖被繼承人之債務超過遺產，繼承人亦無須以其自己之固有財產為清償。於此情形，繼承人如為繼承之拋棄，固亦可達成此目的；然繼承開始之際，被繼承人之債務是否超過遺產，繼承人未必能確切明瞭[153]，如其選擇繼承之拋棄，而遺產經清算之結果，如有剩餘財產，該拋棄繼承之人即無從為繼承；斯時，如其選擇者，非繼承之拋棄，而為限定繼承，則剩餘財產仍當然歸屬於繼承人，與單純之承認無異，此即非拋棄繼承所可比，而為限定繼承制度存在之價值。

再就繼承債權人之立場而言，其所企盼者，為繼承人對繼承債務負完全責任之單純承認，至繼承人如為繼承之拋棄或限定繼承，原則上固非其所希望。惟被繼承人債務之超過遺產，已甚明瞭時，繼承人為避免煩瑣之

---

[153] 二二年院字八六九號解釋：繼承財產是否足以清償被繼承人生前所負之債務，繼承人雖未能明知，亦可依法為限定繼承之聲請。

法定程序，自不免採取拋棄繼承之方法。若然，先順序之繼承人依次為拋棄，直至最後順序之繼承人均拋棄後，始準用關於無人承認繼承之規定（民一一七六條六項），為遺產之清算，而此時僅以遺產為限度，實行清算（參照民一一七七條以下）。其結果既亦以遺產為範圍而清算，則對繼承債權人而言，以早為清算為有利，至為明瞭。易言之，於此情形，亦以可對遺產早為清算之限定繼承，對繼承債權人為有利[154]。

復次，採取限定繼承，有時對於被繼承人之債權人或繼承人之債權人，亦屬有利。此蓋因繼承人如為單純承認，則其固有財產與遺產發生混同，繼承人即須以其全部財產清償全部債務，倘若固有財產為正數，遺產為負數，繼承人固屬不利，即繼承人之債權人亦將蒙受不測之損害；反之，如固有財產為負數，遺產為正數，則被繼承人之債權人即陷於不利之地位，至繼承人之債權人對此甚為樂意，固不待言。自近代法上債權之效力，其結果為由債務人以其固有財產負其責任之立場而言，限定繼承之以遺產為限度，清償被繼承人之債務，亦為公平合理。

依上說明，以限定繼承為本則，亦為合理，但複雜之遺產清算程序，則有簡化必要。九八年六月一〇日公布之新法，改採限定繼承為本則，惟已將限定繼承之節名刪除，便宜上稱之為「繼承人之限定責任」，亦如前述，但程序並未簡化，有待商榷。

此外，依繼承編施行法之規定，於下列情形，新法限定責任之規定有溯及效力：⑴繼承於九六年一二月一四日修正施行前開始，繼承人於繼承開始時為無行為能力人或限制行為能力人，以所得遺產為限，負清償責任（第一條之一第二項）。⑵繼承於九七年一月四日前開始，繼承人對於繼承開始後，始發生代負履行責任之保證債務，以所得遺產為限，負清償責任（第一條之二第一項）。⑶繼承於九八年五月二二日修正施行前開始，繼承人對於繼承開始以前已發生代負履行責任之保證契約債務，以所得遺產為限，負清償責任（第一條之三第二項）。⑷繼承於九八年五月二二日修正施

[154] 關於限定承認之現代意義，請參照山崎邦彥著〈限定承認〉，載《家族法大系VII 相續⑵》七五～七八頁；谷口編注民㉕三八一～三八二頁。

行前開始，繼承人已依民法第一一四〇條之規定代位繼承，以所得遺產為限，負清償責任（第一條之三第三項）。⑸繼承於九八年五月二二日修正施行前開始，繼承人因不可歸責於己之事由或未同居共財者，於繼承開始時無法知悉繼承債務之存在，致未能於修正施行前之法定期間為限定或拋棄繼承，以所得遺產為限，負清償責任（第一條之三第四項）。以貫徹新法改採限定責任為繼承本則之立法旨趣；惟如繼承債權人證明顯失公平者，不在此限(上開各條項但書)，即繼承債權人如舉證繼承人僅以所得遺產為限，負清償責任，顯失公平者，繼承人對上開繼承債務，始不以所得遺產為限，負清償責任，即仍須以其固有財產清償之。

第二款　遺產清冊之開具

九七年一月二日修正公布前之民法舊第一一五六條規定:「為限定之繼承者，應於繼承開始時起，三個月內，開具遺產清冊呈報法院。前項三個月期限，法院因繼承人之聲請，認為必要時，得延展之。」是為關於為限定承認之法定期間及法定方式。九七年一月二日修正公布之第一一五六條則規定為:「為限定之繼承者，應於繼承人知悉其得繼承之時起三個月內呈報法院。法院接獲前項呈報後，應定一個月以上三個月以下期間，命繼承人開具遺產清冊呈報法院。必要時，法院得因繼承人之聲請延展之。」依此限定繼承之期間固仍為三個月，但起算點為自知悉其得繼承之時起，且為限定繼承之呈報時，無庸先開具遺產清冊；如呈報時未開具遺產清冊，法院應另定一個月以上三個月以下期間，命繼承人提出，如有必要，繼承人並得聲請法院延展提出遺產清冊之期間[155]。

[155] 日本民法第九一五條第一項規定，繼承人得為限定承認之期間，為自知悉其得繼承之時起算三個月內;家庭裁判所並得因利害關係人或檢察官之聲請而延長其期間。

法國民法第九七五條則規定得為限定承認之期間 ，為自繼承開始時起算三個月。

我國民法之規定，此三個月之期間，固與法、日相同，但其起算點，於九七年一月二日修正公布前，則與法國同而與日本異。惟九八年六月一二日後，以限依九七年一月二日修正公布之舊法，限定繼承為自繼承人知悉其得繼承開始時起算，如繼承人對此未知悉，其期間尚未開始進行；又，法院於接獲限定繼承之呈報後，並應定一個月以上三個月以下期間命繼承人開具遺產清冊，如未經聲請法院許其延展提出期間，則於期間屆滿後，仍未提出時，即不得主張限定繼承之利益（舊法一一六三條四款），而為法定單純承認之繼承人。

新法於第一一四八條第二項明定，繼承人對繼承債務僅以遺產為限負責，即以限定責任為繼承之本則，繼承人無須為限定繼承之表示，即發生其效力。惟新法第一一五六條仍有繼承人開具遺產清冊陳報法院之規定。遺產清冊，乃記載非專屬於被繼承人本身之一切權利義務之簿冊，亦即就遺產所編製之財產目錄之謂。凡被繼承人所遺之一切資產、負債，而可為繼承標的者，皆須記載，不許遺漏。繼承人之開具遺產清冊，乃因其固僅須以繼承所得之遺產為限，償還被繼承人之債務，但仍負有遺產清算義務，則被繼承人之積極財產與消極財產如何，自須明確記載，使法院及利害關係人得以明瞭其情形而予以監督之故。

開具遺產清冊之期間，民法第一一五六條第一項規定：「繼承人於知悉其得繼承之時起三個月內開具遺產清冊陳報法院。」惟此一規定並非繼承人「應」開具遺產清冊陳報法院，即未強制繼承人為之，而由繼承人自行為之。此三個月之期間，法院因繼承人之聲請，認為必要時，得延展之（同條第二項）；又，繼承人有數人時，其中一人已開具遺產清冊陳報法院者，其他繼承人視為已陳報（同條第三項），即無須再為陳報。

此外，如繼承人於知悉其得繼承之時逾三個月始開具遺產清冊陳報法院，目前實務見解認為法院仍應受理，不得裁定駁回（請見臺灣高等法院暨所屬法院一〇〇年法律座談會民事類提案第一一號）。

於繼承人依上述規定自行開具遺產清冊陳報法院外，為遺產清算程序之進行，法院亦應依聲請或職權命繼承人提出遺產清冊，即：⑴債權人得

定責任為繼承本則，並許繼承人不開具遺產清冊陳報法院而自為遺產之清算（民一一六二條之一），三個月之期間似無實際之意義，有待檢討。

向法院聲請命繼承人於三個月內提出遺產清冊（民一一五六條之一第一項）。⑵法院於知悉債權人以訴訟程序或非訟程序向繼承人請求清償繼承債務時，得依職權命繼承人於三個月內提出遺產清冊（同條第二項）。法院依聲請或職權命繼承人於三個月內提出遺產清冊時，法院因繼承人之聲請，認為必要時，得延展其期間，又法院如已命繼承人中之一人提出遺產清冊，並已提出，其他繼承人即無須再行提出（同條第三項準用第一一五六條二、三項）。

繼承人如依上開規定自行開具遺產清冊陳報法院，或依法院之命其提出遺產清冊，法院即應依公示催告程序公告，開始進行遺產清算程序（民一一五七條）。惟依新法第一一六二條之一第一項規定：「繼承人未依第一一五六條、第一一五六條之一開具遺產清冊陳報法院者，對於被繼承人債權人之全部債權，仍應按其數額，比例計算，以遺產分別償還。但不得害及有優先權人之利益。」由此觀之，依法不強制繼承人進入由法院為公示催告之清算程序，而另由繼承人自行為遺產之清算。惟繼承人如自行為遺產之清算，因無公示催告，應於何時確定繼承債務及為清償均欠明確，如何終結遺產清算程序，亦有疑問，於法雖使其負較重之責任（參照第一一六二條之二，另如後述），仍有未妥。

編製遺產清冊者，固為限定承認之繼承人，如繼承人為無行為能力人者，則應由其法定代理人製作之。開具遺產清冊，於法並無一定之方式，故新式簿冊或舊式賬目，均無不可；惟記載自須忠實、完全，設有虛偽之記載情節重大，依民法第一一六三條第二款之規定，即不得主張限定責任之利益，而為法定單純承認之繼承人。

遺產清冊提出法院後，如發現其記載有不完全或不實之情形，得否補正？亦有爭議。有認為：非惡意之遺漏記載，如在法定期間未經過以前，且非有民法第一一六三條所定情事，應解為可以補正[156]。有謂：如以前提出之清冊，尚未臻完全時，苟無第一一六三條所定情事，仍得予以補正[157]。

[156] 參照陳著一〇七頁，胡著一〇三頁。

[157] 參照戴合著一七九頁。

另有認為：苟在法定期間（包括延展期間）未經過以前，即開具財產目錄，應解釋在法院公示催告所定報明債權期限屆滿前，得為補正[158]。又有謂：遺產清冊既已提出於法院之後，似應解釋為不得重行補正[159]。按繼承人之開具遺產清冊，除非屬民法第一一六三條第二款之虛偽記載，依法已視為單純承認者外，若繼承人於提出遺產清冊後，發現原所製作者有與實情不符或不完全之情事，再予更正或補充，更為確切之記載，其對因限定責任而實行之遺產清算，並不妨害，反而有所裨益，應無限制其為補正之理。於法既無限制其補正之明文，則繼承人雖於法定期間以外，亦得對於已提出法院之遺產清冊，再行補正，以資確實[160]；況且，提出法院之書狀，如有欠缺，既得為補正（參照民訴一二一條），繼承人之補正遺產清冊，自應認為有效。

第三款　限定責任之效力

一、概　說

繼承人就被繼承人債務之清償，限於因繼承所得之遺產為範圍，即令被繼承人之債務超過因繼承所得之遺產，亦不影響自己固有之財產。從而限定責任繼承人之固有財產，與繼承所得之遺產，應予分離；繼承人對於被繼承人之權利義務，不因繼承而消滅（民一一五四條）。

二、繼承人對繼承債務負有限責任

依舊法第一一五三條第二項規定，繼承人為無行為能力人或限制行為能力人者，對於繼承債務僅以所得遺產為限負清償責任，即負有限責任而已。惟此非其選擇限定繼承之結果，而為法定之效果，惟依新法繼承人不

---

[158] 參照史著二五二頁。

[159] 參照羅著九五頁。

[160] 二三年院字一〇五四號解釋謂：「繼承人因為限定之繼承，既於繼承開始時起三個月內，開具遺產清冊，呈報法院，原不得為駁回之裁定。繼承人既重開遺產清冊，更為確切之統計，法院應即為公示催告，不受前裁定之拘束。」其許重開遺產清冊而為補正之意旨，可以概見。

論有無行為能力，均僅負有限責任。是故舊法之該規定已予刪除。

限定責任之繼承人雖繼承被繼承人之全部債務，但僅以其繼承所得之積極財產為限度，負清償責任，不以自己固有財產償還被繼承人之債務，即僅負有限責任，而與法定單純承認之繼承人所負之無限責任有別。惟限定責任繼承人所負之有限責任，係就債務之清償責任而言，並非債務之本質有何變化；易言之，限定責任之繼承人仍繼承被繼承人之全部權利義務，惟僅以繼承所得之遺產為限，償還被繼承人之債務，即仍有「債務」之存在，僅其「責任」有限而已。

限定責任之繼承人雖僅負以遺產為限度之物的有限責任，但既亦繼承被繼承人之全部債務，則繼承債權人仍得就其債權全額在訴訟上或訴訟外對繼承人行使其權利，惟繼承人得拒絕以自己固有財產為清償。如繼承債權人以訴請求清償債務，因繼承人依法當然為限定責任，應不待繼承人為抗辯，法院雖仍應判命繼承人就債權之全額為清償，但應另附以保留的支付之判決（於遺產限度內為清償之保留的判決）。（臺灣高等法院暨所屬法院一〇一年法律座談會民事類提案第十號即採此見解）

繼承人雖對繼承債務僅負物的有限責任，但既仍有其債務，則如繼承人不主張限定責任，而以自己固有財產清償繼承債務者，仍屬有效，即不得以非債清償為理由而請求返還不當得利（參照民一八〇條三款）。

繼承人既僅以遺產為責任財產，繼承債權人自不得對繼承人之固有財產為強制執行。於舊法，如經繼承人選擇限定繼承時，而繼承債權人竟聲請法院對限定承認繼承人之固有財產為執行時，實務見解認為該繼承人得依強制執行法第一五條之規定，提起第三人異議之訴，以資救濟（七七年台抗字一四三號判例）[161]。惟依新法改以限定責任為本則，其對繼承債務

[161] 於舊法以限定繼承為例外，即須向法院為限定繼承之呈報時，最高法院七五年第四次民事庭會議決議，可供參考：

院長提議：被繼承人為債務人，執行法院對限定繼承人之固有財產為強制執行，限定繼承人應依何種程序請求救濟？有甲、乙二說：

甲說：為限定繼承者，對被繼承人之債務，固僅以繼承所得之遺產負償還之責

任，惟限定繼承人仍屬執行程序中之債務人，倘執行法院對繼承人之固有財產為強制執行，即屬逾越執行名義之範圍，繼承人得依強制執行法第一二條之規定聲明異議。

乙說：為限定繼承之繼承人，就被繼承人之債務，惟負以遺產為限度之物的有限責任，故就被繼承人之債務為執行時，限定繼承人僅就遺產之執行居於債務人之地位，如債權人就限定繼承人之固有財產聲請強制執行，應認限定繼承人為強制執行法第一五條之第三人，得提起第三人異議之訴，請求撤銷強制執行程序。

決議：採乙說。

按多數見解固認繼承債權人不得對限定承認繼承人之固有財產為強制執行；若為強制執行時，繼承人得提起第三人執行異議之訴（請參照陳著一七〇頁；戴合著一八二頁；史著二五七頁；中川淳著〈相續法逐條解說(45)〉，載《戶籍時報》（昭和六一年一〇月號）八頁；泉、久貴等七人著二四〇頁）。惟查舊法時之限定承認為法定之要式行為，繼承人之為限定承認是否發生效力，甚易自其形式，予以查明，況且其又經法院依民法第一一五七條為公示催告。是故除非當事人間對限定承認爭執其為無效或曾經撤銷，其效力已不存在，則為限定承認之繼承人自不得不依強制執行法第一五條之規定，提起第三人異議之訴，從實體上謀求救濟；否則該繼承人尋程序上之救濟方法，以對其固有財產之強制執行程序有「其他侵害利益情事」為事由，依強制執行法第一二條之規定聲明異議，似無不可，且較便捷。

又，陳世榮先生於〈談限定繼承之救濟暨實務之檢討〉一文（載《司法周刊》三二二期）中，謂：強制執行法第一四條所謂妨礙債權人請求之事由，包括請求權之效力之停止、限定，限定繼承人得提起債務人異議之訴。並認上開最高法院決議採取第三人異議之訴說，固無不合，但忽視亦得提起債務人異議之訴云云，亦可資參考。惟按強制執行法第一四條之債務人異議之訴，以「有妨礙債權人請求之事由」提起異議之訴，其原因事實須發生於執行名義成立後或前訴訟言詞辯論終結後者，始可提起，其要件顯較同法第一五條之第三人異議之訴為嚴，併予敘明。

於新法第一一四八條第二項，以繼承人對繼承債務僅以遺產為限負清償責任，不必以其固有財產負責，即以限定責任為本則，如其固有財產經繼承債權人聲請執行者，其救濟方法應為程序上之聲明異議，而非實體上之第三人異議之訴，至為明瞭。

既不必以固有財產負責，此為法定之效果，無須其為抗辯，則其固有財產如為繼承債權人聲請執行，即屬頒發不應發之執行命令，亦屬侵害繼承人之利益，其依聲明異議（強一二條），即可排除執行。

繼承人雖對繼承債務為限定責任，但繼承債權人對於該債務之保證人及其他共同債務人所有之權利，不因此而受影響。限定責任之繼承人如同時為繼承債務之保證人或共同債務人時，則該債務同時為該繼承人之固有債務，繼承人自負有以自己固有財產清償該債務之責任，亦甚明瞭。

三、財產之分離

繼承人對繼承債務除發生有限責任之效果，已如前述外，並有財產分離之效果。按繼承人既為於繼承積極財產之限度內，償還繼承債務，則繼承財產與繼承人固有財產，即應予以嚴格之分離，當然不應使繼承人對於被繼承人之權利義務因繼承而消滅。是故民法第一一五四條規定：繼承人其對於被繼承人之權利義務，不因繼承而消滅。此種嚴格分離主義，實為限定責任之特徵。否則如繼承人對於被繼承人有債權關係時，因不能從遺產中求得清償，無異將自己之固有財產清償被繼承人之債務；反之，如該繼承人對於被繼承人有債務關係時，因不能將債務歸入遺產，亦屬侵害被繼承人之債權人之權益。

民法第一一五四條所謂：「被繼承人之權利義務」，則不問其為債權或物權，亦不問其為普通債務或物的責任。是故，如繼承人就被繼承人之財產有限制物權時，其即可以第三人之地位就繼承財產行使其權利；反之，如被繼承人原就繼承人之固有財產有限制物權時，該權利即為繼承財產之一部，為被繼承人債務之擔保。

財產之分離乃遺產清算期間內之必要的處理方法，故如對於一切債權人及受遺贈人為清償或交付後，尚有賸餘時，則此財產即與繼承人之固有財產發生混同，歸屬於繼承人，財產分離即因之而終了，繼承人於嗣後自得以之為自己之財產而得自由為處分。

四、共同繼承人與限定責任之關係

依舊法，限定繼承並非本則，而為例外，是故繼承人僅為一人時，如其為限定繼承，即應依限定繼承之程序辦理，自無問題。然繼承人有數人時，如其中一人主張限定繼承，而其他繼承人則為單純承認之表示，或為拋棄繼承之表示，或未作任何之表示時，應如何處理，以確定其繼承關係而為法律之適用，不無疑義。共同繼承人中之一人（或數人）為限定繼承，而其他繼承人就繼承之態様均未作選擇時，依舊法第一一五四條第二項之規定，其他繼承人視為同為限定繼承，於此情形，共同繼承人均適用同一之法律，依限定繼承之規定為遺產清算，其對繼承債務既僅負有限責任而已，如有賸餘財產尚得受其分配，於他繼承人自無不利。但於下列二種情形則除外：⑴於為限定繼承前，已為概括繼承之表示者：即該其中一人為限定繼承呈報前，其他繼承人已為概括繼承之表示（按：應為其他繼承人已為單純承認之表示），即已為單純承認之其他繼承人，不擬制其同為限定繼承人。⑵已逾第一一五六條所定期間者：因依九七年一月二日所修正公布之限定繼承呈報期間，共同繼承人其各自知悉其得繼承之時，未必相同，如其中一人為限定繼承之呈報時，但其他繼承人如已逾限定繼承之呈報期間者，不擬制其他繼承人同為限定繼承人。

依新法第一一四八條第二項規定，全部之繼承人對於繼承債務均僅負限定責任，無須另為表示，為此舊法第一一五四條第二項規定，即無必要，新法已予刪除。至共同繼承人得另選擇拋棄繼承或於有不正行為時被強制為單純承認，為另一問題。

第四款　遺產之清算

一、公示催告

繼承人雖對繼承債務僅負有限責任，但為公平對繼承債權人為清償，應即實行遺產之清算，即須依債權性質及一定程序對於繼承債權人與受遺贈人為債權之清償及遺贈物之交付。其清算程序，首應由法院依公示催告程序公告，使繼承債權人為債權之報明，在申報權利期間，不得對某一債權人先行清償。此乃因限定責任係以因繼承所得之遺產為限，償還被繼承人之債務，則被繼承人之債權人為誰，其債權額多少，須依一定程序定之，以期明確；而權利之性質未必相同，自亦應有清算之程序；且被繼承人之債權人就繼承人是否確為限定責任，亦未必知悉，尤應予以報明債權之機會，以免受有損害。

依我民法第一一五七條第一項規定，法院於繼承人依第一一五六條或第一一五六條之一開具或提出遺產清冊後，所為公示催告程序之公告，係「命被繼承人之債權人於一定期限內報明其債權」，似僅限於對被繼承人之債權人為之而已。惟在解釋上，亦應包括受遺贈人在內。蓋依民法第一一七九條第三款之規定，因無人承認繼承而為公示催告時，應命被繼承人之債權人及受遺贈人於公示催告期間內報明其債權，及願否受遺贈之聲明；因而本於限定承認之公示催告，自不可獨異其旨，對於受遺贈人，亦有其適用[162]。從而法院之公告中，亦應命受遺贈人於一定期限內為願受遺贈與否之聲明。

法院於接受繼承人遺產清冊後，依民法第一一五七條之規定，應即開始公示催告程序，此為法院之義務。又因限定責任之規定原為保護繼承人之利益，則繼承人所開具之遺產清冊內，縱使為消極遺產或有少許積極遺產，法院亦不得以無從宣告破產為理由，而不為公示催告（參照二八年院字一八六八號解釋）。

---

[162] 參照陳著一七四頁，戴合著一八六頁，胡著一〇九頁，羅著九七～九八頁。但史著二六七～二六八頁則認為無庸以受遺贈人為應催告之人。其理由為：在無人承認之繼承，其剩餘財產歸屬國庫，故有公告受遺贈人之必要，而在限定繼承，則在遺產清償遺產債務有剩餘之後，仍歸屬於繼承人，受遺贈人仍不妨向其請求，故應參照德民第一九七二條規定之解釋，受遺贈人不為催告之對象。其權利始終居於被繼承人的債權人及其他遺產債權人之後。繼承人非清償一切遺產債務後，不得對於受遺贈人交付遺贈物云云。

第查，繼承人為限定承認後，其清償被繼承人之債務及交付遺贈，既僅以其繼承所得之遺產為限度，而受遺贈人之願受遺贈與否，又與遺贈之應否交付有關，自以命其於一定期限內聲明為宜。則民法第一一五七條之公示催告仍以解為對受遺贈人亦有其適用，較為妥適。又日本民法第九二七條明定限定承認之公告，須對一切繼承債權人及受遺贈人為之，亦可供參考。

民法第一一五七條所謂之公示催告，其公告程序則應依民事訴訟法第八編所規定「公示催告程序」行之（第五三九條以下）。惟關於公示催告程序之申報權利期間，民事訴訟法第五四三條固規定為應有二個月以上，但因限定責任所為之公示催告，為保護繼承債權人及受遺贈人之權利，其申報權利之期間，自不宜過於短促，而應較長，是故民法第一一五七條第二項特規定為不得在三個月以下，即至少須有三個月之期間。至該期間之計算，應解為自公示催告之公告開始公告於法院網站之日起、最後登載公報、新聞紙之日起算之（參照民訴五四三條）。

於法院公示催告之外，被繼承人之債權人及受遺贈人為繼承人所已知者，應否另再分別通知其報明債權？關於此點，日本民法第九二七條明定限定承認之繼承人有此義務。我民法並無規定，而依第一一五九條第一項之規定，除已在所定期限內報明之債權外，繼承人所已知之債權及遺贈，既亦應按其數額比例計算，以遺產分別償還，則縱不再另行分別通知，對於繼承債權人及受遺贈人之利益亦無妨礙。是故，在我民法解釋上，對已知之繼承債權人及受遺贈人是否另再通知其報明債權，自可任由繼承人決定之，並非必要之程序[163]。

二、清償債務及交付遺贈之時期

繼承人既以因繼承所得之遺產為限償還被繼承人之債務，對於各繼承債權人，除有優先權者外，自應負公平清償其債務之義務。在民法第一一五七條所定申報權利期間未屆滿以前，債權之總額若何，尚不得而知，倘許繼承人得先向債權人中之一人或數人為債務之清償，不特使他債權人有受害之虞，而公示催告之程序亦將失其意義。故我民法第一一五八條規定：「繼承人在前條所定之一定期限內，不得對於被繼承人之任何債權人償還債務。」

民法第一一五八條雖僅禁止償還債務，而就交付遺贈並無禁止之明文，但在我民法上受遺贈人既應後於繼承債權人而受清償（民一一六〇條），則不僅償還債務，即交付遺贈亦應在禁止之列，更為當然之解釋[164]。

[163] 參照陳著一七五頁，戴合著一八七頁，胡著一一〇頁（註一）。

繼承人於上述申報權利期間內不得清償繼承債務，已如前述。惟民法第一一五八條所謂之不得償還債務云云，究為繼承人之義務，抑為繼承人之權利，不無疑義。有認為：我民法規定為「不得償還債務」，即為繼承人之義務，如違反此義務，繼承人應負擔損害賠償責任，因而受有損害之人並得對於不當受領之債權人或受遺贈人請求返還其不當受領之數額云云[165]。又有認為：此種拒絕清償之權限，僅為繼承財產清算之順利公平起見，而予限定承認人之權利，並非限定承認人須負拒絕清償之義務。故如限定承認人預料遺產足以清償全部債務，則縱於上述期間屆滿以前，對於繼承債權人先為清償亦無不可[166]。謹按我民法第一一五八條規定為繼承人於法院公告所定期限內，不得對於被繼承人之任何債權人償還債務者，與日本民法第九二八條之規定為限定承認人於債權申報期間屆滿前，得對繼承債權人及受遺贈人「拒絕清償」者[167]，有所不同，初已不宜將「不得償還債務」解為「拒絕清償」之權利；而民法第一一六一條並又明定繼承人違反第一一五八條之規定，致被繼承人之債權人受有損害者，應負賠償之責，此乃因其違反義務而負損害賠償之責任，則「不得償還債務」之規定為該繼承人之義務，可以概見。至繼承人雖尚在權利申報期間內，但預期繼承財產足以清償繼承債務而為清償時，如未使繼承債權人受有損害，殊無賠償之餘地，乃當然之理，自不能執此而將「不得償還債務」之規定解

[164] 我民法第一一五八條中，就交付遺贈，並無明文規定，學者多認此顯係立法上之遺漏。請參照陳著一七六頁，戴合著一八六頁，胡著一一〇頁，羅著一〇〇頁。日本民法第九二八條明定：限定承認之繼承人，於前條第一項期間屆滿前，得對繼承債權人及「受遺贈人」拒絕清償云云，可資參考。

[165] 參照史著二六九頁。

[166] 參照陳著一七六頁。

[167] 日本民法第九二八條所規定限定承認繼承人得於債權申報期間內對繼承債權人及受遺贈人拒絕清償，其是否為該繼承人之義務？學說上有肯定說與否定說之分。以否定說為多數說，即認該條之規定乃遺產清算之便宜上而認限定承認之繼承人有拒絕清償權。請參照中川淳著〈相續法逐條解說(48)〉，載《戶籍時報》（昭和六二年三月號）一八～一九頁；泉、久貴等七人著二三九頁。

為繼承人權利之依據，亦甚明瞭。據上所述，前揭兩說，似以前說為當。從而繼承人於法院公告期限內之不得償還債務，為其義務，即令繼承債權已屆清償期亦然，其不因此而負給付遲延責任。

再者，民法第一一五八條限制繼承人於第一一五七條公告期限內，不得對於被繼承人之任何債權人償還債務，乃為確保繼承債權人之公平受償。故此項規定，不僅於限定承認繼承人為清償債務及交付遺贈時，受其限制，即強制執行，亦應同受限制。易言之，繼承債權人於公示催告期限屆滿前，除其債權具有優先權（例如抵押權、質權、留置權等）者，因其聲請強制執行之結果並不影響繼承債權人之公平受償，自應許其聲請執行外，即不得對遺產為強制執行[168]；亦即於公告期限屆滿前，強制執行程序不得開始，已開始強制執行程序者，應停止強制執行[169]。

復次，依民法第一一五八條之規定，繼承人之不得償還債務及交付遺贈，固以第一一五七條所定之一定期限內為限，一旦期限屆滿，繼承債權人及受遺贈人即得對繼承人請求清償或交付。惟繼承人得否以遺產或債務數額尚未確定為理由而拒絕清償債務或交付遺贈？亦不無疑問。此有不同之見解。主張肯定說者謂：民法第一一五八條只規定繼承人於一定期間內不得清償債務、交付遺贈，初非一旦期間屆滿，即不得拒絕清償或交付；且依第一一五九條繼承人應按債權數額比例償還，否則即依第一一六一條第一項應負損害賠償之責，如不得拒絕清償或交付，則是強繼承人為法所不認之行為云云[170]。否定說則謂：為免限定承認人有所藉口而拒絕清償，致繼承債權人及受遺贈人之償付被拖延，因而損害其利益，解釋上以採否定說為宜云云[171]。對此問題，如僅從民法第一一五八條規定為繼承人在一定期限內，不得償還債務而觀之，則一定期限屆滿後，固無再禁止其償還

[168] 參照史著二六九頁；司法院印行《民事法律問題研究彙編（民事實體法）》第二八三則～第二八五則（八九五～九〇四頁）。

[169] 參照中川淳著前揭〈相續法逐條解說(48)〉一九頁。

[170] 參照戴合著一八九頁，胡著一一〇～一一一頁。

[171] 參照陳著一七六頁，羅著一〇一頁，中川、泉著三五九頁。

債務之依據，惟參酌第一一五九條之規定意旨，雖公告期限屆滿，繼承人尚須就已報明之債權及所已知之債權，按比例計算償還之數額，以期正確、公平，則在誠信原則上，於繼承人按比例計算償還數額之相當期間內，宜解為繼承人仍得拒絕清償[172]。易言之，原則上宜採否定說；例外則於尚須計算清償數額之相當期間內，合於誠信原則之情形下，以採肯定說為妥。

另有一問題，即法院公告期限屆滿後，繼承人得否對繼承債權人為代物清償（民三一九條參照）？此在日本之學說上，亦有積極說與消極說之不同見解，而以消極說為多數說[173]。我民法對此固無禁止之明文，但本於確保繼承債權人之平等受償及繼承財產換價公平之立場，以採消極說較為妥當。

三、清償債務及交付遺贈之順序

依我民法之規定，有優先權之債權應先於普通債權而受清償（民一一五九條第一項但書）；而普通債權之清償又先於遺贈之交付（民一一六〇條）；至未於一定期間內報明債權而又為繼承人所不知者，僅得就賸餘財產行使其權利（民一一六二條）。此乃清償債務及交付遺贈之順序。易言之，優先權之債權人在清償順序中為第一順位；普通債權人為第二順位；對於受遺贈人之交付遺贈，其順序為第三順位；被繼承人之債權人若在公示催告程序所公告之期限內未報明其債權，而又為繼承人所不知者，其順序為第四順位。經過此四種順序後，如再有賸餘遺產，當然歸屬於繼承人；其因限定承認而發生之財產分離效果，即行終止。

茲就清償債務及交付遺贈之順序，分別論述於次：

㈠有優先權之債權

繼承債權人固應得平等之滿足，惟對於遺產有優先權之債權，則應先於普通債權而受清償。是以我民法第一一五九條第一項但書即規定債務之

[172] 參照史著二七〇頁，中川淳著前揭〈相續法逐條解說(48)〉二一頁。

[173] 參照中川淳著前揭〈相續法逐條解說(48)〉二一頁，谷口編注民(25)四一〇頁。但史著二七九頁認為：代物清償為清償之一方法，而在我民法又無必拍賣之限制，應解釋不妨為代物清償。但繼承人應注意全部債權人之利益，如因其故意或過失為不當的代物清償致生損害於其他債權人時，應負損害賠償責任。

清償「不得害及有優先權人之利益」（參照日民九二九條但書）；易言之，優先權屬於繼承人償還被繼承人債務之第一順位。

此所謂有優先權之債權，係指依法律規定對於遺產有優先受償權之債權而言，例如對於遺產有抵押權（民八六〇條以下、五一三條，國民住宅條例一七條，動產擔保交易法一五條以下）、動產質權（民八八四條以下）、權利質權（民九〇〇條以下）、留置權（民九二八條以下）是，即海商法上優先權（二四條、二五條），亦包括在內。優先權之位次有先後者，依其先後優先受償；其位次相同或無從分別其先後者，則各按其債權額以同一比率受償。

有優先權之債權人既得就遺產中之一定之物或權利行使其權利，並優先受償，其權義關係甚為顯然，自無須於民法第一一五七條所定之一定期限內報明其債權。惟其行使優先權之結果，如就該特定遺產不能受完全之清償時，其未能受償之殘餘債權，其本質上即與普通債權無異，自得就其不足額，與其他普通債權，依遺產清算程序，按債權額之比例同受清償，不得再為優先受償之主張。於此情形，有優先權之債權人自得就其預定之不足額，以之為普通債權，於民法第一一五七條所定之期限內，報明其債權；如其不為報明，而又為繼承人所不知者，就該未受償之不足額，僅得就賸餘遺產行使其權利（民一一六二條）。

㈡普通債權

依我民法第一一五九條規定，在第一一五七條所定之一定期限屆滿後，繼承人對於在該一定期限內報明之債權，及雖未依限報明，但為繼承人所已知之債權，於清償有優先權之債權後，均應按其數額，比例計算，以遺產分別償還之。詳言之，遺產足以清償全部之債權時，固毫無任何問題；如因債權人之債權額過多，遺產不敷清償時，僅有一債權人，問題亦甚簡單，若有多數債權人，則只有按其數額比例計算，以遺產分別償還而已。

已報明之債權，如繼承人或其他債權人有異議時，或繼承人已知之債權，而為他債權人所異議時，則對該繼承債權之存否或數額之爭執，其解決自應依民事訴訟程序確定之，固無待言。但如同時另有無爭執之債權存在，是否因而受到停止清償之影響？法無明文規定。學者有認為：已無疑義之債權固不因之停止清償，但應將未解決之債權數額一併加入計算，以免發生不公平之結果云云[174]。另有認為：已報明或已為繼承人所知之債權有爭議時，依和解或訴訟以為解決。在未獲解決以前，應將此項債權比例分配之數額，予以提存（準用破產法一四四條）云云[175]。兩相比較，以類推適用破產法第一四四條之規定解決本問題，較為周全。詳言之：繼承人對於有爭執之債權，於訴訟之裁判未確定前，得按照分配比例提存相當之金額，俟將來裁判確定後再行處理；而將並無爭執之債權先行分配於其債權人，即該無異議部分不停止清償。嗣後上開爭執之債權如確定存在，其債權人固按其分配額受領，如確定為不存在，則無爭執之債權所受清償額若非全部者，該項提存額應以之再分配於其他債權人，亦即再作一次分配。

繼承人對於尚未屆清償期之債權，是否亦應依民法第一一五九條之規定，予以清償？對此問題，舊法並無明文規定。日本民法第九三〇條第一項明定，限定承認繼承人，於債權申報期間屆滿後，對於未到期之債權，亦應清償之。新法第一一五九條第二項明定：「繼承人對於繼承開始時未屆清償期之債權，亦應依第一項規定予以清償。」即繼承人應為期限利益之拋棄，以利清算。詳言之，於民法第一一五七條所定之期限屆滿後，附期限之債權未到期者，視為已到期，俾同受清理；惟未到期之債權未附有利息者，其債權額應扣除自公示催告所定之一定期限屆滿時起至到期時止之法定利息，以期公平（民一一五九條三項）；至其附有利息者，應解為合計其原本及至清償時止之利息，以為債權額。宜注意者，此將未到期之債務視為已到期，僅係就繼承人（即債務人）與繼承債權人之關係而言，至第三人就該債務設定有擔保物權或為保證人時，並不因此而使其履行期屆至，提前負擔保責任[176]，併予說明。

---

[174] 參照陳著一七九頁，胡著一一四頁（註四），劉鍾英著三一頁。

[175] 參照史著二七三頁。

[176] 參照中川淳著〈相續法逐條解說(49)〉，載《戶籍時報》（昭和六二年四月號）四三頁；谷口編注民(25)四一六頁。

再者，對於附條件之債權或存續期間不確定之債權（例如終身定期金債權），在條件未成就或期間未確定之前，是否應予清償？如應清償，其方法若何？我民法對此亦無任何之明文，新法亦然。日本民法第九三〇條第二項明定，附條件之債權或存續期間不確定之債權，應依法院所選任鑑定人之估價額，予以清償[177]。我國學者，有主張：應解為由限定承認人與債權人協議定之，如協議不諧，則不妨請求法院為之決定云云[178]。另有主張：應解為由利害關係人在裁判外選任鑑定人，或在裁判上聲請鑑定人之選任，而由鑑定人予以估計後，依照其估計價額予以清償云云[179]。再有主張：應分別情形加以考察。如為附解除條件之債權，不妨以其金額按比例分配，然應使該債權人提供相當之擔保，如不提供擔保，則將其分配額予以提存（準用破產法一四〇條）。在附停止條件之債權，亦得以其全額按比例分配，而將其分配額予以提存（準用破產法一四一條）。此項因條件成就與否而仍復歸於遺產數額，作為賸餘遺產。在存續期間不確定之債權，應依估價，以定其數額。即應依其可得存續之推定期間，估定其每期金額，而後扣除其中間利息，算出各期金額，合算其總額。就估定數額當事人不能協議時，當事人就鑑定人之選任亦不能一致時，應聲請法院選定之云云[180]。謹查本問題之解決，亦有待立法上之明文規定，方有確切之依據。為免妨害遺產清算程序之進行，亦宜對附條件之債權及存續期間不確定之債權，予以清償，並以類推適用破產法關於破產債權分配之規定，較為便捷。詳言之：附條件之債權，不問所附為停止條件或解除條件，均得以其全額，按比例分配，同受清理（參照破產法一〇二條）；惟附解除條件之債權，因於條件

[177] 依日本民法第九三〇條第二項由法院所選任之鑑定人，其對於附條件債權之估價，應考慮條件之內容、條件成就之可能性、成就時期之推定等各情而判定之；對於存續期間不確定之債權，則應考慮存續期間之趣旨、期間終了時期之推定等各節，予以判定而估價之。請參照中川淳著〈相續法逐條解說(49)〉，載《戶籍時報》（昭和六二年四月號）四四頁；谷口編注民(25)四一七頁。

[178] 參照胡著一一三頁，羅著一〇四頁。

[179] 參照陳著一七九頁，戴合著一九〇頁。

[180] 參照史著二七三頁。

成就時即失其效力，故於受分配時，應使該債權人提供相當之擔保，如無擔保時，則將其分配額，予以提存（參照破產法一四〇條）；至附停止條件之債權，須於條件成就時始生效力，固雖許其得以全額按比例分配，但因其權利是否生效，尚屬不確定狀態，故應將其分配額提存之（參照破產法一四一條）。至於存續期間不確定之債權，其分配方法，在我破產法亦無明文規定，則其清償方法，解釋上不得不依估價，以定其數額，按比例分配之；詳言之，視其為金額不確定，或存續期間不確定，或兩者均不確定，而推定其可得存續之期間，估定其每期金額，而後扣除中間利息，算出各期之債權額，再合併計算以為債權總額，按比例受分配。

㈢遺贈之交付

依我民法第一一六〇條規定：「繼承人非依前條規定償還債務後，不得對受遺贈人交付遺贈。」即交付遺贈之順序列於清償普通債權之後。

遺贈之交付所以後於債務之清償者，乃因遺贈於被繼承人死亡而生效力，至繼承開始時始行確定，債權則在繼承開始以前即已發生，且已確定；遺贈概為無償行為，受遺贈人僅有利益之享受，債權之發生則以有償行為居多，多須為對待給付；苟使債權人與受遺贈人同時受償，不啻由被繼承人以一己之意思左右債權人之命運，尤其遺贈數額甚鉅之際，如此為之，債權人勢必受有損害，在情理上顯欠公允。

受遺贈人如有數人，而繼承人於償還債權後之賸餘遺產，不足交付全部遺贈時，應如何處理？我民法並無明文規定。按遺贈之交付亦應以公平為原則，與債務之清償初無二致，於此情形，自應類推適用民法第一一五九條關於比例償還之規定，按遺贈數額比例分配之[181]；此際，對於特定遺贈物，繼承人得予以變賣，而分配其價款[182]，而繼承人對於遺贈侵害其特留分之部分，並得行使扣減權，拒絕給付之（民一一二五條參照）。

我民法第一一六〇條只規定遺贈，則關於被繼承人生前之贈與，是否

[181] 參照陳著一八〇頁，戴合著一九一頁，史著二七八頁，胡著一一四頁，羅著一〇五頁。

[182] 參照戴合著一九一頁，史著二七八頁，羅著一〇六頁。

應與遺贈同視，亦有疑義。按贈與與遺贈雖同屬無償行為，但性質並不相同。即贈與為契約，且為生前行為，於贈與人生前即已生效力；遺贈則為單獨行為，且係死後行為，於遺贈人死亡後始生效力。我民法既未將贈與為特殊規定，解釋上乃屬普通債權之一，仍應完全適用第一一五九條之規定，先於遺贈而受贈與之交付[183]。

㈣未報明並為繼承人所不知之債權

依我民法第一一六二條規定：「被繼承人之債權人，不於第一一五七條所定之一定期限內報明其債權，而又為繼承人所不知者，僅得就賸餘遺產行使其權利。」此係對於債權人不在公示催告期限內報明其債權而又為繼承人所不知者，清償其債務之規定。又本條雖僅為關於債權之規定，而就遺贈並無明文規定，然就民法第一一八二條之規定觀之，應解為本條對於遺贈亦有其適用，以期允洽[184]。

所謂賸餘遺產，指清償已報明或已知之債務及交付遺贈後，現實所餘之遺產。繼承人於清償已報明或其已知之債權及交付遺贈後，即可將賸餘遺產歸屬於己，但如再有被繼承人之債權人或受遺贈人出現，請求償還或交付時，仍有就現實賸餘財產為償付之義務。至適用本條之債權人或受遺贈人有數人，而賸餘遺產不足分配時，固仍應按先清償債權，後交付遺贈之順序，按比例計算，分別償付之；惟此指在償付前，有數人同時或先後請求而未償付者而言，若最初僅有一人請求，並以賸餘遺產償付其債權或遺贈之全部之後，又有人請求之，仍視有無賸餘遺產而定，不應將已為償付之債權或遺贈追回，再與次之請求者比例分配。是故，後來之債權人縱因已無賸餘遺產而未能獲得清償，既不得對繼承人請求損害賠償，亦不得對已受領交付之受遺贈人行使求償權[185]。再者，繼承債權人及受遺贈人依

[183] 參照陳著一八〇頁，戴合著一九〇～一九一頁，史著二七八頁，胡著一一五頁，羅著一〇六頁。

[184] 參照陳著一八一頁，戴合著一九一頁、胡著一一六頁、羅著一〇七頁。

[185] 遺產清算後，如有賸餘，財產即與限定承認繼承人之固有財產發生混同，限定承認繼承人即可自由處分之；自無永使限定承認繼承人負保留賸餘財產責任之

民法第一一六二條就賸餘遺產行使其權利時，無庸就賸餘遺產之存在為立證，如繼承人就繼承財產之不存在為主張，應由其負立證責任[186]。

所成問題者，繼承債權人或受遺贈人於民法第一一五七條所定之期限屆滿後，始行報明債權、聲明受遺贈，其又非繼承人原所已知者，此際究應適用民法第一一五九條比例償還之規定，抑應適用民法第一一六二條僅就賸餘遺產行使權利之規定？此問題似應解為如在繼承人尚未清償債權及交付遺贈之前，仍應適用第一一五九條比例償還之規定，否則仍僅得就賸餘遺產行使其權利[187]。

㈤遺產之換價

繼承人為清償債務或交付遺贈，有無就遺產為換價之權？如有換價權，其方法若何？因我民法對此並無明文規定，解釋上即有疑問。日本民法對此設有明文，可供參考。即限定承認之繼承人為清償債權或交付遺贈，有出賣繼承財產之必要時，應以拍賣方法行之，但其得依家庭裁判所選任鑑定人之估價，按繼承財產全部或一部之價額為清償，而停止拍賣（日民九三二條）；繼承債權人及受遺贈人，得以自己之費用，參加上開繼承財產之拍賣或鑑定（日民九三三條）。

按如遺產甚為充足，無論應償付者為特定物或不特定物或其他財產權，均足以給付者，繼承人固無就遺產為換價之必要。惟如繼承債務超過繼承財產之情形，於遺產之清算上，即須按債權額，比例計算，以遺產分別清

理。請參照陳著一八二頁（註二），中川、島津編二五五頁。

又，依民法第一一六二條第二項之反對解釋，如繼承人交付遺贈時不知尚有其他債權人之存在，則未報明之債權人對於受遺贈人亦不得請求返還其不當受領之數額。但受遺贈人原則上不得先於債權人而受清償，在對於已報明或已知受遺贈人交付遺贈以前，未報明之債權人為清償之請求或繼承人於催告期滿後始為其所知悉時，如有賸餘財產，仍應先於受遺贈人而為清償。請參照史著二七六～二七七頁。

[186] 參照中川淳著〈相續法逐條解說(51)〉，載《戶籍時報》（昭和六二年六月號）一七頁；中川、島津編二五五頁。

[187] 參照陳著一八一頁，史著二七二頁，胡著一一六頁（註七）。

償之（民一一五九條），而遺產之種類繁多，為比例清償，則金錢以外之繼承財產即有換價之必要。我民法於無人承認之繼承明定遺產管理人為清償債權或交付遺贈物之必要，經親屬會議之同意得變賣遺產（民一一七九條二項）；但於限定責任之遺產清算，則未設規定，有待立法上之增列規定，以資依據，並確保遺產換價之公平。

於現行法未對遺產換價為規定之情形下，基於民法第一一五九條比例償還債權及交付遺贈之意旨，亦應解為繼承人為清償之必要，得就遺產為換價；而其方法或依市價變賣、或依拍賣方式（參照民三九一條至三九七條）為之，均無不可。但繼承人之換價如有不當，致被繼承人之債權人或受遺贈人受有損害者，應依民法第一一六一條之規定負賠償之責[188]。

四、繼承人之賠償責任及不當受領人之返還義務

㈠繼承人之賠償責任

繼承人依法既應實行遺產之清算，如其違反法定之清算程序，或為不當之清償，致繼承債權人或受遺贈人受有損害，即應負損害賠償責任，以保護繼承債權人及受遺贈人。是故，我民法第一一六一條第一項規定：「繼承人違反第一一五八條至第一一六〇條之規定，致被繼承人之債權人受有損害者，應負賠償之責。」本條項雖僅以被繼承人之債權人為言，但對於受遺贈人應無排除其適用之理，解釋上自應包括受遺贈人[189]，先行說明。

繼承人違反民法第一一五八條至第一一六〇條之規定，致繼承債權人受有損害，固應負賠償之責；即該繼承人如未依法院公示催告所定之期限屆滿而對任何繼承債權人償還債務，或雖在法定期限後而為償還，但非按

[188] 陳著一八二頁、戴合著一九二頁、史著二八〇頁均認為繼承人為清償債務或交付遺贈之必要，對遺產得為變賣。陳著、戴合著並認為如繼承人有意加害繼承債權人及受遺贈人者，應依民法第一一六一條之規定，負損害賠償之責任。史著另認為繼承人之變賣遺產如因故意或過失，致生損害於債權人或受遺贈人時，應負損害賠償責任。

[189] 參照陳著一八三～一八四頁，史著二八一頁，胡著一一七頁，羅著一〇九頁。

債權數額比例計算，或在償還債務前交付遺贈，而致繼承債權人受有損害，自應賠償[190]。

繼承人依本條項應負賠償責任之情形，具體言之，有如次述：

⑴於法院依公示催告程序公告之期限內，對一部分繼承債權人或受遺贈人先行償付，致其他債權人或受遺贈人不能受其應得之償付（違反民一一五八條之規定）。

⑵對有優先權之債權人，未優先予以清償，致其受有損害（違反民一一五九條第一項但書之規定）。

⑶對已報明之債權及繼承人所已知之債權，未按其數額比例計算，予以償還，致債權人不能受其應得之清償（違反民一一五九條之規定）。

⑷未先償還繼承債務，即對受遺贈人交付遺贈，致債權人不能受其應得之清償（違反民一一六〇條之規定）。

⑸受遺贈人有數人，未按遺贈數額比例計算，分別以遺產交付（類推

[190] 舊法第一一五七條列入舊法第一一六一條第一項之內，多數見解認其為錯誤，如陳著一八三頁，戴合著一九三頁，史著二八二頁，胡著一一七頁，羅著一〇八頁，李著七一頁。但劉鍾英著三二頁則採反對說，謂第一一五七條雖係定明由法院公告，苟法院為公告，違反該條規定，不依公示催告程序為之或其所定之一定期間違反該條第二項之規定不滿三個月，即難保被繼承人之債權人不因之而受損害。繼承人對於法院之公告方法及公示催告所定期限，即負有特別注意及聲請補正之義務，違反此義務致被繼承人之債權人受有損害，不能謂非繼承人之過失云云。惟查依民法第一一五七條規定，公示催告程序之公告應由法院依職權行之，縱其程序違法，乃屬法院之事，與繼承人無涉，即令繼承人不促動法院補正，亦不應使繼承人因法院之錯誤而對受損之債權人負賠償責任。日本民法第九三四條第一項固規定怠於依同法第九二七條為限定承認之公告或催告者，限定承認之繼承人應對繼承債權人或受遺贈人之損害負賠償責任。但依第九二七條之規定，負為限定承認之公告或催告之義務者，乃限定承認之繼承人，而非法院。則其第九三四條第一項所規定，怠於依第九二七條為公告或催告時，限定承認之繼承人負有損害賠償之責，自無不合。其與我民法規定為限定承認之公示催告，應由法院依職權為之者，殊有不同。
由是觀之，新法第一一六一條不將違反第一一五七條包括在內，應為正確。

適用民第一一五九條，已如前述），致受遺贈人不能受其應得之分配（違反民一一五九條之規定）。

本條項既曰繼承人違反各該條之規定，致被繼承人之債權人受有損害者，應負賠償之責云云，則債權人（或受遺贈人）之損害與繼承人之違反行為須有因果關係，始有賠償之可言。如繼承人有違反各該條之行為，而債權人（或受遺贈人）並未因此受有損害，自無賠償之餘地；反之，債權人（或受遺贈人）雖有損害，但非因繼承人違反各該條之行為而生（例如對遺產管理不當，致有損害），亦不能為本條項之適用，至為明瞭。

關於本條項所規定之損害賠償責任，其性質若何？有不同之見解[191]。有解為因債務不履行之損害賠償，即繼承人負有依法為清償之義務，竟不遵守清算程序而予清償，故係債務不履行，因而負擔此賠償責任[192]。另有認為係違反保護他人法律規定之侵權行為，應推定為有過失，其於規定之違反有故意或過失為已足[193]。謹按繼承人依法本僅以因繼承所得之遺產為限度，償還繼承債務及交付遺贈，現因其違反法定之遺產清算程序，致繼承債權人或受遺贈人受有損害時，依本條項之規定，須另以自己之固有財產負損害賠償責任。由是以觀，其乃因有不法之行為而負賠償之責；且民法第一一五八條至第一一六〇條之規定係為保護繼承債權人及受遺贈人受公平償付而設，顯屬保護他人之法律。從而本條項所規定之繼承人損害賠償責任，其性質似以解為民法第一八四條第二項之違反保護他人法律之侵

[191] 關於限定承認繼承人違反法定遺產清算程序，致繼承債權人或受遺贈人受有損害，所負損害賠償義務，日本民法第一項予以明定，該義務之性質，在日本之學說上，有債務不履行說與侵權行為說之分。債務不履行說以限定承認繼承人對繼承債權人及受遺贈人負有依法為清算之義務，如有違反，即生債務不履行之責任。侵權行為說則以限定承認之繼承人因故意過失不法為清償，致造成繼承債權人或受遺贈人受有損害，因此而生侵權行為之責任。以侵權行為說為多數說。詳請參照中川淳著〈相續法逐條解說(51)〉，載《戶籍時報》（昭和六二年六月號）一三～一四頁。

[192] 參照戴合著一九三頁。

[193] 參照史著二八二頁。

權責任為妥[194]。若然，繼承人行為之過失，並由法律推定之；該損害賠償請求權之消滅時效，並應適用民法第一九七條之規定。

㈡不當受領人之返還義務

民法第一一六一條第二項規定：「前項受有損害之人，對於不當受領之債權人或受遺贈人，得請求返還其不當受領之數額。」此乃不當受領人之返還義務，亦即受害人之求償權。

繼承人應依法定之遺產清算程序，公平償還繼承債務及交付遺贈，其如違反法律之規定，致繼承債權人或受遺贈人受有損害時，固應負賠償責任，已如前述。惟該繼承人雖應負賠償之責任，但若因資力不足或全無資力時，對受害人即不免無實際上之效果。是故，民法除規定受害人得對繼承人請求損害賠償外，乃又規定其得對不當受領之債權人或受遺贈人行使求償權，請求返還其不當受領之數額，以符公平償付之旨。

本條第二項所規定者為同條第一項受有損害之人之求償權。如前所述，受遺贈人受有損害者，亦應解為有本條第一項之損害賠償請求權，則受遺贈人自亦有本條第二項之求償權。惟因繼承人應於償還債務後，始得交付遺贈（民一一六〇條），則受有損害之債權人雖得對不當受領之債權人或受遺贈人行使求償權，但受害之受遺贈人僅得對不當受領之受遺贈人請求返還其不當受領之數額，而不得對於債權人行使求償權。

本條項所規定之不當受領人返還義務，其性質若何？亦有不同之見解[195]。惟其非不當得利之返還義務（民一七九條），至為明瞭；蓋繼承人之

[194] 民法第一八四條第二項為侵權行為之獨立構成要件，凡違反保護他人之法律而侵害他人者，不論其所侵害者係權利或權利以外之法益，均可構成侵權行為。詳請參照王澤鑑著〈違反保護他人法律之侵權責任〉，載其所著《民法學說與判例研究第二冊》一八五頁以下。又，民法第一八四條第二項經修正後，違反保護他人法律之侵權行為，屬獨立之侵權行為類型，尤為明確。

[195] 關於不當受領人之返還義務，日本民法第九三四條第二項亦有明文。其性質，學說上亦有不當得利說、侵權行為說、準侵權行為說之分。詳請參照中川淳著〈相續法逐條解說⑸〉，載《戶籍時報》（昭和六二年六月號）一五頁。

惟日本民法該條項所規定之不當受領人對其他債權人或受遺贈人之負返還義

為償付，並非無法律上之原因，繼承債權人之受領清償，係本於其債權之存在，遺贈亦發生債權之效力，受遺贈人得對繼承人請求交付遺贈物，雖繼承人未為公平償付，致其受領不當，但尚非無權利而受領，自無不當得利可言。其亦非侵權行為之損害賠償；蓋因不當受領人依本條項之負返還義務，不以其有故意或過失為要件，且僅返還其不當受領之數額而已，並非負損害賠償責任，難認此為侵權行為所生之結果[196]。謹按繼承債權人及受遺贈人本各有其權利，而得為全部之請求，僅因繼承人為限定承認，於遺產不足償付時，對其權利之行使有所限制而已，是其不問為善意或惡意，因受害人之請求而應返還不當受領之數額，可謂係直接基於本條項之規定；易言之，受害人之該項求償權，係依法律之規定而發生，既非不當得利之返還請求權，亦非侵權行為之損害賠償請求權[197]。受害人之行使該項求償權，既非基於侵權行為，民法亦未特別規定其行使之期間，則其消滅時效即應適用民法第一二五條所規定之一般期間[198]。

受害人既可依本條第二項規定對不當受領之債權人或受遺贈人行使求償權，亦可依本條第一項規定對限定承認之繼承人行使損害賠償請求權，如有一方為清償時，他方之債務於其限度內，即因目的之達到而消滅。即其二者為不真正連帶債務之關係[199]。

務，以「知情」而不當受領為要件；此與我民法第一一六一條第二項規定不當受領人之負返還義務，不以知其為不當受領為要件，即不問其受領為善意或惡意，皆適用本條項之規定者，有所不同。則日本就該返還義務，於學說上所為之論爭，於我民法之解釋上，即未盡相合。

[196] 胡著一一八頁採侵權行為說。戴合著一九四頁亦認以：「不當受領人即是限定繼承人義務違反之共同行為人（加擔人）」之說，為可採取。

[197] 羅著一一〇頁、范著一一二頁、史著二八三頁，認為此求償權為直接基於本條第二項之規定而發生，即為特別範疇之請求權。

[198] 參照戴合著一九四頁。但史著二八三頁認為應準用民法第一九七條關於侵權行為消滅時效之規定。

[199] 參照史著二八三頁。

惟查受害人依本條第一項對限定承認繼承人得請求賠償者，為其所受之「損又，繼承人如為不當之清償，應對繼承債權人或受遺贈人負賠償責任，有如前述，但繼承債權人或受遺贈人於其權利範圍內受領，並非無法律上原因，自非不當得利，是故新法第一一六一條第三項明定繼承人對之不得請求返還不當受領之數額，以免誤會。

五、未經公示催告之遺產清算

繼承人自行開具遺產清冊陳報法院或依法院之命提出遺產清冊，法院依民法第一一五七條應依公示催告程序公告，進行遺產清算程序，有如前述。惟新法以限定責任為本則，並未強制繼承人向法院陳報即得以遺產為限清償繼承債務，為此新法規定得由繼承人自行為遺產之清算，不必開具或提出遺產清冊於法院，即有未經法院之公示催告而進行遺產清算程序之情形。新法第一一六二條之一第一、二項規定：「繼承人未依第一一五六條、第一一五六條之一開具遺產清冊陳報法院者，對於被繼承人債權人之全部債權，仍應按其數額，比例計算，以遺產分別償還。但不得害及有優先權人之利益。前項繼承人，非依前項規定償還債務後，不得對受遺贈人交付遺贈。」即許繼承人自為清償，但仍須依優先權債權、普通債權、遺贈之順序及比例為之。又，繼承人自行清算遺產時，對未屆清償期之債權，視為已到期，亦應予以清償，其無利息者，其債權額應扣除自清償時起至到期時止之法定利息（同條第三、四項）。

上開繼承人未經公示催告，得自為清償之規定，如何確定繼承債務之範圍及應於何時為清償？繼承人所不知之債權人而未行使權利時，其受清償之順序為何？遺產清算程序如何終結？均欠明瞭。即此一規定，仍待檢討。又，繼承人自為遺產清算，未由法院為公示催告，須依上開第一一六二條之一規定，按債權性質及比例公平為清償，如有違反，繼承債權人得就應受清償而未受清償部分對繼承人行使權利，且於此情形，繼承人所負之清償責任，除遺產外，並擴及繼承人之固有財產，但無行為能力或限制

害」；而其依本條第二項對不當受領之債權人或受遺贈人所得行使求償權之範圍，則限於返還其「不當受領之數額」。即據其二者所得請求給付之數額，未必完全相同，是宜注意。

行為能力之繼承人，仍僅須以遺產為限負責（民一一六二條之二第一、二項）。

此外，上開繼承人未向法院陳報而自行為遺產之清算者，如為不當之清償，致繼承債權人或受遺贈人受有損害者，亦應負賠償責任，且受有損害之人對不當受領之債權人或受遺贈人，亦有求償權，得請求返還其不當受領之數額，惟繼承人雖為不當之清償，其對不當受領之債權人或受遺贈人不得請求返還不當受領之數額（民一一六二條之二第三、四、五項），其與前述之第一一六一條之規定並無不同。

按民法第一一六二條之二第三、四、五項與第一一六一條之規定相同，可見新法增訂第一一六二條之二第一、二項規定，對未開具遺產清冊陳報法院，致未經公示催告而為遺產清算之限定責任繼承人，加重其責任。惟此一增訂之規定，不切實際，舉例言之，甲死亡後，其繼承人為A、B，B為限制行為能力人，繼承債權人乙、丙之債權分別為一千萬元、五百萬元，遺產為六百萬元，則應受償之數額：乙為四百萬元、丙為二百萬元，但A、B竟將六百萬元向乙為清償，依新法增訂之第一一六二條之二第一、二項規定，丙得向A、B請求清償二百萬元，但A負無償責任，B負有限責任。惟丙如依同條第三項規定，本得請求A、B賠償二百萬元，A、B均負無限責任。益見民法第一一六二條之二之規定，有待檢討。

第三項　繼承之拋棄

第一款　繼承拋棄之意義

所謂繼承拋棄，乃因繼承之開始，於法有繼承權之人依法定方式所為與繼承立於無關係之地位之意思表示。在我民法上，一旦繼承開始，繼承人即當然承受被繼承人財產上之一切權利義務（民一一四八條），無庸其為任何之意思表示；但繼承人於繼承開始後，自願拋棄其已取得之繼承權，而為不欲為該繼承主體之意思表示，全部的拋棄其繼承效果，於法無加禁止或限制之必要，是即所謂繼承之拋棄。

於身分繼承制下，拋棄繼承原在禁止之列。我國舊制以宗祧繼承為主，既為宗嗣，即不允其廢祭；如許任意拋棄繼承，則祖宗之血食即行中斷，自不許其為拋棄。日本民法舊繼承編之家督相續（繼承）制，亦禁止為繼承之拋棄（參照日民舊一〇二〇條）。近代法制關於繼承之範圍僅限於遺產，已不採身分繼承，認為繼承之拋棄，僅屬財產權之拋棄而已，法律自無予以禁止之理。是故，我民法亦依各國立法例，採用拋棄繼承制度，明定繼承人得拋棄其繼承權（民一一七四條一項）。

繼承開始以前之繼承權，充其量屬一種期待權，甚至其為期待權之性質薄弱，僅可認為享受一定保障之法律上地位而已，尚難認其為權利；且依民法第一一七四條第二項規定，拋棄繼承，應於知悉其得繼承之時起三個月內以書面向法院為之，即為繼承開始後，繼承人所為否認繼承效力之意思表示。是故，若繼承開始前預為繼承權之拋棄，自不生其效力（參照二二年上字二六五二號判例）；又，繼承開始前所訂立之拋棄繼承契約，於法既屬無效[200]，其於繼承開始時，仍得主張繼承權。

繼承拋棄為單獨行為，於繼承開始後始得為之，且須包括為之，如為遺產一部之拋棄，自不生拋棄之效力（六五年台上字一五六三號、六七年台上字三四四八號、六七年台上字三七八八號判例）。又，一經拋棄，即不許撤回，惟如因錯誤、被詐欺或被脅迫之情事時，其意思表示有瑕疵，自可適用民法總則規定，於法定期間內行使撤銷權，但應解為須以書面向原為拋棄表示之法院為之，即亦為要式行為。

新法既以繼承人負限定責任為繼承本則，繼承人對繼承債務無須以其固有財產負責，此與拋棄繼承相同，則拋棄繼承之規定有無續存必要，立

---

[200] 參照中川淳著〈相續法逐條解說(53)〉，載《戶籍時報》（昭和六二年九月號）五頁。

德國民法（二三四六條以下）上有所謂「繼承拋棄契約」(Erbverzichtsvertrag)，即被繼承人之血親及配偶得於被繼承人生前，與其立約，拋棄其法定繼承權；該拋棄之人，視為其於繼承開始時不存在，其法定繼承權被排除，且無特留分權。但我民法及日本民法，均不承認此於繼承開始前所立之拋棄繼承契約。

法上有斟酌之餘地。

第二款　繼承拋棄之方式

繼承人之拋棄繼承，應於知悉其得繼承之時起三個月內以書面向法院為之；拋棄繼承後，應以書面通知因其拋棄而應為繼承之人，但不能通知者，不在此限（民一一七四條二、三項）[201]。

茲分別論述如次：

一、拋棄繼承權之繼承人

因被繼承人之死亡而得為繼承之拋棄者，須為已取得繼承權之人，固不待言。對被繼承人喪失其繼承權者，既無繼承權，自無拋棄之可言；於繼承開始時，雖屬民法第一一三八條所列之法定繼承人，但有順序在前之人存在，則順序在後者，尚無繼承權，即無從為拋棄，須於前一順序之人均為繼承之拋棄，而應由其為繼承人時，始得為繼承之拋棄而發生效力（參照民一一七六條七項）[202]。

繼承人為無行為能力人者，須由其法定代理人代為拋棄之表示，始有其效力（民七六條、七五條前段），為限制行為能力時，其為拋棄之表示，

---

[201] 民法第一一七四條第二項於七四年六月三日修正公布前原規定為：「前項拋棄，應於知悉其得繼承之時起二個月內，以書面向法院、親屬會議或其他繼承人為之。」七四年六月三日修正為：「前項拋棄，應於知悉其得繼承之時二個月內，以書面向法院為之。並以書面通知因其拋棄而應為繼承之人。但不能通知者，不在此限。」其理由為：「我國民法規定之親屬會議，並非常設機構，向親屬會議為拋棄繼承之表示，窒礙難行。惟有向法院為拋棄繼承之表示，最為確實易行，且因其有案可查，可杜絕倒填年月日，偽造拋棄繼承之證明文件等情事，爰修正為拋棄繼承，應以書面向法院為之」。九七年一月二日修正公布時，將原為二個月期間，修正為三個月。

[202] 惟目前實務上，法院亦有於先順序繼承人表示拋棄繼承後，次順序繼承人一併在聲請狀上表示拋棄繼承，而均予備查者（參照《司法院公報》三八卷三期九九頁、《八四年法律座談會彙編》三一～三二頁）。若然，即為許附條件之預先拋棄繼承，理論上不無可議。

則應得法定代理人之允許，方為有效（民七七條、七八條）；惟因拋棄繼承尚須向法院為之，而為非訟程序，未成年人如未結婚者，均無非訟能力，縱為限制行為能力人，於向法院為拋棄繼承之表示時，仍應由其法定代理人代其為之，否則即有未由法定代理人代理之違法（家事九七條準用非訟一一條）。至胎兒得否由其法定代理人為繼承之拋棄？不無疑問[203]。按胎兒既有權利能力，即有繼承能力，可取得繼承權（民七條），而民法第一一六六條又明定，於共同繼承時，非保留胎兒之應繼分，其他繼承人不得分割遺產，且胎兒關於遺產之分割，以其母為代理人。依法既認胎兒有繼承權，自宜解為得由其法定代理人為繼承之拋棄[204]。

父母如代理其未成年子女拋棄繼承，但如利益相反時，即不得為代理，此際應依民法第一〇八六條第二項規定，經由法院選任特別代理人代理該未成年子女為繼承拋棄，其代理始為合法。

二、得為拋棄繼承之期間

條文所曰「應於知悉其得繼承之時起三個月內……為之」，乃繼承人得為拋棄繼承之期間。又，因他人拋棄繼承而應為繼承之人，其如為拋棄繼承時，亦應於知悉其得繼承之日起三個月為之（民一一七六條七項）。繼承人如未於該法定之期間內拋棄其繼承權者，嗣後縱為繼承權之拋棄，亦不生效力（三七年院解字三八四五號解釋）。

拋棄繼承之三個月期間為自「知悉」其得為繼承之時起算。繼承開始之時日為確定的，而知悉其得為繼承之時日則為不確定的。所謂「知悉」，究為覺知被繼承人死亡之時（覺知死亡說），抑為覺知自己為繼承人之時（自覺繼承人說），或為繼承人認識或可得認識遺產（包括積極財產及消極財產）之時（認識遺產說），均不無疑義。對此問題，日本之判例：初採覺知死亡

[203] 胎兒得否為繼承之拋棄？在日本亦有積極說與消極說之分。前者以民法第八八六條第一項已明定胎兒關於繼承，視為既已出生，即應從積極之見解；後者則以胎兒須出生後始得為繼承之拋棄。請參照中川淳著〈相續法逐條解說(54)〉，載《戶籍時報》（昭和六二年一一月號）三七頁。

[204] 參照史著二四六頁。

說（大判大正一〇年一〇月二〇日民錄二七輯一八〇七頁）。嗣改採自覺繼承人說（大決大正一五年八月三日民集五卷六七九頁）。最近則採折衷說，即原則上採自覺繼承人說；例外如自知其為法律上之繼承人時起，因相信被繼承人完全無繼承財產之存在，乃未於考慮承認或拋棄之期間為拋棄，再由被繼承人之生活經歷、被繼承人與繼承人間之來往情形等各種狀況為斟酌，期待該繼承人調查繼承財產之有無，又為極困難之事，從而可認繼承人之相信被繼承人完全無繼承財產，有其相當理由時，則以採認識遺產說為妥（最高判昭和五九年四月二七日民集三八卷六號六九八頁），可供參考[205]。在我國似迄無判解可資依據。惟自我民法第一一七四條第二項規定為「知悉其得繼承之時起」及第一一七六條第七項規定為「知悉其得繼承之日起」云云，其非謂繼承人知悉繼承開始之原因事實（即被繼承人之死亡）之發生時，而為指繼承人知悉繼承開始之原因事實，且因而覺知自己為法律上之繼承人之時，可以概見。詳言之，位居繼承順序之繼承人對被繼承人死亡之事實，於知悉其事之同時，如亦覺知其依法為繼承人，則三個月之期間，固由此時起算；雖已知悉被繼承人死亡其事，但由於對法律之不知或事實之誤認，尚未覺知其依法應為繼承人時，則該三個月之期間，仍未開始起算，而應自其覺知應為繼承人時始行起算該三個月期間。即在我民法解釋上，似應採自覺繼承人說，以決定拋棄繼承期間之起算點，較為妥適。

三、以書面向法院為之

為昭鄭重，並證明繼承人拋棄意思表示之確實，繼承人之拋棄繼承，應以書面向法院為之；易言之，繼承之拋棄為法定之要式行為[206]。既應「以

[205] 參照中川淳著〈相續法逐條解說(54)〉，載《戶籍時報》（昭和六二年一一月號）三七頁、四〇～四二頁；及所著〈相續における熟慮期間の起算點〉，載《家族の法と歷史》二八六頁以下。

[206] 日本民法第九三八條規定繼承人之為繼承拋棄，應向家庭裁判所為申述。其管轄法院為被繼承人住所地或繼承開始地之家庭裁判所，而繼承拋棄之申述，並須向家庭裁判所提出申述書，亦分別為其家事審判規則第九九條及第一一四條所明定。

書面為之」，則如以言詞為拋棄繼承之表示，自不生拋棄之效力；且又限於「向法院為之」，則其如向親屬會議或其他繼承人為表示，亦不生其效力，固不待言。

拋棄繼承事件之管轄法院，依家事事件法第一二七條第一項第三款規定，專屬繼承開始時被繼承人住所地之法院。又繼承人向法院為拋棄繼承之意思表示，並無訟爭性，其性質為家事非訟事件（家事事件法三條四項九款）。是故繼承人向法院為此項意思表示時，係屬非因財產權關係而聲請之非訟事件，應依家事事件法第九七條準用非訟事件法第一四條第一項規定徵收費用新臺幣一千元。

至民法第一一七四條第三項另規定，繼承人拋棄繼承後，並應以書面通知因其拋棄而應為繼承之人，但不能通知者，不在此限。其旨趣在使因其拋棄而應為繼承之人，得迅為限定承認或拋棄繼承之選擇，期法律關係早臻確定，以保護利害關係人之權益。惟拋棄繼承人之該項書面通知程序，既為在法院外踐行之，縱有應通知而不通知之情事，對其拋棄繼承之發生效力，應無影響[207]；即該項規定屬訓示性質。

第三款　法院之審查

繼承人依法定方式向法院為拋棄繼承之意思表示時，其拋棄之表示，既屬單獨行為，則如其合於法律之規定，即生拋棄繼承之效力，初不待法院之裁判始生效力。法院之受理此項拋棄表示，僅係證明其意思表示之存在，並非解決私權之紛爭。從而拋棄繼承事件，無訟爭性，其性質應為非訟事件[208]。

[207] 行政院、司法院對民法第一一七四條第二項之修正草案原以「並附具同一順序及次順序繼承人名冊」為拋棄繼承之生效要件之一，實課拋棄繼承人以過重之責任，立法院期期以為不可，爰修正為「並以書面通知因其拋棄而應為繼承之人。但不能通知者，不在此限。」使負較合理之責任云云，可資參考。請見司法周刊雜誌社發行《民法親屬、繼承編及其施行法修正條文暨說明》一七三～一七四頁。

[208] 楊建華著〈拋棄繼承事件之處理〉中，認繼承人向法院為繼承權之拋棄，並無

法院對於拋棄繼承事件，有形式的審查權，固無爭議，但得否為實質的審查，則不無疑義[209]。查拋棄繼承事件既為家事非訟事件，有如前述，

紛爭性，僅係使此項拋棄之表示有案可查而已，依其性質，應屬非訟事件，法院應依非訟事件法第一六條（按現為三二條）規定依職權調查事實及必要之證據，如認其表示合於法律之規定者，應作「拋棄繼承權之表示合法」之確認裁定，如認其為不合法者，仍應以裁定駁回之云云，可供參考。請參照所著《問題研析民事訴訟法（二）》四四九頁以下。

日本家庭裁判所之受理拋棄繼承之申述，依其家事審判法第九條第一項甲類第二九款之規定，為甲類審判事項。關於受理申述之審判，其性質若何？在學說上有裁判說與非裁判說之分。裁判說認為家庭裁判所對申述之適否、效力為調查判斷之一種受理行為，乃國家對私人之意思表示，予以協助之行為，可視為廣義的裁判。非裁判說則認為受理申述僅為裁判所對拋棄之意思表示，予以公證。其判例對於限定承認，支持非裁判說之立場（大判昭和九年一月一六日民集一三卷二〇頁）。請參照中川淳著〈相續法逐條解說(54)〉，載《戶籍時報》（昭和六二年一一月號）四二頁。

[209] 日本家庭裁判所對拋棄繼承申述之審查權，學說上對申述書之記載踐行形式的審查，並無爭論之處；但裁判所得否為實質的審查，及得審查何種事項，則有不同之見解。即關於得否為實質的審查，有一般的肯定說、限定明白違反說與否定說之分，而以一般的肯定說為多數說。

㈠一般的肯定說以家庭裁判所於受理審判時，得為實質的審查。其得對申述是否具備法定方式、申述是否基於真意、是否繼承人所為之申述等為判斷，殆無異論。惟對於是否於申述期間內所為之申述、有無法定單純承認之事實，得否為實質的審查，則各另有肯定說與否定說之不同見解。

㈡限定明白違反說則以為限於申述之明白欠缺實質上要件時，家庭裁判所始不得受理申述。但對此種見解，有認為所謂明白欠缺實質上要件之具體基準，未必明確，而加以批判。

㈢否定說以家庭裁判所不得對實體上之要件，予以審查。因此於申述書上所載之繼承人是否於申述期間內為繼承之拋棄，僅從形式上判斷已足。是故家庭裁判所雖依職權調查，但僅在達成提供參考之職務而已，即令申述欠缺實質上之要件，亦不得拒絕受理。

以上請參照中川淳著〈相續法逐條解說(54)〉，載《戶籍時報》（昭和六二年一一月號）四三頁。

而依家事事件法第十條第一項規定，法院審理家事事件認有必要時，得斟酌當事人所未提出之事實，並得依職權調查證據。從而法院對拋棄繼承之表示，除應在形式上審查其是否具備法定之方式外，似亦有實質的審查權，得為相當之調查審認。則如向法院為拋棄表示之人，其是否為繼承人？繼承是否確已開始？拋棄之表示是否出於其真意？知悉其得繼承之日？等各事實，法院於該拋棄繼承事件，亦得為實質的審查，以期處理之正確。惟拋棄繼承之人，是否曾有民法第一一六三條之法定單純承認之情事，應不許其為繼承之拋棄一節，因該一定情事之有無，涉及繼承關係所適用之法律，而一般情形，亦有待被繼承人之債權人之主張繼承人有其情事存在（參照二七年院字第一七一九號解釋），似應認法院於拋棄繼承事件，不得在實質上審查為拋棄表示之繼承人有無法定單純承認之事實。

法院於審查拋棄繼承事件後，認拋棄繼承之表示為合法者，即應予以備查，通知拋棄繼承人及已知之其他繼承人，並公告之（家事一三二條二項）；如認其與法律之規定不合者，自應予以駁回（同條三項），對該駁回之裁定，得為抗告，固不待言[210]。惟法院對拋棄繼承表示，依非訟程序，所為准予備查或駁回之裁定，既非判決，並無確定私權之效力，不生既判力。當事人因此所生之私權紛爭，仍得依判決程序解決之，是宜注意。

實務上，以拋棄繼承事件為非訟事件，受理法院就當事人拋棄繼承之表示，是否符合拋棄繼承之規定，應依職權調查，分別為准予備查或駁回之裁定；並認繼承人是否於知悉得為繼承之時起三個月內為拋棄繼承表示，屬形式上應審查之事項，受理法院對於逾期所為之拋棄，得以裁定駁回之（參照司法院七五年七月一〇日(75)廳民一字一四〇五號及七五年一〇月二二日(75)

[210] 在日本，家庭裁判所對拋棄繼承申述之審理，如為駁回之審判，依家事審判規則第一一五條第二項及第一一一條之規定，利害關係人得為即時抗告。至對於受理之審判，雖法無明文，但應解為不得即時抗告（東京高決昭和二九年五月七日高裁民集七卷三號三五六頁、大阪高決昭和三八年一〇月一日《家裁月報》一五卷一一號一〇九頁）。請參照中川淳著〈相續法逐條解說(54)〉，載《戶籍時報》（昭和六二年一一月號）四四頁。

廳民一字一六三三號函)。又以:(1)民事訴訟法第一六二條第一項所謂應扣除在途期間之法定期間，係指同法所規定訴訟關係人應為一定訴訟行為之期間而言(四三年台上字八五〇號判例參照),拋棄繼承性質上屬於非訟事件,自無在途期間適用之餘地(參照七六年九月七日(76)廳民一字二七九六號函)。(2)繼承人向法院為拋棄繼承之表示，未依非訟事件法規定繳聲請費，法院裁定定期補繳,逾期未繳,得以裁定駁回之(七六年一一月六日(76)廳民一字三〇一三號函)。

第四款　繼承拋棄之效力

一、總　說

民法第一一七五條規定:「繼承之拋棄,溯及於繼承開始時發生效力。」按繼承開始後至繼承拋棄時，原有相當之時日，繼承人雖得自由拋棄其繼承，但在拋棄繼承前，依然為有繼承權之繼承人，對於遺產管理及其他因繼承而生之事實，自應與其他繼承人共同任之。但繼承人依法拋棄繼承，既溯及於繼承開始時發生效力，則其人在繼承開始時即不為繼承人，亦即自始與未經繼承者同。

執行名義成立後，債務人死亡者，其效力固可及於其繼承人，但繼承人拋棄繼承者，則非執行名義效力之所及，繼承債權人僅得就遺產或未拋棄繼承之同一順序繼承人固有財產聲請執行。如先順序之繼承人均拋棄繼承者，繼承債權人得向次順序之繼承人聲請執行;如各順序之繼承人均拋棄繼承者,因應準用關於無人承認繼承之規定(民一一七六條六項),即以遺產管理人為債務人，僅得就遺產強制執行[211]。

就繼承人之拋棄繼承行為，有害及債權者，其債權人得否依民法第二

[211] 最高法院七五年度台上字一八八號判決謂:「查再抗告人主張伊已於其父死亡後,依法向臺灣臺中地方法院聲明拋棄繼承。經該院以七四年繼字第二一號准予備案，提出該院七四年四月二二日院艮民丁決字第三五三六〇號函影本為證,果係如此,即不能對其財產為強制執行。抗告法院未盡查明,遽認該項執行名義其效力及於再抗告人，尚有未洽。」可資參考。

四四條之規定聲請撤銷之？甚有爭論[212]。我國學者有主張肯定說者，其理由略以：繼承權之拋棄係處分遺產之行為，非拒絕利益之取得，既為單純無償之處分行為，為保護交易安全，如其結果害及債權，即得為撤銷之標的[213]。另有主張否定說，其論據略以：繼承權之拋棄為身分行為，即令係以財產為標的，亦具有身分行為之性質；且為拒絕財產利益取得之行為；其又係法定之權利，以人格為基礎，債權人之利益固應保護，但債務人（即拋棄繼承權之人）之人格自由，尤須尊重，因此債務人之拋棄繼承行為，不得為其債權人撤銷之對象[214]。最高法院七三年度第二次民事庭會議決議，亦採取否定說[215]。按⑴繼承人既有選擇拋棄繼承之自由，如認其債權人得聲請撤銷其拋棄繼承之行為，即屬強制繼承人為繼承之承認，其結果與無選擇之自由無異，其為不當，至為明瞭。⑵債權人之所以有民法第二四四

[212] 法國民法第七八八條明定，債務人之拋棄繼承權而詐害債權時，得為其債權人行使撤銷權之對象。請參照山口俊夫著《フランス債權法》二七〇頁。
日本對繼承人之拋棄繼承得否為其債權人行使撤銷權之對象，學說上有肯定說與否定說之論爭。但其判例則採取否定說（大判昭和一〇年七月一三日新聞三八七六號六頁、最高判昭和四九年九月二〇日民集二八卷六號一二〇二頁），認為拋棄繼承並非減少既存財產之行為，且繼承人拋棄繼承之行為，亦不得依他人之意思而予以干涉。詳請參照中川淳著〈相續法逐條解說⑸³〉，載《戶籍時報》（昭和六二年九月號）五～八頁。

[213] 參照戴著解說一八一頁以下、孫森焱著《民法債編總論》四六二頁、邱聰智著《民法債編通則》三二九頁、王伯琦著《民法債編總論》一九一頁、戴修瓚著《民法債編總論》一九四頁。

[214] 參照史著三一五頁；鄭玉波著《民法債編總論》三二二頁；王澤鑑著〈拋棄繼承與詐害債權〉，載《民法學說與判例研究第四冊》三一五頁以下；林秀雄著〈繼承權之拋棄與詐害債權〉，載《鄭玉波先生七秩華誕祝賀論文集》九六頁以下。

[215] 最高法院七三年度第二次民事庭會議決議採否定說之理由為：債權人得依民法第二四四條規定行使撤銷訴權者，以債務人所為非以其人格上之法益為基礎之財產上之行為為限，繼承權係以人格上之法益為基礎，且拋棄之效果，不特不承受被繼承人之財產上權利，亦不承受被繼承人財產上之義務，故繼承權之拋棄，縱有害及債權，仍不許債權人撤銷之。

條之撤銷權，乃在防止債務人之「不當減少」其責任財產，以確保其債權之獲償，亦即其目的僅在保持債務人原有之資力，而非在增加其資力，繼承人既有拋棄繼承之權，本非不當減少其責任財產，且縱因該拋棄繼承行為，致債務人之資力未增加，亦非其債權人所得干涉[216]。(3)繼承之拋棄既溯及於繼承開始時發生效力，則繼承人依法為拋棄繼承之表示時，即發生與自始並未繼承之同一效果；依法其並非將已發生之繼承效果，予以廢止，使其向將來失其效力。從而繼承人之拋棄繼承，乃消極地拒絕利益取得之行為，而非積極地減少其財產之行為。由上參互以觀，繼承人拋棄繼承之行為，應非其債權人行使撤銷權之標的。即本問題，似以採否定說為當。

宜再為說明者，繼承人之拋棄權，本於繼承拋棄不可分之原則，自須就被繼承人之全部遺產而為拋棄繼承之表示，如僅為一部拋棄，或專就被繼承人之某一特定權利或義務為拋棄，即為法所不許，不生拋棄繼承之效力（參照六五年台上字一五六三號、六七年台上字三四四八號、六七年台上字三七八八號判例）。

二、對於拋棄繼承人之效力

我民法既明定拋棄繼承之效力溯及於繼承開始時發生效力，則繼承人一經拋棄繼承，其自繼承開始時，即不為繼承人。於是在繼承開始之際，因混同而消滅之權利義務，即因拋棄繼承而復活，其既不取得被繼承人之權利，亦不負擔被繼承人之義務；易言之，拋棄繼承人之固有財產與遺產絕對分離，其對於被繼承人之權利，自得對於遺產或為承認之繼承人行使之，而其對於被繼承人之義務，亦應為履行。

繼承人於拋棄繼承之前，既為有繼承權之人，自有管理遺產之權利義務，但於拋棄繼承之後，既自始不為繼承人，本無再負管理遺產之義務，惟如許拋棄繼承人所管理之遺產，於其拋棄後即得不再管理，不免有廢棄之虞，將有害於其他繼承人及繼承債權人之利益。是故，新法增設第一一七六條之一，規定：「拋棄繼承權者，就其所管理之遺產，於其他繼承人或遺產管理人開始管理前，應與處理自己事務為同一之注意，繼續管理之。」

[216] 參照鄭玉波著前揭書三一二、三二二頁。

以保全遺產。

三、對於其他繼承人之效力

繼承人拋棄繼承者，其應繼分之歸屬，舊法第一一七六條第一項僅概括規定為：「法定繼承人中有拋棄繼承權者，其應繼分歸屬於其他同一順序之繼承人，同一順序之繼承人均拋棄其繼承權時，準用關於無人承認繼承之規定。」其中所謂「歸屬於其他同一順序之繼承人」，於拋棄繼承人為第二、三、四各順序繼承人中之一人或數人時，配偶之應繼分是否亦比例增加，即有不同之見解；又所謂「同一順序之繼承人均拋棄其繼承權時」，是否應解為所有法定順序中之各同一順序，學說頗有出入[217]。為免解釋上之疑義，新法乃對第一一七六條之規定予以修正，列舉各種情形，分別規定拋棄繼承對於其他繼承人之效力，以期明確。

茲依民法第一一七六條之規定，分別情形，說明如次：

⑴第一順序之繼承人中有拋棄繼承時

第一一三八條所定第一順序之繼承人中有拋棄繼承權者，其應繼分歸屬於其他同為繼承之人（民一一七六條一項）。從而配偶與第一順序之直系血親卑親屬共同為繼承時，其第一順序之繼承人部分拋棄繼承者，其應繼分即由配偶與其他同一順序同為繼承之人平均分受之；如無配偶同為繼承人時，則拋棄繼承人之原應繼分，即歸屬於其他同為繼承之人平均分受之。又拋棄繼承之人，依法既自始不為繼承人，其子女自不得代位繼承，固不待言。

⑵第一順序之繼承人其親等近者均拋棄繼承時

第一順序之繼承人，其親等近者均拋棄繼承權時，由次親等之直系血親卑親屬繼承（民一一七六條五項）。按第一順序之繼承人親等近者均拋棄繼承權時，即應溯及於繼承開始之當時情形，以定有繼承人，如有次親等之直系血親卑親屬時，依民法第一一三九條規定，自應由次親等之直系血親卑親屬為繼承人，此為本位繼承，並非代位繼承。例如甲死亡，遺有妻

[217] 舊法第一一七六條第一項概括規定繼承拋棄對於其他繼承人之效力，其所發生之疑義及各種不同之學說，請參照陳著一八八～一九一頁。

乙及子女丙、丁、戊三人，如丙、丁、戊均拋棄繼承時，則乙即與丙、丁、戊三人之子女共同繼承。

⑶第二順序至第四順序之繼承人中有拋棄繼承時

第二順序至第四順序之繼承人中有拋棄繼承權者，其應繼分歸屬於其他同一順序之繼承人（民一一七六條二項）。從而如配偶與第二順序至第四順序之繼承人同為繼承時，依民法第一一四四條第二款及第三款之規定，其應繼分因已固定為二分之一或三分之二，不受他人拋棄繼承之影響。例如甲死亡，由其妻乙及兄弟姊妹丙、丁、戊、己共同繼承時，如己為繼承之拋棄者，乙之應繼分仍固定為二分之一，但丙、丁、戊之應繼分原為各八分之一者，則因己之拋棄繼承，變更為各六分之一是。

⑷與配偶同為繼承之同一順序繼承人均拋棄繼承，而無後順序之繼承人時

與配偶同為繼承之同一順序繼承人均拋棄繼承權，而無後順序之繼承人時，其應繼分歸屬於配偶（民一一七六條三項）。此際既無第一順序至第四順序之繼承人與配偶同為繼承，配偶即為唯一之繼承人而繼承遺產之全部。

⑸配偶拋棄繼承時

配偶拋棄繼承權者，其應繼分歸屬於與其同為繼承之人（民一一七六條四項）。配偶與任何一順序之繼承人同為繼承，而配偶拋棄繼承時，其應繼分即歸屬於與其同為繼承之人。例如甲死亡，由妻乙及子女丙、丁共同繼承，其應繼分原為各三分之一，如乙拋棄繼承，則僅由丙、丁共同繼承，其應繼分變更為各二分之一是。又如甲死亡，而係由妻乙及兄弟姊妹丙、丁、戊、己共同繼承者，其應繼分為乙二分之一，丙、丁、戊、己各八分之一，如乙拋棄繼承，則僅由丙、丁、戊、己共同繼承，其應繼分變更為各四分之一是。

⑹先順序繼承人均拋棄繼承時

先順序繼承人均拋棄其繼承權時，由次順序之繼承人繼承（民一一七六條六項前段）。易言之，先順序之繼承人全部均拋棄繼承時，即由次順序

之繼承人當然繼承，並不準用關於無人承認繼承之規定。惟先順序之繼承人均拋棄其繼承權，而其次順序繼承人有無不明或第四順序之繼承人均拋棄其繼承權者，準用關於無人承認繼承之規定（同條後段）。詳言之，被繼承人之配偶已不存在或已拋棄繼承，先順序之繼承人並均拋棄其繼承權之後，而其次順序繼承人有無不明或第四順序之繼承人均拋棄繼承者，始準用關於無人承認繼承之規定，一方面為遺產之管理及清算，他方面則為繼承人之搜索，於公示催告期限屆滿後，如無繼承人承認繼承，其遺產於清算債權並交付遺贈後，如有賸餘，應歸屬於國庫。

又，繼承人拋棄繼承時，其應繼分之歸屬於他繼承人，此乃本於法律規定而然，即他繼承人仍係本於自己固有之權利而為繼承，並非從拋棄繼承人方面受讓而取得應繼分者，附為敘明。

此外，於適用指定應繼分，而繼承人中有拋棄繼承權者，如何定其他繼承人之應繼分，不無疑問。此尚無實務見解，亦少有討論者。例如甲指定其繼承人即子女 A、B、C 之應繼分依序為二分之一、三分之一、六分之一，而 C 拋棄繼承權時，此際 C 之六分之一即為 A、B 未指定之應繼分，甲指定之應繼分共為六分之五，自尊重被繼承人意思之立場，A、B 應按 3 : 2 之比率定其應繼分，即 A 為五分之三、B 為五分之二，如自法定應繼分為考慮，C 之六分之一平均歸屬於 A、B 時，A、B 各增十二分之一，A 為十二分之七、B 為十二分之五。自指定應繼分優先法定應繼分適用之效力而言，以前者之見解為妥。

第四項　法定單純承認

我民法舊法以單純承認為本則，但為繼承人之利益計，例外的設有限定承認及拋棄繼承之制度。繼承人雖已依法為限定承認，或尚未為限定承認，但如有一定之不正行為時，則民法予以制裁，不許其主張限定責任之利益（民一一六三條），亦不得再為繼承權之拋棄[218]，其結果即負單純承認

[218] 我民法第一一六三條僅規定，繼承人有列舉之不正行為之一時，舊法規定為「不得主張第一一五四條所定之利益」，新法規定為「不得主張第一一四八條第二

之責任，此乃一般所稱之法定（或強制）單純承認[219]。新法雖以限定責任

項所定之利益」，並未如日本民法第九二一條明定為視為單純承認，亦未如法國民法第七九二條規定為喪失拋棄繼承之能力，則在我民法之解釋上，繼承人如有第一一六三條各款之不正行為時，尚未拋棄繼承者，得否為有效之拋棄？已拋棄繼承者，其拋棄是否失其效力？即有進一步檢討之必要。

我國學者有認為：此所謂之繼承人，不但限定繼承人，而且拋棄繼承權之人，亦包括在內；各款所規定之行為，宜解為不問其在限定承認或拋棄繼承權以前或以後所為者，均有適用（參照戴合著一七三頁、羅著八五頁）。

查依我民法第一一六三條之規定，繼承人如有該條各款之不正行為，既不得主張限定責任之利益，如繼承人已有上開之不正行為，但尚未拋棄繼承者，雖我民法之該條文未規定為視為單純承認，惟為貫徹其立法意旨在制裁不正行為繼承人之立場，斯時宜解為已發生單純承認之效力，縱令尚未逾拋棄繼承之法定期間，因其單純承認不得撤回，即不許其再為繼承之拋棄。

惟如繼承人於依法拋棄繼承權之後，而有此種不正行為時，因其拋棄已發生效力，依民法第一一七六條之規定，其應繼分已歸屬於其他繼承人，自不因第一繼承人之不正行為而影響第二繼承人所已取得之繼承權。易言之，此情形第一繼承人原已拋棄繼承之效力，不因其後有第一一六三條各款不正行為而受影響，至第二繼承人得對已拋棄繼承權而為不正行為之第一繼承人請求交還被隱匿之遺產或損害賠償，則為別一問題。日本民法第九二一條第三款固規定繼承人雖已為限定承認或拋棄，如有隱匿遺產等行為時，視其為單純承認；但同條款但書又規定，繼承人（第一繼承人）於拋棄繼承後為上開之不正行為，如因其拋棄而為繼承人（第二繼承人）者已為繼承之承認（包括單純承認或限定承認）時，不在此限（即第一繼承人不生單純承認之效果）（請參照中川淳著〈相續法逐條解說(44)〉，載《戶籍時報》〔昭和六一年八月號〕二五～二六頁）。惟在我民法上，既無如此之規定，而第一繼承人拋棄繼承時，即生拋棄之效力，第二繼承人於斯時已取得繼承權，不受第一繼承人於其後為不正行為所影響，自不必如日本民法第九二一條第三款但書以第二繼承人之承認繼承為要件，第一繼承人之拋棄始不喪失效力之規定而為解釋（請參照史著二九一頁）。

[219] 司法院二七年院字第一七一九號解釋謂：「繼承人為限定之繼承，雖於法定期限內開具遺產清冊呈報法院，且經公示催告，但被繼承人之債權人主張有民法第一一六三條隱匿遺產情事，經查訊屬實，自可依債權人之聲請，而為繼承人不得享有限定繼承利益之裁定。」此解釋雖明言第一一六三條第一款情事，其

為本則，但仍維持民法第一一六三條，對不正行為之繼承人為制裁，使其不得對繼承債務主張僅負有限責任，而須負無限責任，其固有財產與遺產同為繼承債權之擔保，故宜認此為繼承主體之另一態樣，有別於限定責任及繼承拋棄，仍以稱之為法定單純承認繼承人為妥。

茲就法定單純承認之各種事由，分述於次：

㈠隱匿遺產情節重大（民一一六三條一款）

繼承人隱匿遺產之全部或一部時，害及被繼承人之債權人及利害關係人之利益，民法對此不正行為，予以制裁，使繼承人不得主張限定責任之利益，強制其為單純承認（參照日民九二一條三項）。惟須繼承人出於故意，始應受該民事上之制裁，如欠缺故意，而由於錯誤或過失者，即無剝奪其主張限定責任利益之理由。又繼承人之隱匿遺產，以有此故意及行為為已足，其有無損害他人，或有利自己或他人之意圖，以及隱匿行為是否既遂，均非所問。又，隱匿遺產須情節重大，始有本款之適用。按隱匿遺產尚須「情節重大」，為新法所增列，以避免繼承人動輒得咎而喪失限定繼承之利益。

繼承人為無行為能力人或限制行為能力人而隱匿遺產時，如其有責任能力，應有本款之適用，否則即不適用[220]。學者或謂：本款隱匿遺產之行為，不問在繼承開始前或在繼承開始後，均有其適用云云[221]。第查，既屬

實第二款第三款亦同然，固不待言。惟查繼承人依民法第一一六三條之規定，既視為單純承認，則自繼承開始時，應承受被繼承人財產上之一切權利義務（民一一四八條一項），被繼承人之債權人對於繼承人自己之固有財產，亦得聲請執行；即繼承人之固有財產，亦為被繼承人之債權人之共同擔保。如繼承人有無該條各款之情事，是否不得主張限定責任之利益，與被繼承人之債權人有所爭執時，該實體上之爭執，自須於具體之訴訟中，由法院以「判決」判斷之，似無從僅依債權人之聲請，而由法院「裁定」繼承人不得享有限定責任之利益。尤其新法改以限定責任為本則，繼承債權人訴請繼承人清償繼承債務，須舉證繼承人有第一一六三條各款之不正行為，經法院為調查及辯論後，認屬實者，於為繼承債權人勝訴判決時，即不為保留支付判決。

[220] 參照史著二九一～二九二頁。

[221] 參照陳著一六〇頁、胡著九五頁。

「遺產」，自係於繼承開始後，始足當之。如於繼承開始前，有隱匿被繼承人財產之情事，其行為係對於被繼承人，而非對於遺產為之，似應無本款之適用[222]。

㈡在遺產清冊為虛偽之記載情節重大（民一一六三條二款）

繼承人在遺產清冊上為虛偽之記載，則其損害被繼承人之債權人及其他利害關係人之權益，與前述之隱匿遺產時無異，亦應予以同一之制裁（參照日民九二一條三款、德民二〇〇五條一項一款）。條文上既曰「虛偽」之記載，自亦必以故意為要件，若因錯誤或過失致記載不符實情者，即不在內。又，在遺產清冊上為虛偽之記載，新法增列「情節重大」之要件，如情節輕微，即無本款之適用。

此所稱之「在遺產清冊為虛偽之記載」，與前述之「隱匿遺產」每每為方法結果關係。例如在遺產清冊記載上，以多報少之虛偽記載，不過手段而已，其結果仍為隱匿遺產是。然如將被繼承人已清償之債務再行列入遺產清冊，則為本條第二款所規定之事例。二者情形既不盡相同，故我民法分別定之。

㈢意圖詐害被繼承人之債權人之權利而為遺產之處分（民一一六三條三款）

繼承人既以被繼承人之遺產償還其債務，則其就遺產之清算達於民法第一一五七條所定之一定期限以前，對於遺產僅有管理之權而已，則如其意圖詐害被繼承人之債權人之權利而為遺產之處分行為，例如出賣、贈與、設定負擔，自不應使其主張第一一四八條第二項所定之利益。

本款之文句既曰「為遺產之處分」，則繼承人不知其為遺產而處分者，自不在本款適用之列。又遺產之處分，既須「意圖詐害被繼承人之債權人之權利」，則如無詐害之意圖，於繼承人誤認該物非屬遺產而處分，或其處分不能認有詐害債權人權利之意思者，即無本款之適用。從而雖屬遺產之處分，但如係為保全遺產而為適當之處分行為，例如以易於腐敗之物出賣而得價金將其保存是；或為通常之例行行為及被繼承人在世亦不能免之行

[222] 參照史著二九五頁。

為，例如營業上普通之交易、生計上日常之消費是；或依通常見解不能認為其處分有詐害意思之行為，例如遺產為果樹而繼承人食其所生之果實，或將被繼承人臨終之衣物予以焚燬是，均無剝奪其享受限定責任利益之理由。

再者，此所謂之處分包含事實上之處分及法律上之處分；處分之標的，不問其為遺產之全部或一部，亦不問其為原本或孳息。又條文雖未對所處分遺產價額或金額之大小，予以限制，惟依個案為判斷，如其價值甚為微小時，似不宜強制其單純承認，即以不適用本款之規定為宜[223]。

本款之文句上既曰「意圖詐害」云云，則繼承人苟有該意圖，並知其為遺產而處分，即有本款之適用，至其處分行為是否發生效力，則不問之，故其處分行為縱屬無效或得撤銷，因有詐害之意圖存在，不問其結果如何，仍有本款之適用。

此外依舊法第一一五六條第一項規定，為限定繼承者，應於繼承人知悉其得繼承之時起三個月內呈報法院，呈報法院如未開具遺產清冊者，依同條第二項規定，法院應定一個月以上三個月以下期間，命其開具遺產清冊呈報法院。經法院定期命限定繼承人開具遺產清冊，其未於所定期間提出者，即不許其主張限定繼承之利益，此舊法第一一六三條第四款規定，新法已予刪除。

繼承人屬法定單純承認者，繼承之效力皆應對繼承人無限制的發生，亦即應承受被繼承人財產上之一切權利義務（民一一四八條一項），而不得主張限定責任。其結果，繼承人對於被繼承人之權利義務，因混同而消滅（民三四四條、七六三條），不問遺產多於或少於被繼承人之債務，其利益或負擔，均由繼承人承受之；易言之，有利益時，固由繼承人承受，即令為不利益，亦應由繼承人負擔。繼承人既對於被繼承人之債務應無限制的負償還之責，被繼承人之債權人即得對於該繼承人所承受之遺產或其自己之固有財產，同時或先後聲請強制執行。

[223] 參照戴合著一七四頁，史著二九八頁，胡著九六頁，羅著八七頁。另參照中川淳著〈相續法逐條解說(44)〉，載《戶籍時報》（昭和六一年八月號）二四頁。

按新法既以限定責任為繼承本則，又維持負無限責任之法定單純承認，是否適當，有待斟酌。況且繼承人有隱匿遺產、處分遺產之情事，本應依不當得利或侵權行為規定負返還或損害賠償義務，而依法既不強制繼承人開具遺產清冊陳報法院，反而提出遺產清冊虛偽記載者，被強制單純承認，亦欠平衡。是故，民法第一一六三條規定有無續存之必要，立法上有待檢討。

第三節　無人承認之繼承

第一項　總　說

第一款　無人承認繼承之意義

無人承認之繼承，乃繼承開始時，繼承人之有無不明之謂。故如有為繼承之人，而其生死不明者，此可將其應承受之遺產與其固有財產，同適用民法第一〇條及家事事件法關於失蹤人之財產管理事件（一四二條至一五三條）規定而處理之；如已具備死亡宣告之要件，利害關係人或檢察官則得為死亡宣告之聲請（民八條參照），此情形固非此之所謂無人承認之繼承。又明知有繼承之人，而其承認繼承與否尚未確定者，此際依民法第一一四八條之規定，遺產仍當然歸屬於該繼承人，其更非此之無人承認繼承。

我民法第一一七七條既明定以「繼承開始時，繼承人之有無不明」為無人承認之繼承，則判斷是否有繼承人有無不明之狀態，即應以繼承開始時為準而定之[224]。從而繼承開始時，無繼承人之事實，業已確定者，嚴格言之，亦與無人承認之繼承有別，惟此際仍須對遺產予以管理及清算，如有賸餘遺產亦應將之歸屬國庫，則關於無人承認繼承中之此部分規定，自有其適用。至關於繼承人搜索之規定，似無適用之餘地，但因賸餘遺產之歸屬國庫須經搜索繼承人之程序（民一一八五條參照），仍以解為須適用搜

[224] 參照中川淳著〈相續法逐條解說(61)〉，載《戶籍時報》（昭和六三年八月號）三頁。

索繼承人之規定為宜[225]。簡言之，繼承開始時，已確定無繼承人者，仍有適用無人承認繼承全部規定之必要。此外，配偶及各順序之繼承人均拋棄繼承者，亦準用關於無人承認繼承之規定，已如前述。

無人承認繼承之狀態，有因繼承開始而直接發生者，有因先順序繼承人均拋棄繼承，其次順序繼承人有無不明而發生者。繼承人既有無不明，如被繼承人遺產無人管理，自不免有毀損滅失之虞；日後繼承人出現，其固受不利，即令繼承人終未出現，對繼承債權人及受遺贈人亦有所損害，不寧唯是，無人承認繼承之遺產，如有賸餘，最後即歸諸國庫，若不加以管理，亦對國庫不利。是故，民法特就無人承認之繼承，設有縝密規定，為此遺產設置管理人（民一一七七條），依法定程序，一方面為遺產之管理及清算，他方面並為繼承人之搜索，以保護各利害關係人。

第二款　無人承認繼承之遺產之性質

無人承認之繼承，其遺產之性質若何？立法例上有三種不同之主義：

⑴有以國家或地方自治團體為此遺產之最後順序繼承人者（德民一九三六條、瑞民四六六條、法民七六八條）。於無人承認之繼承，如繼承人出而承認，遺產即由該繼承人繼承，如並無繼承人出現，則遺產即歸最後順序繼承人之國家或地方自治團體。最後無論遺產由何種繼承人繼承，遺產管理人即為該繼承人之法定代理人。

⑵另有以無人承認繼承之遺產為法人者，如日本民法第九五一條之規定是。即依法對該遺產予以法人格，通說並以該遺產法人乃於繼承開始時，繼承人有無不明之事實存在者即行成立，而非自選任遺產管理人時起始為成立[226]。遺產管理人為該法人之法定代理人；如繼承人之存在已明確者，該法人即被視為不存在，但遺產管理人於其權限內所為行為之效力，則不受影響（日民九五五條）。

⑶英國法原則上以遺產管理人為被繼承人之人格代表者（personal

[225] 參照陳著一九四頁，戴合著二一五頁。

[226] 參照中川淳著〈相續法逐條解說⑹〉，載《戶籍時報》（昭和六三年八月號）六頁。

representative)，即為管理、清算遺產之目的，而認由被繼承人（即死者）繼承遺產。繼承人有無不明時，該遺產由遺產管理人以信託所有人之資格管理之[227]。

我民法既不以無人承認繼承之遺產為法人，又不以國庫為最後順序之繼承人，而僅以國庫為賸餘遺產之歸屬者而已（民一一八五條）。則於公示催告之後如有繼承人承認繼承時，該遺產即有其主體，應溯及於繼承開始時發生效力，歸屬於繼承人，此情形依民法第一一八四條規定，遺產管理人在繼承人承認繼承前所為之職務上行為，視為繼承人之代理，亦即特別擬制其為繼承人法定代理人。然若無人出而承認繼承，則因國庫又非最後順序繼承人，該遺產即不得不解為無主財產，此情形遺產管理人究為何人之代理人，其資格即有問題。將來於立法上，似應以國庫為最後順序之繼承人，而以遺產管理人為其法定代理人，以期合理[228]。

第二項　無人承認繼承之遺產管理及清算

第一款　遺產管理人之選任

無人承認繼承之遺產，自須有負責管理之人，以保護利害關係人之權益。外國立法例之中：有依利害關係人或檢察官之聲請，由法院選任管理人者（日民九五二條、法民八一二條）；有由主管官署予以管理者（瑞民五五四條）；另有在繼承人承認繼承前，法院於必要時，應先為遺產之保全處分外，並得為遺產保護人 (Nachlasspfleger) 之選任，但如經權利人之聲請，法院則應選任遺產保護人者（德民一九六〇條、一九六一條）。

依我民法第一一七七條規定：「繼承開始時，繼承人之有無不明者，由親屬會議於一個月內選定遺產管理人，並將繼承開始及選定遺產管理人之事由，向法院報明。」即須設置遺產管理人，並限期於一個月內由親屬會議選定之，惟親屬會議選定之遺產管理人，以自然人為限（家事一三四條

[227] 參照泉、久貴等七人著二五七頁。

[228] 參照陳著一九五頁。

一項)；親屬會議並應於該一個月期限內，向法院報明繼承開始及選定遺產管理人之事由。惟如無親屬會議或親屬會議未於上開一個月期限內選定遺產管理人者，利害關係人或檢察官，得聲請法院選任遺產管理人（民一一七八條二項)。至該選任遺產管理人事件，專屬繼承開始時，被繼承人住所地之法院管轄(家事一二七條一項)。法院選任之遺產管理人，除自然人外，亦得選任公務機關任之（家事一三六條三項)。

又，繼承開始時繼承人之有無不明者，在遺產管理人選定前，如無妥適之措施，恐被繼承人之遺產易致散失，因而影響被繼承人之債權人及社會經濟之利益，是以民法第一一七八條之一乃明定，法院得因利害關係人或檢察官之聲請，為保存遺產之必要處置。

第二款　遺產管理人之職務

關於遺產管理人之職務，依我民法第一一七九條至第一一八二條之規定，有如次述：

⑴編製遺產清冊（民一一七九條一項一款)

遺產清冊之編製，乃所以防遺產之散失，圖清算之便利，且為管理人將來移交遺產與繼承人或國庫之依據，為管理人最主要之任務。故遺產管理人應於就職後三個月內編製之(民一一七九條二項前段)；該三個月期間，乃編製完成之期限，非開始編製之期限，固不待言。

⑵為保存遺產必要之處置（民一一七九條一項二款)

管理人本有保存遺產之任務，在不變更其物或權利的性質範圍內，為利用為改良，自無疑義。此之特為規定者，係指必要之處置而言，乃處分行為也。此處分行為係以保存遺產而有必要者為限，故應解為不必經法院之許可及親屬會議之同意即可為之。

⑶對繼承債權人及受遺贈人公告之聲請與通知（民一一七九條一項三款)

遺產管理人應聲請法院依公示催告程序，限定一年以上之期間，公告被繼承人之債權人及受遺贈人，命其於該期間內報明債權，及為願受遺贈與否之聲明；被繼承人之債權人及受遺贈人為管理人所已知者，應分別通知之。

至於遺產管理人應於何時向法院聲請公告，法無明文，似應解為須於就職後即時為之。

再者，此之公示催告與第一一七八條所定公示催告，有所差異。此為遺產清理之著手，彼為繼承人之搜索；此之時期在後，彼之時期在先，是宜注意。

⑷清償債權及交付遺贈物（民一一七九條一項四款）

遺產管理人非於前述公示催告程序所定期間屆滿後，不得對被繼承人之任何債權人或受遺贈人償還債務或交付遺贈物(民一一八一條)。易言之，被繼承人之債權人於上述期間屆滿前，亦不得請求清償債權（六八年台上字二六八六號判例)。遺產管理人清償交付之順序，為債權之清償應先於遺贈物之交付（民一一七九條二項後段)。又同為債權而有優先性質者，自應先於普通債權而受清償；且債權人如為多數而遺產不足悉數清償時，仍應按其數額比例計算，此在本條雖無明文，但為當然之解釋（參照民一一五九條)。又繼承債權人或受遺贈人未於第一一七九條第一項第三款所定期間內為報明或聲明者，僅得就賸餘遺產行使其權利（民一一八二條)。民法第一一八二條雖無如民法第一一六二條中所規定「而又為繼承人所不知」之文字，但亦應為同一之解釋；易言之，本條之適用宜解為限於遺產管理人所未知之債權及遺贈而已。

民法第一一七九條第二項後段又規定:「為清償債權及交付遺贈物之必要，管理人經親屬會議之同意，得變賣遺產。」有無變賣遺產之必要，屬事實問題，且又非如同條第一項第二款「為保存遺產而為必要之處置」之有一定範圍及時間關係。為防管理人之濫用職權，其變賣須經親屬會議之同意。再者，變賣為不經拍賣程序，依市價為之（參照民法債編施行法第二八條、強執六十條)。

⑸遺產之移交（民一一七九條一項五款）

有繼承人承認繼承或遺產歸屬國庫時，遺產管理人應為遺產之移交。

詳言之，於民法第一一七八條所定期限內，有繼承人出而承認繼承，管理人即應向其移交遺產，而債權之已否清償及遺贈之已否交付，均在所不問，此因清償債務及交付遺贈，乃繼承人之應有義務，管理人僅因繼承人有無不明而代為履行其義務而已。倘終無繼承人出而承認繼承，則應將賸餘遺產移交國庫（民一一八五條）。

又，管理人為前開之移交時，應就清理之計算向繼承人或國庫報告之，至為明瞭。然終無繼承人時，於清償債權及交付遺贈物後，並無賸餘遺產歸屬國庫者，則管理人清理之計算，惟有向親屬會議報告之，倘管理人係由法院選任者，即應向法院報告之。

(6)遺產狀況之報告及說明（民一一八〇條）

遺產管理人因親屬會議、被繼承人之債權人或受遺贈人之請求，應報告或說明遺產之狀況。此因親屬會議為遺產管理人之產生機關，繼承債權人等與遺產有其利害關係，故遺產管理人有應其請求對遺產狀況為報告或說明之義務。報告或說明之方法，並無任何限制，以口頭或書面為之，均無不同，報告與說明同時為之，亦無不同。至所謂遺產狀況，如遺產孳息之收取、保存遺產之必要處置、或清償債務交付遺贈之結果等皆是。

(7)管理人之注意義務

遺產管理人之執行職務，應以善良管理人之注意為之（家事事件法一四一條準用一五一條）。蓋遺產管理人之注意程度，與失蹤人財產管理人所需之注意程度應屬相同。且我民法第一一八三條明定遺產管理人得請求報酬，則其應負善良管理人之注意義務，更為明確（參照民五三五條）。

管理人因違反清算程序，致繼承人債權人或受遺贈人受有損害者，應負賠償之責；且受害人對於受不當償付之債權人或受遺贈人，亦得請求其返還不當受領之數額（類推適用民法第一一六一條之規定）。

再者，被繼承人之遺產，其取得、設定、喪失或變更依法應登記者，遺產管理人應向該管登記機關為管理人之登記（家事一四一條準用一四七條）。

綜上說明，遺產管理人之職務繁重，自應予以報酬請求權，故民法第一一八三條原規定：「遺產管理人得請求報酬，其數額由親屬會議按其勞力及其與被繼承人之關係酌定之。」惟因現今社會親屬會議之功能不彰，且依家事事件法第一四一條準用一五三條規定，由法院酌定遺產管理人之報酬。於一〇四年一月一四日修正公布，該條經修正為：「遺產管理人得請求報酬，其數額由法院按其與被繼承人之關係、管理事務之繁簡及其他情形，就遺產酌定之，必要時，得命聲請人先為墊付。」此項報酬為管理遺產所生之費用，具共益性質，應由遺產中支付之（民一一五〇條），為遺產管理之順利，必要時，法院得命聲請人先行墊付報酬。

第三項　繼承人之搜索與賸餘遺產之歸屬

第一款　繼承人之搜索

無人承認之繼承，除選定遺產管理人為遺產之管理及清算外，並應為繼承人之搜索，以保護可能出而承認繼承之人[229]。

---

[229] 行政院五九年七月一四日台五九內字第六二九四號令謂——邀同（前）司法行政部、財政部會商：「僉以我國目前環境頗為特殊，大陸未光復前，外省人民來臺所遺財產於繼承開始是否確無人承認繼承，殊難判斷，如依民法第一一七七條、第一一七八條、非訟事件法第七七條至第七九條規定程序處理後，無繼承人承認繼承時，其遺產於清償債權並交付遺贈物後，如有賸餘歸屬國庫，亦有困難。本案已故臺北市民管〇〇，於大陸淪陷後，隻身來臺，在大陸光復前，依民法第一一七八條所為之公示催告程序，其效力不能及於其在大陸合法繼承人，其遺產如依上開規定程序，由利害關係人聲請法院指定國有財產局為管理人時，該局自得暫時代為管理，於大陸光復後，再依民法第一一七八條及第一一八五條規定辦理。在未歸屬於國庫前，可登記該局為管理人，臺北市政府所請暫登記為國有一節，似非所宜。」云云（載《民事法令彙編》二六五～二六六頁），實用上可供參考。惟臺灣地區與大陸地區人民關係條例業已公布（自民國八一年九月一八日起施行），依其第六六條第一項規定，自繼承開始時起三年內，為繼承人之大陸地區人民，如未以書面向臺灣地區之被繼承人住所地之法院為繼承之表示者，視為拋棄其繼承權。依此，有無大陸地區之人民為繼承人，自繼承開始時起三年內，即可確定。此外，依同條例第六八條第一項規

關於搜索繼承人之方法，我民法第一一七八條第一項規定：「親屬會議依前條規定為報明後，法院應依公示催告程序，定六個月以上之期限，公告繼承人，命其於期限內承認繼承。」又由法院依利害關係人或檢察官之聲請，選任遺產管理人者，亦應由法院依上開規定為公示催告（民一一七八條二項）。法院所為之公示催告應記載：陳報人，被繼承人之姓名、最後住所、死亡之年、月、日及地點，承認繼承之期間及期間內應為承認之催告，因不於期間內承認繼承而生之效果等事項（家事一三七條）。

前開親屬會議之向法院為選定遺產管理人之報明，依家事事件法第一二七條第一項之規定，專屬繼承開始時被繼承人住所地法院管轄。按親屬會議選定遺產管理人之報明，固為家事非訟事件，惟親屬會議既非法人，亦不具非法人團體性質，並無當事人能力，其為報明時，應由該會議之會員具名為之，如有對決議選定遺產管理人不同意之會員不具名報明者，則僅由對原決議同意選定之多數會員具名報明時，在程序上亦屬合法[230]。為此家事事件法第一三三條明定，應由親屬會議會員一人以上向法院為繼承開始及選定遺產管理人之報明，陳報書記載選定遺產管理人之事由等，並附具證明文件。

至於法院所為催告之期間，依法應在六個月以上，蓋恐過於短促，不足以達搜索繼承人之目的。又，本條之公示催告，乃法院經報明後之職權行為，至為明瞭。

第二款　賸餘遺產之歸屬

無人承認繼承之賸餘遺產，我國舊律曾規定：「戶絕財產果無同宗應繼

定：「現役軍人或退除役官兵死亡而無繼承人、繼承人之有無不明或繼承人因故不能管理遺產者，由主管機關管理其遺產。」於此情形，主管機關為法定之遺產管理人，不另行選定或選任管理人。行政院國軍退除役官兵輔導委員會並依同條第三項規定，訂定退除役官兵死亡無人繼承遺產管理辦法。

[230] 參照楊建華著〈無人承認之繼承在程序上之處理〉，載《問題研析民事訴訟法（二）》四五五頁以下。

之人，所有親女承受；無女者，聽地方詳明上司，酌撥充公。」外國立法例，有規定歸屬國庫者（日民九五九條、法民七六八條、德民一九三六條），亦有規定歸屬於地方自治團體者（瑞民四六六條）。

民法第一一八五條規定：「第一一七八條所定之期限屆滿，無繼承人承認繼承時，其遺產於清償債權並交付遺贈物後，如有賸餘，歸屬國庫。」此乃賸餘遺產歸屬國庫之規定。至遺產清算結果，若無賸餘之積極財產時，其不發生歸屬國庫問題，固不待言。

我民法既不以國庫為繼承人，遺產歸屬國庫之後，繼承債權人或受遺贈人即不得對國庫行使其權利。即國庫之取得賸餘遺產應屬原始取得，一切繼承債權消滅[231]。又國庫對遺產管理人之請求交付賸餘遺產之「歸屬請求權」，其性質為物權請求權；蓋該遺產於歸屬國庫前，固須由遺產管理人先行清償債權交付遺贈，但有賸餘遺產即當然歸屬於國庫之故[232]。賸餘遺產為歸屬國庫，並非「省庫」、或「縣庫」，尤為明瞭。

---

[231] 參照戴合著二三〇頁。

[232] 參照陳著二〇三頁、戴合著二三〇頁、胡著一七三頁、羅著一六五～一六六頁。史著三五二～三五三頁亦認為：賸餘財產於歸屬國庫後，雖有未於公告期內報明或聲明之債權人或受遺贈人出現，應解釋對於國庫不得再行使其權利，但其權利並非已消滅，仍得向物上保證人或保證人行使之。

第四章　遺　囑

第一節　總　說

第一項　遺囑之概念

一、遺囑制度之沿革

㈠羅馬法

1. 遺囑制度一般認為係發源於羅馬法❶。羅馬早在紀元前五世紀十二銅表法已承認遺囑。至紀元前二世紀，遺囑已為一般人所普遍使用，無遺囑繼承已成為例外現象。起初在每年召開二次之民會，以口頭提出遺囑案，請求民會承認，因其承認之決議，即發生效力，而不得撤回，謂之民會遺囑 (testamentum calatis comitiis)。嗣後為被徵召市民之便利，許於武裝市民兵團之前，以同樣之形式為遺囑，謂之武裝遺囑 (testamentum in procinctu)。其後對於遺囑自由之期望更殷，乃借要式買賣之握取行為 (mancipatio) 之形式，遂發生將遺產假裝信託買賣之銅衡遺囑 (testamentum per aes et libram)。此乃遺囑人將遺產出賣於所謂遺產購買人 (familiae emptor)，此購買人形式上立於繼承人之地位，依遺囑人之意思，處分遺產者也。在法務官時代，此銅衡遺囑更進化而產生於證人見證之下作成遺囑書之遺囑方式。

2.⑴在古羅馬，雖無遺囑繼承為例外現象，然於有自權繼承人（從前服從家長之權力，因家長之死亡而創設一家之人）時，將其排除，而另指定他人為繼承人之遺囑，則未之見。惟於無自權繼承人時指定他人為繼承人，或指定自權繼承人中之一人為繼承人。於後一情形，係為防止家產之細分。遺囑之目的，在於傳承人格、繼承祭祀及保持家產。⑵羅馬法上之

---

❶ 希臘古法、印度古法、日耳曼法均無遺囑制度。

遺囑，以繼承人之指定為其生命，而非單純財產之處分，故如指定繼承人拒絕繼承，則全部遺囑歸於無效。(3)在古羅馬，遺囑原本之目的，在於決定繼承人，前述之民會遺囑，亦即以此為任務，而與收養相結合者。其後與收養分離，而僅以繼承人之指定為目的。至第六、七世紀，更成為遺贈遺囑，然不含有繼承人之指定之遺囑為無效。

㈡近代法

在法國、德國，開始使用遺囑乃在十二世紀至十三世紀。遺囑之風習及於一般庶民，在法國為十四世紀，在德國為十五世紀以後之事。法國民法（八九五條）、德國民法（一九三七條、一九三八條），均不以繼承人之指定為遺囑之要件，亦均未採用羅馬法上「任何人不得就一部為遺囑就一部無遺囑而死亡」(Nemo pro parte testatus, pro parte intestatus decedere potest) 之原則。然在英國，則素以遺囑繼承為原則，在一九三八年 Inheritance (Family Provision) Act 施行後對於遺囑人之配偶、未成年子女，認有一種類似特留分之制度前，絕對的承認被繼承人依遺囑處分財產之自由，法定繼承僅於無遺囑或遺囑無效時，始有適用。

㈢中國固有法

1. 中國古來遺囑亦稱遺命、遺令或遺言。遺囑之涵義，較民法上遺囑之涵義為廣，凡於生前處理死後事宜之意思表示，均稱為遺囑。故不但關於立嗣等身分事項，及家產處分等財產事項，而且對於死後喪葬及子孫應遵守事項，均屬之。

2. 中國關於遺囑最早之資料，有《左傳》（哀公三年）及《後漢書》（卷三二，〈樊宏傳〉）之記載，而法令則有唐令可稽。依唐喪葬令（戶絕條）規定，「諸身喪戶絕者，所有部曲、客女、奴婢、店宅、資財，並令近親（親依本服，不以出降）轉易貨賣，將營葬事及量營功德之外，餘財並與女（戶雖同，資財先別者，亦准此）。無女，均入以次近親。無親戚者，官為檢校。若亡人存日，自有遺囑處分，證驗分明者，不用此令。」質言之，遺囑另有處分時，應依遺囑；無遺囑時，始用此令。

3. 固有法上，遺囑之內容，有關於家產分析或其他財產處分者，有關於立嗣或逐子者。惟須注意，中國舊日採取家產公同共有制，故共財親不得擅自處分其應分額，即使尊長亦同。但直系尊長，因對卑幼有絕大教令權，故雖其分析家產違反均分原則，或對第三人為遺贈，卑幼仍得服從之，不得告訴父祖。至家長或家屬之特有財產，則可自由處分，固不待言（戴著二〇五頁）。

4. 固有法上，遺囑之要件，亦與民法所規定者，稍有不同：

⑴關於遺囑能力，固有法上並無年齡之限制，惟從《清明集》有「皆是公達臨終亂命，不可憑信」之語、敦煌出土遺書中亦有「不是昏沉之語，並是醒甦之言」等文字觀之，為遺囑人須有意思能力，否則如屬「臨終亂命」、「昏沉之語」，則其所為遺囑，自不生效力。民法則規定年滿十六歲而有意思能力之人始得為遺囑。

⑵關於遺囑之方式，固有法上並無任何限制，以書面、口頭為之，均無不可（參照四年上字八二七號）。遺囑亦無須秘密為之。立遺囑人得邀集諸親而定立遺囑，受遺贈人亦得於遺囑簽押（戴著二〇五頁、史著三六四頁）。民法則規定須有遺囑書或錄音。

㈣總　括

總之，不問中西，遺囑，起初以為家產保持之方法或家產單獨承繼人選定之方法而被使用。然隨著時代進展，家產漸漸被認為係家長個人之私財，從而，家長亦得對於繼承人以外之人分給家財之思想，成為強而有力。此思想在中世紀歐洲，教會為使人人布施淨財，更加弘揚強化。申言之，素以財產為家傳之物，使之逸散於家外，斯乃罪惡之確信，如不予打破，勢不能使信徒布施其財產於教會。因之，教會遂承認為救靈魂之布施得以教會為受遺贈人為之，進而加以獎勵，其後無遺囑人被視為未為懺悔之人，未為敬虔遺贈之死者被禁止埋葬。此教會之獎勵與逐漸得勢之個人主義思想，次第使為家之遺囑變為為個人之遺囑。在古羅馬萌芽之遺囑制度，為繼承人指定遺囑或為與自權者收養相結合之收養遺囑。此等均為「為家之遺囑」。反之，近代遺囑，則置於財產之終意處分之遺贈遺囑，乃遺贈人為受遺贈人之利益，自由處分自己之財產之方法。此可謂「為個人之遺囑」。

因而，遺囑法，漸次由身分法之領域而移於財產法之領域。特留分之制度，限制遺贈之自由，則尚殘留身分法領域之痕跡。

二、遺囑制度之存在理由

遺囑制度之存在理由，約有三端（參照郁著四八頁以下、范著一五六頁以下、李著八九頁以下、陳著二〇七頁、戴著二〇七頁以下）：

1. 財產方面　在私有財產制度之下，個人對於私有財產，在生前既有自由處分權，則理應承認其於生前以遺囑處分其財產，而於死後發生效力。死後財產之處分，原為生前財產處分之延長，倘個人就其所有財產，不能預為死後之支配，則無論何人，當皆不樂意於生前計核收支、蓄積財富，而私有財產之精神，勢必為之破壞無遺。質言之，私有財產制度，乃遺囑制度之最有力的支持者。職是，在採取遺囑繼承主義之法制固勿論，即在採取法定繼承制度之法制，於不侵害特留分之限度內，亦承認被繼承人有以遺囑處分財產之自由。

2. 身分方面　遺囑之內容，除純粹財產上之處分外，尚有純粹身分上之事項（司祭、家長及其他繼承人之指定），更有涉及身分與財產事項者（例如認領）。將死之人，對於其死後家庭之命運、近親之將來，至為關切，而欲預為處理，亦屬人之常情（例如應繼分之指定、繼承權喪失之表示）；且個人生活，常涉及秘密，不欲於生前公布，若不許其以遺囑完成其未了心願，則死者勢將飲恨於黃泉，而生者亦將抱憾以沒世（例如認領）。

3. 精神方面　人類於宗教的情緒上或一般的心理上，對於死者之遺言，均極為尊重，曾子曰：「人之將死，其言也善」（《論語》〈泰伯篇〉），足徵尊重死者最後之遺言，乃人類之傳統感情，而為人子者，對於父母之遺命，往往服膺終生，不特「三年不改」而已。由於人類在精神上尊重死者遺志，因而遺囑制度亦得為客觀的合理的發展。至近代，雖已依理性定遺囑之取捨，但遺囑如不違背公序良俗者，仍尊重故人之遺志。

然須注意，遺囑既為社會制度之一種，自不能完全委於死者之自由意思，而須顧及一般社會及生者之利益，加以相當之限制。我民法上，遺囑違反強行規定或善良風俗者無效（民七一條、七二條）、特留分制度（民一二二三條以下）、禁止遺產分割期間之限制（民一一六五條二項）等，其立法理由，即在於此。

三、遺囑之意義及特質

(一)遺囑之意義

遺囑（testamentum, Testament, testament, will，遺言），謂遺囑人為使其最後意思，於其死後發生法律上效力，而依法定方式所為之無相對人之單獨行為也。分析之如下：

1. 遺囑為無相對人之單獨行為　遺囑惟依遺囑人一方之意思表示而成立，既不必向一定相對人表示之，亦不須任何人受領。不惟不須得任何人之承諾，甚至反於其意思亦得為之。例如，載明將某筆土地遺贈於某甲之遺囑，亦非以甲為相對人所為之意思表示。此時，甲雖因該遺囑而承受遺贈之法律效果，然甲無受領之義務，而得為拋棄或拒絕。

2. 遺囑須依法定方式為之　遺囑係死者之最終意思，且其內容，大抵極關重要且其效力均於遺囑人死後始發生，故為確保遺囑人之真意，防止利害關係人爭執，並期遺囑人慎重其事起見，民法特別規定遺囑為要式行為（民一一八九條以下），遺囑非依法定方式為之者，法律上不生遺囑之效力（民七三條、七一年台上字一八〇五號判決）。

3. 遺囑以遺囑人死後發生效力為目的　遺囑之成立，固在遺囑人為意思表示之時，然其效力之發生，則在遺囑人死亡之後。從而，遺囑，與以遺囑人之死亡為期限或條件之生前行為(例如終身定期金契約、死因贈與)，自有區別。

(二)遺囑之特質

1. 自主性　遺囑人只須有遺囑能力，即得獨立為遺囑，遺囑既不許他人意思為之補充，亦不許由他人代理。遺囑既為人之最後意思，自須出於本人之自由意思，而由本人獨立自主的為之。遺囑也者，遺囑人一身專屬的行為也。

2. 要式性　為確保遺囑人之真意並防止日後爭執，遺囑須依法定方式為之。如不具備法定方式，則雖臨終召集親友為口頭遺囑，仍不發生遺囑之效力。

3. 可撤回性　遺囑因遺囑人之死亡而生效力，在遺囑人未死亡前，不發生任何權利義務，遺囑人得依自己之意思隨時撤回或變更其遺囑。遺囑於遺囑人死亡後，即不得再撤回或變更，故謂遺囑為終意處分。

四、遺囑之內容

遺囑之內容，是否僅限於法律所明定之事項？抑或一切法律行為，只要不違反強行規定或公序良俗者，均得以遺囑為之？有謂：遺囑為屬於法律特定之行為，並非一切行為皆可以遺囑出之（郁著五〇頁）；有謂：舉凡生前所能為之法律行為，皆不妨以遺囑為之，惟遺囑既為法律行為，自不能違反強行規定或公序良俗（胡著一七六頁）。後說為我國之通說（羅著一六九頁、戴著二一〇頁、陳著二〇九頁、史著三六七頁、辛著一五五頁等）❷。實務上亦認遺囑之內容，不以法律所明定者為限（例如一八年上字二七一五號、二二年上字一二五〇號、三五年院解字三一二〇號）。茲臚列遺囑之內容如次：

1. 依民法及特別法規定，⑴有僅得以遺囑為之者，例如：①監護人之指定（民一〇九三條）、②遺產分割方法之指定或其指定之委託（民一一六五條一項）、③遺產分割之禁止（民一一六五條二項）、④遺囑之撤回（民一二一九條）、⑤遺囑執行人之指定或其指定之委託（民一二〇九條）、⑥領受撫卹金遺族之指定（公務人員退休資遣撫卹法六三條二項、公立學校教職員退休資遣撫卹條例六三條三項）；⑵亦得以生前行為為之者，例如：①捐助行為（民六〇條）、②贈與（遺贈，民一二〇〇條以下）、③非婚生子女之認領（參照三五年院解字三一二〇號）。

2. 此外，例如應繼分之指定或其指定之委託、繼承權喪失之表示或其宥恕（民一一四五條一項五款、二項）、受遺贈權喪失之表示或其宥恕（民一一八八條、一一四五條一項五款、二項）、遺產處理方法之指定及遺贈扣

---

❷ 有謂：「我民法既就遺囑之內容，個別的例舉，則解釋上自應限於法律所承認之事項，或經法律的妥當的解釋，可以推論其許為遺囑之內容者，始得依遺囑之方式為之者也。」（李著九一頁）

減方法之指定（民一二二五條），均不妨以遺囑為之。

3. 僅關於人倫道德教訓之事項，則不發生法律上之效力（李著九〇頁、史著三六七頁）。例如，「要孝順汝母親」、「要特別照顧汝弟弟」、「兄弟要和睦相處，共同經營事業」等是。

五、遺囑之解釋

遺囑，與一般法律行為同，常有解釋之必要。惟遺囑於遺囑人死亡後始發生效力，則對於遺囑之存在或內容，尤其遺囑人之真意，有所爭執時，遺囑人本人已經死亡，已無法向其求證或期待其再度為表示。因此，為確保遺囑人之真意，尤其為防止他人偽造或變造遺囑，我民法從多數立法例，詳定遺囑之方式，並以不依法定方式所為之遺囑為無效（民一一八九條、七三條）。然，①方式嚴格又須嚴守，則遺囑人之真意雖明但因違反方式，遺囑歸於無效之可能性增大。此有待透過解釋以調和之；②依法定方式所為之遺囑，其內容未必與遺囑人之真意相一致，此時為確認遺囑人之真意，仍有解釋之必要。遺囑因無相對人，自無庸考慮保護相對人之信賴或交易之安全，故與一般法律行為不同，其解釋常在於遺囑人真意之探究。遺囑人之真意，應依遺囑之記載或錄音及其他一切情事判斷之。茲舉數例說明之：

1. 關於與遺囑之記載或錄音無關係之事項，縱令遺囑人之真意甚明，亦不生遺囑之效力。蓋就該部分，遺囑中既無記載或錄音，自不屬於遺囑之內容而不生遺囑之效力。例如，遺囑人於生前曾屢次向多人表示欲將其所有藏書贈與某大學圖書館，但遺囑中就此事並無記載，則該遺贈藏書之部分，不生遺囑之效力。

2. 遺囑之記載或錄音中，有不明確或矛盾之部分，然從整個記載或錄音內容，能合理的推斷遺囑人之意思者，應認其為有效。例如，無繼承人之遺囑人，以遺囑將其遺產三分之一遺贈於甲，其他三分之一遺贈於甲之弟乙，又其他三分之一遺贈於甲乙之弟而已死亡之丙之遺孤三人。然在遺囑人死亡稍前，乙遺有七子而死亡，遺囑人不及改立遺囑而死去。乙之子七人援引丙之遺孤三人之例，主張如遺囑人今日尚生存者，必將對於乙之遺贈改為遺贈與其子七人。我民法明定「受遺贈人於遺囑發生效力前死亡者，其遺贈不生效力」(民一二〇一條)。於前揭設例，如遺囑中有乙死亡時，由其子承受之記載者，自無問題。然縱無之，但因情事變更，顯可推測如遺囑人知之，必依其情事而改立遺囑者，應解釋包括乙之遺孤七人，以其遺囑全體為有效（參照史著三七二頁、中川著三一二頁以下、中川、泉著四二一頁以下)。當然，此時被推斷之意思，須有能確認遺囑人之真意之其他證據補強之，始可為積極之解釋。

3.遺囑之記載或錄音雖有錯誤（例如誤筆或誤語)，但根據明確之事實足以判斷遺囑人之真意時，應以合於遺囑人之真意者為其遺囑而發生效力。例如，遺囑人於遺囑記載遺贈五十萬元給其長子溺水時之救命恩人甲，惟實際上其長子溺水時之救命恩人為乙時，倘能判斷如非誤筆，遺囑人決無遺贈給甲之理，則宜解為遺囑人之真意在於遺贈五十萬元與乙。又，例如，名畫收藏家平素均稱其收藏品為「我的文庫」，而其遺囑記載「我的文庫」悉遺贈給甲時，應判斷係其收藏品之遺贈，而非圖書之遺贈，始符合遺囑人之真意（參照泉、久貴等七人著三一一頁〔泉〕)。

4.遺囑之記載或錄音不明確或矛盾，且依其記載或錄音本身亦無法為合理之解釋，然從其他證據，則能確認遺囑人之真意時，其遺囑是否為有效？例如，無繼承人之遺囑人，以公證遺囑將其財產平均遺贈於甲乙丙，甲在遺囑人將死之前死亡，然遺囑人於生前另寫一便條，內容為「甲乙丙如有先於余而歿之者，由其子女承受遺贈」，別無其他記載，寫後將之與公證遺囑書之正本同置一處。甲之子丁主張對於甲之遺贈應由其承受。於此情形，似應解釋丁之主張為有理由，蓋丁之主張正符合遺囑人之真意。然如此解釋，不無過度緩和遺囑之方式而無異承認無方式之遺囑之嫌，而與遺囑人之真意雖明，但違反方式之遺囑仍為無效之情形，亦有失平衡，故似應以否定為是。

5.遺囑雖不合法定方式，但依其他證據，顯能證明確係遺囑人之真意時，其遺囑是否為有效？例如，某畫家不知遺囑之法定方式，草擬一自書遺囑書，惟恐字跡過於潦草，不易識別，乃依其草成之遺囑稿，慎重加以打字，並加打姓名及年月日，又加蓋印章，但原草稿未簽名亦未記明年月日，該畫家死亡後，除打字之遺囑書外，原草稿亦被發現，經核對結果，兩者內容相同，草稿確係其筆跡，而該畫家於生前亦曾將遺囑所載之內容告訴多位友人。於此情形，遺囑人之真意固然甚明，然其遺囑顯然不具備法定之方式，似難認其遺囑為有效。

總之，民法明定遺囑之方式，不依之者，遺囑無效，無非在確保遺囑人之真意，以謀其遺志之實現，故嚴守方式本身並非目的，而僅為確保遺囑人真意之手段而已，從而過於拘泥於嚴守方式，則有礙遺囑人遺志之實現，不無本末倒置之嫌，因此遺囑之解釋，不應單依方式是否嚴守而為形式的判斷，而應置重於遺囑人真意之確保、遺囑自由之維持，就遺囑方式之嚴格性，予以緩和。當然，其緩和須有一定之界限，即不能否定遺囑之要式性，否則遺囑要式性之規定勢必成為具文，而遺囑人之真意亦無從確保矣。

六、現代遺囑制度之機能

在近代社會，遺囑與契約共同擔負私法自治之任務，其重要性僅次於契約。因遺囑制度之存在，個人得以遺囑定其死後之法律關係尤其財產關係。惟國人一般均忌諱遺囑，而以立遺囑為不祥之兆，平時並無預立遺囑之習慣，而且國人一般又不稔遺囑之法定方式，生前預立有法律上所謂遺囑者更屬罕見，通常均於臨終之際，始召集親朋，而以口頭交代身後諸事，此在習俗上雖謂之遺囑（例如，《國語日報辭典》將遺囑解為「人將死前交代的話」），但如不合於口授遺囑之方式在法律上則毫無效力之可言。因而，目前在我國，遺囑制度之社會的機能，可謂殊小。惟遺囑制度如能善加利用，其效用不可謂不大。

就財產上之事項而言，遺囑人於不違反關於特留分規定之範圍內，得以遺囑自由處分遺產（民一一八七條），申言之，個人得以遺囑自由決定其遺產之歸屬，即令將全部遺產遺贈與他人，其遺贈亦非無效，僅特留分權人得行使扣減權而已（民一二二五條）。從而，例如，為防止家產之分散或為維持家業之存續，得以遺囑將其遺產之大部分給與某特定繼承人❸；對

❸　例如，某甲經營小規模之加工廠，有妻及子女三人，死亡時，遺產除該加工廠

於已有充分財產、生活富裕，無須再給與財產之繼承人，或對於忤逆不孝、怙惡不悛或長年游手好閒、為非作歹之繼承人，不欲給與遺產時，均得以遺囑減縮其應繼分；又，對於特別需要經濟的援助之繼承人（例如老妻❹、未成年子女、殘障子女），或對於在家招婿，長年侍養父母（遺囑人）之女，欲給與較多遺產時，均得以遺囑為應繼分之指定或遺贈。再者，例如，對於繼承人以外之特定人（例如已有直系血親卑親屬為繼承人時之父母、兄弟姊妹，事實上之配偶、未經認領之子女、從其姓之孫或孫女❺、恩人、平素照料遺囑人日常生活起居之人❻），欲給與財產時，亦得以遺囑為遺贈。

全部價值五百萬元外，另有房屋二間，價值各一百萬元，及現金一百萬元，共計八百萬元，依繼承法應由妻及三子女平均繼承（民一一四一條、一一四四條一款），各得二百萬元。甲為期於其死後加工廠能由其長子繼續經營，以遺囑定遺產分割之方法，載明加工廠全部給與長子；房屋給與長女、次子各一間；現金一百萬元給與妻，則該加工廠可由長子單獨繼續經營，且均不侵害妻、長女、次子之特留分（參照民一二二三條一款）。

❹ 例如，某甲與妻未生有子女，父母已亡故，有一弟，已成家立業，遺有二百四十萬元之財產而死亡，依繼承法其遺產應由其妻與其弟各得一百二十萬元（民一一四四條二款），甲為保障其妻之生活，以遺囑表示於其死後遺產全部給與妻，則苟其弟行使特留分扣減權，亦僅能取得四十萬元（參照民一二二三條四款、一二二五條），妻即可獨得二百萬元，而可賴以生活矣。

❺ 例如，夫甲妻乙育有三女A、B、C，A生有一女a，B生有二男b、c一女d，C生有一男e一女f，c經依民法第一〇五九條規定約定從母姓以傳娘家香烟。設甲乙因空難而同時死亡，則其遺產依繼承法應由A、B、C平均繼承，c並不因傳甲乙香烟而別有所得。按我民法雖已廢除宗祧繼承制度，但依國民一般感情或觀念，c既傳甲乙香烟，則甲乙之遺產理應多由c取得，而且實際上c亦必因傳甲乙香烟而負相當負擔（祭祀、供養、揀骨、修墓等），但此時依法c可期待間接得自甲乙之遺產非但不能較a、b、d、e、f為多，反而較a、e、f為少，顯不公平。於此情形，甲乙通常因多於生前已有妥善安排，但不妨以遺囑將其大部分遺產遺贈與c也。

❻ 例如，某甲無配偶亦無近親，病故時，遺有財產二百萬元，但無繼承人，依繼承法其遺產應歸屬國庫（民一一八五條）。惟甲生前與乙過從甚密，病痛時，乙均悉心加以照顧看護，如甲立有遺囑，表明於其死後遺產全部給與乙者，則

不僅此也，為孤兒教育、無依老人之安養或其他慈善公益事業，亦得以遺囑為捐助或以其捐助財產設立財團法人。

再就身分上之事項而言，例如，最後行使親權之妻，為其未成年之女，欲指定其親妹為監護人時，得以遺囑指定之（民一〇九三條）；生父不欲於生存中暴露其通姦行為或為顧慮家庭和平，而未於生前認領其非婚生子女時，亦得以遺囑為認領（三五年院解字三一二〇號），以了其心願。

總之，個人私事固多可依生前行為處理之，但亦有必須依死後行為處置或以死後行為處置為宜者，為滿足後者，即有賴於遺囑制度。倘個人在身心健適時，能依法定之方式，預先立好遺囑，對於身後之法律關係尤其財產關係為適當之安排，在生存中，意思一有變更，即隨時撤回前遺囑而為新遺囑，則一旦大限屆至尤其遽生意外時，庶幾可安然逝去，含笑地下矣！而生者，縱使因遺囑而喪失其期待利益或受有不利益，亦必尊重先人之遺志而接受之。質言之，為謀遺產之公平、合理的分配，又為防範關於遺產或遺產分割之糾紛於未然，利用遺囑可謂乃不二之法門。吾人處於現代社會，允宜改變對於遺囑之觀念，而善為利用，以發揮遺囑制度之社會的機能。

第二項　遺囑能力

一、概　說

1. 遺囑制度之設，不僅在使個人得自由處分其私有財產，且在於尊重死者之遺志。故遺囑自須由遺囑人本人自行，不許他人代理，又不許以他人之意思補充遺囑人之意思。惟因遺囑對於遺囑人本身之利益，現實的並

乙即可取得該遺產全部。此在我民法，未如日本民法（九五八條之三）認有「對特別緣故者分與繼承財產之制度」（於繼承人不存在時，家庭裁判所認為相當時，得因與被繼承人為共同生活之人、盡力於被繼承人療養看護之人、及其他與被繼承人有特別緣故之人之請求，將於清算後剩餘之繼承財產之全部或一部給與此等人）（關於此制度，詳見久貴忠彥《判例特別緣故者法》、谷口編注民㉕五四九頁以下〔久貴〕），於此情形，尤有立遺囑之必要。

無任何損害；而遺囑既在尊重人之遺志，自應盡可能予人有為遺囑之機會；且遺囑又係無相對人之單獨行為，故民法對已有相當識別能力之人，即允許其為遺囑，而不適用民法總則一般行為能力之規定。

2. 然識別能力之有無，若完全委諸事實問題，則不勝其煩，其舉證尤多困難。故民法就遺囑能力，採取劃一的法定主義，即①「無行為能力人不得為遺囑」（民一一八六條一項）；②未滿十六歲之人，亦不得為遺囑（民一一八六條二項但書）；③倘已滿十六歲，又未受監護宣告者，即有完全遺囑能力，縱為未滿十八歲之未成年人，亦得單獨為遺囑，無須得其法定代理人之允許（民一一八六條二項本文）。有問題者，受輔助宣告之人有無遺囑能力？此在日本民法，其第九六二條中明定：第十三條（須得保佐人同意之行為等）之規定，就遺囑不適用，亦即在日本民法，被保佐人無須得保佐人之同意，祇要有意思能力，即得單獨為遺囑。我民法就遺囑未設排除第十五條之二（應經輔助人同意之行為等）適用之規定，而該條第一項第六款規定「為遺產分割、遺贈、拋棄繼承權或其他相關權利」應經輔助人之同意，從而似宜解為受輔助宣告之人為遺囑時應經輔助人之同意。不過，我民法第一一八六條第二項規定「限制行為能力人，無須經法定代理人之允許，得為遺囑。但未滿十六歲者，不得為遺囑」，而輔助制度之基本精神在於保障受輔助宣告之人之權益、尊重其自己決定權，故允宜解為受輔助宣告之人，祇要有意思能力，亦得單獨為遺囑，無須經其輔助人之同意。

二、有遺囑能力人

凡滿十六歲以上之自然人，而未經監護宣告者為有遺囑能力人。

1. 已滿十六歲而未受監護宣告之人，即有完全之遺囑能力，縱係為未滿二十歲之限制行為能力人，亦得單獨為遺囑（民一一八六條二項）。民法總則編關於行為能力之規定，對於遺囑能力無適用之餘地。

2. 雖滿十六歲，並未受監護之宣告，然係在無意識或精神錯亂中所為之遺囑，通說主張應適用民法第七五條後段之規定，解釋為無效（范著一六三頁、劉含章著一八一頁、陳著二一二頁、戴著二一二頁、史著三七四

～三七五頁)。愚韙之。惟須進一步言者，我民法雖未若多數外國立法例(法民九〇一條、義民五九一條二項三款、德民二二二九條四項、瑞民四六七條）設有遺囑人須有健全意思能力旨趣之規定，然如無「能理解自己所為意思表示之意義」之意思能力者，自宜解為無遺囑能力。一般而言，心智缺陷、精神障礙之痴呆老人，無遺囑能力，但腦動脈硬化症、酒精中毒、痲藥中毒、腦腫瘍、失語症等之患者，則未必無遺囑能力，而應依遺囑之內容、遺囑人日常之言行、見證人之證言、醫師之證言或鑑定等，具體的判斷之（參照大島俊之〈遺言能力〉《中川淳先生還曆祝賀論集・現代社會と家族法》)。

三、無遺囑能力人

1. 無行為能力人不得為遺囑（民一一八六條一項)。無行為能力人，即①未滿七歲之人（民一三條一項）及②受監護宣告之人（民一四條、一五條)。

2. 未滿十六歲之限制行為能力人，亦不得為遺囑（民一一八六條二項但書)，縱得法定代理人之同意或承認，其所為之遺囑仍為無效。

3. 禁治產（現為受監護宣告之人）人於回復正常狀態時，是否得為遺囑？我民法未設明文，外國立法例為避免舉證困難，多明定禁治產（受監護宣告之人）人不得為遺囑（法民五〇四條一項、義民五九一條二款、德民二二二九條三項)，但亦有認經醫師一人（韓民一〇六三條）或二人以上（日民九七三條）在場證明得為遺囑者。在我民法解釋上，禁治產人（現為受監護宣告之人）無行為能力（民一五條)，絕對不得為遺囑，縱令回復常態，亦不得為之（通說，例如，劉含章著一八〇頁、戴著二一二頁、陳著二一二頁、史著三七四頁等)。當然，在立法論上，對於精神回復常態而有識別能力之禁治產人（受監護宣告之人)，應否許其自為遺囑，非無研究之餘地（郁著五四頁、羅著一七二頁、李著九三頁)。

4. 無遺囑能力人所為遺囑無效（胡著一〇頁、范著一六三頁、戴著二一一～二一二頁、陳著二一一頁、史著三七七頁等)。

四、決定遺囑能力之時期

1. 遺囑成立之時與其效力發生之時有一段距離，從而遺囑能力之有無，究應以遺囑人為遺囑時為準？抑應以遺囑發生效力時為準？立法例上有明文規定以遺囑時為準者（例如，日民九六三條、瑞民四六七條、五一九條、奧民五七五條），我民法雖無明文規定，解釋上亦應以遺囑作成之時為準，定其遺囑能力之有無，蓋在遺囑發生效力以前，遺囑人得隨時撤回或變更其遺囑故也（胡著一七七頁、范著一六三頁、李著九三頁、戴著二一四頁、陳著二一三頁、史著三七六頁等）。

2.有遺囑能力人作成遺囑後，縱令喪失遺囑能力，其所為遺囑之效力仍不受任何影響，但可否撤回或變更遺囑，則不無疑問，為保護遺囑人，宜為否定之解釋。

3.無遺囑能力人作成遺囑後，縱令取得遺囑能力，其所為之遺囑仍屬無效，亦不因事後承認而成為有效（胡著一八〇頁、羅著一七三頁以下、范著一六三頁、戴著二一四頁、史著三七六頁）。然如於取得遺囑能力以後，變更其遺囑者，則可認為重新為遺囑，其遺囑應為有效（戴著二一四頁、陳著二一三～二一四頁、史著三七六頁）。

第二節　遺囑之方式

第一項　總　說

一、遺囑之要式性

遺囑制度之設，要在尊重死亡人之遺志，然遺囑之發生效力，既在遺囑人死亡後，故是否確為遺囑人之本意，屆時已無從質對；而遺囑之內容又多屬重要事項，利害關係人每易發生爭執，因此，遺囑於其本來性質上，雖非要式行為❼，然為確保遺囑人之真意，並為防止事後之糾紛，各國民法大都規定遺囑為要式行為，必須依一定方式為之，始生效力，我民法（一一八九條）亦然。因此，遺囑人於瀕死之際，以口頭所為之終意處分，倘

❼ 前大理院曾多次判示：遺囑為非要式行為（四年上字八二七號、四年上字一七二七號、四年上字一七九一號、六年上字六六八號）。

不具備法定方式，則縱為遺囑人之真意，亦不發生法律上之效力❽。

然方式過於嚴格者，則雖可確保遺囑人之真意，但有害及遺囑自由之虞，且易生遺囑因方式不備而無效之結果，反之，方式過於緩和者，則雖合乎遺囑自由原則，並可減少遺囑因方式不備而無效之情形，但卻難以把握遺囑人之真意。此二律相悖問題，在立法上應如何予以調和，乃遺囑法上之一大問題。在比較法上，我民法所規定之方式，尚稱寬嚴適中。

二、遺囑方式之種類

我民法，就遺囑之方式，分為普通方式與特別方式兩大類：

1. 普通方式，更分為自書遺囑、公證遺囑、密封遺囑、代筆遺囑四種，此等遺囑為永久性質之遺囑。

2. 特別方式，舊法僅有口授遺囑一種，七十四年修正於口授遺囑中增加錄音遺囑❾。此等遺囑係緊急臨時性質之遺囑。

為醒目起見，列表如次：

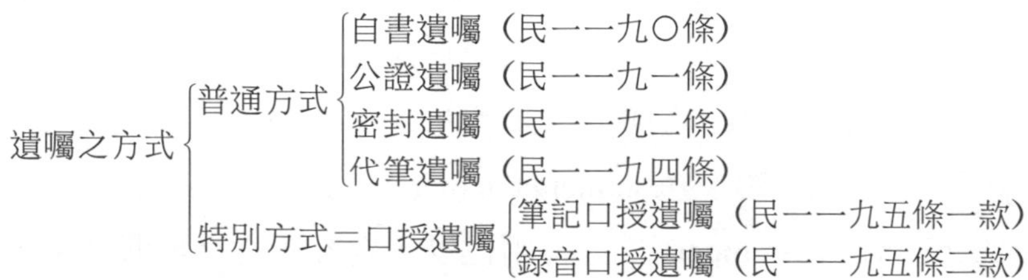

遺囑之方式，僅止於上述各種方式，當事人不得創設。是故上述各種方式以外之遺囑，法律上不承認其效力。

三、各種方式之特徵

民法所以規定前述各種方式之遺囑，不外綜合下列各項考慮（參照李著九四頁、羅著一七九頁以下、戴著二一五頁、陳著二一五頁）：

---

❽ 因此，羅鼎氏指摘：民法以遺囑為要式行為，不適合我國特殊之國情，有背於我國之善良習慣，殊非得策（詳見羅著五～六頁）。

❾ 錄音遺囑係仿自韓國民法第一〇六七條之立法例，但韓民以錄音遺囑為普通方式之遺囑（參照韓民一〇六五條、一〇六七條、一〇七〇條），與我民不同。

①須力求程序之簡易及費用之節省。

②須確保遺囑書之存在，以防止紛失。

③須使遺囑之成立及其內容得保守秘密。

④須使無法律知識之人亦得確實為有效之遺囑。

⑤須確保遺囑人之真意，以防止遺囑書之偽造或變造。

⑥須使不能自書文字者亦得為遺囑。

⑦須於情勢急迫之際亦得作成遺囑。

一種方式之遺囑而能兼顧上述各點者，絕無可能，大致而言，民法為滿足①、③，規定自書遺囑之方式；為滿足②、④、⑤，規定公證遺囑之方式；為滿足②、⑤，規定密封遺囑之方式；為滿足①、⑥，規定代筆遺囑之方式；為滿足⑦，規定口授遺囑之方式，為遺囑之人，得依自己之希望及情況，以決定採用何種方式。

四、共同遺囑

1. 共同遺囑 (gemeinschaftliches Testament, testament conjonctif, joint will)，係二人以上之遺囑人，將其意思共同表示於同一遺囑書上，而形成不可切離之關係是也。共同遺囑，依其型態，有三種：

⑴單純共同遺囑 (testamenta mere simultanea, gleichzeitiges gemeinschaftliches Testament)　此係兩個以上內容獨立之遺囑，記載於同一遺囑書之中者。

⑵相互的共同遺囑 (testamenta reciproca, gegenseitiges oder reziprokes gemeinschaftliches Testament)　此係二人以上之遺囑人相互為遺贈或相互指定他方為自己繼承人之遺囑。

⑶相關的共同遺囑 (testamenta correspectiva, wechselbezügliches oder korrespektives gemeinschaftliches Testament)　此係遺囑人二人，相互以他方之遺囑為條件所為之遺囑。亦即，一方之遺囑處分失效時，他方之遺囑處分亦失效；一方之遺囑執行時，他方之遺囑即不得撤回。

2. 羅馬法並不承認共同遺囑之制度。近代外國立法例有明文禁止共同遺囑者（法民九六八條、一〇九七條、日民九七五條）；有僅承認夫妻間之共同遺囑者（奧民五八三條、一二四八條、德民二二六五條以下）。我民法未設禁止之明文，宜解釋不問何種共同遺囑，均不應承認其效力（胡著二〇五頁、范著一六六頁、李著九五頁、戴著二一六頁、陳著二一六頁）❿。蓋遺囑有絕對的自主性，其成立消滅應獨立為之，共同遺囑不唯妨礙遺囑撤回之自由，而且就共同遺囑人之意思亦易生疑義，自不宜承認共同遺囑；而夫妻之人格各自獨立，亦無為例外解釋之必要。

第二項　見證人之資格

一、總　說

1. 在我民法，遺囑除自書遺囑外，均以有見證人在場為必要。見證人係證明遺囑確為遺囑人所為並出於遺囑人之真意。遺囑效力發生時，遺囑人業已死亡，則關於遺囑之成立及其內容之真意，已無法向遺囑人求證，而有待見證人證明。見證人既如此重要，自不能不對見證人之資格加以限制。

2. 各國立法例，就見證人之資格，率皆設消極的限制，即列舉不適於充當見證人之人，定為見證人之缺格者（德民二二三七條、法民九八〇條、瑞民五〇三條、日民九七四條、韓民一〇七二條）。其規定之內容，雖未盡一致，然大抵皆以無識別能力人及利害關係人為見證人之缺格人。我民法第一一九八條之規定亦然。又，公證遺囑見證人之資格，公證法設有更嚴格之限制（公證法七九條）。

二、見證人之缺格

1. 依民法第一一九八條規定，見證人缺格者有兩種：絕對的缺格者（無識別能力人）與相對的缺格者（利害關係人等）。

(1)絕對的缺格者

①未成年人　未成年人，縱令得其法定代理人之同意，亦不得為見證

❿ 但有主張：「我第一次民律草案有禁止之明文（一草一五〇一條）。在我現行民法既無此項積極的禁止明文，又未如瑞士民法曾一度列入草案而卒將削除，如遺囑成立、消滅無害於其獨立性，即內容完全獨立之共同遺囑應不在禁止之列。」（史著三八四頁）

人（戴著二三一頁、陳著二三七頁、史著三八六頁）。

②受監護或輔助宣告之人　舊法規定為禁治產人，新法已將之修正為「監護宣告」與「輔助宣告」。其既為意思能力欠缺或意思能力不足，自不得為見證人。

以上之人，不得為任何人之見證人。

⑵相對的缺格者

①繼承人及其配偶或其直系血親　此所謂繼承人應解為係指遺囑成立時最優先順序之繼承人而言。設甲有子乙弟丙，以丙為見證人作成遺囑後乙死亡時，於甲所為遺囑之效力，不生影響。

②受遺贈人及其配偶或其直系血親　此惟就其見證作成之遺囑而受遺贈時，有其適用，其後由同一遺囑人另受遺贈時，不包含在內（參照日本大判昭和六年六月一〇日民集四〇九頁）。

③為公證人或代行公證職務人之同居人、助理人或受僱人　此僅就公證遺囑及密封遺囑有其適用。

①及②所舉之人因其就遺囑有密切之利害關係，故不得為見證人；③所舉之人，雖與遺囑無直接關係，但有知悉遺囑秘密之機會，且難免為公證人或代行公證職務人之意思所左右，故剝奪其見證人資格。惟此等人，僅不得為某一遺囑人之見證人而已，於限制情形外，仍得為其他遺囑人之見證人。

2.事實上之缺格者

為遺囑見證人以有讀、聽、寫之能力為必要。欠缺此種能力，而不能滿足各個遺囑方式所定之要件者，當然無為見證人之資格，民法雖無規定，解釋上應如此（參照史著三八八頁）：

⑴不能書寫之人　在公證遺囑、密封遺囑、代筆遺囑、口授遺囑均以見證人簽名為要件，不得按指印代之，因此在此等遺囑，不能書寫之人，既不能自己簽名，自不得為見證人。

⑵不能了解遺囑人口述或口授遺囑意旨之人　在代筆遺囑、口授遺囑，以了解遺囑人口述或口授遺囑意旨為要件，從而，不了解遺囑人所用之語

言者、未受監護或輔助宣告之精神障礙或其他心智缺陷者、聾者，事實上不能為此等遺囑之見證人。

⑶不能認識筆記為正確之人　在公證遺囑、代筆遺囑、口授遺囑，見證人應該認識筆記與遺囑人之口述或口授者相符合而簽名，故盲者事實上無為此種遺囑見證人之資格。

三、缺格者參與時之遺囑效力

1. 見證人缺格之規定，對普通方式（自書遺囑除外）與特別方式之遺囑，均有適用。有問題者，密封遺囑之內容不能由外部知悉，是否亦有其適用？在我民法解釋上，似無特將密封遺囑之見證人自民法第一一九八條除外之理由（史著三八七頁、戴著二三二頁同旨）。

2. 缺格者參與遺囑之作成時，其效力如何？應分別情形說明之：

⑴有缺格者一人參與時，該遺囑是否必為無效？抑或將缺格者除外，仍達見證人之法定人數時，該遺囑仍為有效？雖有主張缺格者如為代筆遺囑之代筆見證人或口授遺囑作成筆記之見證人時，縱令其他見證人已達法定人數，該遺囑仍無效（劉含章著二〇三頁），但通說認為不必作此區別，凡除去缺格者，計算見證人之人數尚無不足，則遺囑之要件已具備，自應認其為有效；反之，則應以遺囑因成立要件之欠缺而無效（胡著二〇四頁、羅著二〇一頁、范著一八〇頁、李著一〇七頁、戴著二三二頁、陳著二三七頁、史著三八九頁）。

⑵受遺贈人或其配偶、或其直系血親為見證人而參與時，是否僅使對於此等人之遺贈為無效？抑應遺囑全部為無效？有主張我民法既無明文規定，應解為全部無效者（戴著二三三頁、陳著二三七頁）。愚意，民法第一一九八條第四款限制之理由在於與遺贈有利害關係，對於此等人以外之利害關係人，應不生影響（史著三八九頁同旨）。質言之，僅對於此等人之遺贈為無效，其他部分之遺囑仍為有效（參照德民二二三五條二項、瑞民五〇三條二項）。

第三項　普通方式之遺囑

第一款　自書遺囑

一、自書遺囑之沿革

自書遺囑 (testamentum holographum, testament olographe, eigenhändiges Testament, holographic testament) 為遺囑人親筆自書之遺囑，肇始於中世紀法國北部固有之習慣，但當時仍以見證人之在場為必要，至十八世紀始具備近代的自書遺囑之形式。成文法所承認者，以法國民法（九七〇條）、奧地利民法（五七八條）為嚆矢。德國民法制定時，基爾克 (Gierke) 以德國固有法無此制度而加以排斥；門格 (Menger) 則自無產者之立場極力擁護此方式，遂為德國民法所採用（二二四七條），並為瑞士民法（五〇五條）所繼受。日本民法（九六八條）、韓國民法（一〇六六條），皆承認自書遺囑，我民法亦然（民一一九〇條）。

二、自書遺囑之方式

依民法第一一九〇條前段規定，「自書遺囑者，應自書遺囑全文，記明年月日，並親自簽名。」此為自書遺囑之方式，茲說明之如次：

1. 須自書遺囑全文

⑴自書，即遺囑人自己直接書寫之意。既以自書為要件，則第三人代筆縱得遺囑人之承認，亦不能發生自書遺囑之效力。但得依民法第一一九四條所定方式，成立代筆遺囑者，自當別論。⑵須全部自書，故遺囑中雖僅少數之文句由第三人書寫時，亦不能成立自書遺囑⓫。自己口述使第三人筆記、請他人擬稿而由自己摹寫透描，亦均為無效。從而不解文字之人、不能書寫之人，不能為自書遺囑。⑶因須依筆跡鑑定是否為本人自筆，故

⓫ 但應認有例外。如第三人所書寫之部分僅為附隨的，縱除去該部分，在整體上猶足以確保遺囑人之真意，而能貫徹其意思之實現者，則應認為有效（參照近藤著三七頁、中川編註釋下三六頁〔青山〕、中川、泉著四四七頁以下、高野著三八三頁）。

縱令自己使用打字機打字或盲人使用點字機點字所為遺囑，亦不能認為有效之自書遺囑（史著三九二頁、陳著二一八頁）。至於遺囑人之手由他人支助寫立之遺囑，如係出於自動並有自己簽名，他人不過僅有物理上之單純輔助時，不妨認為有效；然如遺囑人僅被當作工具，並不了解其所書劃文字之意義，或他人積極誘導遺囑人之手，致所寫成之遺囑不能判定係出自遺囑人之筆跡者，則應為無效（史著三九二頁同旨、又參照日本最判昭和六二年一〇月八日民集四一卷七號一四七一頁）。⑷遺囑之文字不問其為本國語文或外國語文，亦不問其為今文或古文，為活語或死語，苟為遺囑人所通曉，均無不可。略字固勿論，即略符，如其意義得判明時，均為有效。從而以隸字篆字速寫文字所作之遺囑，亦為有效（史著三九三頁、戴著二一七頁、陳著二一八頁）。⑸只須自書，其以手書、口書、足書、或以義手義足書之，在所不問。以黑墨、紅丹、藍墨水，以毛筆、鋼筆、鉛筆、原子筆或其他筆書之，均無不可。⑹遺囑書之材料，並無限制，紙張、布片、皮革、木片、竹削或石板，均無不可。甚至自殺者於自己之身體上血書遺囑，如具備其方式，亦為有效。遺囑書之樣式，亦無限制，以書函或債務證書等形式為之，亦無不可。又不妨寫在手冊上、筆記上，或附在其他法律行為。⑺遺囑寫在紙片兩張以上時，原則應於各張上簽名。然如其數張構成一份則以一頁簽名為已足，其各頁之間亦無須蓋騎縫印或標記號（史著三九三頁、胡著一八九頁、羅著一八二頁、戴著二一七頁、陳著二一八頁）。⑻遺囑人將遺囑以外之文字，例如將在著書、報章、雜誌或日記內所記載事項，引用為遺囑之內容者，如將其記載處所，親筆摘示於遺囑之中，不妨謂為自書遺囑全文，而認其為有效。例如，遺囑記載「將某人某種著述中所列舉之參考書籍全部購買贈於某校圖書館」，縱不將各種書名一一列舉記入於遺囑書，亦不失為自書全文（李著九六頁、陳著二一八頁）。

2. 須記明年月日

⑴遺囑成立之日期，不唯為決定有無遺囑能力之時點，且在民法第一二二〇條、一二二一條規定之適用上，遺囑成立之先後，亦至關重要，故未記明遺囑之年月日者，其遺囑無效。⑵日期全然脫漏時，除得依遺囑之

其他部分為其作成日期之補充外，其遺囑為無效。⑶日期之一部分，例如僅記明月日而未記其年次，或僅記年月而未記日時，如其他部分不能為之補充時，應視為無效。但月日之表示，有時無須記明幾月幾日，例如載明「六十歲生日」、「某年教師節」、「長男某結婚之日」，苟可稽考作成遺囑之年月日，自應解為有效（李著九六頁、戴著二一八頁、陳著二一九頁、史著三九八頁）。惟如僅記載某年某月「吉日」，似應解為無效，蓋所謂吉日並非表示曆書上特定之日，且有時各人主觀的以某日為吉日故也（參照日本高松高決昭和四〇年六月一〇日家裁月報一七卷一一號一〇三頁）。⑷作成遺囑亙及數日，例如遺囑人病重不能一氣呵成，全文自書達二日或因自書全文疲勞，將日期之自書，延至翌日；尤其夜半寫遺書，過午夜始完結，則此時應以實際上自書日期之日為其日期，抑應以全文或其大部分已完成之日為日期，不無疑問。有主張應以全文完成之日為其日期（陳著二二〇頁、戴著二一八頁），有主張應以自書日期之日為其日期（史著三九六頁）。愚意，後說較為可採。蓋遺囑人雖寫畢遺囑全文但未必有最後意思之決定，仍不妨再加斟酌考慮，在自書日期之日，始可謂其有成立該遺囑之確定意思，而且此時自書日期之日與自書遺囑之日雖不一致，然不得謂日期有虛偽也（史著三九六頁）。⑸自書遺囑全文，並記載日期，而其日期與實際之日期不符時，其效力如何？學者多分別故意與過失，謂故意不記明真實日期之遺囑為無效，蓋此時足以推定遺囑人有希望其遺囑不成立之意思，或至少足以斷定其遺囑非出於真意故也；因過失或錯誤記載不真實之日倘依各種情形可推斷遺囑人有記載真實之日之意思時，則為有效（胡著一九〇頁、羅著一八三頁、戴著二一八頁）。但亦有主張其遺囑是否有效，應以是否能證明其不真實而又能依遺囑之內容及外部情事之輔助，確定遺囑之真實作成日期以為斷，不應因其遺囑人之為故意或過失而有區別（史著三九七頁）。愚從前說⓬。⑹日期之記載，通常於遺囑書之末尾為之，但於開首

⓬　關於因錯誤而誤記日期之情形，日本最高裁判所就昭和四八年死亡之人於同年中作成自書遺囑，日期中之年號原應寫為「昭和四八年」，卻寫成「昭和二八年」之案件，以按諸其作成之情事、記載內容、記載之年月日等，其為誤記至

或文中記載，亦為有效。然未於遺囑本文而於信封上書寫者，如信封上之筆跡與遺囑文相同，亦可認可構成遺囑之一部，應為有效（中川編註釋下三八頁〔青山〕、史著三九八頁）。⑺同一遺囑書中有二個以上之日期時，如無反證，應以最後一日期為完結遺囑之日期（戴著二一八頁、陳著二一九頁以下、史著三九八頁）。⑻無須記明「時」，惟如有同一日而記載不同的作成「時」之二以上遺囑存在時，應解為以最後之遺囑為有效；然如有同一日而作成「時」不明而內容有相牴觸之二以上遺囑存在時，則應解為應依一切情事決定其前後，無法決定時，其相牴觸之部分無效（參照近藤著三八頁、中川編註釋下三八頁〔青山〕、中川編注民㉖七一頁〔久貴〕）。⑼遺囑完成後追加新遺囑者，應記明追加之日期，否則其追加部分無效（民法一一九〇條後段。陳著二二〇頁、史著三九八頁）。

3.須親自簽名

⑴須簽名者，以便知遺囑人為何人；須親自簽名者，以便知其係出於遺囑人真意，可供對筆跡之用。因此，苟依其記載，能表示遺囑人為何人，均應認為遺囑為有效。⑵簽名通常簽在遺囑文字末尾，但於開首記明「立遺囑人某某」字樣者，苟係自書，亦可解為簽名（胡著一九一頁、羅著一八四頁、戴著二一九頁、陳著二二一頁、史著三九九頁）。⑶於遺囑本文已自寫姓名，而於文尾寫「汝父」或「母親」或「蓋章」代親自簽名，亦無不可（李著九七頁、戴著二一八頁、陳著二二一頁）。但本文全未寫姓名，而僅於文尾蓋印章者無效，蓋在自書遺囑，須遺囑人親自簽名，解釋上不得逕依印章、指印、十字或其他符號，以為代替也（民法三條二項、三項）（胡著一九〇頁、羅著一八三頁、史著三九九頁）⑬。⑷姓名非戶籍上之姓名，而代以通常使用之別名、雅號、筆名、藝名，足以表示其本人時，

明，又真實之作成日較易判明，而判示其遺囑不因此而無效（最判昭和五二年一一月二一日家裁月報三〇卷四號九一頁），可資參考。

⑬ 戴東雄教授原主張：「本條所稱簽名，不得以蓋印章、畫押或按指印代替（參閱民三條）；違者，該遺囑無效」（戴著繼承一三〇頁），但其後於戴合著二四七頁謂：「蓋章代親自簽名（民三條三項），亦無不可。」

亦無不可（范著一六七頁、李著九七頁、戴著二一八頁、史著三九九頁）。為防止與其他同姓名之人發生混淆，附記住址、籍貫、職業或商號等，自為可推獎之事，然非法律上之要件，不因其欠缺而使其遺囑無效（史著三九九頁）。(5)僅記姓而不記名，或僅記名而不記姓，苟足以表示本人時，其遺囑亦為有效。例如母王張氏，或僅稱王張氏，父某某或僅稱某某（范著一六七頁、戴著二一八頁、史著三九九頁）。(6)各國立法例，多僅要求親自簽名（德民二二四七條、瑞民五〇五條、法民九七〇條、義民六〇二條、奧民五七八條），惟日、韓民法於簽名之外，更須蓋章（日民九六八條一項、韓民一〇六六條一項）。在我民法，並不以蓋章為必要。日本人或韓國人在我國為自書遺囑，僅簽名而未蓋章，亦為有效（涉外民事法律適用法六〇條一項、六一條、日本遺言の方式の準據法に關する法律二條一款、韓國涉外私法二七條三項）。

三、增減或塗改

自書遺囑，如有增減塗改，應註明增減塗改之處所及字數，另行簽名（民法一一九〇條後段）。(1)遺囑人書寫之際，難免有筆誤或修改，故應許其增減或塗改，此時應註明增減塗改之處所及字數。註明第幾頁第幾行增幾字減幾字或塗改幾字。塗改方法，最好以直線劃去，留存字跡，俾資辨認。又一般多於增減塗改處加蓋印章（日本民法則以此為要件），此雖非民法所要求與遺囑之成立無關，然為避免糾紛，不無裨益（參照民事訴訟法二一八條「筆錄不得挖補或塗改文字，如有增加刪除，應蓋章並記明字數，其刪除處應留存字跡，俾得辨認」）。(2)須另行簽名，蓋為保障出於遺囑人之真意，並昭慎重。但本文已經簽名，修改時復須簽名，往往易為遺囑人所忽略，故立法論上不無商榷之餘地。(3)此種註明處所，一般雖於遺囑書之結尾處為之，但我民法並未定有限制，縱於欄外記明亦無不可（胡著一九一頁、戴著二一九頁、史著四〇〇頁）。(4)未依規定方式所為之增減塗改，其遺囑視為無變更，保持其效力。但塗改達於不能讀之程度時，其部分除能依鑑定方法尚可辨認者外，視為經撤回（史著四〇〇頁同旨）。

四、自書遺囑之得失

⑴自書遺囑因不須有見證人，苟粗解文字者，皆可隨時為之，甚為簡便，既可保持秘密，又可節省費用，此為其優點。⑵然因方式簡單，一般人民法律知識有限，內容難免有矛盾、含糊及不合法情事，且因無見證人，易發生偽造變造情事，而所立遺囑書亦有紛失、被隱匿或被毀棄之虞；其方式雖尚簡單，但仍常有因法律知識不足或一時疏忽，致方式不備而無效者，此為其所短。⑶由此可知其利害參半，然因此一般民眾得以簡便方法自立遺囑，有大眾化之趨勢，故各國民法大多承認其為普通遺囑方式之一種。

第二款　公證遺囑

一、公證遺囑之沿革

公證遺囑 (testamentum publicum, testament authentique, öffentliches Testament, notarial will)，謂依公證方法作成之遺囑。公證遺囑，在西歐早已發達，羅馬優帝法即有於法院筆錄之遺囑 (testamentum apud acta factum) 及提出於皇帝之遺囑 (testamentum principi oblatum) 之公的遺囑。在德國當初之遺囑方式，係在法院或市會為口頭之遺囑或提出遺囑書，或以請求兩方面代表人二人之參審人或市會吏員二人之參與為通常。寺院法之遺囑方式，夙在寺院之執事與二人或三人之證人之面前行之。產生公證人制度之義大利，已在十三世紀將此寺院法之遺囑方式世俗化，以公證人代替寺院職司，此制再傳入德國，在十四世紀之日耳曼，即行公證人與證人之遺囑。德國民法（二二三一條一項、二二三三條）規定此傳統上嚴格的公的遺囑之方式，許於公證人或法官面前為遺囑。此方式，移入於遺囑法第六條至第二十條時，其方式大加緩和，其後再併入於德國民法。瑞士民法許於官員或公證人或依州法有此職務之文書人員一人面前以證人二人之會同，作成公的遺囑（瑞民四九九條）。法國成文法地帶汲取優帝法之流，七人證人中一人公證人，將遺囑人之口述，作成筆錄，向遺囑人及證人宣讀，而實行作成證書之口頭遺囑。在習慣法地帶，則將上述寺院法之方式世俗化，即係將在公證人二人或公證人一人及證人二人面前所為口述作成文書宣讀後，由公證人一人或證人一人及遺囑人共同簽名，而實行要式遺囑。法國民法（九七一條至九七四條）之公證書遺囑 (testament par act public)，即係將此二種方式調和而成者（法民九七一條）。在日本民法（九六九條）則須有證人二人以上之會同，由公證人筆記口述並宣讀，由遺囑人及證人承認後，簽名蓋印，最後公證人附記係依規定所作，並簽名蓋章，亦即係略仿法國民法之立法例。我民法亦承認公證遺囑（民一一九一條），其規定與日本民法大致相同，而略為簡化。

二、公證遺囑之方式

依民法第一一九一條第一項規定，「公證遺囑，應指定二人以上之見證人，在公證人前口述遺囑意旨，由公證人筆記、宣讀、講解，經遺囑人認可後，記明年月日，由公證人、見證人及遺囑人同行簽名。遺囑人不能簽名者，由公證人將其事由記明，使按指印代之。」此為公證遺囑之方式，玆說明如次：

1. 須指定二人以上之見證人

⑴見證人之見證，目的在證明遺囑人確係其人、精神狀態正常、所為遺囑真實成立，同時在防止公證人濫用職權。見證人之資格，民法第一一九八條設有消極的限制，已如前述。公證法（七九條一項）就見證人之資格亦設有限制。依其規定，①未成年人、②受監護或輔助宣告之人、③於請求事件有利害關係者、④於請求事件為代理人或曾為代理人者、⑤為公證人之配偶、直系血親、或直系姻親者、⑥公證人之佐理員及助理人，不得充見證人。惟前揭④至⑥之人，如經遺囑人指定，仍得為見證人（同條二項）。在公證遺囑之作成，民法第一一九八條及公證法第七九條所定之缺格者，不得為見證人。⑵見證人之人數，我民法與日本民法（九六九條）、韓國民法（一〇六八條）同，定為二人以上。所謂二人以上之見證人，即至少須有二人之適格見證人，如見證人僅一人，所為公證遺囑無效。⑶見證人，須於作成公證遺囑全部程序過程中，自始至終均在場，如見證人之一人中途一度離去，而僅一人在場時，則為方式之欠缺，應為無效（德民二二三九條、日本大阪控判大正六年五月二四日新聞一二八五號二三頁、

史著四〇三頁、戴合著二四九頁)。⑷見證人之指定，由遺囑人為之（民一一九一條前段、公證法七八條、戴著二二〇頁、陳著二二二頁、史著四〇三頁)。

2. 須由遺囑人在公證人前口述遺囑之意旨

⑴口述謂以口頭陳述，應以言語為之，不得以其他舉動表達，遺囑人聲音發生障礙，由公證人發問，僅以點首、搖頭或擺手示意者，不能解為由遺囑人口述（日本大刑大正七年三月九日刑錄二四輯二〇一頁、最判昭和五一年一月一六日家裁月報二八卷七號二五頁)。故聾啞者，雖得以聾啞學校慣行之手勢傳意，亦不得為公證遺囑（羅著一八六頁、范著一六九頁、李著九八頁、戴著二二一頁、陳著二二三頁、史著四〇三頁)。⑵口述應在公證人面前直接為之。由近親或他人傳達之者無效（日本大判昭和一三年九月二八日法律新聞四三三五號一〇頁、范著一六九頁、李著九八頁、戴著二二一頁、陳著二二三頁、史著四〇三頁)。⑶公證遺囑應以中國文字作成之；但經遺囑人請求時，得以外國文字作成（公證法五條)。遺囑人不通中國語言，公證人作成筆錄，應由通譯傳譯之；但經遺囑人同意由公證人傳譯者，不在此限（公證法七四條)。公證人雖了解外國語言，如不使通譯在場，而以中國語言作成公證遺囑，為期遺囑之正確，應解為無效（史著四〇三～四〇四頁同旨）⓮。⑷口述，無須將遺囑之全部一語一句以口頭陳述，關於遺囑中物件之表示，或因數字關係，或因內容複雜，以口述不能盡意者，則為確保內容之真確，不特可朗誦目錄或備忘錄，且可將此交付於公證人，使其據以作成遺囑書（日本大判大正八年七月八日民錄二五輯一二八七頁、羅著一八七頁、范著一六九頁、李著九九頁、戴著二二一

⓮ 日本多數說亦解為以有通譯在場為必要（例如，我妻、立石著五六一頁、中川監註解二九九頁〔小山〕、我妻、唄著二五四頁、高野著三九二頁)，實務先例亦同（明治四二年七月三〇日民刑局長回答)。反之，少數說或以民法、公證人法均無以之為無效之明文（近藤著判例六〇頁)，或以遺囑倘符合遺囑人之真意，並經公證人筆記、宣讀，遺囑人及證人承認其筆記屬實後，各人簽名蓋章，如以之為無效未免過於嚴格（中川編註釋下四五頁〔青山〕、中川編注民㉖八〇頁〔久貴〕)，而主張無通譯在場，亦有效。最後一說不無參考價值。

頁、陳著二二三頁)。(5)公證人預先由他人聽取遺囑意旨，予以筆記而作成書面，其後再由遺囑人受遺囑意旨之口述，確認其口述與該書面相一致，因而作成公證遺囑時，雖遺囑人之口述與公證人之筆記次序顛倒，然既無歪曲遺囑人之真意，自宜解為有效（參照日本大判昭和六年一一月二七日民集一〇卷一一二五頁)。(6)然若遺囑人完全省略口述之程序，而逕將記載遺囑意旨之書面交與公證人，公證人據此作成筆記以為公證遺囑作成之準備，隨後接見遺囑人，聽其陳述「遺囑意旨正如先前所交之書面」，即以該筆記為原本，而進行宣讀、認可、簽名時，是否違反公證遺囑之方式？日本判例認為於此情形並不違反公證遺囑之方式（大判昭和九年七月一〇日民集一三卷一三四一頁)，學說則多極力反對（近藤著判例六二頁、穗積著三五二頁、柚木著三三〇頁、中川編註釋下四六頁〔青山〕、中川監註解三〇〇頁〔小山〕、高野著三九四頁)。我國學者亦多認為於此情形，不可認為有所口述，其遺囑自屬無效（李著九九頁、戴著二二一頁、陳著二二三頁)，但亦有鑑於：德瑞民法並不以遺囑人口述為要件並不以見證人對於遺囑之內容知悉為必要（德民二二三八條、二二四二條；瑞民五〇〇條、五〇一條一項、二項)；惟日本民法第九六九條規定，口述及宣讀均須有證人二人之會同，而筆錄之正確不獨須經遺囑人而且須證人承認後各自簽名蓋章；我民法雖以遺囑人在公證人面前口述遺囑意旨及公證人宣讀筆記為要件，然認可則以遺囑人為限，而無須經見證人認可，此點與日本民法仍有不同，從而主張：如遺囑人已在見證人面前口述筆記正如前由本人所交書面，並由公證人將筆記向遺囑人及見證人宣讀，由遺囑人認可簽名，則在我民法以見證人能證明其遺囑出於遺囑人之真意為已足，至於筆錄內容是否與遺囑人所口述者相合，並不須經見證人之認可，自應認此種公證遺囑為有效云云者（史著四〇五～四〇六頁)。愚意，於此情形，苟無其他情事足以證明其筆記與遺囑人之真意不符者，在我民法，不必以之為無效，故以有效說為可採。

3.須由公證人筆記、宣讀、講解

(1)公證人須為公證法所定法院之公證人或民間公證人。(2)所謂筆記，不必公證人親自為之，公證人聽取遺囑人之意旨，令司書執筆，或由公證人筆記，使助理員謄寫，均無不可（法民九七二條、日本大判大正一一年七月一四日民集三九四頁、同昭和六年一二月一一日東京地判法學新報二八〇號二四頁、戴著二二一頁、陳著二二四頁、史著四〇六頁）。又，筆記縱非於遺囑人面前為之，而是在別室為之者，其遺囑仍為有效（參照日本大判昭和六年六月一〇日法律新聞三三〇二號九頁）。(3)筆記之方法，不必依速記，逐字逐語記錄之，而以筆記之內容能明白表示遺囑人口述之內容為已足（日本大判大正七年三月九日刑錄二四輯二〇一頁、戴著二二一頁、陳著二二四頁、史著四〇七頁）。但公證人不得擅自附加或刪除而致與遺囑人之真意有所出入。惟遺囑人口述違法或不正之事項時，因公證人不得就違反法令事項及無效之法律行為，作成公證書（公證法七〇條），公證人遇此情形，對於遺囑人應加警告，如遺囑人不為接納，公證人自應拒絕筆記，此乃公證人職務上之所當然（胡著一九五頁、史著四〇七頁、陳著二二四頁）。(4)筆記得以外國文字為之，作成公證書則應以中國文字為之，但經遺囑人請求時，得以外國文字作成（公證法五條、陳著二二四頁、史著四〇七頁）。(5)公證人筆記後，應向遺囑人及見證人宣讀，遺囑人如發現有錯誤，得請求公證人予以更正，更正後並應就更正部分更為宣讀（胡著一九四頁、羅著一八八頁、戴著二二一頁、史著四〇七頁）。(6)宣讀，無須由公證人親自為之，公證人命第三人為宣讀，亦非違法，但公證人必須在場（日本東京控判昭和一五年四月八日法律新聞四五八七號八頁、日本通說、陳著二二四頁、史著四〇七頁、戴著二二一頁）。(7)遺囑人或見證人不通中國語言者，應由通譯傳譯之；但經遺囑人同意由公證人傳譯者，不在此限（公證法七四條）。(8)可否以閱讀代宣讀？外國立法例有明定交遺囑人閱覽者（瑞民五〇〇條一項），我民法無明文規定，學者大都認為宣讀為公證遺囑必備之方式而採否定見解（胡著一九四頁、范著一七〇頁、羅著一八七頁、戴著二二一頁）。然我公證法規定公證人應將作成之公證書，向在場人朗讀，或使其閱覽（八四條一項前段），即得任選其一。是否應解釋此規定對於公證遺囑之作成亦有適用？殊值研究。按宣讀之目的，既在確定筆記之內容是否與遺囑人口述之意旨相符，則使遺囑人閱讀，更能達其目的，此在遺囑人為聾者時，尤有意義，蓋聾者或能口述遺囑意旨，但卻無法聽讀，如不許其閱讀者，即不能為公證遺囑，殊不合理。故宜解釋因遺囑人之請求或同意，即得以閱覽代宣讀（史著四〇七頁同旨）。⑼宣讀後更須講解，蓋筆記之文字未必與口述之語言相一致，須進而釋明其意義，以使遺囑人及見證人易於了解並提高其注意。

4. 須遺囑人認可後，記明年月日，由公證人、見證人及遺囑人同行簽名

⑴遺囑人於公證人宣讀講解後，如對於筆記予以認可，即認為與其意旨相符，則公證人應記明年月日，由公證人、見證人及遺囑人同行簽名。⑵遺囑人如不能簽名，由公證人將其事由記明，使按指印代之。依民法第三條第三項規定，以指印代簽名者尚須經二人簽名證明，然在公證遺囑，因已有公證人及見證人二人與遺囑人同行簽名，則其要件已具備，自無須另覓二人簽名證明（史著四〇八頁）。依民法第三條第三項規定，尚可以十字或其他符號代簽名，但在公證遺囑僅能以指印代之。又，遺囑人亦不得用印章代簽名，蓋印章他人容易偽造也（羅著一八八頁）。⑶見證人必親自簽名，別名、雅號、筆名、藝名、綽號，均無不可，但不能以指印或其他符號代之。⑷公證人作成公證書，應記載公證法第八一條規定所應記載事項，公證人於公證遺囑書上如未依此規定為記載者，雖違反其職務，然公證遺囑書如具備民法所規定之方式者，仍為有效（戴著二二二頁、陳著二二五頁、史著四〇八頁）。⑸公證遺囑作成程序中，如遺囑人死亡者，公證人及見證人是否得繼續其程序，使發生遺囑之效力？似宜解釋：如遺囑人口述遺囑意旨，認可筆記而為簽名，則遺囑人其後雖死亡，不妨由公證人及見證人續行其他程序，使其發生遺囑之效力，否則不但使實質上已完結之公證程序前功盡棄，更不當蔑視遺囑人之意思也（近藤著判例七〇～七一頁、史著四〇九頁同旨）。

三、公證人職務之代行

公證遺囑須在公證人前為之，故須有公證人行使職務始能作成之。如遺囑人所在地無公證人者，民法特別規定公證人職務之代行（民一一九一條二項），以便利遺囑人。(1)作成公證遺囑之公證人職務，在無公證人之地，得由法院書記官代行。(2)僑民在中華民國領事駐在地為遺囑時，得由領事行之。①中華民國國民在外國所為遺囑仍應適用中華民國法律（涉外六〇條一項），即原則上採立遺囑人之本國法主義。僑民自得依民法規定方式為遺囑。為便利僑民，僑民在領事駐在地為公證遺囑時，得由領事執行公證人職務。②僑民無須在領事駐在地有住所或居所，一時的於領事駐在地訪問或旅行時，領事亦不妨為其執行公證遺囑職務（史著四一〇頁同旨）。③民法並未以外國人為見證人之缺格者，故以外國人為見證人所為之遺囑亦屬有效。

有問題者，僑民是否得依其地之法律所定之方式為遺囑？有持肯定見解者（例如史著四〇九頁）。在我涉外民事法律適用法解釋上，容有二說：①該法第六十條第一項規定「遺囑之成立要件及效力，依成立時遺囑人之本國法」，第十六條規定「法律行為之方式，……依任一行為地法所定之方式者，皆為有效」，遺囑亦為法律行為，則依行為地法所定之方式為之者，自亦有效；②該法之規定體例及內容均仿自日本法例，該法第十六條所謂法律行為之方式係指財產法上法律行為之方式而言，遺囑之方式應適用該法第六十條第一項之規定，依成立時遺囑人之本國法，此自該法未設有如日本法例第二六條舊規定於第一項規定「遺囑之成立及效力，依其成立當時遺囑人之本國法」，但又於第三項特別規定「關於遺囑之方式不妨依行為地法」（本項已因一九六四年「關於遺囑方式準據法之法律」之制定而被刪除）旨趣之規定觀之，並與該法第四六條「婚姻成立之要件，依各該當事人之本國法，但結婚之方式依當事人一方之本國法或依舉行地法者，亦為有效」之規定相對照下，至明，則僑民在國外為遺囑時，須依我民法所規定之方式為之，否則無效⓯。最高法院曾就僑居日本多年之華僑陳某，死

⓯ 關於遺囑方式之準據法，由於我國涉外民事法律適用法舊法無總則分則體例之

亡時仍屬我國國籍，於生前曾在日本東京法務局所屬三堀博辦事處，依日本民法第九六九條規定作成公正證書遺言（相當於我民法之公證遺囑）之事件，判示：我民法第一一九一條第一項所謂公證人，係指我國之公證人而言，陳某未依同條第二項規定，由駐在日本東京之我國亞東關係協會東京辦事處執事（中日斷交後實質上執行有關領事職務），執行該條第一項所定之公證人職務，似難謂已具備該條所規定之公證遺囑之成立要件（七一年台上字一八〇五號判決）⑯。司法院司法業務研究會第三期研討結論及

安排，且關於遺囑之方式，除舊第二四條第一項外，舊第五條第一項亦有適用之可能，遂導致解釋上之紛歧：

1. 有謂：「遺囑係法律行為之一種，其方式應依一般關於法律行為方式之原則為之。質言之，原則上須依遺囑所應適用之法律所定之方式，但依行為地法所定之方式者，亦為有效。」（梅仲協《國際私法新論》二六八頁）
2. 有謂：「遺囑之方式係遺囑本身之意思表示之方式，並非依遺囑所為法律行為之方式，故不依涉外民事法律適用法第五條所規定法律行為方式之準據法。但另依涉外民事法律適用法第二四條第一項，適用遺囑成立要件之準據法不另適用法律行為方式之準據法。」（劉甲一《國際私法》二五九頁。涉外民事法律適用法第五條草案說明亦採此見解。）
3. 有謂：「關於遺囑之方式，本屬遺囑成立要件之一，是應依遺囑人之本國法解決，唯考慮『優遇遺囑』(favor testamenti) 之原則，使遺囑得容易成立，原則上雖應適用遺囑之準據法，但於例外情形如適用法律行為之方式的一般規定為之，亦無妨加以承認，則以涉外民事法律適用法第五條之規定補充第二四條第一項之原則規定。理論上應如此解釋為妥，惟現行國際私法之條文，是否得如此解釋，亦非無疑問。」（蘇遠成《國際私法》三七五頁）

   涉外民事法律適用法於民國九九年修正後，於第六十條第一項明定：「遺囑之成立及效力，依成立時遺囑人之本國法。」外，並增訂第六一條，規定遺囑之方式，並得依遺囑之訂立地法；遺囑人死亡時之住所地法；遺囑有關不動產者，該不動產之所在地法。即併採數國法律選擇適用之原則。適用上已較明確。

⑯ 本判決不檢討在外國之我國人可否依行為地法為遺囑，亦不檢討對於外國機關所作成之公證書應否承認其效力，而遽以我民法第一一九一條第一項所謂公證人，係指我國之公證人而言，在日僑民未依民法第一一九一條第二項之規定，

第一廳研究意見均認為：於此情形，不能成立公證遺囑，但遺囑仍有效，應視其製作方式究為代筆或自書遺囑，而認其效力（司法院《民事法律專題研究（二）》五四頁）。愚意，於此情形，應透過解釋技術，承認其為公證遺囑之效力⓱，始符合便利僑民之理想及世界各國法律之潮流；而在立法論上，亟應早日立法，承認在外國之我國人亦得依外國法所認之方式為遺囑⓲。此問題依九十九年涉外民事法律適用法之修正已獲致根本解決。

由駐日之我國亞東關係協會東京辦事處執事執行該條第一項所定之公證人之職務為理由，而判示其遺囑不具備公證遺囑之方式，應屬無效，實有待商榷。又，對此判決，劉緒倫〈國際私法上法律行為方式準據法之發展趨勢〉《馬漢寶先生六秩華誕祝賀論文集‧法律哲學與國際法》四六一頁以下，從國際私法的觀點，加以批評，可供參考。

⓱ 司法院司法業務研究會第三期及第一廳研究意見謂：「不能成立公證遺囑，但遺囑仍有效，應視其製作方式究為代筆或自書遺囑，而認其效力。」其中插入「遺囑仍有效」五字，似有語病，毋寧將此五字刪除，較合邏輯；再者，依轉換為代筆或自書遺囑之迂迴方法，認其效力，其苦心雖值欽佩，然於此情形，具備代筆遺囑之方式，固有可能，蓋在公證遺囑，一般法制均須有二人以上之見證人（參閱日民九六九條、韓民一〇六八條），再將公證人視為見證人，則見證人有三人以上，又公證遺囑，係由遺囑人口述，而由他人筆記，而與代筆遺囑，由遺囑人口述，而由他人筆記者相同故也，但具備自書遺囑之方式，則殊難想像，蓋在公證遺囑，遺囑人恆僅口述而不自筆故也。前司法行政部四三年五月二七日台四三電參字第三六四三號代電謂：「一、查遺囑之成立，與發生效力，原為兩事，故遺囑如依立遺囑時當地之法律，已可認為有效者，縱使在其發生效力時當地所適用之法律已有變更，除法律別有規定外（例如民法繼承編施行法一〇條），仍不影響該成立在前之遺囑之效力。二、該陳展盛於日據時代作成之遺言公證書，依當時適用於臺灣之法律，本已合法成立，雖其發生效力已在光復以後，但該項遺囑，依前開說明，似仍有效。」本代電雖非針對僑民是否得依其地之法律所定之方式為遺囑而釋示，但其解釋技術，可供參考。

⓲ 關於遺囑之成立及效力，日本法例原於第二六條第一項規定，依其成立當時遺囑人之本國法；而於第三項規定，關於遺囑之方式亦得依行為地法。昭和三九年（一九六四年）隨著「關於遺囑方式之法律衝突公約」(Convention on the Conflicts of Laws Relating to the Form of Testamentary Dispositions) 之批准，制

修正後該法第六十一條規定：「遺囑及其撤回之方式，除依前條所定應適用之法律外，亦得依下列任一法律為之：一、遺囑之訂立地法。二、遺囑人死亡時之住所地法。三、遺囑有關不動產者，該不動產之所在地法。」

四、公證遺囑之得失

⑴公證遺囑雖不如自書遺囑之能嚴守秘密，且關於費用及作成之便利，亦有其短處。⑵但文盲或不諳法律之人，亦得藉以立遺囑，且其所在明確，方式之遵守、內容之真實以及證據力之強大，遠非自書遺囑所能及。是以，各國法律亦大都採取此方式。惟為落實此制度，宜推進發展公證事務，減輕利用者之負擔，提高公證人之素質（戴著二二三頁、陳著二二五頁）。我公證法幾經修正後，已獲致相當成果。

第三款　密封遺囑

一、密封遺囑之沿革

密封遺囑 (testamentum arcanum, testament mystique, mystic testament) 係遺囑人將其秘密作成或由他人代寫作成之遺囑密封後，於見證人前，提經公證人簽證之遺囑。密封遺囑起源於羅馬優帝法之三部（見證人七人、封印及簽署）遺囑 (testamentum tripertitum)，近代民法大都採用之，例如法國民法（九七六條至九七九條）、日本民法（九七〇條至九七二條）、韓國民法（一〇六九條），我民法亦然（民法一一九二條）。德國民法及奧國民法雖亦承認密封遺囑，然不承認其為獨立的一種方式，而視為公證遺囑之一種（德民二二三八條二項、奧民五八七條）。

定「遺言の方式の準據法に關する法律」，並將法例第二六條第三項刪除。依「遺言の方式の準據法に關する法律」，合於左列法律之一者，其遺囑之方式為有效（二條）：①行為地法；②遺囑人於遺囑成立或死亡當時有國籍之國之法律；③遺囑人於遺囑成立或死亡當時有住所之地之法律；④遺囑人於遺囑成立或死亡當時常有居所之地之法律；⑤關於不動產之遺囑，其不動產之所在地法。從而，在外國之日本人，既得依日本民法所定之方式為遺囑，亦得依外國法所認之方式為遺囑。日本之此等規定，或可供我國將來立法之參考。

二、密封遺囑之方式

依我民法第一一九二條第一項規定，「密封遺囑，應於遺囑上簽名後，將其密封，於封縫處簽名，指定二人以上之見證人，向公證人提出，陳述其為自己之遺囑，如非本人自寫，並陳述繕寫人之姓名、住所，由公證人於封面記明該遺囑提出之年月日及遺囑人所為之陳述，與遺囑人及見證人同行簽名。」此為密封遺囑之方式，茲說明如次：

1. 須遺囑人於遺囑上簽名

⑴密封遺囑不必自書，由他人代筆或使用打字機、點字機、印刷機，均無不可。又，民法就得為遺囑筆記之人，並未加以限制，故由公證人或見證人筆記遺囑，亦屬無妨（史著四一一頁同旨）。但必須遺囑人自己於遺囑上簽名，不得以指印代之（范著一七一頁、李著一〇〇頁、戴著二二三頁、陳著二二六頁、史著四一一頁）。⑵以簽名為已足，無須記明年月日，蓋密封遺囑須由公證人於封面記明該遺囑提出之年月日，依此已足以判斷遺囑能力之有無及遺囑成立之先後也（羅著一九〇頁、戴著二二三頁、陳著二二七頁、史著四一一頁）。⑶遺囑內容如有增減塗改，應註明增減塗改之處所及字數，另行簽名（類推適用民法第一一九〇條後段）。

2. 須將遺囑書密封，於封縫處簽名

⑴此係為保持秘密，以防止他人啟視，以免有偽造或變造之虞。⑵密封不必由遺囑人自為，於其面前命他人為之，亦無不可。但簽名必須自己為之，且不得以按指印代之。⑶密封遺囑之個數，應以封套之個數決之，例如，以二份書面分別記載二個事項，而一同封入一個封套內時，應認為僅一個密封遺囑。此時，如其中一個事項（即遺囑之一部）無效者，應適用民法第一一一條之規定，如除去該無效部分，遺囑亦可成立者，則其他部分仍為有效（史著四一一～四一二頁同旨）。

3. 須遺囑人指定二人以上之見證人，向公證人提出，陳述係自己之遺囑；如非本人自寫，並應陳述繕寫人之姓名住所

⑴所謂陳述，只須說明遺囑確係自己所作，不必涉及遺囑之內容（戴著二二四頁、陳著二二七頁、史著四一二頁）。⑵遺囑如係本人自寫，以陳

述該遺囑為自己之遺囑為已足；如非本人自寫，則並陳述繕寫人之姓名住所，以便於日後有爭執時詢問代筆之人。如係使用打字機、點字機或印刷機所作，則應陳述其操作人之姓名住所（史著四一二頁同旨）。⑶遺囑人如係不能言語之人，可否以書面方式代口頭陳述？依日本民法規定，遺囑人得在公證人及見證人面前，於封紙上自書該證書係自己之遺囑書及筆者之姓名住所，以代口頭陳述（日民九七二條）。我民法雖無類似之明文，但學者多主張所謂陳述，不以口述為限，即以書面或逕於封面上由本人筆述其為自己之遺囑並其繕寫人之姓名住所，固亦不失其為陳述也（范著一七二頁、戴著二二四頁、史著四一二頁）。為使不能言語之人，亦能作成密封遺囑，自以從寬解釋為妥當。

4.須由公證人在遺囑封面記明該遺囑提出之年月日及遺囑人所為之陳述

⑴記明該遺囑提出之年月日，乃為確定密封遺囑成立之時期。遺囑能力之有無及遺囑成立之先後，胥以公證人所記之年月日決定之。⑵遺囑人所為之陳述，指上述3.之遺囑人之陳述。其陳述如因遺囑人不能言語，而以筆述代之者，並應記明其事由（參照日民九七二條三項）。

5.須由公證人、遺囑人及見證人於封面同行簽名

⑴此為作成密封遺囑最後之程序。公證人、遺囑人及見證人之簽名，均須自書，而且須在封面。此時遺囑人之簽名係證明已履行其遺囑作成程序，與遺囑人在遺囑書之簽名，係為證明其為自己所作成，及在封縫處之簽名，係為保持秘密者有別。⑵密封遺囑之公證人職務，在無公證人之地，得由法院書記官行之；僑民在中華民國領事駐在地為遺囑時，由領事行之（民一一九二條二項），此點與公證遺囑同。

三、密封遺囑之轉換

密封遺囑，如不具備密封遺囑之方式，而具備自書遺囑之方式者，有自書遺囑之效力（民一一九三條）。此無效密封遺囑之轉換，旨在儘量尊重遺囑人之最終意思，乃無效行為轉換之典型例也。⑴密封遺囑原可分為兩部分，即遺囑內容之記載與公證人封面之附記。如遺囑內容出於遺囑人之

自書者，則此部分與自書遺囑完全相同。⑵密封遺囑須具備密封遺囑之全部法定方式，否則密封遺囑無效；但如具備自書遺囑之法定方式時，則有自書遺囑之效力。⑶此項轉換，須其遺囑具備自書遺囑之要件，即須自書遺囑全文、記明年月日與親自簽名，始生轉換之效力。從而，如遺囑書上未有年月日之記載，則封面雖記明有年月日，不因而補正成為有效之自書遺囑（中川編註釋下五三頁〔山中〕、史著四一三頁）。遺囑書上所記之年月日，與公證人於封面所記之年月日不同時，為有效自書遺囑成立之日，非公證人所記之年月日，而是遺囑書上所記之年月日（青山道夫《相續法》（《新法學全書》）一九六頁、史著四一三頁）。⑷不具備密封遺囑之方式，例如指定二人之見證人，其中有缺格者，因而無效，或未於封縫處簽名，因而無效。在前者，又在後者如遺囑書已有遺囑人之簽名者，則有自書遺囑之效力。蓋自書遺囑不以有見證人為必要，而於封面上遺囑人亦無再簽名之必要也（史著四一三頁）。

四、密封遺囑之得失

⑴密封遺囑因有見證人及公證人證明，故其存在甚為確實；而其內容，如係本人自書，又可保守秘密，似兼有自書遺囑及公證遺囑之長處。⑵且可不必自書，而得使他人代筆，故苟自己能簽名，即可使代筆人作成遺囑。⑶又，在無公證人之地，亦得由法院書記官；在外國僑民，得由領事，代行公證人之職務（民一一九二條二項、一一九一條二項），作成密封遺囑。⑷但自書之密封遺囑，則仍有如自書遺囑之缺點。

第四款　代筆遺囑

一、概　說

代筆遺囑 (testamentum allographum)，謂由見證人中一人（他人）代筆而作成之遺囑，乃我國所特設之制度。德國、法國、瑞士、日本、韓國，均無此制度，惟奧國民法上在法院外由他人代寫之遺囑（奧民五七九條以下），頗相類似耳。

二、代筆遺囑之方式

依民法第一一九四條規定，「代筆遺囑，由遺囑人指定三人以上之見證人，由遺囑人口述遺囑意旨，使見證人中之一人筆記、宣讀、講解，經遺囑人認可後，記明年月日，及代筆人之姓名，由見證人全體及遺囑人同行簽名，遺囑人不能簽名者，應按指印代之。」此為代筆遺囑之方式[19]，與公證遺囑之方式大致相同，茲說明如次：

1.須由遺囑人指定三人以上之見證人

在公證遺囑、密封遺囑，見證人只須二人，但在代筆遺囑，因無公證人參與，故須有三人以上，以昭慎重，而防作偽。

2.須由遺囑人口述遺囑意旨

啞者及其他言語障礙之人，不能依代筆為遺囑，此點與公證遺囑同。遺囑人不通中華民國語言而以外國語言口述遺囑意旨時，應指定通曉外國語言之見證人三人，其遺囑不妨以外國文字作成之（史著四一四～四一五頁同旨）。

3.須由見證人中之一人筆記、宣讀、講解

此點與公證遺囑同。不過，此時見證人必須親自筆記，不得使他人為之（李著一〇二頁、戴著二二六頁、陳著二三〇頁、史著四一五頁）。

又，民法第一一九四條規定須由見證人加以筆記、宣讀、講解，其意旨僅在確保代筆遺囑確係遺囑人之真意，準此，見證人之筆記、宣讀、講解之行為，乃各自分立之行為，並不限於同一見證人為筆記、宣讀、講解之必要。(請參照最高法院一〇八年度第五次民事庭會議決議)

4.須經遺囑人認可後，記明年月日及代筆人之姓名

關於此點，除應記明代筆人之姓名外，與公證遺囑同。

5.須由見證人全體及遺囑人同行簽名，遺囑人不能簽名者，應按指印

---

[19] 代筆遺囑須符合民法第一一九四條所定要件，但不以經法院公證為必要（參照前司法行政部五八年五月三〇日台五八函民決字四一九一號），亦無須經親屬會議認定其真偽（同六一年三月六日台六一函決字一七八三號）（以上二函載《民事法令彙編》二六九頁以下）。

代之

⑴遺囑人不能簽名者，應按指印代之，不適用民法第三條第二項以印章代替簽名之規定（前司法行政部六三年一〇月二六日台六三函民字九二五五號函，載《民事法令彙編》二七一頁），如遺囑人僅蓋印章，自屬有違法定方式而歸無效（五八年台上字二一九號判決。王甲乙〈代筆遺囑僅經遺囑人蓋章之效力〉《司法通訊》三九五期）。遺囑人不能簽名而以指印代之者，不必由代筆人記明不能簽名之事由，因代筆遺囑大都為不識字者所採用，無庸贅及也。此點與公證遺囑有異。⑵但見證人必須親自簽名，所謂見證人全體，代筆人自亦包括在內。見證人如有五人，則五人均須簽名，但代筆遺囑之成立以有三人為已足，如五人中縱有二人漏未簽名，遺囑仍為有效（范著一七四頁、羅著一九四～一九五頁、史著四一五頁）。

三、代筆遺囑之得失

⑴代筆遺囑之方式雖與公證遺囑之方式大同小異，然遠較簡單易行，且能節省費用，而予遺囑人以便利（羅著一九五頁、陳著二三〇頁、史著四一四頁）。⑵我國公證制度尚未普遍實施，教育又未十分普及，不識字者尚多，故有必要特設此方式以應需要（戴著二二六頁、陳著二三〇頁、史著四一四頁）。⑶遺囑人如不識文字，或不願自書遺囑而又不易假公證人之手或不願經公證人之手致生費用者，自以採用代筆遺囑為便利（史著四一四頁）。⑷有謂：此種遺囑既非遺囑人所自書，其成立又未經由公證人證明，在人情詐偽之社會恐易發生流弊。如因遺囑受利益之人以其利益之一部誘惑見證人依代筆遺囑之方式勾串偽造，往往不易辨別其真偽。故關於此種遺囑之認定，非特別審慎不可（羅著一九五頁）。然見證人須有三人以上，遺囑人須親自簽名，不能簽名者應按指印代之，照理應不易於作偽（史著四一四頁）。總之，代筆遺囑，在民法制定當時不失為適合中國國情，而又便利遺囑人之制度也。然而，隨著臺灣公證制度之普遍實施、教育之完全普及，代筆遺囑之制度終將失去其存在意義，而招致被廢止之命運，蓋可斷言。

第四項　特別方式之遺囑——口授遺囑

一、總　說

1. 口授遺囑 (testamentum nuncupativum, testament en la forme orale, mündliches Testament, oral or nuncupative will)，謂遺囑人因生命危急或其他特殊情形不能依其他方式為遺囑時，所為之略式遺囑。相對於前述普通方式之遺囑，稱為特別方式之遺囑或緊急遺囑。

2. 普通方式之遺囑，原在保障遺囑人最終意思之真實及貫徹，然如遺囑人因生命危急、交通隔絕或其他特殊情形，有不及為公證遺囑或密封遺囑，有不能握筆為自書遺囑，亦不能邀集三人以上之見證人為代筆遺囑者，如因此致死者不能為有效遺囑，殊有欠公允，此在我國，國人並無平時作成遺囑之習慣，殆至臨終時，始邀集親朋，作終意處分，尤有承認特別方式之遺囑之必要。因此我民法乃仿各國之立法例，特設此制度。

3. 特別方式之遺囑，一般為方式之簡化及防止因簡化而可能發生之流弊。其防止方法為有效期間之限制及遺囑須經認定。

4. 何種情形，得依特別方式為遺囑，立法例上並不一致。有採列舉主義者，例如德國民法分為①鄉鎮長前之緊急遺囑（二二四九條）、②特殊情事之緊急遺囑（二二五〇條）、③海上遺囑（二二五一條）；法國民法分為①軍人遺囑（九八一條以下）、②隔絕地遺囑（九八五條以下）、③海上遺囑（九八八條以下）、④外國遺囑（九九九條以下）；日本民法分為①危急時遺囑，更分為ⓐ因疾病或其他事由而瀕臨死亡者之遺囑（九七六條）、ⓑ因船舶遇難瀕臨死亡者之遺囑（九七九條）、②隔絕地遺囑（九七七條、九七八條）；有採例示的概括規定者，例如瑞士民法規定因生命危急、交通阻絕、傳染病或戰爭等非常狀態，致不能依其他方式為遺囑者，得作成口授遺囑處分（五〇六條）；韓國民法規定因疾病或其他急迫情事，不能依其他方式時，得為口授遺囑（一〇七〇條）。我民法規定遺囑人因生命危急或其他特殊情形，不能依其他方式為遺囑者，得為口授遺囑（一一九五條），乃仿傚瑞士民法之立法例也。

5.在我國，口授遺囑在舊法上僅有筆記口授遺囑之方式，七十四年民法繼承編修正時為因應實際需要，特參考韓國民法第一〇六七條之立法例，增設錄音口授遺囑之方式，其立法理由略謂：錄音已為現代生活中常用之記錄方法，口授遺囑使用錄音予以記錄，最為便捷，此在遺囑人臨危之際，尤屬有此必要，爰新設此方式（行政院、司法院草案說明，載《立法院法律案》八〇輯一九頁）。

二、口授遺囑之要件

依民法第一一九五條規定，得作成口授遺囑之要件，為遺囑人因生命危急或其他特殊情形，不能依其他方式為遺囑（前司法行政部六五年七月八日台六五函民字〇五四四一號函，載《民事法令彙編》二七一頁）。茲析述如次：

1.生命危急

例如，因重病、急病、生命有危險；於軍中，因疾病或受傷，致生命有危險；乘船艦在海中，遭遇危難等是。惟所謂生命危急，須客觀上有死期將近之相當事實，而主觀上亦自覺死期近矣，始足當之。如僅遺囑人憑空想像死期已迫近，固不能謂生命危急，但如認須有諸如數日中必定死亡之客觀的危篤狀態存在，始能謂生命危急，亦屬過酷（參照中川著三五〇頁以下、中川編注民(26)一一〇頁〔宮井〕）。

2.其他特殊情形

例如，交通斷絕、傳染病或戰爭等屬之（參照瑞民五〇六條），但不以遺囑人生命危急為前提。①交通斷絕，須事實上有其存在，僅有交通斷絕之虞尚有未足。於此情形，第一為公證遺囑之公證人會同不能；為密封遺囑時，無法向公證人請求簽證。然自書遺囑通常尚非不可能，例外的例如遺囑人因雪崩墜身，致手凍硬不能自書，惟得向在山上之同伴口頭呼喊，將其最後意思表達；又例如，遺囑人既不能以書寫而不能作成自書遺囑，又無法覓得三人以上之見證人，亦不能作成代筆遺囑。至於交通斷絕之原因如何，在所不問，得因颱風、地震、洪水、岩石墜落、房屋崩塌、罷工或暴動之交通阻絕（史著四二二頁）。②傳染病，以因傳染病而障礙普通方式之遺囑之作成為已足，不以遺囑人本人患病為必要。例如，在公證遺囑因公證人及見證人旅行可能受傳染而不能獲致，或因公證人及見證人患病，遺囑人無法另外覓得。此種原因亦往往釀成交通斷絕。然通常僅障礙公證遺囑、密封遺囑、代筆遺囑之作成，而自書遺囑則尚非不可能。惟遺囑人不識文字或因身體受傷或疾病不能自書時，始發生口授遺囑之問題（史著四二二頁）。③戰爭，此時不獨軍人，普通人民如因此不能依其他方式為遺囑時，亦得為口授遺囑。

3. 不能依其他方式為遺囑

縱有上述生命危急或其他特殊情形，然如能依其他方式為遺囑者，仍不得為口授遺囑。例如，某甲在戰亂中，恐隨時有生命危險，而為口授遺囑，數日後甲果然死於戰亂，而其所立遺囑並經親屬會議認定為真正，然利害關係人乙主張甲於立遺囑時，有為自書遺囑之能力，並經證明屬實者，其口授遺囑，應解為無效。

三、口授遺囑之方式

㈠筆記口授遺囑之方式

依民法第一一九五條第一款規定，筆記之口授遺囑，「由遺囑人指定二人以上之見證人，並口授遺囑意旨，由見證人中之一人，將該遺囑意旨，據實作成筆記，並記明年月日，與其他見證人同行簽名。」茲析述如次：

1. 須由遺囑人指定二人以上之見證人

⑴二人之見證人，較代筆遺囑少一人。蓋遺囑人在非常狀態，一方面為求方便，他一方面又須防止流弊，以二人見證人，一人筆記，另一人在旁監督。⑵見證人除缺格者不能充任外，不能簽名者、聾者、啞者、盲者，均不得為見證人，而且其中至少一人須有筆記能力。⑶須自始至終，有見證人二人在場，遺囑之一部未有法定人數之見證人之在場而經筆記者，則方式不合法，應為無效（史著四二三頁）。

2. 遺囑人須向見證人口授遺囑意旨

⑴口授須以言語為之，僅對於質問以舉動，例如以點首或搖頭表示，並非口授。啞者以手勢所為之表示，亦非口授，故啞者不能依此方式為遺

囑（中川編註釋下六七頁〔島津〕、戴著二二八頁、史著四二三頁）。⑵口授之用語得為中華民國語言或外國語言，然用外國語言時，則筆記亦必為該外國語言。為期遺囑之真實，此時見證人應通曉外國語言，不獨見證人不得自任通譯職務，亦不得使通譯在場而作成遺囑（參照德民二二五〇條三項三段）（史著四二三七頁同旨）。此外，以遺囑人之外國語言作成筆記時，其他見證人亦應通曉該外國語言，否則無見證人資格，蓋在我民法上口授遺囑，係向二見證人為之，而非僅向作成筆記之見證人為之也（參照德民二二五〇條三項二段、二二四五條）（史著四二三頁同旨）。⑶在公證遺囑，遺囑人之口述應向公證人直接為之，然在口授遺囑，由一見證人聽取口授遺囑意旨，由其他見證人筆記，更由聽取者監視其筆錄經過，應非不許（史著四二三頁）。⑷遺囑之內容，無須全部口授，遺囑中物件之表示，得以備忘錄或目錄代之。

3.須由見證人中之一人將該遺囑意旨據實作成筆記

⑴筆記以記錄其旨趣為已足，無須逐字逐句記錄。⑵在公證遺囑之筆記，解為無須公證人自筆，由其筆記後再使他人謄清或自始即使自己之助理、秘書代為執筆，均無不可（見前述）。但在口授遺囑之筆記，為期遺囑之真實，應與代筆遺囑之筆記同，解為應由見證人自己為之，不得假手他人。然如使他人謄清或使他人代為執筆者，亦非當然無效，僅為親屬會議認定其遺囑之真偽時，應予考慮耳（史著四二四頁同旨）。⑶筆記不必在遺囑人之面前為之，在他室亦可，此於遺囑人有傳染病時尤然。但在他室為筆記時，須得聽見口授，並有另一見證人在場（史著四二四頁）。⑷筆記中如有增減塗改，應由筆記人註明增減塗改之處所及字數，另行簽名，否則視為無變更，原筆記保持其效力。⑸在代筆遺囑，須由見證人為筆記、宣讀、講解，並須經遺囑人之認可；但在口授遺囑，只須為筆記之見證人據實作成筆記，既無須宣讀、講解，亦無須經遺囑人之認可（胡著二〇一頁、李著一〇四頁、戴著二二八頁、陳著二三三頁、史著四二四頁）。

4.由筆記人記明年月日，與其他見證人同行簽名

⑴應記明年月日，然苟自其遺囑書或封套，可確定其年月日者，亦為

有效。不真實日期之記載，除依書面得知其真實日期外，其遺囑為無效（史著四二四頁）。⑵此之簽名必須自己為之，不得按指印代之或使他人為之。然其姓名無須為戶籍上之姓名，其一般使用之雅號、筆名、藝名、綽號亦可。只稱姓或名，如能確定為其人，亦非不許（史著四二四頁同旨）。⑶其他見證人必須同行簽名，以證明其筆記正確。此筆記雖無須宣讀，然其他見證人應閱覽其內容，以驗其是否正確，待認為正確後，始可簽名。故口授遺囑之見證人，須有閱讀能力而後可（史著四二四～四二五頁）。⑷見證人之簽名，無須在遺囑書之末尾，但為確保遺囑之真實，應解釋必須在筆錄書面上為之。其於封套上所為之簽名，其遺囑為無效（史著四二五頁）。⑸見證人是否必須在遺囑人生存中簽名？有參考日本判例（大決大正一四年三月四日民集四卷一〇二頁），解為見證人之簽名應在遺囑人生存中為之，否則，縱有遺囑人口授遺囑意旨及筆記人筆記之事實，而見證人之簽名，已在遺囑人之死後，則其遺囑因方式之不備，仍不得謂為成立者（李著一〇四頁），然如此解釋未免太拘泥於形式，口授遺囑之筆記，既不以宣讀、講解經遺囑人認可為必要，允宜解釋遺囑人口授遺囑意旨完畢後即與世長辭，如經筆記見證人與其他見證人當場簽名證明其正確者，亦應認為遺囑有效成立（史著四二五頁同旨，日本通說）。⑹在代筆遺囑，除代筆人、見證人簽名外，尚須遺囑人簽名或按指印，而在口授遺囑，則無須遺囑人簽名或按指印。⑺由於口授遺囑，不必宣讀、講解，又不須經遺囑人之認可，復不須遺囑人簽名或按指印，故學者多批評此種遺囑易被偽造，難保其真實（胡著二〇一頁、羅著一九七頁、范著一七七頁、劉鍾英著一四二頁、戴著二二八頁）。然口授遺囑須經親屬會議認定其真偽（一一九七條），尚有另一層保障，以防流弊（史著四二五頁）。

㈡錄音口授遺囑之方式

七十四年民法繼承編修正時，為適應現代生活之需要，特參考韓國民法第一〇六七條「錄音之遺囑，應由遺囑人口述遺囑之趣旨、其姓名及年月日，並由參與之證人口述遺囑之為正確及其姓名」之立法例，增設錄音口授遺囑之方式，規定錄音之口授遺囑，「由遺囑人指定二人以上之見證人，並口述遺囑意旨、遺囑人姓名及年月日，由見證人全體口述遺囑之為真正及見證人姓名，全部予以錄音，將錄音帶當場密封，並記明年月日，由見證人全體在封縫處同行簽名。」⑳（民一一九五條二款）。然依其規定，錄音口授遺囑之方式，較韓國民法所規定者為嚴格，且不比普通方式之自書遺囑為簡略。此從口授遺囑之立法精神（簡便易行）觀之，是否妥當，不無疑問㉑。茲依現行法之規定，析述其方式如次：

1. 須由遺囑人指定二人以上之見證人

⑴見證人，在韓國民法，只須一人，我民法則要求至少須二人。⑵見證人，除缺格者不能充任外，聾者、盲者、啞者及其他言語障礙之人以及不能簽名之人，均不得為見證人，蓋此之見證人既須口授遺囑之為真正及其姓名並須親自簽名也。

2. 遺囑人須向全體見證人口述遺囑意旨、遺囑人姓名及年月日，全部

---

⑳ 行政院、司法院修正草案規定原為：「由遺囑人指定二人以上之見證人，口述遺囑意旨、遺囑人之姓名及年月日，並由見證人中之一人，口述遺囑之為真正及其姓名，全部予以錄音，將錄音帶當場密封，並記明年月日，與其他見證人在封縫處同行簽名」，於立法院審查過程中，有反對增設錄音遺囑之規定者，而贊成增設者之中，有主張應完全仿傚韓國立法例者，有主張應就原草案略加修正者，討論相當熱烈。結果，①為免使人誤會係由見證人「口述遺囑意旨，遺囑人之姓名及年月日」，而於「口述」上增一「並」字，並將「遺囑人之」四字改為「其」字，確定遺囑人除「指定二人以上之見證人外」，並「口述遺囑，其姓名及年月日」；②為慎重將事及避免解釋上疑義起見，「由見證人中之一人，口述遺囑之為真正及其姓名」及「與其他見證人在封縫處同行簽名」二項行為，應由「全體見證人」為之，爰將「由見證人中之一人」及「與其他見證人」文字均修正為「由見證人全體」，以昭鄭重，遂成為現行條文（詳見《立法院法律案》八〇輯一二一頁以下、一五三頁以下）。

㉑ 我民法之錄音遺囑，係仿自韓國民法第一〇六七條之立法例。按韓民之錄音遺囑係普通方式之遺囑，而我民則列為特別方式之遺囑。特別方式之遺囑，其方式自應較普通方式之遺囑簡便易行，然我民之錄音遺囑，其方式反而比韓民之錄音遺囑為嚴格。此在立法論上，實不無疑問。職是，在我民法，實難謂錄音之口授遺囑為略式遺囑。

予以錄音

⑴關於遺囑人口授遺囑意旨，前述㈠2.之說明，亦可援用。惟其口述，必須向見證人全體直接為之。否則，見證人無法證明遺囑之為真正也。⑵遺囑人須口述其姓名及年月日，旨在證明遺囑由何人於何時所口授，因錄音遺囑不能於遺囑簽名也。⑶姓名及年月日均須口述、錄音，如缺其一，則為方式之違反，遺囑應歸無效。

3.須由見證人全體口述遺囑之為真正及見證人姓名，全部予以錄音

如見證人三人，則三人均須口述、錄音，但錄音遺囑以有見證人二人為已足，故如三人中有一人未口述、錄音，或其口述漏脫遺囑之為真正或其姓名者，遺囑仍為有效。

4.須將錄音帶當場密封，並記明年月日，由見證人全體在封縫處同行簽名

⑴此程序為韓國民法之所無，我民法為防止錄音帶內容為他人剪接竄改，乃特設此程序。法條僅言錄音帶，但解釋上，錄音無論以錄音帶或其他留聲片為之，均無不可（戴合著二五九頁）。故所謂錄音帶應包括其他留聲片在內。⑵見證人須當場將錄音帶密封，並由見證人中之一人記明年月日。⑶此簽名必須自己為之，不得以指印代之或使他人代之。然其姓名，無須為戶籍上之姓名，其一般使用之雅號、藝名、綽號亦可。只簽姓或名，如能確定為其人，亦非不許。⑷見證人全體均須簽名，並簽在封縫處。見證人如有三人，三人均須簽名，但錄音遺囑以有見證人二人為已足，故如三人中有一人漏未簽名者，遺囑仍不妨為有效。然如見證人有三人，甲漏未口述遺囑之為真正及其姓名，乙未在封縫處簽名，而僅甲丙在封縫處簽名者，似宜解為不符法定方式，其遺囑為無效。⑸遺囑人口述遺囑意旨、遺囑人姓名及年月日，全部予以錄音後即死去者，如見證人完成3.及4.之程序者，其錄音遺囑應認為有效。

四、口授遺囑之有效期間

口授遺囑，自遺囑人能依其他方式為遺囑之時起，經過三個月而失其效力（民一一九六條）。⑴口授遺囑，乃出於不得已之情事，遺囑人不能依

其他方式為遺囑時所認許之略式遺囑，然因情況危急或特殊，方式取其簡便易行，能否確保遺囑之真正確實，不無疑問。因此各國立法例大都設有口授遺囑之有效期間（法民九八四條：六個月；德民二二五二條一項：三個月、瑞民五〇八條：十四日；日民九八三條：六個月）。⑵舊法原規定口授遺囑之有效期間為一個月，七十四年民法繼承編修正時，以其與德國民法規定之三個月及日本民法規定之六個月期間相較，似嫌過短，乃修正為三個月。⑶所謂遺囑人能以其他方式為遺囑，係屬事實問題，例如因疾病為口授遺囑者，其疾病業已痊癒；因交通斷絕為口授遺囑者，其交通業已回復等是（胡著二〇二頁、羅著一九八頁、陳著二三四頁）。⑷因三個月期間之經過，口授遺囑在法律上當然失其效力，無須經遺囑人撤回。⑸遺囑人依特別方式為遺囑後，或因疏忽或因無法律知識，而未再依普通方式另為遺囑者，經過三個月之期間，即一律無條件的失其效力，在立法論上是否妥當，似有待商榷（戴著二二九頁、陳著二三四頁。史著四二六頁同旨）。⑹在得為口授遺囑之情形下，仍依普通方式為遺囑者，則無有效期間之限制，固不待言。

五、口授遺囑之認定

口授遺囑，應由見證人中之一人或利害關係人，於為遺囑人死亡後三個月內，提經親屬會議認定其真偽，對於親屬會議之認定如有異議，得聲請法院判定之（民一一九七條）。

㈠認定制度之立法理由

口授遺囑，因成立於倉猝之間，而其方式又簡略，一方面難保遺囑人之真意；他方面，恐事後勾串作弊，民法為確保遺囑之真實，乃仿日本民法之立法例（日民九七六條二項、九七九條二項），設口授遺囑之認定制度。其與日本民法不同者，在日民將認定之權委於法院，而我民則以之付於親屬會議。在日民於作成遺囑後一定期間內不論遺囑人是否死亡均應即請求認定，而在我民法則惟於遺囑人死亡後始得為之。依韓國民法，則僅須由見證人或利害關係人自急迫事由終了時起七日內，聲請法院檢認（韓民一〇七〇條二項），然未經法院檢認時，其遺囑無效（權逸《韓國親族法相續法》二三九頁、史著四二八頁)。

㈡認定之意義及性質

認定，謂初步的確定遺囑究竟是否出於遺囑人之真意，而非終局的確定遺囑之效力。故：⑴認定為口授遺囑之有效要件，如未經認定，則原已有效成立之遺囑，亦不生效力，然不因認定而使原應無效之遺囑成為有效（胡著二〇三頁、羅著二〇〇頁、陳著二三五頁、史著四二八頁)。⑵親屬會議得該遺囑係出於遺囑人真意之心證時，即得為遺囑真實之認定（胡著二〇二頁、羅著一九九頁、史著四二八頁、戴著二三〇頁、陳著二三四頁)。遺囑之內容是否與法律牴觸、遺囑是否具備法定方式、見證人是否具備為見證人之資格，均不在親屬會議審查之範圍。故遺囑經認定為真實後，法院仍得以其欠缺方式而為無效之判決（日本大判大正一四年三月二七日民集一二六頁、史著四二八頁)。⑶口授遺囑之認定與遺囑之提示（民一二一二條)，其性質不同。①提示係確定遺囑之形式及其狀態，以防日後偽造變造，並使其保存得以確實，而認定則以審查遺囑內容之真偽為目的。②提示為證據保全程序，雖未經提示，對於遺囑之效力，亦不生影響（二二年上字一八五五號)。而認定則為口授遺囑之有效要件，未經認定者，不生效力（前司法行政部五七年一〇月二九日台五七函民決字六八二一號函，載《民事法令彙編》二七二頁)。③然在我民法，口授遺囑之認定既係關於遺囑之內容，又屬口授遺囑之有效要件，而遺囑之提示則係關於遺囑之外形，又提示與否於遺囑之效力並無影響，再者，認定應於遺囑人死亡後三個月內提經親屬會議為之，而提示則於提示人知有繼承開始之事實時應即向親屬會議為之，故解釋上應先提示而後請求認定，但認定之請求與提示，得同時為之。不過，認定之請求須由見證人中之一人或利害關係人；提示則由遺囑保管人，無保管人由發見遺囑之繼承人為之。惟口授遺囑經認定後，於執行前仍須更為提示。

㈢認定之程序

1. 認定請求權人

⑴見證人中之一人，其為代筆見證人與否，在所不問。⑵利害關係人，

例如繼承人、受遺贈人、遺產酌給請求權人、遺囑執行人等是。但遺產債權人，則不在其內，蓋遺產債權人僅就知悉自己債權有無得受滿足程度之遺產有其利益，而在限定繼承或繼承人不存在時常得優先於受遺贈人而受清償也（史著四二九頁）。

2. 應由認定請求權人於遺囑人死亡後三個月內，提請親屬會議認定

⑴日本民法，在死亡危急者之遺囑，須自遺囑作成之日起二〇日內向家庭裁判所請求確認（日民九七六條二項）；在船舶遭難者之遺囑，應不遲滯的向家庭裁判所請求確認（日民九七九條二項），即在遺囑人生存中亦應如期為之。依韓國民法，應自急迫事由終了時七日內，向法院請求檢認（韓民一〇七〇條二項）。我民法則請求必須於遺囑人死亡後為之，而且其期間為三個月，似嫌過遲。然遺囑人死亡後，遺囑保管人或發見遺囑之繼承人應即將遺囑交付遺囑執行人，並以適當方法通知已知之繼承人；無遺囑執行人者，應通知已知之繼承人、債權人、受遺贈人及其他利害關係人（民一二一二條），以防止其偽造變造；而且如認定請求期間過短，則因事實上之障礙或因親屬會議召集不易等情事，難以請求認定，若遽使其遺囑因逾期而失其效力，亦非尊重遺囑人意思之道，故不應認為過遲（史著四二九頁同旨）。⑵依我民法，認定之權在親屬會議，惟親屬會議不能召開或召開有困難或經召開而不為或不能決議時，應如何補救？過去有謂：依民法第一一九七條規定，口授遺囑非經親屬會議認定，不生效力，甲女之口授遺囑，雖經見證人二人見證，惟其既無在臺親屬，無從提經親屬會議認定，其口授遺囑似不發生效力（前司法行政部五七年一〇月二九日台五七函民決字六八二一號函，載《民事法令彙編》二七二頁）；亦有謂：可依最高法院二四年上字第一四一三號判例，法院依因有召集權人之聲請，以裁定代親屬會議之決議，認定其遺囑之真偽（前司法行政部六四年四月三〇日台六四函民字〇三七二六號函，載《民事法律問題彙編第一冊》五八九頁）；又有謂：如不能召開或召開有困難，自應有補救之道，由法院處理親屬會議應處理之事項（司法院七二年一二月五日七二廳民一字八四四號函復台高院，載《司法院公報》二六卷一期），現在依修正民法親屬編規定，認定

請求權人得聲請法院認定遺囑之真偽，已無疑義（參照民一一三二條）。

3. 親屬會議審查結果，獲有遺囑係出於遺囑人之真意之心證時，即得為認定

為獲取心證，得詢問見證人以了解為遺囑當時之狀況、遺囑作成之經過，並應注意見證人之平日操守、社會地位，以判斷其是否為值得信任之人。其他遺囑作成後有無偽造變造，亦應注意及之。要之，須查明一切情事，以認定遺囑是否出於遺囑人之真意。至於遺囑之內容是否違反強行規定或公序良俗、遺囑是否具備法定方式、遺囑人有無遺囑能力、見證人有無見證資格、見證人之簽名是否出於自筆，均非審查之範圍。

4. 對於親屬會議認定之異議

遺囑見證人或利害關係人對於親屬會議之認定，如有異議，得聲請法院判定之：⑴得聲請異議之期間，為親屬會議決議後三個月內（民一一三七條）。⑵對於此項異議，得由繼承開始時被繼承人住所地之法院管轄（民訴一八條一項）。此項法院判定之程序，過去有解為係非訟事件（胡著二〇三頁）；有解為係通常民事訴訟程序（李著一〇五頁、范著一七八頁、戴著二三〇頁、陳著二三五頁、史著四三〇頁、辛著一七一頁）。今依家事事件法規定，係家事訴訟程序（三條三項六款、三七條）。⑶此項異議之訴之性質如何？按親屬會議之認定，既以審查遺囑之真偽為其範圍，則此項異議之訴，自係在爭執遺囑內容之真偽，故對於親屬會議之認定，不問認定其為真或認定其為偽，均得提起此訴。此訴既為遺囑內容真偽之爭，則法院就此請求所為之判決，亦惟就真偽之點有其拘束力。又，此認定判決並非確定遺囑有效無效之確認判決，故遺囑雖經此認定判決，其後仍不妨以其欠缺法定方式而為無效之判決。於此意義，此認定判決並無既判力。當然，此項異議之訴既惟得於遺囑人死亡後經親屬會議認定後始可能發生，故不妨與確認遺囑有效無效之訴一併提起，以期一舉確定遺囑之效力（史著四三〇頁以下）。

第三節　遺囑之撤回

第一項　總　說

一、遺囑撤回之意義

遺囑之撤回云者，遺囑人於為有效遺囑之後，於其生存中，本於其意思或行為而使其原先之遺囑不發生效力之謂。民法規定：遺囑人得隨時依遺囑之方式，撤回遺囑之全部或一部（民一二一九條）。良以遺囑制度之目的，原在尊重遺囑人之遺志，自應以其最後決定之意思為標準；而且作成遺囑之時與其效力發生之時，往往隔期甚久，其間情事不免發生變更，原先之意思亦不免因而變更，若不許其變更遺囑，顯與遺囑制度之本旨不合；更何況在一般法理上，尚未發生效力以前之意思表示，無論何人均不受其拘束。故民法予遺囑人以撤回遺囑之自由。此遺囑撤回之自由，在羅馬法上已見其端倪（羅馬法已有「死者之意思迄於生命最後存在為可動的」(Ambulatoria est voluntus deiunati ad vitae suprem um exicun) 之原則），近代各國民法更有明定遺囑人不得拋棄其遺囑撤回權者（例如，日民一〇二六條、韓民一一〇八條二項），我民法雖無明文，亦可為同樣解釋（李著一〇九頁、戴著二三五頁、陳著二四一頁、史著四三二頁）。因此遺囑人縱於遺囑表示今後不再變更其遺囑，或與受遺贈人訂有不得撤回遺囑之契約，於法皆屬無效，遺囑人固不受其拘束。

二、遺囑撤回之性質

1. 舊法對於遺囑之撤回原使用「撤銷」(Anfechtung) 之用語，然撤銷係法律行為發生效力後，因一定之原因（意思表示有瑕疵或錯誤）而撤銷，使行為之效力溯及的消滅；反之，遺囑之撤銷，係遺囑尚未發生效力以前，無任何理由，可隨時將其遺囑撤回或變更，以防止其發生效力，二者之意義迥異。故學者皆認為遺囑之「撤銷」應為遺囑之「撤回」(Widerruf)。七十四年民法繼承編修正時已將「撤銷」修正為「撤回」。

2.遺囑之撤回與一般之撤回（例如要約之撤回、承諾之撤回、懸賞廣告之撤回），均在法律行為尚未發生效力以前，防止其效力發生，且均不以任何原因為必要，然二者仍有不同：

⑴在一般之撤回，除表意人本人外，代理人或繼承人亦得為之，而遺囑之撤回，唯遺囑人本人始得為之。

⑵一般之撤回，不得為一部之撤回，而在遺囑之撤回，則得就全部或一部為之（民一二一九條）。

⑶在一般之撤回，時間上受有限制（例如民一六二條、一六五條），而遺囑之撤回，則在遺囑人生存中均得隨時為之，不受時間上之限制。

⑷在一般之撤回，不以方式為必要，而遺囑之撤回，則為要式行為，須依遺囑之方式始得為之（民一二一九條）。

⑸在一般之撤回，只有表示撤回，而遺囑之撤回，則除表示撤回外，尚有法定撤回（民一二二〇條、一二二一條）。

第二項　遺囑撤回之方法及效力

一、總　說

1.遺囑之撤回，在羅馬法，須以與所欲變更之前遺囑同一方式之遺囑為之，現今各國之立法例，則多以遺囑之方式為之為已足，未設有如羅馬法之嚴格限制（例如，德民二二五四條、瑞民五〇九條、日民一〇二二條），我民法亦然（民一二一九條）。從而，不獨得依與前遺囑同一方式或其他方式之遺囑，亦得僅於遺囑中表示撤回前遺囑之意旨，並得訂立與前遺囑相異之新遺囑，撤回前遺囑。反之，依法國民法，遺囑之撤回，除依遺囑之方式外，尚得於公證人面前申述意思之變更，由公證人作成其旨趣之證書之方法為之（法民一〇三五條）；韓國民法則除以遺囑外，亦許以生前行為撤回遺囑（韓民一一〇八條一項）。

2.依我民法規定，遺囑撤回之方法，大別之有兩種：一為明示撤回（民一二一九條），一為法定撤回（民一二二〇條以下）。前一方法，係遺囑人以意思表示，明白予以撤回者；後一方法，乃法律規定，於有一定事實存在時，不問遺囑人之意思如何，法律上當然視為撤回者。於此場合，遺囑人縱無撤回之意思，亦不得以反證推翻之。在法定撤回中，有因遺囑人破毀或塗銷遺囑而視為撤回者（民一二二二條），可稱為物質撤回（胡著二三八頁、史著四三四頁、辛著一八九頁）。以下，將物質撤回獨立列為一種說明之。

二、明示撤回

1.遺囑人固有撤回遺囑之自由，但遺囑之成立，既為要式行為，則其撤回自亦須依一定方式為之，藉以確保其撤回係基於自己之意思及其意思之確實也。遺囑之撤回，應依遺囑之方式為之（民一二一九條）。以任何一種之遺囑方式均可，不必以與前遺囑同一方式為之。例如前遺囑為自書遺囑，其後為撤回之遺囑不妨為公證遺囑或口授遺囑。公證遺囑，亦得以自書遺囑撤回之。苟依遺囑之方式，則撤回前遺囑，同時另為其他內容之遺囑，亦無不可。

2.為撤回之遺囑中須明白表示撤回前遺囑之意思，否則只可能發生法定撤回之效果（民一二二〇條）。如前後遺囑未相牴觸或只一部有牴觸時，則不妨同時存在兩遺囑。

3.撤回之範圍得為全部或一部。如遺囑人明確表示撤回其全部或一部固無論矣，如遺囑人之表示不甚明確者，應由法院推測遺囑人之意思以為判斷。此際，倘遺囑內容為可分者，究應撤回何一部分，乃意思之解釋問題，自應由法院依自由心證以為判斷；如遺囑內容為不可分，則應視為全部撤回（胡著二四〇頁、史著四三三頁）。又，有數個遺囑存在時，被撤回之遺囑該當於何一遺囑，遺囑書上不明時，法院應探求遺囑人之意思決定之（史著四三三頁）。

4.遺囑人為遺囑後於生存中得隨時撤回其遺囑，無時間上之限制，但其後所為之遺囑必須符合其法定方式，否則其撤回不生效力（史著四三四頁，又參照奧民五七二條）。

三、法定撤回

㈠前後遺囑相牴觸

前後遺囑有相牴觸者，其牴觸之部分，前遺囑視為撤回（民一二二〇條）。

1. 前後遺囑相牴觸時，多可認為遺囑人有撤回前遺囑之意思，但有時亦有未必然者，例如遺囑人忘記前已為遺囑，而再為遺囑時，即未必有撤回前遺囑之意思。然遺囑既為遺囑人之終意處分，而應尊重其最後意思，故有日期不同之前後兩個遺囑時，應以接近死亡之後遺囑為優先，乃遺囑之性質上所當然。此謂之「後遺囑優先之原則」。因而民法遂不問遺囑人之意思如何，一律就其牴觸部分，前遺囑視為撤回。

2. 前後遺囑內容不相關涉或相調和者，則兩遺囑均有效而並存，惟於其內容相牴觸而不能兩立時，就其牴觸部分，前遺囑視為撤回。全部牴觸者，前遺囑全部視為撤回；一部牴觸者，前遺囑該部分視為撤回。前者例如，前遺囑以某土地遺贈於甲，於後遺囑復以之遺贈於乙，則對於甲之遺贈全部為無效。後者例如，前遺囑將某土地遺贈於甲，於後遺囑於該土地上為乙設定地上權，則對於甲之遺贈非全部無效，惟為有地上權負擔之不動產遺贈，而保持其效力。反之，前遺囑於某不動產上為甲設定地上權，後遺囑將該土地遺贈於乙時，則除可認為有遺贈附地上權負擔之意旨外，前遺囑視為撤回。又，此時無須於後遺囑表明撤回前遺囑。如明示撤回前遺囑，則係依民法第一二一九條所定之撤回遺囑之方法為撤回，自無適用民法第一二二〇條所定擬制撤回之餘地（史著四三五～四三六頁）。

3. 前後遺囑是否有相牴觸，應依兩遺囑之解釋而定。所謂牴觸，須前後兩遺囑之內容達於倘不使前遺囑失效則不能實現後遺囑之內容之程度，始足當之。惟有無達於牴觸之程度，雖為事實問題，然不可依形式上為決定，而應依遺囑之解釋，自其全部旨趣判斷之，未必須同時實現兩遺囑之內容為客觀的絕對不能。例如，前遺囑以甲為包括受遺贈人後遺囑以乙為包括受遺贈人時，將兩遺囑之內容同時實現，以甲乙為共同受遺贈人未必為不可能，然此恐非遺囑人之意思，除兩遺囑之對照上可如此解釋外，通常應解釋前遺囑視為撤回，惟乙為包括受遺贈人。又例如前例，前遺囑以某土地遺贈於甲，後遺囑又將之遺贈於乙時，除遺囑有明示以此土地為甲乙二人共有之意思外，通常應解釋對於甲之遺贈視為撤回，惟對於乙之遺贈有其效力。要之，前後遺囑是否有相牴觸，應依遺囑人之主觀的意思判斷之，不必與客觀的觀察相一致。例如，前遺囑指定甲為監護人，後遺囑又指定乙為監護人時，雖在主張監護人得為二人以上之立場，客觀上此指定為可能，但如遺囑人主觀的有指定甲一人或乙一人為監護人之意思者，則此前後兩遺囑可認為相牴觸，惟乙為指定監護人。

4. 遺囑之前後，依日期之先後決定之。兩遺囑記載同一之日期者，應依一切情事決定其前後，如不能決定其先後者，在日本，有主張應視為一遺囑同時為相矛盾之意思，其牴觸之部分，均應為無效（近藤著判例二五八頁、我妻、立石著六二五頁、中川監註解四二四頁〔小山〕、我妻、唄著三〇六頁）；有主張兩遺囑均有效，應執行其一，而對於他方為賠償（柳川著註釋下四六〇頁）。我國學者多採有效說，謂：各個遺囑皆屬有效，應執行其一，對於另一遺囑，則依補償之方法，以為救濟（胡著二四二頁、戴著二三七頁同旨）；或謂：應基於有效解釋之原則，除其內容絕對的不能同時執行可認為自相矛盾應為無效外，應解釋均為有效（史著四三七頁）。愚意，無效說比較符合本條規定之旨趣。當然，於同一日作成數個內容相矛盾之遺囑，在事實上殊不多見。

㈡遺囑與行為相牴觸

遺囑人於為遺囑後所為之行為與遺囑有相牴觸者，其牴觸部分，遺囑視為撤回（民一二二一條）。

1. 茲所謂行為，係指生前處分行為及其他法律行為而言。生前處分行為，則指對於遺贈之標的物，為所有權之移轉、地上權之設定、抵押權之設定等而言。不問其為有償或無償。但此之遺贈，限於特定財產之遺贈，始有適用，如為包括遺贈，則縱生前處分其遺贈中個個之物，亦不使其遺囑視為撤回。其他法律行為，例如遺囑人以遺囑為甲就其不動產設定租賃權，其後以生前行為以死後使其繼續之意思，就同一標的物為乙設定租賃權是。又例如，以遺囑表示甲喪失繼承權（民一一四五條二項五款）後，於生前又對甲為宥恕之表示（同條二項）是。至於非財產上之行為，在我民法上，則殊難想像。又，我國學者多將生前處分行為狹義解釋，主張限於以喪失標的物之權利為目的之行為，如僅就遺贈標的物設定抵押權或其他物權時，只不過限制所有權之行使而已，並無本條之適用（胡著二四三頁、陳著二四四～二四五頁、辛著一九一頁）。然此應屬於牴觸之認定問題。

2. 所謂牴觸，與於前後遺囑牴觸之場合所述者同，謂非使前遺囑不生效力，生前行為即不能為有效，例如遺囑人以遺囑將其不動產遺贈於甲後，復以生前行為將之贈與乙是。但不限於前遺囑，因後行為而法律上或物理的全然為執行不能之情形，苟顯然後行為係以與前遺囑不兩立之旨趣而為之者，即為有牴觸（中川著四〇〇頁、中川、泉著五五四頁、我妻、有泉著四一六頁、我妻、唄著三〇六～三〇七頁）。是否有牴觸及其範圍，一方面為遺囑之解釋問題，同時他方面又係生前行為之解釋問題。要之，雖應將遺囑及生前行為之全般情事以為合理的判斷而後決之，但均應尊重遺囑人之意思。例如，遺囑人雖將遺贈標的物出賣於他人，然苟可認為遺囑人有以其價金交付於受遺贈人之意思時，則二者並無牴觸，其遺囑不可視為撤回（柳川著註釋下五五〇頁）。

3. 本條遺囑撤回之擬制，主要係以推測遺囑人有撤回遺囑之意思為立法理由，故生前行為須由有撤回權之遺囑人本人自己為之。從而，法定代理人所為牴觸遺囑之行為、遺囑人之債權人就遺贈標的物之不動產為強制拍賣、遺贈標的物之土地被徵收、遺贈標的物因他人之侵權行為而滅失等，均無本條之適用。蓋此等情形，雖其結果遺囑之內容為實現不能，然非因牴觸視為撤回。後三者之情形，受遺贈人得依民法第一二〇三條行使其權利（陳著二四五頁）。如遺囑人委任他人為生前行為，授與代理權，依此任意代理人所為之生前行為，則可視同遺囑人自己所為者也。滿十六歲以上之限制行為人未得法定代理人之同意所為牴觸遺囑之行為，可否生撤回之效力？有謂此時可認定該限制行為能力人有撤回遺囑之意思，而採肯定說者（陳著二四五頁）；有主張須其行為有效，否則不生撤回之效力，而為否定解釋者（史著四四〇頁）。愚意，滿十六歲以上之限制行為能力人既無須得法定代理人之允許而得獨立為遺囑，則其後所為與遺囑相牴觸之行為，縱未得法定代理人之同意，仍應解為得發生撤回遺囑之效力，否則有失平衡也。

4. 遺囑人為生前行為前或與為生前行為同時，為撤回前遺囑之遺囑時，無本條之適用，而應適用第一二一九條。又，遺囑人為生前行為前或與為生前行為同時，為表示無依其生前行為撤回前遺囑之意思之遺囑時，不生撤回之效力。例如，遺囑人將某不動產遺贈於甲，其後將之出賣於乙時，以遺囑表示不拘此買賣，對於甲之遺囑不撤回時，則該遺贈不得視為撤回（民一二〇二條但書）。此時，遺贈義務人負有自己買回該不動產而移轉於甲之義務，不能買回時，應向甲賠償其價款（史著四四〇頁同旨）。

5.行為與遺囑相牴觸時，其牴觸部分，遺囑視為撤回。例如，遺囑人將某不動產遺贈於甲，嗣又將之贈與乙時，為全部牴觸，對於甲之遺贈全部失其效力；如遺贈於甲後，於同一不動產上為乙設定地上權或抵押權時，為一部牴觸，對於甲之附地上權或抵押權不動產之遺贈為有效。不過，在設定抵押權之場合，如抵押權已於遺囑人死亡前被實行，不動產所有權已歸於第三人時，則為全部牴觸，對於甲之遺贈全部失其效力。又，我國學者多主張生前處分係以喪失遺贈標的物為目的之行為，已如前述。依此立場，則僅就遺贈標的物設定限制所有權之地上權或抵押權時，其設定與其物之所有權之遺贈並非不能兩立，故無本條之適用，不生牴觸之問題，受遺贈人仍可取得附負擔之遺贈。

6.牴觸之生前行為附期限或附條件者，應解為惟於與其附期限或附條件行為相牴觸之範圍，其遺囑視為撤回。例如，遺囑人將某不動產遺贈於甲，嗣對於乙，附十年之始期（經過十年後讓與）或終期（此時讓與但經過十年後失其效力），訂立讓與同一不動產之契約時，在前者，於其期限到來前，遺囑人死亡時，與遺囑人死亡同時，該不動產歸屬於甲，與期限到來同時，遺贈視為撤回，該不動產歸屬於乙；在後者，遺囑暫視為撤回，該不動產歸屬於乙，與期限到來同時，遺囑人尚生存者，該不動產歸屬於遺囑人，因其死亡，遺贈回復其效力，該不動產歸屬於甲。又例如，遺囑人將某不動產遺贈於甲，嗣對於乙，以乙之結婚為停止條件或解除條件，訂立讓與同一不動產之契約時，在前者，如條件成就前遺囑人死亡者，則該不動產歸屬於甲，與條件成就同時，遺贈視為撤回，該不動產歸屬於乙；在後者，遺贈暫視為撤回，該不動產歸屬於乙，與條件成就同時，遺囑人尚生存者，該不動產歸屬於遺囑人，因其死亡，遺贈回復其效力，該不動產歸屬於甲（中川編註釋下一八七～一八八頁〔藥師寺〕、中川編注民(26)三一五頁〔山本〕）。

四、物質撤回（遺囑之廢棄）

遺囑人故意破毀或塗銷遺囑，或在遺囑上記明廢棄之意思者，其遺囑視為撤回㉒（民一二二二條）。

1. 遺囑於遺囑人死亡後，始發生效力，故為其證據之遺囑書乃證明遺囑所不可或缺。是以遺囑人故意破毀或塗銷時，可認為遺囑人有撤回遺囑之意思。於此場合，如須依撤回遺囑之方式者，不啻對於遺囑人徒要求無用之程序。故民法仿德、奧之立法例（德民二二五五條、奧民七一二條），於此場合，其遺囑視為撤回。

2. 物質撤回之要件如下：

(1)須遺囑人本身破毀或塗銷遺囑書　此之所謂遺囑，係指遺囑書而言。第三人破毀或塗銷遺囑書，自不生撤回之效力（胡著二四六頁、李著一一一頁、戴著二三八頁、陳著二四五頁、史著四四三頁），惟如因此遺囑之內容不明時，結果生與撤回同樣之結果。第三人之毀銷，如顯然基於遺囑人之意思（例如基於遺囑人之委託）者，可認為係由遺囑人本身為之者。此時如受委託人未為實行者，自不生遺囑撤回之效力。

(2)須遺囑人有破毀或塗銷遺囑之故意　須遺囑人認識其為遺囑書，而有破毀或塗銷之意思，然以此為已足，有無撤回遺囑之意思，在所不問；其動機如何，亦非所問（胡著二四六頁、李著一一一頁、戴著二三八頁、陳著二四五頁、史著四四二頁）。故縱現實並無撤回遺囑之意思，然因其他事由破毀或塗銷遺囑時，亦生撤回遺囑之效力（胡著二四六頁、李著一一一頁、陳著二四五頁、史著四四二頁）。

因遺囑人之過失、第三人之行為或不可抗力，破毀或塗銷遺囑書時，不發生撤回遺囑之效力（通說）。然——(a)如因此其破毀或塗銷之遺囑書之

㉒　茲所謂遺囑，當然包括錄音遺囑，故下列所述遺囑或遺囑書，包括錄音遺囑或錄音遺囑之錄音帶。

全部或一部，達於不能識別之程度時，則此部分之遺囑不生效力，結果與故意之破毀或塗銷同。此時，利害關係人固得證明其破毀或塗銷非出於遺囑人之故意，並證明遺囑之內容，而主張其有效（戴著二三八頁、陳著二四五～二四六頁、史著四四五頁），然其證明非常困難（陳著二四六頁、史著四四五頁）。(b)遺囑書因第三人之行為而破毀或塗銷時，利害關係人對於該第三人可否請求損害賠償？有從日本學說，謂：在理論上不妨利害關係人舉證，而向第三人請求損害賠償（參照瑞民五一〇條二項），但在實際上，遺囑內容之證明既不可能，則遺囑亦不生任何效力，故其以有效遺囑書之存在為前提之損害賠償請求權，亦自無從發生（陳著二四六頁、胡著二四六頁更堅持否定說）；有從瑞士民法解釋，謂：瑞士民法明定此時利害關係人（例如受遺贈人）得請求損害賠償（瑞民五一〇條二項），而依其解釋，「由第三人負責之毀滅，就其遺囑回復有利害之人，對於有過責之人有損害賠償請求權。此賠償包括遺囑內容的回復證明程序費用及訴訟費用。內容之回復雖未成功，此訴訟無結果而終結，有過責之人仍應負擔此項費用。然此時損害賠償不包括受遺贈人因財產上給付不能而生之損害，蓋因處分內容不知，損害之範圍無從確定也」，而肯定在我民法亦應該解釋受遺贈人有損害賠償請求權（史著四四五頁）。主張此時受利益人得請求損害賠償，乃我國之多數說（例如，李著一一一頁、戴著二三八頁）。愚意，我民法雖無此類明文，但此時如具備一般侵權行為之要件者，不妨承認利害關係人之損害賠償請求權。又，第三人破毀、塗銷遺囑書時，在刑法上構成犯罪（刑三五二條）。

⑶須有破毀、塗銷或在遺囑上記明廢棄之行為　①破毀，謂有形的毀壞遺囑書之一切行為，包括焚燬、撕碎、截斷或切去一部分。塗銷，謂塗去遺囑正文或其重要部分（例如自書遺囑之遺囑人簽名）。塗銷得就全部或一部為之。以塗鴉方式，以橫線劃去，均無不可，無須達於不能識別遺囑內容之程度（史著四四三頁）。②破毀或塗銷，應對遺囑書本身為之，故在公證遺囑，應對於其原本為之，如僅對於其正本為之，而其原本尚保存於公證處者，尚不生撤回之效力（中川編註釋下一八八頁〔藥師寺〕、我妻、

有泉著四一六頁、本多芳郎〈新民法と遺言〉《民商法雜誌》二二卷六號一三頁等）。但亦有以原本之存在僅為有作成如原本之公證遺囑之證明而已（中川著三九九頁、四〇一頁），或以正本係遺囑（泉久雄〈遺言の取消〉《家族法大系 VII》二四七頁），而主張遺囑人故意破毀或塗銷正本時，亦不妨視為撤回。然正本雖與原本有同一之效力，但僅為一種謄本，必要時不論幾份均得交付，似難以破毀或塗銷正本即視為撤回遺囑。③在遺囑上記明廢棄之意思云者，係指遺囑人撤回其遺囑時，因不依遺囑之方式，而不能發生「明示撤回」之效力者而言（戴著二三八頁、陳著二四六頁）。僅註明「撤回」字樣或其撤回記號時，是否視為撤回？此時如於遺囑上另行簽名並記明日期者，則具有撤回遺囑之方式（民一二一九條、一一九〇條），自生撤回之效力，否則惟於其附記本身帶有撤回遺囑之意思，且依一般生活客觀的適於表示撤回遺囑之意思時，可視為撤回，例如撤回字樣橫寫在遺囑本文之上，於遺囑一部分加以括弧，附加其部分撤回字樣於遺囑書，則該部分可視為撤回（史著四四四頁）。

3. 物質撤回之效力

因破毀、塗銷、記明廢棄，其遺囑視為撤回。破毀或塗銷遺囑書之一部或記明廢棄其一部時，而其他部分尚具備有效遺囑之要件者，其他部分仍有效力。但被破毀、塗銷或記明廢棄之部分與其他部分不可分或因此為不能、不明或違法時，則遺囑全部為無效。在密封遺囑，縱破毀其封縫處，惟如遺囑尚具備自書遺囑之方式者，仍有自書遺囑之效力。

第三項　遺囑撤回之撤回

一、總　說

依我民法第一二一九條明示撤回之遺囑及依第一二二〇條至第一二二二條法定撤回之遺囑，是否因明示撤回或法定撤回而回復其效力？簡言之，遺囑之撤回，經撤回時，原遺囑是否復活？關於此點，羅馬法採復活主義，惟將遺贈物為其他處分，致遺贈失效時，嗣該處分行為縱不生效力，遺贈亦不復活。近代立法例上，有採取復活主義者，例如德國民法規定：「終意處分於遺囑撤回後，復經撤回者，於有疑義時，視同未經撤回，其處分仍為有效」（二二五七條）；「後遺囑經撤回者，於有疑義時，前遺囑視同未廢棄，仍為有效」（二二五八條二項），德國遺囑法亦同（三五條、三六條二項）；有採取不復活主義者，例如日本民法規定：「依前三條之規定被撤回之遺囑，縱其撤回行為被撤回、被撤銷或至不生效力時，亦不回復其效力。但其行為係由於詐欺或脅迫者，不在此限」（一〇二五條）。在我國，大清民律（繼承編）草案第八一條規定：「撤銷行為復經撤銷時，遺囑人若非聲明仍用原遺囑，其遺囑仍無效」（第一次民律草案一五四〇條），而採不復活主義，第二次民律草案第一四八八條亦同採不復活主義，唯仍尊重遺囑人之自由意思，現行民法則未有規定，致解釋上頗多爭議，可歸納為三說：

1. 絕對的不復活說

此說不問遺囑人之意思如何，一概否定原遺囑之復活。其理由略謂：撤回行為經撤回，不但不能謂遺囑人即有回復其效力之意思，且如以其為遺囑人之意思解釋問題，則利害關係人間不免發生種種爭議，自不如使遺囑人更為明白之遺囑（胡著二四六頁、李著一一一頁、陳著二四七頁、辛著一九三頁）。

2. 相對的不復活說

此說與前說原則相同，唯尊重遺囑人之意思，如遺囑人有復活原遺囑之意思時，不妨使其復活，如遺囑人意思不明時，仍應分別情形而為合理解釋，以定原遺囑是否復活（羅著二四九頁、范著二一七頁、劉鍾英一九六頁、戴著二三九頁以下）。

3. 相對的復活說

此說謂：「遺囑人意思之解釋，在遺囑人死亡之後甚為困難，故應原則上採復活主義。遺囑人之意思不明時，均應解為復活（參照德民二二五七條、二二五八條）。尤其應分別明示的撤回與法定的撤回而為考察。是否復活，應按個別情形及斟酌遺囑人之意思定之。」（史著四四七頁）

愚意，遺囑經撤回後，復經撤回時，應解為原遺囑原則上不復活，但遺囑人明確表示使原遺囑復活者，則從遺囑人之意思。蓋①遺囑之撤回乃獨立之法律行為，立即發生其效力，前遺囑視為自始不存在，如認為撤回行為經撤回，即回復原遺囑之效力，理論上不免矛盾；②遺囑人撤回其遺囑行為，未必即有使原遺囑復活之意思。倘遺囑人欲原遺囑復活者，不如更為同一內容之遺囑，較能確保其真意；③撤回重複時，遺囑人之真意往往不明，而遺囑人業已死亡，其意思之解釋又甚為困難，利害關係人間易生爭端，而且遺囑人之真意不明時，不使原遺囑復活，通常亦較符合遺囑人之真意；④然如遺囑人明確表示使其原遺囑復活者，則應尊重遺囑人之意思，使原遺囑復活。此時撤回之意思明確，亦不致發生爭議。以下依此立場，分別檢討之。

二、個別檢討

1. 遺囑人以第二遺囑撤回第一遺囑（民一二一九條）時，而第二遺囑被撤回或視為撤回時

此復可細分為四種情形：

⑴以第二遺囑撤回第一遺囑後，再以第三遺囑單純撤回第二遺囑時

於此情形，通常可認為遺囑人撤回第二遺囑，有使第一遺囑復活之意思，而依邏輯學上全稱否定之全稱否定，亦可認為第一遺囑復活。故如第一遺囑仍然存在，應解為復活（范著二一八頁、羅著二四九頁、戴著二四〇～二四一頁、史著四四七頁、穗積著三七九頁、中川編註釋下一九五頁〔加藤〕、中川著四〇二頁、中川、泉著五六〇頁、中川編注民㉖三二三頁〔山本〕、高野著四四一～四四二頁等）。

⑵以第二遺囑撤回第一遺囑（民一二一九條）後，遺囑人故意廢棄第二遺囑（民一二二二條）時　此時通常僅第一遺囑存在，可認為遺囑人有使第一遺囑復活之意思，故應解釋第一遺囑復活（羅著二四九頁、戴著二四一頁、史著四四七頁、穗積著三七九頁、中川編註釋下一九六頁〔加藤〕、中川編注民㉖三二四頁〔山本〕、高野著四四二頁）。

⑶以第二遺囑撤回第一遺囑（民一二一九條）後，再為第三遺囑，而第二遺囑與第三遺囑相牴觸（民一二二〇條）時　於此情形，第二遺囑視為撤回（民一二二〇條），第三遺囑有效存在，第一遺囑不復活，蓋遺囑人

顯無使第一遺囑復活之意思（戴著二四一頁、史著四四七頁、中川編注民㉖三二四頁〔山本〕、高野著四四二頁）。

⑷以第二遺囑撤回第一遺囑（民一二一九條）後，遺囑人自為生前行為而該行為與第二遺囑相牴觸（民一二二一條）時　於此情形，因該生前行為，第二遺囑視為撤回，第一遺囑自不復活，蓋此時不能認為遺囑人有使第一遺囑復活之意思也（戴著二四一頁、史著四四七頁、中川編註釋下一九五頁〔加藤〕、中川編注民㉖三二三～三二四頁〔山本〕、高野著四四二頁）。

2. 前後遺囑因有相牴觸，前遺囑之牴觸部分視為撤回（民一二二〇條），嗣後，後遺囑被撤回或視為撤回時

此復可細分為四種情形：

⑴以第三遺囑，將與前（第二）遺囑相牴觸之後（第二）遺囑撤回（民一二一九條）時；

⑵第一遺囑與第二遺囑相牴觸（民一二二〇條），而遺囑人故意廢棄第二遺囑（民一二二二條）時；

⑶第一遺囑與第二遺囑相牴觸（民一二二〇條），而第三遺囑與第二遺囑亦相牴觸（民一二二〇條）時；

⑷第一遺囑與第二遺囑相牴觸（民一二二〇條），而第二遺囑又與遺囑人之生前行為相牴觸（民一二二一條）時。

於此等種情形，均不能認為遺囑人有使第一遺囑復活之意思，故應解為第一遺囑不復活（戴著二四二頁、中川編註釋下一九六頁〔加藤〕、中川著四〇二頁、中川、泉著五六〇頁、高野著四四三頁）㉓。

3. 遺囑人於為遺囑後所為之行為，與遺囑有相牴觸（民一二二一條），而其生前行為無效（民七一條、七二條、七三條、七五條、七八條等）、不生效力（民七九條）、失效（民九九條）或被撤銷（民八八條、八九條、九二條）時

㉓ 史氏就⑴⑵⑶，從法民之解釋，謂：「此時不能斷定遺囑人無使第一遺囑復活之意思，應解釋第一遺囑因牴觸之除去而復活。」（史著四四七頁）

於此情形，通常可認為遺囑人並無使遺囑復活之意思。因遺囑人已經於生前為如此行為，在消極方面已經有撤回遺囑之意思，在積極方面又有處分該遺囑標的物之意思，茲僅因上述原因，該積極的意思不能實現而已，其消極的意思仍然存在（戴著二四二頁、穗積著三七八頁、中川編註釋下一九七頁〔加藤〕）㉔。

4.遺囑人廢棄遺囑（民一二二二條）時

於此情形，因遺囑人廢棄遺囑時，其遺囑視為撤回，此撤回係事實行為，自不發生遺囑視為撤回後之再撤回、無效、不生效力等問題，亦不得為撤回或視為撤回之標的，故不發生廢棄後遺囑復活之問題（羅著二五〇頁、范著二一八頁、戴著二四二頁、史著四四八頁、穗積著三七八～三七九頁、中川編註釋下一九三頁〔加藤〕、中川編注民(26)三二二～三二三頁〔山本〕、高野著四四四頁）。

5.以第二遺囑撤回第一遺囑（民一二一九條），但第二遺囑之撤回，因被詐欺或被脅迫時

於此情形，通常可認為遺囑人有使第一遺囑復活之意思，故應解為第一遺囑復活（參閱日民一〇二五條但書）（羅著二五〇頁、范著二一八頁、劉含章著二三一頁、劉鍾英著一九七頁、戴著二四二～二四三頁、中川編註釋下一九八頁〔加藤〕）。

6.以第二遺囑撤回第一遺囑（民一二一九條），或第一遺囑與第二遺囑相牴觸（民一二二〇條），但第二遺囑因遺囑人無遺囑能力或不遵守方式而無效時

於此情形，撤回行為本身無效，故第一遺囑並不能視為撤回，自仍保持其效力（戴著二四三頁、中川編註釋下一九七頁〔加藤〕、高野著四四五頁）。

㉔ 史氏認為：「在我國民法，並未採不復活主義，生前行為以有效成立為前提，始發生牴觸問題，如為無效或不生效力，則根本無生前行為之可言，第一遺囑原未因牴觸而視為撤銷，依然屹立存在，亦無使復活之必要。」（史著四四八頁）

7. 以第二遺囑撤回第一遺囑（民一二一九條），或第一遺囑與第二遺囑相牴觸（民一二二〇條），但第二遺囑，因第二遺囑之受遺贈人，均比遺囑人先死亡；附停止條件之受遺贈人，於條件成就前已死亡（民一二〇二條）；或附解除條件之第二遺囑，因於遺囑發生效力以前，其條件已成就等，而失效時

於此情形，第二遺囑因受遺贈人死亡等之事實而失效，遺囑人之意思不明，通常不可認為遺囑人有使第一遺囑復活之意思，故第一遺囑不復活（戴著二四三頁、中川編註釋下一九七頁〔加藤〕、高野著四四五頁）。

第四節　遺囑之效力

第一項　遺囑之一般效力

一、概　說

民法繼承編第三章第三節雖題為效力，但係就遺囑之一般效力而為規定者，僅第一一九九條（遺囑生效之時期）及第一二〇〇條（遺囑附停止條件時之生效時期）兩條而已，其他皆係關於遺贈之效力，故探討遺囑之一般效力應參酌學說、外國立法例，始能竟其功。

二、遺囑效力之發生時期

遺囑，自遺囑人死亡時，發生效力（民一一九九條）。

1. 此乃遺囑性質上所當然。蓋遺囑係遺囑人之終意行為或最終意思，其成立固在遺囑人依法定方式作成遺囑之時，但其效力之發生，自須俟遺囑人死亡之後。

2. 從而因遺囑受利益之人，是否知悉遺囑之存在或遺囑人之死亡，均與遺囑效力之發生無關。有問題者，以遺囑為捐助行為而設立財團法人時，其捐助財產是否在遺囑人死亡時，即歸於該財團法人？就理論而言，遺囑人死亡時，該財團法人尚未成立，自無權利能力之可言，依一般法理，其捐助財產自應自該財團法人向主管機關登記之日起，始歸屬於該財團法人，

然如此解釋，往往與遺囑人之本意不符。日本民法第四二條第二項規定「以遺囑為捐助行為者，其捐助財產視為自遺囑發生效力時起，歸屬於法人」；德國民法第八四條規定「財團在捐助人死亡後始經認許者，關於捐助人之給與，視為財團在其生前即已成立」。我民法未設明文，學說紛歧，①有主張財團設立人之繼承人或遺囑執行人，應於許可設立時，移轉該財產，法人此時亦僅有此請求權（陳克生《民法通義總則》一二八頁）；②有採與日民規定相同之解釋者（胡著二〇八頁、羅著二〇二～二〇三頁、陳著二六二頁、戴著二五六～二五七頁）；③有依胎兒關於其個人利益之保護視為既已出生（民七條）之法理，主張為財團設立所捐助財產，在設立許可及登記前，應視為無權利能力之獨立財產，不許繼承人之處分及其債權人之扣押；依許可及設立登記溯及的於繼承開始時取得其捐助財產（史著四五〇頁）；④有根據物權變動之原理，主張捐助財產如為不動產物權，則於登記（民七五八條）時，如為動產物權，則於交付（民七六一條）時，財團法人始取得所有權或其他物權，但捐助財產如為得以讓與之意思逕行移轉之權利者（如債權），則除別有表示外，應自財團成立時起，當然歸屬於財團（洪遜欣《中國法總則》（修訂版）一五二頁註二、王澤鑑《民法實例研習叢書(2)民法總則》一五四頁）。以上各說，均言之成理，殊難取捨，然我民法就此既無特別規定，而民法就物權之變動，又採取形式主義，對於已成立之財團法人所為之遺贈，亦僅有債權的效力，則宜解為捐助財產除為得以讓與之意思逕行移轉之權利外，仍應依物權變動之一般原理，於財團成立時，尚須為移轉登記或交付，始歸財團取得，故以最後一說較為可採。

3. 遺囑人尚未死亡時，應受遺囑利益之人，只有將來取得權利之希望，於遺囑發生效力以前尚未現實取得權利；遺囑人亦得隨時撤回之（民一二一九條）。

4. 但以遺囑為認領者，其認領之效力溯及於子女出生之時（參照一〇六九條）。於此情形，例外的溯及於繼承開始以前發生效力。

5. 以上所述者，乃僅就無附條件或期限之遺囑而言。至於遺囑得附條件或期限者，其效力發生時期如何，容後述之。

三、附條件或期限之遺囑

(一)遺囑可否附加條件或期限？

羅馬法上，遺囑不得附加期限，從而禁止遺囑附加解除條件，但近世各國法律原則上皆許附加條件或期限（德民二〇七四條至二〇七六條、二一七七條、瑞民四八二條、法民九〇〇條、奧民六九七條以下、日民九八五條二項、韓民一〇七三條二項），我民法僅就遺贈規定「遺囑所定遺贈附有停止條件者，自條件成就時發生效力」（一二〇〇條），因而在我民法，遺囑之內容，除遺贈而外，其他事項可否附加停止條件？又，除停止條件而外，可否附加解除條件及期限？均有待解釋。我國通說認為遺囑得附加條件或期限，但依其事項性質應有限制（胡著二〇九頁、羅著二〇六頁、陳著二六三頁、戴著二五七頁、史著四五二頁）。遺囑之內容事項，性質上有只能附加終期不能附加始期者，例如以遺囑為遺產分割之禁止是；性質上有不許附加條件或期限者，例如以遺囑為非婚生子女之認領（民一〇六五條）是。

(二)遺囑附加條件或期限之效力

1. 遺囑附加條件之效力

(1)因條件之附加而使遺囑之處分違法或有背於公序良俗者，或條件為不能者，其效力如何？我民法無明文，宜解為在停止條件，其處分為無效；在解除條件，視為無條件（參照奧民六九八條）（史著四五二頁）。

(2)遺囑附加停止條件者，如遺囑人死亡以前條件已成就，則其遺囑與未附有條件者同，於遺囑人死亡之時發生效力；如遺囑人死亡以後條件始成就時，則其遺囑於條件成就之時，發生效力，如遺囑人表示使其條件成就之效力溯及於其成就以前者，從其意思，但不得使之溯及於遺囑人死亡之時以前。

(3)遺囑附加解除條件者，如遺囑人死亡以前條件已成就時，則與未為遺囑者無異，其遺囑不因遺囑人之死亡而發生效力；如遺囑人死亡以後條件始成就時，則其遺囑於遺囑人死亡之時發生效力，而於條件成就之時失其效力；如遺囑人表示使其條件成就之效力溯及於其成就以前者，從其意思，但不得溯及於遺囑人死亡之時以前。

2.遺囑附加期限之效力

⑴遺囑附有始期者，如遺囑人死亡以前始期已屆至時，則其遺囑與未附有期限者無異，自遺囑人死亡之時發生效力；如遺囑人死亡以後始期始屆至時，則其遺囑於期限屆至之時發生效力。

⑵遺囑附有終期者，如遺囑人死亡以前期限已屆至時，遺囑不生效力；如遺囑人死亡以後期限始屆至時，其遺囑自遺囑人死亡之時發生效力，而於期限屆至時失其效力。

㈢停止條件有關於受遺贈人一身之消極事由者

例如，「甲如不再婚，則遺贈甲某物」，於此情形，嚴格言之，遺贈效力是否發生，非至受遺贈人死亡之時，尚不能確定，蓋在此以前，受遺贈人均有再婚之可能，惟果如此解釋，則受遺贈人將無從受領遺贈，恐不合遺囑人之意思。在羅馬法，於此情形，視為單純遺贈，受遺贈人得逕為交付遺贈物之請求。就此情形，我國學者，有主張應認為無條件（胡著二〇九頁）；有主張應解為單純遺贈（陳著二六四頁）；有主張如其條件有背於公序良俗或違法者，應視為無條件，否則應解為附解除條件之遺贈（史著四五四頁）。愚從後說，從而在上例，應視為無條件，甲於遺贈人死亡時即得請求交付遺贈物；如「乙如不吸鴉片，則遺贈乙某物」，則該遺贈，自遺囑人死亡時發生效力，日後乙吸食鴉片時，則失其效力。

第二項　遺囑之無效、不生效與撤銷

遺囑之無效、不生效與撤銷，法律上並無明文規定，茲依身分行為及遺囑之特殊性與財產法之一般法理說明之。

一、遺囑之無效

遺囑無效之情形如次：

⑴遺囑人為無遺囑能力者（民一一八六條）。

⑵遺囑之內容違反強制規定或禁止規定者（民七一條本文）。但其規定如不以之為無效者，則仍為有效（民七一條但書）。例如遺囑違反關於特留

分之規定者，並非無效，僅特留分權利人得為扣減耳（民一二二五條）。

⑶遺囑之內容違反公序良俗者（民七二條、二六年院字一六五六號）。惟如僅遺囑一部內容違反公序良俗者，應解為如係不可分，則遺囑全部無效；如係可分，則僅該違反之部分無效。

⑷遺囑違反法定之方式者（民七三條、二八年上字二二九三號）。但法律規定不以之為無效者，則仍為有效（民七三條但書）。例如密封遺囑不具備第一一九二條所定之方式，而具備第一一九〇條所定自書遺囑之方式者，有自書遺囑之效力（民一一九三條）。

⑸遺囑係無相對人之單獨行為，故不發生因心中保留（民八六條）及虛偽表示（民八七條）而為無效之問題（即恆為有效）。

二、遺囑之不生效

遺囑之不生效云者，遺囑已合法成立，然因以後之事由，不能發生效力之謂。其情形如次：

⑴附解除條件之遺囑，於遺囑人死亡以前，其條件業已成就者。

⑵受遺贈人於遺囑發生效力前業已死亡者（民一二〇一條）。

⑶附停止條件遺贈之受遺贈人，於條件成就前業已死亡者。

⑷受遺贈人於遺囑成立後，喪失受遺贈權者（民一一八八條）。

⑸繼承開始時，遺贈標的物已不屬於遺產者（民一二〇二條）。於此情形，民法雖規定為「無效」，然其實亦係因以後之事由，不能發生效力。

⑹以遺囑指定應繼分或為遺贈而侵害特留分時，該侵害之部分為扣減之標的（民一一八七條、一二二五條），惟其「不生效」有賴於特留分權利人之主張。

⑺附終期之遺囑，其期限於遺囑人死亡以前已屆至者。

三、遺囑之撤銷

以財產上事項為內容之遺囑，亦適用民法總則關於撤銷之規定。

⑴故①關於錯誤之規定（民八八條），亦得適用之；②因被詐欺或被脅迫而為遺囑者，遺囑人亦得撤銷之（民九二條）㉕。然遺囑人於其生前得

㉕　詐欺或脅迫如出自繼承人，則構成繼承權喪失之事由（民一一四五條一項二款、

隨時依遺囑之方式或其他行為撤回其遺囑（民一二一九條以下），無須另以錯誤、詐欺、脅迫為理由撤銷之，故因此等理由而撤銷之情形不多。惟如以此等理由取得撤銷權者，則遺囑人之繼承人得承繼其撤銷權而撤銷其遺囑，於此情形，仍有意義（民一一四八條，參照日民一二〇條）。至於遺囑之撤回權係遺囑人一身專屬權，不得為繼承之標的。

⑵在附有負擔之遺贈，受遺贈人不履行其負擔時，繼承人得請求受遺贈人履行其負擔或撤銷其遺贈（民一二〇五條，準用民四一二條，參照日民一〇二七條），然此撤銷在性質上為一種解除（史著四五六頁）。

第三項　遺囑內容之承認、拋棄

民法明定受遺贈人在遺囑人死亡後得承認或拋棄遺贈（民一二〇六條一項），然解釋上不限於遺贈，遺囑內容一般均應有承認、拋棄之自由。

不過，依遺囑所為之捐助行為（民六〇條、六二條）、遺產分割方法之指定或分割之禁止（民一一六五條）等，應尊重遺囑人之意思，不許任何人爭議，而唯有承認一途。

反之，遺贈（民一二〇〇條以下）、監護人之指定（民一〇九三條）、遺囑執行人之指定（民一二〇九條）等，則應承認拋棄之自由，蓋如依遺囑人一方之意思即拘束受遺贈人或被指定人而必須加以承認者，則不僅侵害個人之自由，同時亦帶給他人莫大之困擾故也。應繼分、遺產分割方法（民一一六五條一項）、遺囑執行人（民一二〇九條）等指定之受委託者，如唯有承認一途，而不許拋棄者，同樣亦嚴重侵害個人之自由。

故此等被依遺囑指定之人，不論何時，均應有拒絕之自由也。

三款）；如出自受遺贈人，則構成受遺贈權喪失之事由（民一一八八條、一一四五條一項二款、三款）。

第五節　遺囑之執行

第一項　遺囑執行之意義

一、遺囑之執行

遺囑之執行，乃於遺囑人死亡後，法律上實現遺囑內容所必要之手段。遺囑執行制度發源於日耳曼法，近代各國民法，均認有此制度（德民二一九七條以下、瑞民五一七條以下、法民一〇二五條以下、日民一〇〇六條以下、韓民一〇九一條以下），我民法亦承認之（民一二〇九條以下）。

二、遺囑之內容

遺囑之內容，有不須執行，即可實現者，亦有須經執行，始能實現者，茲分別列舉如次：

1.遺囑之內容，不必執行即可實現者，例如：

⑴應繼分之指定或其指定之委託。

⑵遺產分割方法之指定或其指定之委託（民一一六五條一項）。

⑶遺產分割之禁止或限制（民一一六五條二項）。

⑷監護人之指定（民一〇九三條）。

⑸生前特種贈與歸扣免除之表示（民一一七三條一項但書）。

⑹繼承權及受遺贈權之喪失之表示或其宥恕(民一一四五條一項五款、二項、一一八八條)。

⑺遺贈標的物不屬於遺產時之表示（民一二〇二條但書）。

⑻遺囑執行人之指定或其指定之委託（民一二〇九條）。

⑼領受撫卹金遺族之指定（公退資撫六三條二項、公教退資撫六三條三項）。

2.遺囑之內容，必須經過執行始能實現者：

遺囑以積極的事項為內容，尤其要求遺產一定法律關係之變動時，則非予執行不能達其目的，例如：

⑴以遺囑為捐助行為（民六〇條、六二條）。

⑵遺贈（民一二〇〇條至一二〇二條）。

⑶遺產分割之實行㉖。

3.至於依遺囑為非婚生子女之認領時，是否須執行？有為肯定者（羅著二二八頁、李著一一三頁、辛著一八三頁），有為否定者（戴著二四七頁、戴著繼承一四〇頁），有謂：非婚生子女之認領，因遺囑本身而生效力，並非以認領之戶籍登記而生效力，故其婚生子女身分之取得，不以執行為必要，然子女以為遺囑人之子女公示於戶籍簿為其利益，與子女利益相反之繼承人，如委以此戶籍登記之申請，甚為危險，故依遺囑為認領者，應以遺囑執行人為申請義務人（史著五三〇頁、五一七頁）。愚意，應以後說為妥當。即，依遺囑為認領時，得由遺囑執行人申辦認領之戶籍登記。

第二項　遺囑執行之準備程序

一、遺囑之提示

1.何謂遺囑之提示？　遺囑之提示為遺囑執行之準備程序之一，係確認遺囑之形式及其他狀態，以防止偽造變造之情事，並確實加以保存之程序㉗。至於遺囑是否出自遺囑人之真意，則不屬於提示之範疇。

2.遺囑之提示應由何人為之？　依日本民法，為遺囑書保管人，無保管人時，為發見遺囑書之繼承人（一〇〇四條一項）；依韓國民法，為遺囑證書或錄音之保管人或發見人（一〇九一條），而發見人並不以繼承人為限；

㉖ 遺囑執行之制度主要係為此三者而設。

㉗ 學者間有謂此程序係勘驗程序（參閱民訴三六四條以下）之一種（戴著二四四頁）；亦有謂乃為一種「檢證程序」（日本大正七年四月一八日大判）（史著五二一頁），愚以為不妥，蓋勘驗程序為訴訟程序，而所謂「檢證程序」即我民訴法之勘驗程序（日本規定在其民訴法三三三條以下），亦係訴訟程序，日本民法又明定遺囑之「檢認」應向家庭裁判所為之（日民一〇〇四條一項），然我民法上遺囑之提示則應向親屬會議為之（民一二一二條），純屬私的行為故也。縱親屬會議不能召開或召開有困難而向法院為之者（民一一三二條二項），亦與日民不同，不能為同一解釋。

依德國民法，為保管遺囑之官署或遺囑持有人（二二五九條）；依瑞士民法，為記錄遺囑或受寄遺囑之官員，及保管遺囑或發見遺囑之人（五五六條二項），但不以繼承人為限。依我民法，為遺囑保管人，無保管人時，為發見遺囑之繼承人，係仿照日民立法例也。惟在解釋上，發見遺囑者雖非繼承人，依誠信原則亦應負有提示之義務，不過就過失責任之酌定，應從輕而已（民二二〇條二項）（史著五二二頁）。

3.遺囑之提示，應向何人為之？ 立法例上有規定應向主管官署為之者（瑞民五五六條一項）；有規定應向遺產法院為之者（德民二二五九條）；有規定應向家庭裁判所為之者（日民一〇〇四條）；有規定應向法院為之者（韓民一〇九一條一項）；有規定應向繼承開始地法院院長為之者（法民一〇〇七條一項）。我民法則規定應向親屬會議為之，蓋以中國民風純樸，此類親屬間之私法關係，非不得已毋須向法院或政府機關為之也（辛著一八二頁）。惟須注意，依最近一〇三年修正，應將遺囑交付遺囑執行人；無遺囑執行人者，應通知已知之繼承人、債權人、受遺贈人及其他利害關係人（民一二一二條）。

4.遺囑之提示，應於何時為之？ 依民法規定，遺囑保管人知有繼承開始之事實時或繼承人發見遺囑時，應即交付（民一二一二條）。⑴繼承人發見遺囑時，應解釋：如係在遺囑人死亡並知其死亡後始發見者，自發見時；如在遺囑人死亡前已發見者，則應於遺囑人死亡時，應即提示（參照德民二二五九條一項、瑞民五五六條二項、韓民一〇九一條一項）（史著五二二頁）。⑵所謂應即，並非立即之意，而係如德瑞日韓民法所稱無遲延之意（德民二二五九條 unverzüglich、瑞民五五六條 unverweilt、日民一〇〇四條一項、韓民一〇九一條一項），即於可能範圍內，從速提示（史著五二二頁、羅著二二五頁、戴著二四五頁、陳著二四九頁）。

5.何種遺囑應予提示？ 在我民法上，不問何種遺囑，均須經提示程序，以確認被繼承人有無遺囑之存在。外國立法例有將公證遺囑除外者（日民一〇〇四條二項），亦有將公證遺囑與口授遺囑除外者（韓民一〇七〇條二項），然我民法與德民（二二五九條一項、二項）、瑞民（五五六條）同，未設有任何限制，故不問何種遺囑，皆須提示（胡著二二六頁、范著二〇五頁、李著一九一頁、戴著二四五頁、陳著二四九頁）。

6. 遺囑之提示，僅為遺囑執行之準備程序，並非遺囑之有效要件，遺囑縱未經提示，對於遺囑之效力亦不生任何影響(二二年上字一八五五號)。惟有提示義務之人，如怠於提示或不為提示時，其制裁如何？就此，我民法未設規定。解釋上，有提示義務之人，如怠於提示或不為提示者，利害關係人得以訴請求其交付；於有故意過失時，並應負損害賠償責任（史著五二三頁)。法院亦得依非訟事件法第四七條之規定，命其履行而不為履行時，處新臺幣三萬元以下罰鍰，並得繼續命其履行及按次連續各處新臺幣三萬元以下罰鍰，強制其遵守。繼承人隱匿遺囑時，喪失其繼承權（民一一四五條一項四款。范著二〇五頁、戴著二四五頁）或受遺贈權（民一一八八條。史著五二四頁)。保管者為公務機關時，並應負行政上之責任（史著五二四頁)。

二、遺囑之開視

1. 何謂遺囑之開視？　遺囑之開視云者，開啟封緘視看或視聽遺囑之內容也。舊法惟規定密封遺囑之開視（民一二一三條)，然事實上有封緘之遺囑並不限於密封遺囑，其他如自書遺囑、代筆遺囑及口授遺囑等亦均得以封緘，尤其錄音遺囑必須密封，七十四年修正時乃仿傚外國立法例（德民二二六〇條、瑞民五五七條一項、日民一〇〇四條三項、韓民一〇九二條)，修正為凡有封緘之遺囑，均適用開視之規定（一二一三條一項)，以確保遺囑人之真意。

2. 遺囑之開視應於何處為之？　遺囑開視之處所，外國立法例，大都規定在法院（德民二二六〇條、二二六一條、法民一〇七七條、日民一〇〇四條三項、韓民一〇九二條）或管轄官署（瑞民五五七條一項）為之。依我民法舊規定，則非在親屬會議當場，不得開視。七十四年修正鑑於親屬會議不能依第一一三一條及第一一三二條規定組織時，並無其他規定可資補救；而「有封緘遺囑之開視」可視為公證法第二條之「其他關於涉及私權之事實」，爰增列在「法院公證處」開視之規定。此新規定既符合現代社會之需要，亦符合現代家族法加強公權力監督之旨趣，殊值肯定[28]。今後，遺囑之開視，在親屬會議當場或法院公證處為之，均無不可。

3. 遺囑之開視應會同何人為之？　我民法僅規定遺囑之開視須在親屬會議當場或法院公證處為之（一二一三條一項），並未規定應會同何人始得開視。依外國立法例，有規定應傳喚法定繼承人及其他利害關係人到場者（德民二二六〇條一項）；有規定應傳喚管轄官署所知之繼承人者（瑞民五五七條二項）；有規定須會同繼承人或其代理人者（日民一〇〇四條三項）；其規定應有遺囑人之繼承人、其代理人、其他利害關係之參與者（韓民一〇九二條）。愚意，在立法論上，應明定遺囑之開視須有利害關係人在場；在現行法實務處理上，允宜通知利害關係人到場，以避免爭端。

4. 遺囑人有二以上之封緘遺囑者，應全部開視（參照瑞民五五七條三項）。又，遺囑之開視，有使繼承關係明確之公益性質及效用，故如遺囑人禁止開視或利害關係人拋棄開視者，應解為其禁止或拋棄無效（參照德民二二六三條）（史著五二五頁同旨）。

5. 遺囑開視時，應製作記錄，記明遺囑之封緘有無毀損情形，或其他特別情事，並由在場之人同行簽名（民一二一三條二項），以資證明。此為七十四年修正時所增設。

6. 遺囑之開視與遺囑之提示同，僅為遺囑之執行要件，而非有效要件。縱不遵守開視程序，例如，不在親屬會議當場或法院公證處開視，未製作開視記錄，遺囑之效力亦不受影響（無異說）。

---

[28] 七十四年之修正解釋上，親屬會議不能召開或召開有困難時，亦得在法院開視（參照民一一三二條二項），惟增設在法院公證處開視之規定，則開視可逕在法院公證處為之，可謂頗具意義。

第三項　遺囑執行人

第一款　總　說

一、遺囑執行人之概念

㈠遺囑執行人之意義

遺囑執行人 (Testamentsvollstrecker, exécuteur testamentaire, executor of will)，謂為遺囑之執行，而被指定或選任之人。遺囑之執行，似由繼承人為之，最為適當。惟遺囑之內容如與繼承人之利益相反者，由其執行，並不妥當；且繼承人如為無行為能力之人或缺乏事務經驗者，則不得或不適於擔任此任務。故民法特設遺囑執行人制度，以期遺囑執行之迅速確實。為此，民法賦予遺囑執行人以管理遺產並為執行上必要行為之職務權限(民一二一五條)。

㈡遺囑執行人職務權限之類型

關於遺囑執行人，自比較法上觀之，可歸納為二種類型。一為與以清償遺產債務及分割遺產為主要職務之清算人之地位，他為僅與以履行遺囑條款之權限，關於遺產債務由繼承人或包括受遺贈人個別的負責任。前者更可分為一律由遺囑執行人清算遺產之英國型與得依遺囑人之意思排除其為清算人之地位之德國型。後者之代表為法國民法。

1. 在英國法（主要為 Administration of Estates Act, 1925），遺產之管理及分割，悉由遺囑人以遺囑指定之遺囑執行人 (executor) 或（無遺囑或遺囑未指定遺產管理人時）法院所指定之遺產管理人 (administrator)，所謂人格代表者 (personal representative) 擔任之。人格代表者包括的承繼、占有遺產。利害關係人得聲請遺產法院命人格代表者編製遺產清冊、報告處理事務之狀況。人格代表者應清償遺產債務，其中包括殯葬費、遺囑檢認費及遺產稅。人格代表者為清償遺產債務得處分遺產，為此得為變賣亦得設定擔保。遺產之分割原則上須於被繼承人死亡後一年內為之，其方法通常由人格代表者將遺產分配移轉於受益人 (beneficiary) 即繼承人或受遺贈人。人格代表者變賣遺產者，應支付與遺產分相當之金錢。受益人於遺產分割前，不得處分遺產，從而僅有類似期待權之權利。

2.在德國民法，遺囑執行人以實現遺囑人之終意處分為其職務（德民二二〇三條），遺囑人未將遺囑執行人之職務限定於個人遺產之管理時（德民二二〇九條），則有分配遺產於繼承人之權限（德民二二〇四條）。遺囑執行人之遺產管理權包括占有遺產、處分遺產標的物、為遺產負擔債務等權限。

3.依法國民法，遺囑執行人之職務被局限於極狹小之範圍內（法民一〇三一條），原則上被與以封印之實行、遺產清冊之編製、遺產動產變賣之履行、遺囑條款之履行等技術性的職務而已。遺囑人固得賦予遺囑執行人以占有遺產 (saisine) 之權限（法民一〇二六條），但此時遺囑執行人亦僅有履行遺贈及為此而處分遺產動產之權限而已。

4.我民法上之遺囑執行人固非英國型之清算人，亦非德國型之清算人，而與日、韓民法上之遺囑執行人雷同。遺囑執行人之職務在於依遺囑人之意思忠實實現遺囑之內容。然遺囑制度之主要機能既在於合理的、合目的的為遺產之分配，則完全否定遺囑執行人之清算人的角色，既不切實際，亦不合理。如遺囑人所欲者，自不妨賦予遺囑執行人以清算人的職務，而解釋上，清算型的包括遺贈及清算型的分割實行，應可承認遺囑執行人有清算人的職務（參照我妻、唄著二九四頁、中川編註釋下一五三頁〔山木戶〕、中川編注民㉖二二三頁以下〔泉〕、中川、泉著五三六頁）。

㈢遺囑執行人與遺產管理人之併存

我民法不僅不將遺囑執行人視為遺產之清算人，而且於另有遺產管理人存在時（例如，拋棄繼承時之遺產管理人〔民一一七六條之一〕、無人承認繼承時之遺產管理人〔民一一七七條、一一七八條二項〕），兩者之權限應如何調節亦未予特別考慮。因此關於遺囑執行人與遺產管理人之權限重疊時將產生難以解決之問題（參照中川編注民㉖二二九頁以下〔泉〕、中川、泉著五三九頁以下）。

1.遺囑執行人與拋棄繼承時之遺產管理人併存時，較易解決。蓋此時之遺產管理人乃為避免由繼承人管理遺產之混亂，即主要為確實實現法定繼承而被選任者，其權限原則上亦僅限於保存行為。遺囑執行人之存在與遺產管理人之權限並不牴觸。不過，關於遺囑執行人所管理遺產之保存行為，兩者之權限重複，但不致有多大弊害（此時或可解為遺囑執行人之權限優先）。

2.無人承認繼承時之遺產管理人，以清算遺產為主要職務，其中亦包含受遺贈物之交付，因而乍見遺產管理人之地位似優先於遺囑執行人。然無人承認繼承時之遺產管理人之權限原則上限於為保存遺產必要之處置（民一一七九條一項二款），其變賣遺產，須經親屬會議之同意（同條二項後段）。又須注意者，無人承認繼承時遺產之處理，乃屬法定繼承之一環或延長。從而，或可認為有遺囑執行人存在時，應由遺囑執行人實現遺囑。蓋就遺囑之執行，承認兩者之併存，只會混亂關於遺囑之法律關係耳。若然，則無人承認繼承時，首先應由遺產管理人搜索繼承人及進行清算程序（對於被繼承人之債權人及受遺贈人為公告及通知、對被繼承人之債權人償還債務）（於此期間內遺囑執行人之權限被停止），而後由遺囑執行人為遺囑之執行。遺囑執行完了時，再由遺產管理人為最後之清算程序（對於未於公告期間為報明或聲明之債權人或受遺贈人償還債務或交付遺贈物）。

二、遺囑執行人之性質

㈠遺囑執行人之性質為何？學說甚為紛歧，其中重要者大別之可分為代理權說與固有權說：

1.代理權說

此說係以代理之理論說明遺囑執行人之性質，又可分為三說：

⑴被繼承人（遺囑人）代理說

此說主張遺囑執行人為被繼承人（遺囑人）之代表人或代理人。蓋以遺囑執行人之法律上地位為遺囑人所賦與，遺囑執行人須受遺囑人之意思所拘束。此說，實質上最能說明遺囑執行人須依遺囑人之意思忠實執行其職務。然此說承認死亡人有人格，與民法之規定（民六條）不合。

⑵繼承人代理說

此說主張遺囑執行人為繼承人之代理人。蓋以遺囑之執行，通常以遺產為標的，而遺產於繼承開始時，已由繼承人所承受，僅因為實現遺囑之內容，而使遺囑執行人有管理處分遺產之權限，其由執行所生之權利義務悉歸屬於繼承人，故遺囑執行人所為之行為，不啻為繼承人為之。此說解為遺囑執行人所代理繼承人者，恆為僅關於遺產者，固屬正確，但於遺囑執行人為繼承人或認領或遺囑執行人對繼承人提起訴訟之場合，則顯然不當。且無繼承人時，形式上遺囑執行人亦無從視為繼承人之代理人也。

⑶遺產代理說

此說主張繼承財產為獨立之特別財產，而以遺囑執行人為此財產（遺產）之代表人或代理人。然繼承財產有無法律上之主體性，頗有疑問。又，如遺囑無關於遺產之事項者，此說亦無從說明。

2.固有權說

此說認為遺囑執行人之執行遺囑乃本於其固有之職權，既非專為受益人之利益為之，亦非純為繼承代理人，而為一獨立之主體。復可分為三說：

⑴機關說

此說主張遺囑執行人係保護遺囑利益及實現遺囑人意思之機關。因係機關，故與代理不同，毋須有本人之存在。然此說有將利益本身予以人格化，或承認被繼承人或遺產之法人格，顯難贊同。

⑵限制物權說

此說主張以遺囑執行人為遺囑人之限制的包括繼承人或受託人，於遺產上享有限制物權。然就他人財產得為有效處分者，並不限於限制物權人，且將財產管理權一律視為物權，亦有背現代之法理，故此說亦不足採。

⑶職務說

此說主張遺囑執行人如同破產管理人於職務上有其固有的法律地位，亦即遺囑執行人並非代理任何人，而係基於自己之權利，於遺囑所定之範圍內，獨立的為他人利益處理他人之事務。然此說僅謂職務，對於遺囑執行人究為如何性質，具有如何權限，並未加以說明，且遺囑執行人雖以自己名義為法律行為或訴訟行為，但其效果仍一律歸屬於繼承人、受遺贈人或其他利害關係人，則此說與繼承人代理說究有如何差別，亦不無疑問。

㈡以上各說，均有其根據，但亦均有缺點。在法國民法，遺囑執行人限於依遺囑之指定，不認有法院之選任。故法國學者以遺囑執行人為遺囑人之委任代理人。 英美法大體上以遺囑執行人為遺囑人之人格代表者(personal representative)，為管理清算，而承繼遺產。薩克遜民法明定遺囑執行人視為繼承人之代理人（二二四四條），德國民法第一次草案上亦有遺囑執行人為繼承人之法律上代理人之文字（一九〇三條一項），但第二次草案以後即被刪除，但為日本民法（一〇一五條、舊法一一一七條）、韓國民法（一一〇三條一項）所採用。德國判例通說則採職務說。

㈢我民法明定：「遺囑執行人因前項職務所為之行為，視為繼承人之代理」（一二一五條二項），其採用繼承人代理說，了無疑義。學者間有謂：繼承人代理說「雖為明文所規定；但於遺囑執行人為繼承人時，須執行遺囑之內容係身分行為時，及遺囑執行人對繼承人提起訴訟時，則甚不合理」；「就一般言，承認死者有人格（法人格），固與現代法律思想不合（民六條）；但就特別事項，於必要範圍內，視其人格仍然存續，則無不可，故宜採取……被繼承人（遺囑人）之代理人說」者（戴著二五一～二五二頁）。然我國民法既明採繼承人代理說，則解釋上甚難採被繼承人代理說，而且在我民法遺囑執行人得由親屬會議選定，亦得由利害關係人聲請法院指定，其由遺囑人指定者仍得由利害關係人請求親屬會議改選他人 （民一二一八條），亦難謂其必為被繼承人之代理人（史著五二〇頁）。就理論而言，將遺囑執行人解為並非被繼承人或繼承人之代理人，而係獨立的擔負實現遺囑內容之任務之人，較為允洽。蓋遺囑之內容，有關於遺產者（例如遺贈），亦有關於身分者（例如認領），又有遺囑執行人與繼承人利害相反之情形者（例如共同繼承人中之一人為遺囑執行人時），且被繼承人已無法人格，而繼承人與遺囑執行人又處於相對立之地位（民一二一六條），故以代理之理論把握遺囑執行人之法的性質，殊有困難也。然通說仍尊重民法第一二一五條第二項之規定，採取繼承人代理說（胡著二三一頁、羅著二三三頁、范著二〇九頁、李著一一五頁、陳著二五七頁、史著五一九、五二〇頁）。判例亦忠實於民法第一二一五條第二項之規定，採繼承人代理說（四六年台上字二三六號）。愚意，繼承人代理說，理論上雖不無缺點，但在現行法之解釋論上，卻不能無視第一二一五條第二項之明文規定，結果仍不得不從繼承人代理說㉙㉚。惟不論如何，遺囑執行人本於其職務權限為法律行為或訴訟行為時，恆須表明其遺囑執行人資格應以遺囑執行人自己名義為之，且不問何說，對於遺囑執行人之職務權限及其行為效果之歸屬在結論上並無差異，故關於遺囑執行人之性質之論爭，在解釋論上並無多大實益。

㈣遺囑執行人視為繼承人之代理人。惟其代理究為法定代理？抑為意定代理？通說認為遺囑執行人並非由繼承人所委任之意定代理人，而是基於法律所規定之法定代理人（胡著二三一頁、羅著二三三頁、范著二〇九頁、李著一一五頁）。我民法以之為法定代理，應無疑義。然如考慮遺囑執行人有由遺囑人以遺囑指定而就職者，遺囑執行人之職務權限又與意定代

㉙ 日本民法以遺囑執行人視為繼承人之代理人（日民一〇一五條），有指摘此「在世界之學界，夙被物議，殆為近於已被葬去之學說」（中川、泉著五三四頁），但亦有謂：「余意，應解為實際上遺囑人之權利能力之一部於其死後仍殘存，然在法律構成上不能將之原封承認，故假託承繼遺囑人地位之繼承人，視為其代理人。換言之，認遺囑人之權利能力之一部借繼承人之權利能力之一隅而存續，蓋屬至當。」（我妻、立石著六一七頁）

㉚ 玆有問題者，將遺囑執行人視為繼承人之代理人，則如受遺贈人擔任遺囑執行人時，非自己代理（自己契約）乎？又，遺囑執行人得作為受遺贈人之代理人而行為乎（非雙方代理乎）？（參照〈判例批評〉，星野英一《法學協會雜誌》八八卷五二六號六三四頁、中川編注民㉖二八七頁〔泉〕、中川、泉著五三七頁以下）。

1. 遺囑執行人須兼顧繼承人（實質上為遺產）與受遺贈人雙方之利益，故可謂民法自始即肯定遺囑執行人得為受遺贈人之代理人。
2. 關於自己代理之問題，執行行為僅為履行行為，而非帶予繼承人以不利益之行為，故受遺贈人本身被指定為遺囑執行人而行為，應解為不違反禁止自己代理之原則。即在不特定物遺贈，縱以繼承人所不欲之方法變價處分遺產，但此乃民法（從而遺囑人）所預定，並不違反為繼承人之代理人處理事務之義務。遺囑執行人視為繼承人之代理人，乃無實體之擬制的構成也。

理人近似，則實際上亦可謂具有任意代理的性格。日本民法就復（複）任權，亦與任意代理為同樣處理，即：遺囑執行人，如無不得已之事由，不得使第三人執行其任務，但遺囑人於其遺囑，有相反之意思表示者，不在此限；遺囑執行人，依前項之規定，使第三人執行其任務時，對繼承人負第一〇五條所定之責任（復代理人選任之責任）（日民一〇一六條）。就此，我民法未設有規定，解釋上如經遺囑人於遺囑中明白許諾或有不得已之事由（例如長期罹病、長期不在）者，自應許遺囑執行人選任複代理人。至於基於事實上之便利與需要，遺囑執行人更不妨委任輔助人以佐理之，固不待言。

第二款　遺囑執行人之產生

一、外國立法例

關於遺囑執行人之產生方法，依德國民法，由遺囑人以遺囑指定或委由第三人指定，遺囑人得指定一人或數人，並得另指定一人於原遺囑執行人出缺時充任遺囑執行人（德民二一九七條），遺囑人亦得委託第三人指定（德民二一九八條），復得授權遺囑執行人指定一人或數人為共同遺囑執行人或指定其繼任人（德民二一九九條）；依瑞士民法，被繼承人得以遺囑指定一人或數人為遺囑執行人（瑞民五一七條），但不得委託他人指定，惟得指定補充遺囑執行人，法國民法（一〇二五條）亦同；依日本民法，由遺囑人以遺囑指定一人或數人或委任第三人指定（日民一〇〇六條），無遺囑執行人或出缺時，依利害關係人之請求，由家庭裁判所選任之（日民一〇一〇條）；依韓國民法，由遺囑人以遺囑指定或委任第三人指定（韓民一〇九三條），無指定時，以繼承人為遺囑執行人（韓民一〇九五條），無遺囑執行人或出缺時，法院得因利害關係人之請求，選任遺囑執行人（韓民一〇九六條）。

二、我民法之規定

我民法對於遺囑執行人之產生方法，先尊重遺囑人之意思，由遺囑人指定或委託他人指定（民一二〇九條），次由親屬會議選定，最後由法院指定（民一二一一條），分述之如次：

1.遺囑人以遺囑自為指定，或以遺囑委託他人代為指定（民一二〇九條一項）

⑴何人最能勝任遺囑之執行，遺囑人知之最詳，故遺囑執行人先由遺囑人自行指定，然如一時不易覓得適當人選或自信委託他人指定較為妥當者，自不妨由其委託他人代為指定。要皆尊重遺囑人之意思也。

⑵無論由遺囑人自為指定，或由其委託他人代為指定，均須以遺囑為之。蓋遺囑之執行既係有關死後處分，則若於遺囑人生存時自為指定或委託他人代為指定，恐生弊害也。但以遺囑為之為已足，無須以同一遺囑為之，亦無須以同種方式之遺囑為之（無異說）。指定之表示，不必使用「遺囑執行人」字樣，苟依遺囑之解釋，由遺囑之整個內容及立遺囑之當時情況可推測係遺囑執行人之指定為已足，使用何種名稱文字，無關重要。

⑶遺囑執行人得有數人（民一二一七條）。指定數人為遺囑執行人時，得指定共同執行，亦得指定各別單獨行使，或就 A 事項指定甲遺囑執行人執行，就 B 事項指定乙遺囑執行人執行（史著五二七頁）。

⑷遺囑人得以遺囑指定補充遺囑執行人，於遺囑執行人不就任或出缺時，由其擔任遺囑執行人（史著五二七頁）。

⑸此之所謂「他人」，是否包括繼承人及受遺贈人在內？①有謂：「此之所謂他人，自係指遺囑人以外之人而言，故縱受遺贈人，亦得為此受委託之人，惟繼承人通常與遺囑之執行有重大利害關係，解釋上不能為此受委託之人而已」（胡著二二七～二二八頁）；②有謂：「法律上既未別設除外之規定，則縱屬此等就遺囑之執行有直接利害關係之人亦不能謂為無受指定或受委託之資格。蓋在此際，所應注重者遺囑人之意思耳。如遺囑人信其為最適當之人而指定之為遺囑執行人或委託其指定，則自應尊重其意思。萬一此等遺囑執行人徒圖謀自己或其指定人一方面之利益而置他方面及其他利害關係人之利益於不顧，則利害關係人自可依第一二一八條之規定為改選之請求，非無救濟之方」（羅著二二九頁。范著二〇六～二〇七頁、李著一一四頁同旨）；③有謂：「應執行的遺囑之效力所生法律關係之當事人

不在其內，故繼承人及受遺贈人，不得受指定之委託」（史著五二七～五二八頁）。愚意，以②說為正當。

⑹遺囑執行人之指定或指定之委託，係單獨行為，無庸被指定人或受委託人之承諾。被指定人願否就任，受委託人願否受委託，均為其自由（無異說）。惟被指定人、受委託人願否就任或受委託，有謂應通知繼承人（民一二〇九條二項、日民一〇〇六條二項、三項）（史著五二八頁。又，胡著二二八頁、羅著二三〇頁均參照日民規定〔舊一一〇六條二項〕，解為受委託人不欲受委託，須即時通知繼承人）；有謂應向親屬會議表示之，蓋若此等人不願就任或指定時，應由親屬會議另行選定遺囑執行人之故（戴著二四九頁、陳著二五二頁）。愚意，繼承人與遺囑之執行有重大利害關係，尤其遺囑執行人因其職務所為之行為視為繼承人之代理（民一二一五條二項），繼承人於遺囑執行人執行職務中，不得處分與遺囑有關之遺產，並不得妨害其職務之執行（民一二一六條），而親屬會議又非常設機關，向其表示極為困難，故宜解為應通知繼承人，其通知如為不願就任或不願受委託者，則可由繼承人召集親屬會議，以選定遺囑執行人。又，如被指定人或受委託人既不表示承諾，亦不表示拒絕時，應如何處理？依日本民法，「繼承人或其他利害關係人，得定相當之期間，催告遺囑執行人於該期間內確答是否承諾就任。遺囑執行人若不於該期間內確答者，視為其已承諾就任」（日民一〇〇八條）；依瑞士民法，「委任應由官署依職權通知受任人，受任人應於通知到達後十四日內，表示是否允受委任，如無表示者，視為允受」（瑞民五一七條二項）；依韓國民法，「繼承人或其他利害關係人，得定相當之期間，催告受委託人於該期間內，指定遺囑執行人。於該期間內未受指定之通知者，視為辭退受該指定之委託」（韓民一〇九四條二項）；依德國民法，「遺產法院因利害關係人中一人之聲請，得指定承受表示之期間。於期間內未為承受之表示者，在期間屆滿後，視為拒絕其職務」（德民二二〇二條二項）。我國民法未有規定，學者間有謂：應解釋繼承人或利害關係人得指定相當期間，催告被指定人於該期間內確答是否承諾，或催告受委託人於該期間內為遺囑執行人之指定，逾期未為確答或受指定之通知者，

視為拒絕（參照民法八〇條、一七〇條二項）（史著五二八頁）；有謂：解釋上或可認為有第一二一八條所定之其他重大事由而由利害關係人請求改選以資救濟耳（羅著二三二頁）。愚意，以前說為可採。蓋第一二一八條之規定，係以遺囑執行人已就職為前提；又，此時類推適用民法第八〇條、第一七〇條第二項最為妥當故也。

⑺受指定之委託者，應即指定遺囑執行人，並通知繼承人（民一二〇九條二項）。此之指定以對於第三人為指定之意思表示為已足，不必以書面為之。受委託人依遺囑委託之旨趣，得指定一人或數人為遺囑執行人。被受委託人指定為遺囑執行人者，固得自由決定其願否就任，而向受委託人表示。倘被指定人不願就任，受委託人應另行指定他人為遺囑執行人。

2. 由親屬會議選定（民一二一一條前段）

⑴遺囑執行人雖非執行遺囑之必要機關，但有時為公正適當之執行，以有遺囑執行人為必要，例如遺贈或捐助行為之遺囑。於有設遺囑執行人之必要時，而遺囑人未以遺囑自為指定或委託他人代為指定、或受指定之委託者不為指定或不能指定，被指定之遺囑執行人不願就任或因缺格或其他原因不能就任或因死亡、死亡宣告、辭職、解職等事由已不在職，而遺囑人又未指定補充遺囑執行人或委託他人為指定者，則由親屬會議選定之，以濟其窮。

⑵由親屬會議選定，為我國特有之制度，蓋以親屬會議為處理親屬事務之機關，由其選定遺囑執行人，情理上最為適當故也。至此種親屬會議應由何人召集？法無明文，要以與遺囑之執行有利害關係者為限，即繼承人、受遺贈人或其他利害關係人是（羅著二三一頁）。又，所謂「得」者，應解為親屬會議有選定權限之意，與本條後段之法院「得」指定者相同。故如無民法第一二〇九條規定之遺囑執行人時，親屬會議須為選定，而繼承人及其他利害關係人，亦不得逕向法院聲請指定（戴著二四九頁、陳著二五二～二五三頁）。

3. 由法院指定（民一二一一條後段）

⑴法院指定遺囑執行人之要件如次：

①實質的要件　(a)須遺囑之內容，非有遺囑執行人之執行，不能實現，或以由遺囑執行人執行為適當。(b)須無遺囑執行人或有遺囑執行人但已出缺。(c)須親屬會議不能召集或經召集不能選任。

②形式的要件　須有利害關係人之聲請。(a)所謂利害關係人，指繼承人、遺產債權人、受遺贈人、受遺贈人之債權人等，就遺囑之執行有利害關係之人而言。(b)遺囑執行人之聲請指定事件，專屬繼承開始時被繼承人住所地法院管轄（家事一二七條一項六款）[31]。

(2)以遺囑捐助設立財團法人者，如無遺囑執行人時，法院得依主管機關、檢察官或利害關係人之聲請，指定遺囑執行人（民六〇條三項）。本規定為七十一年民法總則編修正時所增設，旨在使無遺囑執行人時有救濟辦法，以實現遺囑人熱心公益事業之願望。此項聲請應向繼承開始時被繼承人住所地法院為之（家事一二七條一項六款）。

(3)被法院指定為遺囑執行人之人，有就任與否之自由，如為拒絕，應重新指定。為免浪費時日及無用程序，法院於指定時，應聽取被指定人之意見（日本家事審判規則一二五條準用八三條）而就願就任者指定之（史著五三二頁）。

4.有問題者，親屬會議或法院是否必為選定或指定遺囑執行人？學者見解不一：①有謂：親屬會議及法院有自由裁量之權，此我民法所以明定其為得選定或指定者也（胡著二二九頁、李著一一四頁）；②有謂：本條所謂「得」字，應解為親屬會議或法院有選定或指定之權限，但須予選定或指定，並非亦可不予選定或指定（戴著二四九頁、陳著二五二～二五三頁）；

[31] 過去，有謂：其管轄法院，為遺囑人（被繼承人）之普通裁判籍所在地之法院（民訴一八條）（戴著二五〇頁、陳著二五三頁）。此在非訟事件法公布施行前，固屬正確，惟該法已於民國五三年五月二八日公布施行，自應依該法第八〇條第一項（九四年二月五日修正公布後為一五六條一項）處理（遺囑執行人之指定屬於非訟事件之範圍），雖然在結論上並無不同。惟家事事件法於一〇一年六月一日施行後，指定遺囑執行人事件為家事非訟事件（同法第三條第四項第十款），並明定專屬繼承開始時被繼承人住所地之法院管轄（同法第一二七條一項六款），已甚明確。

③有謂：除遺囑有形式上顯明之無效情形外，斟酌遺囑執行之難易，利益之大小及其原因，認為無設置遺囑執行人之必要時，應亦得駁回利害關係人之聲請，但聲請人或其他利害關係人得為抗告（非訟二六條至三〇條〔按修正後為四一條至四八條，現為家事九二條至九五條〕）（史著五三一頁）。愚意，如具備親屬會議選定或法院指定遺囑執行人之要件，而有設遺囑執行人之必要時，親屬會議或法院即應為選定或指定，以期迅速、適正之執行，但遺囑之無效在外觀上很明顯時，則親屬會議得不為選任；法院得駁回利害關係人之聲請，但對於駁回之裁定聲請人得為抗告（家事九二條）。

第三款　遺囑執行人之資格

一、缺格之事由

未成年人、受監護或輔助宣告之人不得為遺囑執行人（民一二一〇條）。蓋遺囑執行人必要時須編製遺產清冊，且有管理遺產並為執行上必要行為之職務（民一二一五條一項），自非精神身體健全之人，不克勝任，故民法設此規定也。

1. 茲稱未成年人，而不稱無行為能力人，顯係專就年齡上加以限制，故依舊法未成年人雖因結婚而有行為能力，亦不得為遺囑執行人（二六年院字一六二八號、通說）。

2. 有問題者，繼承人是否得為遺囑執行人？我國通說採肯定說（羅著二二九頁、范著二〇六頁、李著一一四頁、劉含章著二一八頁、戴著二四八頁、陳著二五三～二五四頁），但有採否定說者，謂：「繼承人與遺囑有重大利害關係，如以之為遺囑執行人，則受遺贈人之利害常為繼承人所左右，不足以貫徹遺囑之目的，在解釋上應以從否定說為是」（胡著二三二頁）；亦有採折衷說者，謂：「單獨繼承人除委託為受遺贈人負擔之執行外，不得指定為遺囑執行人。共同繼承人中之一人或數人，雖亦得指定為遺囑執行人，但其全體則否」（史著五三三～五三四頁）。此問題之產生，乃因民法就此未設禁止明文，而從民法第一二一五條第二項及第一二一六條等規定觀之，民法似將繼承人自遺囑執行人除外，然就得由遺囑執行人執行之事項觀之，以繼承人為遺囑執行人似不致招致顯著之不當。考德、日、瑞民法，亦均無禁止明文，然解釋上則殆持否定論或折衷論（參閱史著五三二～五三三頁）。在我民法解釋上，愚寧採肯定說。蓋民法並無禁止繼承人為遺囑執行人之積極明文，苟遺囑人信任繼承人，特指定其為遺囑執行人，允宜尊重其意思；如為遺囑執行人之繼承人，專圖自己利益，而置受遺贈人及其他利害關係人利益於不顧者，利害關係人尚得請求親屬會議另行選定或聲請法院另行指定適當人為遺囑執行人（民一二一八條），以完成遺囑之執行；至於遺囑執行人被視為繼承人之代理人等規定（一二一五條二項、一二一六條等），乃就繼承人以外之人為遺囑執行人之普通情形而為規定者，於繼承人為遺囑執行人時，自無適用（陳著二五三～二五四頁）。司法院解釋亦認為：「遺囑執行人，除民法第一二一〇條所定未成年人及禁治產人外，無其他之限制」（三五年院解字三一二〇號），而不將繼承人排除於遺囑執行人範圍之外。

3. 受遺贈人得為遺囑執行人，關於此點，尚無異論。

4. 遺囑之見證人、公證人亦不妨為遺囑執行人。

5. 外國立法例有以破產人不得為遺囑執行人者（例如日民一〇〇九條、韓民一〇八九條），我民法無以明文排除，似不宜為擴張解釋而否定之（羅著二三四頁、胡著二三二頁）。

6. 法人可否為遺囑執行人？有為否定者，謂：我民法關於遺囑執行人之規定，以自然人為對象，雖日本法規定法人（信託公司）亦得為遺囑執行人（信託業法五條），但我國信託事業，尚在發達之中，自無採取同樣見解之必要（李著一一四～一一五頁。陳著二五四頁同旨）；有為肯定者，謂：在信託事業漸就發達之今日，以遺囑而為信託之事不能謂為絕無，則於法人之信託公司如不認其得為遺囑執行人，事實上殊感不便，在外國法律有以明文許信託公司得為關於財產之遺囑之執行者（日本信託業法五條），我雖無明文規定，解釋上或有採取同一的見解之必要也（羅著二三〇頁。史著五三四頁同旨）。愚意，個人能力有限，執行上亦難免有偏頗之虞，如透過信託公司，更可期待遺囑之內容迅速、適正實現，目前我國信託業雖尚未十分健全，但今後必然發達無疑，故應採肯定說。

7.受遺囑執行人指定之委託者，如遺囑無禁止之表示者，不妨指定自己為遺囑執行人（史著五三四頁）。

二、缺格之效果

指定或選定缺格者為遺囑執行人，不問由於遺囑人、受委託人之指定、親屬會議之選定或法院之指定，其指定或選定，均為無效。遺囑執行人合法就職後，而有受禁治產之宣告（現為受監護或輔助之宣告）時，當然喪失其資格（羅著二三四頁、胡著二三二頁、史著五三四頁）。遺囑缺格者為遺囑執行人所為之行為，可認為係一種無權代理（民一二一五條二項），而解為因繼承人之承認而為有效（史著五三四頁）。

第四款　遺囑執行人之職務

被指定或被選定為遺囑執行人者，除拒絕就職而外，應立即執行其職務（參照日民一〇〇七條），如不立即執行其職務，則為怠於執行職務，構成解任之原因（民一二一八條）。遺囑執行人之職務如次：

一、編製遺產清冊

遺囑執行人就職後，於遺囑有關之財產，如有編製清冊之必要時，應即編製遺產清冊，交付繼承人（民一二一四條）。

1.遺囑多關於財產，尤其以遺囑執行人為必要時為然。遺囑執行人為管理遺產及執行遺囑，有了解遺產狀況，以明確其管理處分權之對象，並確定其遺產交付義務、報告義務及賠償義務之基礎之必要；繼承人為決定繼承或拋棄繼承與夫為了解遺囑有無違反關於特留分之規定，亦有知悉遺產數額之必要，故民法為期遺產管理及遺囑執行之正確，使遺囑執行人負有編製遺產清冊，以交付為遺產主體之繼承人之義務。

2.編製之必要：有無編製遺產清冊之必要，應視遺產狀況及其他情形，依客觀的標準以為決定，不可專憑遺囑執行人之主觀的認定以為取捨（羅著二三五頁、胡著二三二頁、吳著一七八頁、辛著一八六頁）。一般言之，關於身分事項（例如認領戶籍登記之申請）、與遺囑無關之遺產，不以編製遺產清冊為必要。關於特定財產之遺囑，以就該財產編製遺產清冊為已足（參照日民一〇一四條）。

3.編製之時期：編製遺產清冊為遺囑執行人就職後首要之任務，遺囑執行人應不遲滯的盡速為之（參照德民二二一五條一項、日民一〇一一條一項）。

4.編製之方法：不問積極財產或消極財產，均應記載其種類、數量、狀況及編製之日期，並由遺囑執行人簽名（參照德民二二一五條一項、二項。史著五三八頁同旨），然無須記載各個財產之價額，家具什物、有價證券亦不妨為概括之記載。積極財產以記載其所管理者，遺產債務以記載其所已知者為已足（參照德民二二一五條一項。史著五三八頁同旨）。記載縱有脫漏，亦無特別之制裁。如繼承人有請求者，遺囑執行人應使其於編製時在場（參照日民一〇一一條二項、德民二二一五條三項。羅著二三六頁、史著五三八頁同旨）。

5.被繼承人或繼承人得否免除遺囑執行人之遺產清冊編製義務？關於被繼承人，德國民法明定不得免除之（二二二〇條）；關於繼承人，在日本民法解釋上，有謂：此義務為一種法定義務，不問繼承人有無請求，均須編製交付（中川編註釋下一五一頁〔山木戶〕，中川監註解三九一頁〔小山〕）；有謂：此之遺產清冊所具之法律上效果極少，遺囑執行人縱怠於編製，充其量亦僅為損害賠償或解任事由，此遺產清冊編製義務或可謂係純粹被課予遺囑執行人之個人的義務，從而繼承人免除編製時，至少應解為無須交付遺產清冊（中川編注民㉖二五三～二五四頁〔泉〕）。在我民法，應解釋此遺產清冊編製義務性質上有關於公益，被繼承人、繼承人均不得免除之（胡著二三二頁、史著五三八頁）。

6.遺產清冊編製之費用屬於遺囑執行之費用，由遺產支付之（民一一五〇條）。

綜上可知，此之編製遺產清冊，與限定責任繼承（民一一五六條）及無人承認之繼承（民一一七九條一項一款）時之編製遺產清冊，有下述之不同：①編製之義務人不同：在遺囑執行，為遺囑執行人；在限定責任繼承，為繼承人；在無人承認之繼承，為遺產管理人。②編製期間之限制不同：在遺囑執行，無期間之限制，但須盡速為之；在限定責任繼承，限於繼承人於知悉其得繼承之時起三個月內開具之，但法院得延展之；在無人承認之繼承，限於管理人就職後三個月內編製之。③編製之必要性不同：在遺囑執行，限於有必要時始須編製；在限定責任繼承及無人承認之繼承，則無論有無必要皆須編製。④編製之範圍不同：在遺囑執行，限於與遺囑有關之財產始須編製；在限定責任繼承及無人承認之繼承，則應就全部遺產編製之。⑤編製之寬嚴度不同：在遺囑執行最寬，對於記載之脫漏，並無特別制裁；在限定責任繼承最嚴，其記載不得虛偽或脫漏（參照民一一六三條一款、二款）；在無人承認之繼承次之，編製有不實不盡情事，親屬會議或利害關係人即得起而督促或糾正之（參照羅著一五五～一五六頁、史著三四四頁）。

二、管理遺產並為執行上必要之行為

遺囑執行人有管理遺產並為執行上必要行為之職務（民一二一五條一項）。

㈠遺囑之執行與遺囑人之意思

遺囑執行之內容及範圍，第一應依遺囑人之意思決之，遺囑人別無表示意思時，尤其未涉及遺囑執行人之權限時，則依本項之規定。

㈡遺囑執行人之一般的職務權限

1. 管理權：管理遺產首先應依遺囑人之指示，無指示時，其管理權以執行遺囑所必要者為限。所謂管理，包括遺產之保存、利用、改良所必要之一切處置，具體的例如，必要之修繕、遺產債權之收取、租賃契約之訂立，為維持權利現狀而禁止繼承人處分遺產之假處分（日本最判昭和三〇年五月一〇日民集九卷六號六五七頁）。無償處分，除繼承人之同意者外，惟以履行道德上之義務，或合於禮俗上之必要並合於繼承人身分者為限，始得為之（參照德民二二〇五條後段）。

2. 處分權：遺囑執行人為執行遺囑之必要，於遺囑所為限制之範圍內有處分權，於遺囑執行人有處分權之範圍內，排除繼承人之處分權（民一二一六條），並無須得繼承人之同意，但共同繼承人得處分其應繼分，無須得遺囑執行人之同意（史著五三九頁）。處分權，具體的例如，變賣遺產（包括讓與債權）之權利、為抵銷之權利、訂立和解契約之權利。為履行不特定物遺贈（包括金錢遺贈）而有變賣全部遺產之必要時亦不妨為之。遺囑執行人亦得於繼承不動產設定抵押權，亦得清償遺產債務。

3.為行使管理處分權，許多場合，以占有標的物為必要。從而，遺囑執行人於執行上必要之範圍內得請求繼承人或第三人交付標的物。遺囑執行人之占有遺產為他主占有。遺囑執行人就遺贈不動產得為所有權移轉之登記，繼承人對遺贈不動產已為繼承登記時，並得請求塗銷登記。

4.對於公證遺囑之執行，遺囑執行人得請求閱覽公證遺囑書原本或交付正本或繕本（參照公證法九八條一項）。又，遺產有宣告破產之原因時，遺囑執行人亦得聲請宣告遺產破產（破五九條）。

5.遺贈之履行及基於捐助行為之財團設立固為遺囑執行人之主要職務，然於其執行之際，遺囑執行人不妨使用履行輔助人，例如遺囑執行人雖為律師，但關於遺囑之訴訟無須自己實施；雖為建築包工亦無須自己修繕繼承房屋；雖為農夫亦無須自己管理耕種繼承農地，以實現遺囑。

6.訴訟實施權：⑴管理或執行上有必要時，遺囑執行人應獨立以自己名義起訴；利害關係人亦僅得以遺囑執行人為被告起訴（羅著二三七頁、范著二〇一頁、戴著二五四頁、陳著二五九頁、尤其史著五四〇頁）。易言之，於遺囑執行中，繼承人對於與遺囑有關之遺產，喪失管理處分權，就關於與遺囑有關之遺產訴訟，即無訴訟實施權，而惟遺囑執行人有之。此遺囑執行人之訴訟實施權應解釋非本於代理權（以繼承人之代理人）而享有；而係基於法律所規定之管理處分權而享有。至於遺產管理不屬於遺囑執行人者，則僅得以繼承人為被告（參照德民二二一三條一項第二句、史著五四〇頁）。⑵於訴訟繫屬中被繼承人死亡者，如有遺囑執行人時，其訴訟程序應由遺囑執行人承受之（四六年台上字二三六號）；如無遺囑執行人，則應由繼承人承受訴訟。

㈢遺囑執行人之個別的職務權限

遺囑執行必要之行為，因遺囑之內容而不同。

1.關於認領之遺囑，一般僅為戶籍登記之申請。

2.遺囑執行人受實行分割遺產之委託者，應依遺囑人之指示及法律之規定，實行清算，將遺產分配於繼承人。此時遺囑執行人之權限甚廣，原則上對於全部遺產有管理處分權。

3.在包括遺贈，如為以遺產之全部或抽象的一部給予受遺贈人之單純的包括遺贈，遺囑執行人就有關遺產有管理處分權；如為以遺產債務清償後之一定比例之遺產給與或分配於第三人為內容之清算型的包括遺贈，遺囑執行人有清算分配遺產之權限，而就全部遺產有管理處分權。

4.在以特定之物或權利為標的之特定物遺贈，遺囑執行人之職務為將其物或權利移轉於受遺贈人；其主要內容為標的物之交付及移轉登記。此時就標的物惟遺囑執行人有管理權，繼承人喪失其管理處分權（民一二一六條）。就為遺贈之標的之不動產，繼承人已為繼承登記或第三人為虛偽之移轉登記時，遺囑執行人得請求塗銷登記（日本大判明治三六年二月二五日民錄九卷一九〇頁）；遺贈債權之債權證書為第三人所占有時，遺囑執行人亦得請求其交付（日本大判昭和一五年一二月二〇日民集一九卷二二八三頁）。又，遺贈之標的為出租之房屋時，遺囑執行人有收取房租之權限（參照日本大決昭和二年九月一七日民集六卷五〇一頁）。有問題者二：⑴有遺囑執行人時，受遺贈人是否得直接對繼承人請求遺贈之履行，或對繼承人或第三人請求塗銷登記？依德國民法，對遺產之請求權，得以繼承人或遺囑執行人為被告，在訴訟上行使之（德民二二一三條一項前段）；依日本判例，請求遺贈之履行（例如請求標的物之移轉登記），應僅以遺囑執行人為被告，繼承人無被告適格（最判昭和四三年五月三一日民集二二卷五號一一三七頁），但對於繼承人請求塗銷不法之繼承登記或對第三人請求塗銷不法之移轉登記時，則不妨以繼承人或第三人為被告（千葉地判昭和三六年一二月二七日判タ一三〇號一〇九頁、大判昭和五年六月一六日民集九卷五五〇頁）。愚從日本判例之立場，蓋在前者，有遺囑執行人時，遺囑執行人為遺贈義務人，而繼承人因喪失管理處分權而無訴訟實施權也；在後者，與遺囑執行人之權限不相牴觸衝突也。(2)以不動產所有權或他物權為遺贈時，是否應以被繼承人之名義為直接移轉於受遺贈人之登記，而非一度改為繼承人之名義，而後移轉於受遺贈人？日本判例持肯定見解（大決大正三年八月三日民錄二〇卷六四一頁）。在我民法，遺贈惟有債權的效力，且因繼承於登記前已取得不動產物權者，非經登記，不得處分其物權（民七五九條），則理論上應改為繼承人名義後，始得移轉於受遺贈人。依土地登記規則第一二三條規定：「受遺贈人申辦遺贈之土地所有權移轉登記，應由繼承人先辦繼承登記後，由繼承人會同受遺贈人申請之；如遺囑另指定有遺囑執行人時，應於辦畢遺囑執行人及繼承登記後，由遺囑執行人會同受遺贈人申請之。前項情形，於繼承人因故不能管理遺產亦無遺囑執行人時，應於辦畢遺產清理人及繼承登記後，由遺產清理人會同受遺贈人申請之。第一項情形，於無繼承人或繼承人有無不明時，仍應於辦畢遺產管理人登記後，由遺產管理人會同受遺贈人申請之。」

5. 在以種類物或金錢為遺贈之標的之不特定物遺贈，遺囑執行人須獲致該種類物或籌措該金錢而交付於受遺贈人。在不特定物遺贈，種類物或金錢雖不屬於遺產，其遺贈仍得有效（民一二〇二條但書），因此遺囑執行人為取得標的物，須有處分遺產之權限。此時，應解為遺囑執行人管理權及於全部遺產，繼承人就全部遺產喪失其管理權。如遺囑係以對於受遺贈人每月給與一定金額之零用錢為內容者，似應解為受遺贈人於遺囑之效力發生時，當然對於繼承人取得其定期金債權，不以遺囑之執行為必要。蓋如解為遺囑執行人作為遺囑之執行每月須支付該一定金額於受遺贈人，未免過酷，而繼承人長期不得處分遺產，更屬不妥故也（參照日本大判昭和一一年六月九日民集一五卷一〇二九頁）。不僅終身定期金債權之遺贈，即限定期間之定期金債權之遺贈，亦應如此解釋。

6. 在以設立財團法人為目的之捐助行為，遺囑執行人應為設立財團法人所必要之行為，即聲請設立許可（民五九條）、辦理設立登記（民六一條）。財團設立時，遺囑執行人應將捐助財產移轉於財團。

三、繼承人妨害之排除

繼承人於遺囑執行人執行職務中，不得處分與遺囑有關之遺產，並不得妨礙其職務之執行（民一二一六條）。

㈠繼承人處分、妨害之禁止

1. 被繼承人之遺產，自繼承開始時，即包括的移轉於繼承人，繼承人實為遺產主體，就遺產本應有處分權，惟民法既許被繼承人依遺囑處分其遺產，為謀其實現並賦予遺囑執行人以遺產管理處分權，自應禁止與遺囑執行人之權限相牴觸衝突之繼承人之處分權；倘許繼承人於遺囑執行人執行職務中處分與遺囑有關之遺產者，則繼承人可能依其處分而架空遺囑執行人之處分權，而妨礙遺囑內容之實現，故設本條之規定。本條之規定對繼承人之法定代理人（父母或監護人）當然亦有適用，繼承人之法定代理人於遺囑執行中，不得處分與遺囑有關之遺產。

2. 所謂「遺囑執行人執行職務中」，其涵義若何？

⑴遺囑人指定或受指定之委託者指定之遺囑執行人尚未就職，或受指定之委託者尚未指定時：此時應尚不得謂為遺囑執行人執行職務中，然禁止繼承人之處分旨在使遺囑之執行圓滿進行，遺囑人自己指定遺囑執行人或以其指定委託他人，係出於使繼承人以外之人執行遺囑之意思，按諸遺囑執行之目的及遺囑人之意思，雖現實尚無遺囑執行人存在，但應解為因繼承開始，繼承人當然處於不得為與遺囑有關之遺產之處分行為之地位。然如無被指定之遺囑執行人或被指定而未就職或被指定者無為遺囑執行人之資格而親屬會議無選任，法院亦無指定，結局不得不由繼承人執行遺囑時，應解為繼承人溯及的取得其處分權。

⑵雖有應執行之遺囑，然其遺囑人未為遺囑執行人之指定亦未為指定之委託時：此時遺囑人並未限定遺囑由何人執行，而親屬會議得選定，法院亦得因利害關係人之聲請指定遺囑執行人，如親屬會議選定或法院指定第三人時自當別論，否則遺囑應由繼承人執行。除繼承人為限定承認或遺產經宣告破產外，繼承人得自由處分遺產，其處分行為縱與遺囑相牴觸，仍為有效。例如，遺囑人以某不動產遺贈某甲，繼承人以自己名義為繼承

登記後將該不動產讓與某乙並為移轉登記於某乙，其不動產之讓與仍為有效。繼承人惟對於受遺贈人負債務不履行責任（史著五四一頁）。遺囑之由遺囑執行人執行或由繼承人執行，其法律效果大不相同。

3.繼承人處分權喪失之範圍如何？

⑴「繼承人不得處分與遺囑有關之遺產，並不得妨礙其職務之執行」，其範圍依遺囑之內容而不同，與於遺囑執行人之個別的職務權限所述者相一致。在包含遺產清算之包括遺贈、指定遺產分割方法之包括遺贈，亦被委託實行分割之應繼分之指定及分割方法之指定，繼承人就全部遺產喪失管理處分權，在不特定物遺贈，繼承人之處分之禁止亦及於全部遺產，在特定物遺贈（但遺囑人之意思係以屬第三人所有之特定物為遺贈之標的者除外）、捐助行為，繼承人僅就其標的物喪失管理處分權。

⑵茲所謂處分，僅限於直接發生權利變動之物權的處分行為，債權的處分行為不包括其內。蓋繼承人縱為債權的處分行為，對於遺囑之執行亦不生任何障礙也。申言之，①為履行買賣契約所為之所有權移轉行為或地上權、抵押權之設定行為固勿論，即債權之讓與、抵銷、債權之收取、債務之免除、權利之拋棄、債務之承認、解約之通知等形成權之行使亦被禁止。但，與遺囑執行人之權限不相牴觸之權利行使，例如租金減少之請求（民四三五條一項）、租金增減之請求（民四四二條），繼承人亦得為之。②雖非處分行為，但具有遺產管理性質之事實行為，例如房屋之改建，因改變遺產之現狀，故亦被禁止。③繼承人固有之債權人對於遺產是否得強制執行？繼承人就遺囑執行人所管理之遺產既喪失管理處分權，則應不許以繼承人為對造就該遺產提起訴訟，故應解為於遺囑執行完了前，不得依對於繼承人之勝訴判決就與遺囑有關之遺產為強制執行。

4.不得妨礙遺囑執行人職務之執行

僅禁止繼承人之處分，有時尚不易達到執行遺囑之目的，蓋若繼承人以其他種種方法妨礙遺囑執行人職務之執行，則遺囑執行人勢將無法進行其職務而陷於停頓之僵局。故非併予禁止不為功。例如繼承人對於遺囑執行人執行職務故為阻擾；繼承人匿不交出其所持有之遺產管業憑證，以致遺囑執行人無法執行其職務是。繼承人而有此等妨礙執行職務之行為，遺囑執行人得以訴排除之（羅著二三七～二三八頁）。

㈡違反本條而為處分之效力

繼承人違反本條之規定而處分遺產時，其效力如何？

1. 在日本民法，判例認為繼承人處分遺囑執行人所管理之遺產，並非僅對遺囑執行人無效，而是對一切人皆無效（即絕對的無效）（大判昭和五年六月一六日民集九卷五五〇頁）。學說亦多認為在現行法解釋上不得不採絕對的無效說（柳川著註釋下五一三頁、我妻、唄著二九八頁、柚木著三七〇頁、中川編註釋下一六五頁〔山木戶〕等），但亦有主張相對的無效說，謂：繼承人之處分行為僅不得對抗遺囑執行人及因遺囑之執行而受利益之人，對於其他之人之關係，應認為有效（近藤著判例二四七頁。中川監註解四〇三頁〔小山〕同旨）；另有主張不確定無效說，謂：繼承人之處分行為，經遺囑執行人之同意或追認時，或因遺囑執行人之辭任、解任、死亡等繼承人回復管理處分權時，自始為有效（中川編注民㉖二七〇頁〔泉〕、加藤永一《遺言》總判研㊼民法一〇〇頁）。

2. 在我民法，①有主張絕對的無效說，⒜或謂：「違反此義務而為處分者其處分無效。例如遺囑以某物遺贈某甲，繼承人即不得將某物出賣或設定質權，若竟為此等處分，則其處分為無效是」（羅著二三七頁）；⒝或謂：「本條在貫徹遺囑人之意思，如有違反，其行為不生效力」（胡著二三五頁）；⒞或謂：「繼承人如違反此項規定，其處分行為，應解為絕對無效」（辛著一八七頁）；②有主張無效（非確定的無效）說，⒜或謂：「繼承人之此種處分行為無效。惟繼承人關於遺贈標的物或權利所為之債務行為仍有效，……且繼承人違反本條所為之處分行為無效云者，亦非確定的（終局的）無效之意；如繼承人之處分行為，於遺囑執行結束後，與遺囑執行人之處分不相牴觸時，自遺囑執行事務結束後，仍為有效（參閱民一一八條），蓋遺囑執行結束後，繼承人回復其遺產處分權之故」（戴著二五四～二五五頁、陳著二六〇頁）；⒝或謂：「此時可解為在遺囑執行人執行職務中，剝奪繼承人之處分權，應不生效力，然如遺囑執行人事前予以同意或事後予以承認，應可發生效力……。又如繼承人之處分行為，於遺囑執行結束後，與遺囑執行人之處分不相牴觸時，仍為有效（民一一八條二項），蓋遺囑執行後，繼承人已回復其對遺產處分權也」（史著五四三頁）；此外，③有主張：「本條係強制規定，繼承人如違反本義務而為處分時，其處分無效。例如遺囑人將其所有房屋遺贈給甲，繼承人擅自將該房屋出賣給乙時，其所為的買賣行為（債權行為）雖有效，但買受人不得對該標的物加以強制執行。惟應注意者，動產所有權或質權應受善意取得的保護（民八〇一條、八八六條、九四八條），而不動產物權的變動，依土地法規定（土四三條），其登記有公信力；故繼承人的處分行為之無效，在此範圍內應受限制。」（戴著繼承一四四頁）

3.依愚所見，①說係參照日本判例、多數說而採之見解，對於確保遺贈標的物及防止遺產之減少，最為徹底，但不無漠視交易安全之保護，而其(b)說，理論基礎亦薄弱，蓋為貫徹遺囑人之意思，未必使繼承人之處分行為歸於無效也。②說似以無權處分立論，而無權處分之效果，其處分行為應為效力未定或不確定的無效，其(a)說雖謂「繼承人……之處分行為無效云者，非確定的（終局的）無效之意」，但仍欠直致，而(b)說謂「不生效力」，更欠明確。③說既以違反強制規定立論，卻認債權行為仍有效，似有不妥。愚意以為：在遺囑執行人執行職務中，繼承人喪失遺產處分權，繼承人如為處分者，其處分為無權處分，而屬效力未定（不確定的無效）之行為。從而，(a)繼承人之處分，事前得遺囑執行人之同意時，自始有效。但關於特定物遺贈之標的物之處分，應解為遺囑執行人無同意權，蓋此時遺囑執行人同意繼承人處分，顯然違反遺囑執行人之職務，而且究竟遺囑執行人自己有無處分權亦大有疑問（在特定物遺贈，遺囑執行人之職務僅為標的物之交付或移轉登記而已）之故。(b)繼承人之處分，事後經遺囑執行人之承認時，自始有效（民一一八條一項）。但關於特定物遺贈之標的物之處分，應解為不因遺囑執行人之承認而有效。(c)繼承人之處分，於遺囑執行完了後，與遺囑之執行不相牴觸時，仍為有效（民一一八條二項），蓋遺囑執行完了後，繼承人回復其遺產處分權也。(d)繼承人為處分時，對於因此受損害之受遺贈人或其他人，應負損害賠償責任。

㈢對於第三人之關係（第三人之保護）

1.繼承人就不動產為處分時：①因繼承於登記前已取得不動產物權者，非經登記，不得處分其物權（民七五九條），則為遺產之不動產尚在被繼承人登記名義下時，繼承人之處分為不可能。繼承人將為遺產之不動產登記為自己之名義，而以之出賣或設定他物權時，如第三人為善意（即信賴登記）而已為新登記者，則該第三人取得其所有權或他物權（民七五九條之一第二項）。②如遺囑執行人就其所管理之土地已辦理遺囑執行人之登記（解釋上，遺囑執行人應可依土地登記規則第一二二條申請遺囑執行人登記）者，則關於遺囑執行人所管理之土地，阻止第三人之善意取得。又，遺囑執行人就遺囑有關之不動產聲請假處分，以禁止繼承人之處分（民訴五三二條）並已為限制登記（土登一三六條）者，則關於該不動產，亦阻止第三人之善意取得。

2.繼承人就動產為處分時：第三人如為善意，即不知該動產屬於遺產，或知該動產屬於遺產但不知有遺囑執行人，或知有遺囑執行人但誤信該動產不屬於遺囑執行人管理之範圍而可恕（無過失）者，均受善意受讓之保護（民八〇一條、八八六條、九四八條）。

3.遺產債務人善意對於繼承人為清償時，則發生對於準占有人之清償之效果而有清償之效力（民三一〇條二款）（戴著二五四頁、史著五四六頁、日本最判昭和四三年一二月二〇日判時五四六號六六頁）。

四、數遺囑執行人執行職務之方法

遺囑執行人有數人時，其執行職務以過半數決之；但遺囑另有意思表示者，從其意思（民一二一七條）。

遺囑執行人有數人時，如何執行職務，依各國之立法而有不同，有原則上應共同執行者，例如德國民法（二二二四條）、瑞士民法（五一八條二項）；有原則上應依多數決者，例如日本民法（一〇一七條）、韓國民法（一一〇二條）；有採單獨執行者，例如法國民法（一〇三二條）。在我民法，以過半數決之為原則。

1.遺囑執行人有數人時，其執行職務，以過半數決之。依本條文義，應解釋執行意思之決定及執行行為均應以過半數決之。從而，遺囑執行人不依多數決而為法律行為時，其效果為效力未定，得依多數決之承認而有效。又，一人之遺囑執行人以全體遺囑執行人之名義所為之法律行為，應依表見代理之法理解決之。至於數遺囑執行人所管理遺產之訴訟，日本學說解為非依多數決，而須以全體遺囑執行人為當事人始得為之之固有必要共同訴訟（三ケ月章《民事訴訟法》二一八頁、中川編注民(26)二八四頁〔泉〕、中川、泉著五三九頁），蓋以遺囑執行人之一人單獨受判決之效力不無與數遺囑執行人不得單獨處分遺產相牴觸，並參照日本破產法第一六三條第一項「破產管理人有數人時，應共同執行其職務」之規定以為解釋者也。在我民法，宜解為不必以遺囑執行人全體為共同原告或共同被告，而以過半數之遺囑執行人具名為已足。如可否同數，例如遺囑執行人有二人而意思不一致時，其解決方法或可類推適用第一二一一條，由親屬會議另選定一人，不能由親屬會議另選時，由利害關係人聲請法院另指定一人為遺囑執行人，或可類推適用第一二一八條，由利害關係人請求親屬會議，其由法院指定者，聲請法院將此二人或其中一人解任，而改選他人或另行指定他人擔負遺囑之執行，理論上以後者為妥當。

但保存行為（例如房屋之修繕、已到期債權之收取、消滅時效之中斷、未登記不動產之保存登記），應解為各遺囑執行人各得單獨執行之（參照民八二〇條五項）。

2.但遺囑另有意思表示者，從其意思。如遺囑指示得單獨執行或共同執行時，則應從其指示。如共同執行，則須全體遺囑執行人意見一致始得為之。此時關於所管理遺產之訴訟，應解為固有必要共同訴訟，須以全體為當事人，其當事人始為適格（王甲乙、楊建華、鄭健才《民事訴訟法新論》三〇四頁）。遺囑人得指示數遺囑執行人間意見不一致時應依其中一人之意見決之，亦得指示此時以第三人為仲裁人。又，遺囑人得指示各遺囑執行人權限之範圍。既得依標的物而為限定，亦得依執行行為之種類（例如變賣行為或訴訟行為）而為限定。此時，遺囑執行人於所指示之範圍內得各自獨立執行其職務。

3.數遺囑執行人有拒絕就職或因其他事由出缺時，是否得由其他遺囑執行人執行其職務？抑應視為已無遺囑執行人而應由親屬會議補行選定？第一應依遺囑人之意思定之。如依遺囑，遺囑執行人之職務係分別指定者，則遺囑執行人出缺時，就該職務應視為已無遺囑執行人，而應由親屬會議補行選定；如係共同委託，並未指定其各別之職務時，其中遺囑執行人雖有出缺，應認為遺囑人仍有以其餘遺囑執行人為遺產管理及執行之意思，即應由其餘遺囑執行人執行其職務（史著五四七頁）。

五、遺囑執行人之權責

外國立法例，多明定有關委任之規定於遺囑執行人準用之，例如，德國民法規定「第六六四條、第六六六條至第六六八條、第六七〇條、第六七三條第二段及第六七四條關於委任之規定，於遺囑執行人與繼承人間之法律關係準用之」（二二一八條一項）；日本民法規定「第六四四條至第六四七條及第六五〇條之規定，於遺囑執行人準用之」（一〇一二條二項）；韓國民法規定「第六八一條至第六八五條、第六八七條、第六九一條及第六九二條之規定，於遺囑執行人準用之」（一一〇三條二項），我民法雖未設準用之明文，惟遺囑執行人畢竟為他人處理事務，而遺產係屬於繼承人，故繼承人實際上雖未授與以委任，然遺囑執行人與繼承人之間，實立於類似委任之關係，自應解釋原則上可類推適用關於委任之規定（史著五四七頁以下、戴著二五三頁）。

㈠遺囑執行人之責任

1.遺囑執行人之注意義務

遺囑執行人執行職務，應以何種注意程度為之？有主張應以與處理自己事務同一注意為之（參閱民五三五條）（戴著二五三頁）；有主張應以善良管理人之注意為之，謂遺囑執行人可認為與遺產管理人之地位相當（家事事件法一五一條、非訟舊一一八條㉜），應與德瑞民法同樣解釋，依民法

㉜ 查該條為關於失蹤人之財產管理事件之「財產管理人」，而非遺產管理人。遺產管理人應負善良管理人之注意義務。此從非訟事件法舊第六〇條第一款（九

第二二〇條負責，即就其故意及過失之行為負責，如其事件非予遺囑執行人以利益者，其過失之責任應從輕酌定而已（史著五四八～五四九頁）；有主張民法以明文規定遺產管理人得請求報酬（民一一八三條），而就遺囑執行人，則無類此之規定，故遺囑執行人之地位，似與遺產管理人不同，因此遺囑執行人之注意義務，應分別其有無報酬之請求而定，有報酬者，則負善良管理人之注意義務；無報酬者，則僅負與處理自己事務同一之注意義務（戴著繼承一四五頁）。愚意，以後說為可採。即，遺囑執行人執行職務，其受有報酬者，應以善良管理人之注意為之；其未受有報酬者，則只以與處理自己事務同一之注意為之即可，惟在前者，遺囑執行人不妨與繼承人依特約將其注意義務減輕為與處理自己事務同一之注意義務。

2. 關於責任可類推適用關於委任之規定

①有向繼承人報告處理事務之義務（民五四〇條）。②因處理事務所收取之金錢、物品及孳息與所取得之權利，有交付或移轉於繼承人之義務（民五四一條），在特定物遺贈，有交付或移轉於受遺贈人之義務。③遺囑執行人為自己之利益，使用應交付於繼承人之金錢或使用應為繼承人或受遺贈人之利益而使用之金錢者，有自使用之日起支付利息之義務，如有損害並應賠償（民五四二條），在特定物遺贈，對於受遺贈人負此義務。如遺囑執行人未受有報酬或其報酬殊少者，應解為得減少損害賠償額。

3. 遺囑執行人違反正常管理遺產義務時之效力

遺囑執行人於職務範圍內所訂立之債務，個人不負其責，逾越此範圍時，為無權代理。對於遺產管理所為之侵權行為，遺囑執行人應個人負責，繼承人並應以遺產負責。遺囑執行人如同代理人，不得訂立自己契約。但經遺囑人之許諾者，不在此限（民一〇六條）。遺囑執行人於職務範圍內，不問其管理合於正常管理原則或遺囑人之指示與否，其處分行為均屬有效，但其管理權之濫用，為行為相對人所明知或可得而知者，不在此限。

四年二月五日修正公布後為一四八條二款）、司法院七三年八月二八日七三廳民一字第〇六七二號函（載《民事法律問題研究彙編第三輯》二二七頁以下）觀之，至為明白。

4.遺囑執行人違反義務時之責任

①遺囑執行人違反其所應負義務，而有過失者，對於繼承人應賠償因此所生之損害，其遺贈應予履行者，對受遺贈人亦負責任（參照德民二二一九條一項）。②遺囑執行人有數人而俱有過失者，德國民法明定應負連帶責任（德民二二一九條二項）。蓋在德國民法，數遺囑執行人應共同執行其職務之故。在我民法，數遺囑執行人無須共同執行，而以過半數決之為已足，且第二七二條明定連帶債務以有明示的約定或法律有規定者為限，始可成立，故應解釋僅由有過失之遺囑執行人，各別負責（史著五五〇頁）㉝。

㈡遺囑執行人之權利

1.請求償還費用之權利

遺囑執行人因執行遺囑所支出之必要費用，得向繼承人請求償還其費用並自支出時起所生之利息（類推民五四六條一項），然執行遺囑之費用為遺產之負擔，不得對於繼承人之固有財產為強制執行。遺囑執行人為執行遺囑，負擔必要債務者，得請求繼承人代為清償，其債務尚未至清償期者，得請求提供相當之擔保（類推民五四六條二項）；遺囑執行人執行遺囑因非可歸責於自己之事由受有損害者，得向繼承人請求賠償（類推民五四六條三項），然此債務或損害賠償可認為執行遺囑之費用，而為遺產之負擔（民一一五〇條）。

2.請求報酬之權利

遺囑執行人是否得請求報酬？依德國民法，「除遺囑人另有指定外，遺囑執行人就其職務之執行，得請求相當之報酬」（德民二二二一條）；依瑞士民法，「遺囑執行人對其勞務，得請求相當之報酬」（瑞民五一七條三項）；依日本民法，「家庭裁判所得依繼承財產之狀況及其他情事，以定遺囑執行人之報酬，但遺囑人於其遺囑已定有報酬者，不在此限」（日民一〇一八條

㉝ 日本學說解為此時應負連帶責任。蓋雖無明文規定，但數遺囑執行人應與破產管理人同樣（日本破產法一六四條），以善良管理人之注意共同執行之故。依多數決執行時亦同。但如遺囑明確區分限定各遺囑執行人之職務權限時，則各自就其範圍負責任（中川編注民㉖二四六頁〔泉〕、中川、泉著五三九頁）。

一項。韓民一一〇四條亦有相同規定)，皆認遺囑執行人有報酬請求權。在我民法就此本無明文規定，學者間有主張不得請求報酬（戴著二五三頁）；有主張依遺囑執行事務之性質應給予報酬，已為各國立法之趨勢，應解釋遺囑執行人得請求報酬（民五四七條）（史著五五一頁）。我民法就遺囑執行人之報酬未設規定，實為立法上之闕漏。為此，一〇四年一月一四日公布增訂第一二一二條之一：「除遺囑人另有指定外，遺囑執行人就其職務之執行，得請求相當之報酬，其數額由繼承人與遺囑執行人協議定之；不能協議時，由法院酌定之。」此項報酬，具有共益性質，屬遺產管理費用（民一一五〇條）。又，請求法院酌定報酬，屬家事非訟事件（家事三條四項十款、一四一條準用一五三條）。

第五款　遺囑執行人職務之終了

一、遺囑執行人職務終了之原因

遺囑執行人之職務，因下列情形而終了（參照史著五五一頁、戴著二五六頁、陳著二六一頁）：

⑴遺囑執行完畢。

⑵遺囑執行人之死亡（參照民五五〇條）。

⑶遺囑執行人受監護或輔助之宣告而喪失資格（民一二一〇條）[34]。

⑷遺囑執行人之解職（解任）（民一二一八條）。

⑸遺囑執行人之辭職（辭任）。

應特別說明者，為後揭二種原因。

二、遺囑執行人之解職

遺囑執行人怠於執行職務，或有其他重大事由時，利害關係人得請求親屬會議改選他人，其由法院指定者，得聲請法院另行指定（民一二一八條）。

---

[34] 在委任，受任人之破產，亦為委任關係消滅之一原因（民五五〇條）。但在我民法解釋上，破產人亦得為遺囑執行人，故遺囑執行人受破產之宣告者，仍不喪失其資格。

㈠解職原因

解職原因為怠於執行職務或有其他重大事由。

1.怠於執行職務

遺囑執行人完全怠於遺囑之實現；無正當理由而不將非其所管理之遺產交付於繼承人或無正當理由而拒絕為執行狀況之報告等屬之。如遺產清冊之編製有若干不完全；遺囑執行人就遺贈動產雖不自行保管，而委託他人保管，惟如無滅失毀損之虞者，不得謂為怠於執行職務（參照日本大阪高決三三年六月三〇日家裁月報一〇卷七號三九頁）。

2.其他重大事由

遺囑執行人因長期疾病、去向不明或長期不在，致妨礙其執行職務者，為重大事由。惟長期疾病或不在，解釋上為選任複代理人之事由，故如尚能通信，並選任有適任之複代理人時，則不為解職原因。一時之拘留亦可同樣解釋，但被處有期徒刑而入監服刑則為解職原因。遺囑執行人提起遺囑無效確認之訴，為其管理權之行使，不為解職原因。關於遺囑之解釋有爭執時，非重大事由（參照日本大阪高決三三年六月三〇日家裁月報一〇卷七號三九頁），然如遺囑執行人偏袒一部分繼承人或一部分受遺贈人之利益，而與其他繼承人或受遺贈人處於對立關係，而不能期待遺囑之公正實現者，則為重大事由（參照日本東京高決昭和四四年三月三日家裁月報二一卷八號八八頁、名古屋高決昭和三二年六月一日判時一一七號一〇頁）。如數遺囑執行人對立激烈，致妨礙遺囑之執行者，可解為全體均有解職原因（中川編注民㉖二九一頁〔泉〕）。

㈡解職程序

1.由利害關係人請求親屬會議改選他人，如親屬會議不能召集或不能決議時，應解為利害關係人得聲請法院指定。所謂利害關係人，繼承人（包括被以遺囑認領之子女）、受遺贈人、共同遺囑執行人及遺產債權人屬之。又，受遺贈人之債權人及繼承人之債權人亦包括在內。

2.由法院指定者，利害關係人得聲請法院另行指定。管轄法院為繼承開始時被繼承人住所地法院（家事一二七條一項六款）。其程序費用，除駁回其聲請，應由聲請人負擔外，由遺產負擔（家事一二七條四項）。遺囑執行人對於解職之裁定，得為抗告；駁回解職聲請之裁定，聲請人得為抗告（非訟四一條）。

三、遺囑執行人之辭職

被指定或被選定之遺囑執行人固有拒絕就任之自由，然一旦就職後，是否可辭職？關於此點，外國立法多設有肯定之明文，例如，德國民法規定「遺囑執行人得隨時終止其職務。其終止應向遺產法院以意思表示為之。於此情形，準用第六七一條第二項及第三項（相當我民法五四九條二項）之規定」（德民二二二六條）；日本民法規定「遺囑執行人有正當理由時，得經家庭裁判所之許可，辭去其職務」（日民一〇一九條。韓民一一〇五條亦同）。我民法對此未設規定，學說均持肯定見解。然①有籠統主張解釋上當與德日民法同（胡著二三七頁、羅著二四〇頁）；②有解釋如有正當理由，自應准其辭職（戴著二五六頁、陳著二六一頁）；③有主張我民法既未限定須有正當理由，應解釋得隨時辭職，但以不利於繼承人、受遺贈人之時期辭職者，應負損害賠償責任，但因非可歸責於執行人之事由致不得不辭職者，不在此限（史著五五三頁）；④有主張可採與日民同一解釋（辛著一九八頁）。愚意，事關社會公益之監護人職務，既許監護人有正當理由，經法院許可者，辭任其職務（民一〇九五條、一一一三條），自不應以法無肯定之明文而解為不許遺囑執行人辭職；而遺囑執行人之職務，雖須兼顧繼承人與受遺贈人之利益，但非屬公益的性質；且遺囑執行人出缺時，仍可重新由親屬會議選定或由法院指定之（民一二一一條），加之遺囑執行人與繼承人之間又立於類似委任之關係，故宜解釋應類推適用民法第五四九條之規定，即與前揭③相同，遺囑執行人得隨時辭職，不以有正當理由為必要，惟如於不利於繼承人、受遺贈人之時期辭職者（例如於繼承人出國考察期間，突然辭職），應負損害賠償責任，但因非可歸責於遺囑執行人之事由致不得不辭職（例如患疾、入營服役、調職出國），不在此限。遺囑執行人之辭職，應向繼承人或受遺贈人為之，由法院指定者，應向法院為之。蓋以由遺囑人指定者，遺囑人既已死亡；由第三人指定者，第三人之職務已終了；由親屬會議選定者，親屬會議非常設機關，已不能或不適於為辭職表示之相對人，故應以與遺囑之執行有重大利害關係之繼承人、受遺贈人為相對人。其由法院指定者，自應向法院為之。遺囑執行人由遺囑人或由受指定之委託者指定或由親屬會議選定而辭職者，除遺囑人指定有補充遺囑執行人或親屬會議已另有選定外，法院得因利害關係人之聲請另指定遺囑執行人。由法院指定而辭職者，法院認為必要時亦得另指定遺囑執行人。

四、遺囑執行人職務終了時之特則

遺囑執行人職務終了時，如因其終了有害於繼承人、受遺贈人利益之虞時，遺囑執行人或其繼承人或其法定代理人於遺囑人之繼承人、受遺贈人或其法定代理人，能接受其事務前，應繼續處理其事務（類推民五五一條）。遺囑執行人職務終了之事由，應通知繼承人及受遺贈人，在繼承人及受遺贈人知其事由或可得而知其事由前，遺囑執行關係視為存續（類推民五五二條）。

第六節　遺　贈

第一項　總　說

一、遺贈之意義

遺贈 (legacy, devise, Vermächtnis, legs)，謂遺囑人依遺囑對於他人（受遺贈人）無償的給與財產上利益之行為。遺贈必依遺囑為之，本質上仍為遺囑或遺囑中部分之內容，而為死因行為，蓋遺贈雖在生前為之，然其效力必俟遺囑人死亡時始發生。茲詳述其意義如次：

1. 遺贈係以遺囑為之

遺贈為遺囑內容之全部或一部，遺囑須依一定方式為之，否則無效，遺囑無效時，遺贈自亦不生效力。

2. 遺贈係對於受遺贈人與以財產上利益

(1)受遺贈人，乃於遺囑中被指定為財產上利益之歸屬者之人。遺囑人死亡時，即遺囑發生效力時，有權利能力之人，除受遺贈缺格者（民一一八八條）外，均得為受遺贈人。自然人固勿論，即法人亦有受遺贈能力。繼承人亦得為受遺贈人，自不待言。胎兒亦得被指定為受遺贈人，但以將來非死產者為限，有受遺贈能力（參照民七條）。又，以遺囑為捐助行為，財團法人雖尚未成立，仍有受遺贈能力。⑵財產上利益，不僅為具有積極的價值之財產之給與，即對於債務人債務之免除，亦包含在內。應為遺產負擔之債權亦得給與受遺贈人。屬於遺產之財產固勿論，即不屬於遺產之財產亦得為遺贈（民一二〇二條但書）。惟須與以直接的財產上利益，如僅使繼承人或遺囑執行人對於他人服務者，則非遺贈，自不生法律上之效力。如非以財產上利益為標的者，即非遺贈。例如，遺囑人為清償自己之債務，委託遺囑執行人將遺產中之不動產出賣，遺囑執行人以出賣該不動產之價金清償該債務時，不得謂係財產上利益之讓與，亦不該當於得以遺囑為之之處分行為，故不得認有遺贈，該不動產之出賣行為仍屬無效（參照日本大判大正六年七月五日民錄二三輯一二七六頁）。

3. 遺贈係無償行為

遺贈人對於受遺贈人與以財產上利益，並無任何對價，故為無償行為。在附負擔之遺贈，其負擔亦非遺贈之對價，故仍不失為無償行為。

4. 遺贈為單獨行為

遺贈人為遺贈時，不須受遺贈人之任何表示，但於遺贈發生效力之後，受遺贈人是否承認亦任其自由。

二、遺贈與類似概念之比較

㈠遺贈與死因贈與

死因贈與，乃以受贈人於贈與人死亡時仍生存為停止條件之贈與，其為贈與之一種，性質上仍為契約，須有雙方當事人意思表示之合致，故與遺贈之為單獨行為者不同。惟自社會的經濟的意義觀之，死因贈與以無償給與財產為內容，與遺贈以本應歸屬於繼承人之財產而無償讓與他人者相類似，且兩者胥以行為人死亡為效力發生之基準，因而發生死因贈與可否準用或類推適用關於遺贈之規定之問題。日本民法明定：「因贈與人之死亡而發生效力之贈與，從關於遺贈之規定」（五五四條。德民二三〇一條、瑞債二四五條二項均有類似規定）。我民法無規定，解釋上死因贈與應為有效，而於性質上所許可之範圍內，得準用關於遺贈之規定（參照史尚寬《債法各論》一三六頁、鄭玉波《民法債編各論》一六九頁以下）（此之準用，更精確而言，應為類推適用）：

1. 就其能力言

死因贈與為契約，行為人須有行為能力；遺贈須以遺囑為之，遺贈人以有遺囑能力為已足，故不能準用。

2. 就其方式言

死因贈與為不要式行為，無須踐行一定方式（民四〇六條以下）；遺贈須以遺囑為之，為要式行為，故亦不能準用。

3. 就其效力言

死因贈與與遺贈均因行為人（贈與人、遺贈人）之死亡而生效力，並無差別，故在效力上自可準用。惟死因贈與契約在贈與人未死亡前已成立，只因條件未成就而未發生效力，而遺贈則僅依遺贈人一方之意思表示而成立，故關於遺贈效力規定中，如係以單獨行為為前提者，例如關於遺贈承認、拋棄之規定，自不在準用之列。

4. 就其執行言

為實現遺贈之內容，有賴繼承人或遺囑執行人之執行；在死因贈與，於其效力發生後，產生贈與之法律關係，繼承人負履行義務，既無提示（民一二一二條）、開視（民一二一三條）之問題，繼承人履行義務時，亦無執行之問題。惟學說中有謂：關於遺囑執行之規定（民一二一二條、一二一三條除外），原則上應有準用（史著前揭）。

㈡遺贈與捐助行為

1. 捐助行為係以設立財團法人為目的，訂立捐助章程，提供所捐之財產為公益用途之行為，與遺贈俱為單獨行為，但遺贈必依遺囑為之，乃死因行為，捐助行為雖亦得以遺囑為之，惟通常均以生前行為為之，故兩者仍有差異。

2.遺贈在本質上仍不失為權利主體間財產上利益之移轉，其必有受益之受遺贈人，雖不妨對於公益團體為遺贈而具有公益的成分，但一般不必具有公益上之價值；捐助行為則旨在創設以公益為目的之財團法人，行為當時並無相對人存在，亦無預先有受益之權利主體存在，且財團法人成立時，必須以實現公益為其要務，故捐助行為本身必定具有公益上之價值（詳見李模《民法問題研究》二〇六頁以下）。

㈢遺贈與贈與

贈與雖亦係以無償給與他人以財產上利益為目的，亦得附條件或期限，但究與遺贈不同：

1.遺贈須依遺囑為之，為單獨行為，且為死後行為，須俟遺贈人死亡時始發生效力；贈與則為契約，無須依一定之方式，且為生前行為，於雙方當事人意思表示一致時，即發生效力。

2.遺贈標的物在繼承人死亡前已不存在時，遺贈為無效（參照民一二〇二條本文）；在贈與，則贈與人死亡時，贈與人之繼承人仍負履行責任（參照五一年台上字二六六四號）。

三、遺贈之種類

遺囑人依其最終意思將其財產或權利無償讓與受遺贈人，依其給與之方法、標的之不同而有種種分類，然遺贈之內容只要不違反強行規定或公序良俗，均應承認其效力。茲僅說明重要之分類：

㈠單純遺贈與非單純遺贈

此係從遺贈有無附款而加以區分者。遺贈未附加條件、期限或負擔，謂之單純遺贈；反之，如遺贈附加條件、期限或負擔者，則謂之非單純遺贈。單純遺贈於遺贈人死亡時發生效力（民一一九九條）。附停止條件之遺贈，自條件成就時，發生效力（民一二〇〇條）；在遺囑人死亡前停止條件成就者，其遺囑為無條件；遺囑人死亡前停止條件不成就已確定者，其遺囑為無效。附解除條件之遺贈，解除條件於遺囑人死亡時已成就者，其遺贈為無效；不成就已確定者，其遺囑為無條件。附始期或終期之遺贈，受遺贈人自遺囑人死亡之時，取得附始期或終期之附期限權利。附負擔之遺贈，受遺贈人，以其所受利益為限，負履行之責（民一二〇五條）。命受遺贈人將其所受財產上利益之一部分，分給他人之附負擔遺贈，謂之轉分遺贈或次遺贈，在我民法解釋上，應為有效（史著四六五頁）。

㈡包括遺贈與特定遺贈

1.在我民法，無關於包括遺贈之規定，然通說承認包括遺贈（郁著六三頁、范著一六四頁、李著一二一頁、戴著二六二頁、陳著二六九頁、史著四六五頁）。包括遺贈云者，謂遺囑人抽象的以其遺產之全部或一部為遺贈之內容也。例如，給與遺產全部、或二分之一之遺贈是。在包括遺贈，不僅遺囑人之積極財產，即其消極財產，除一身專屬者外，均為其標的，即包括權利義務並為遺贈，此其特色也。此際受遺贈人實與繼承人處於同一之地位，故外國立法例，有將包括受遺贈人視為繼承人者（例如，日民九〇九條、韓民一〇七八條），然我民法不能為同一之解釋，而應解為包括受遺贈人，僅為遺產之受遺贈人，其與被繼承人間固不發生任何身分關係，即與繼承人間亦不發生公同共有關係（通說。郁著六四頁則謂：就遺產全部為遺贈者，受遺贈人應負與繼承人同一之義務，而遺產一部之遺贈則不然耳）。

2.特定遺贈云者，謂遺囑人以具體的特定財產為標的之遺贈。特定遺贈之內容，恆為權利及其他積極的財產上利益，惟特定遺贈，並不以特定物之遺贈（例如，給與某股份有限公司之股票全部或坐落某處之土地等）為限，即不特定物之遺贈（例如，給與新臺幣五十萬元或五幢房屋中之一幢等），亦為特定遺贈。以債權為標的者，不問其為特定債權、種類債權、金錢債權、選擇債權、定期金債權，均為特定遺贈。免除某債務，亦為特定遺贈。其他，不論物權、無體財產權，凡非一身專屬之財產權，均得為特定遺贈之標的。不僅此也，以歸屬於遺囑人之一營業為遺贈時，亦屬特定遺贈。

遺囑表示給與不動產之全部或動產之二分之一者，究為包括遺贈抑為特定遺贈，有時未必明確，此時應以如依一定比例之旨趣而為遺贈者為包括遺贈，否則即為特定遺贈此一標準決定之。

㈢補充遺贈與後繼遺贈

補充遺贈，乃第一受遺贈人甲如拋棄遺贈或先於遺囑人死亡或喪失受遺贈權時，其本應受之財產利益即給與乙之遺贈。此時，乙為第二次的受遺贈人。後繼遺贈，亦稱後位遺贈，謂受遺贈人甲所受之遺贈利益，因某條件之成就或期限之屆至，應移轉於乙之遺贈。此時，乙亦為第二次的受遺贈人。乙無須於遺囑發生效力時存在，只要於該條件成就或該期限屆至時存在即可。此二種遺贈，德、奧、瑞民法均設有明文（前者，德民二一九〇條、奧民六五二條、瑞民四八七條；後者，德民二一九一條、奧民六五二條、瑞民四八八條三項），我民法雖無規定，但自尊重遺囑人意思之立場，宜承認之。

四、遺贈之要件

㈠遺贈人所為之遺囑須有效成立

遺贈為遺囑之內容，自應以遺囑有效成立為前提：

1. 遺贈人須有遺囑能力（民法一一八六條），否則其所為之遺贈無效。

2. 遺囑須依法定方式為之，否則遺囑無效，遺贈亦無由成立。

㈡受遺贈人須於遺贈發生效力時尚存在

即受遺贈人須於遺贈人死亡時尚存在（民一二〇一條），否則遺贈無效。此即同時存在之原則。

1. 受遺贈人與遺贈人同時死亡或推定同時死亡時（民一一條），其遺贈為無效。但如遺贈人表示受遺贈人死亡時，其應受之財產上利益，由其繼承人承繼者，則可視為補充遺贈，而認其為有效（史著四六六頁）。

2. 以遺贈人死亡時已受胎之胎兒為受遺贈人者，其遺贈為有效。縱遺囑書作成時尚未受胎，亦然。胎兒將來出生時為雙胞胎或其以上者，不妨成立共有關係。

3. 遺贈人可否以尚未受胎之胎兒為受遺贈人？例如，遺贈人表明長女將來結婚生子時，給與其子此棟房屋，然遺贈發生效力時即遺贈人死亡時，長女尚未受胎，待遺贈人死亡後第三年始生子時，其遺贈是否有效？我國學者有採肯定說者，其理由略謂：受遺贈人並非被繼承人權利之承受人，惟取得對於遺贈義務人之請求權，故受遺贈人在概念上無須於繼承開始時業已存在或確定之必要；而且遺囑制度，在於尊重死者之最終意思，不必如繼承人為嚴格解釋；再者遺贈既許附以條件，則以其權利能力之享有為條件之遺贈亦認其有效，於理論應無妨礙（史著四六七頁）。惟如採有效說，則如受遺贈人一直未出生者，法律關係勢必一直不確定，尤其繼承人究應迄於何時管理為遺贈內容之財產，更屬曖昧不明，對繼承人而言，顯然不利；而且在遺贈，仍宜尊重繼承法上同時存在之原則，解為受遺贈人須為遺贈發生效力時存在之人或胎兒，否則遺贈無效。職是，愚寧採否定說。

4.遺贈人可否以設立中之法人為受遺贈人？設立中之法人，應準用關於胎兒之規定，故宜解為設立中之法人亦得為受遺贈人，法人最後如未設立者，則視同死產之胎兒，其遺贈為無效（中川著三六九頁、史著四六七～四六八頁）。至對於遺囑發生效力時尚未訂立章程或完成捐助行為之法人，除其遺贈本身為捐助行為外，依繼承法同時存在原則之準用，應解為不得為受遺贈人。

㈢遺贈之財產須於遺囑人死亡時屬於遺產

1.遺囑人為遺囑時，遺贈標的物所有權須屬於遺囑人。如遺囑人於生前將該遺贈標的物所有權讓與他人者，其所為之遺贈視為撤回（民一二二一條）。

2.遺囑人為遺囑時，遺贈標的物已屬於他人所有時，其遺贈無效，但遺囑人死亡前已取得該標的物者，不在此限。再者，遺囑人於遺囑上明白表示，於其死亡時，縱遺贈標的物不屬於遺產，仍以之為遺贈標的者，則從其意思，即其遺贈仍為有效（民一二〇二條但書）。唯遺囑人死亡後，遺贈義務人負有取得其權利而移轉於受遺贈人之義務；不能取得時，應支付其價額；其取得需費過鉅者，得給付其價額，而免其義務（日民九九七條。史著四六九頁）。

㈣受遺贈人須未喪失受遺贈權

1.有權利能力之人，皆有受遺贈權，法人亦不例外。然如受遺贈人對於遺贈人或應繼承人有重大不法或不道德之行為或就遺囑有非法之企圖時，如仍使其受遺贈，則與人情義理不合，故民法規定準用關於繼承權喪失之規定（民一一八八條、一一四五條）。其情節重大者，當然喪失受遺贈人之資格；較輕微者，經遺贈人表示不得受遺贈時，始喪失受遺贈權。但除民法第一一四五條第一項第一款事由外，其他各款事由，遺贈人均得宥恕之。

2. 遺囑人對於受遺贈人本可撤回遺贈而使其喪失受遺贈權，故受遺贈權喪失之規定，僅具有補充之功能而已，實際上適用甚尠。

㈤遺贈須不違反關於特留分之規定

遺囑人僅於不違反關於特留分規定之範圍內，得以遺囑自由處分遺產（民一一八七條）。然違反特留分之遺贈，並非無效，僅特留分被侵害之繼承人，於保全特留分必要之限度內，得為扣減而已（民一二二五條、五八年台上字一二七九號）。而且，是否為扣減一任繼承人之自由。如繼承人不為扣減者，則侵害其特留分之遺贈，仍為有效。

五、遺贈之效力

㈠遺贈效力發生之時期

1. 單純遺贈，自遺贈人死亡時發生效力，與一般遺囑同（民一一九九條）。

2. 非單純遺贈，在附停止條件之遺贈，自條件成就時發生效力（民一二〇〇條），其條件之成就，縱在遺贈人死亡以前，其遺贈仍自遺贈人死亡時發生效力。

3. 遺囑人死亡前，受遺贈人已死亡者，遺贈不生效力（民一二〇一條）。此為同時存在之原則。受遺贈人之繼承人不得代位繼承，但遺贈人不妨指定受遺贈人之繼承人或他人為補充受遺贈人。此時，該繼承人本身為受遺贈人。

㈡遺贈之債權的效力

遺贈之效力如何？究有物權的效力？或僅有債權的效力？易言之，遺贈標的物是否於繼承開始時即當然移轉於受遺贈人？抑尚有待於登記或交付？學者見解不一：

1. 有謂：在包括遺贈，遺贈標的之財產，與效力發生同時即當然移轉於受遺贈人，而無待於遺贈義務人之交付，故常有物權的效力，只遺贈財產中有不動產者，未經登記，其效力猶未完成耳；在特定遺贈，遺贈標的物常先一度概括移轉於繼承人，於遺贈發生效力之際，受遺贈人僅得向繼承人即遺贈義務人，請求標的物之交付（或登記），故僅有債權的效力（范著一九一、一九二頁）。

2.有謂：不問其為包括遺贈或特定遺贈，均僅發生債權的效力，蓋我民法並不將包括受遺贈人視為繼承人，自難與遺產繼承為同樣解釋；且我民法就物權之變動，在不動產係以登記，在動產係以交付為其生效要件（民七五八條、七六一條），對於遺贈既無特別規定，自應適用此一般原則，其遺贈標的物之物權取得，尚有待於登記或交付。此說為通說（胡著二〇六頁、羅著二〇三頁、李著一二二頁、戴著二六五頁、陳著二七二頁）。

3.有謂：我民法就物權之變動，既採形式主義，動產所有權之移轉，須依交付，不動產所有權之移轉，須經登記，則除遺囑人無直系血親卑親屬時其包括遺贈可視為繼承人之指定外，均惟有債權的效力（史著四七二～四七三頁）。

依愚所見，我民法既未如日本民法（九九〇條），明定包括受遺贈人有與繼承人相同之權利義務，自不宜就包括遺贈特別認有物權的效力；又，修正民法已廢除指定繼承人制度，而以遺贈（不問特定遺贈或包括遺贈）純為財產上利益之無償讓與，今後已不可能有「遺囑人無直系血親卑親屬時其包括遺贈可視為繼承人之指定」之情形存在；尤其我民法就物權之變動，係採形式主義，而非採意思主義，對於遺贈又未設任何例外，允宜解釋不問包括遺贈或特定遺贈，均僅有債權的效力。故以通說為可採。

遺贈既僅有債權的效力，故⑴受遺贈人非於繼承開始時，即當然取得遺贈標的物之所有權或其他物權，而須於繼承開始後，由繼承人受移轉登記或交付時，始取得遺贈標的物之所有權或其他物權；⑵受遺贈人未受移轉登記或交付者，不得對第三占有人、第三債務人，為關於受遺贈財產之請求；⑶受遺贈人之債權居於遺產債權人之後，在限定責任繼承、無人承認之繼承，繼承人或遺產管理人須對於繼承債務為清償後，始得交付遺贈物（民一一六〇條、一一七九條二項、一一八一條）。繼承人或遺產管理人為清償繼承債務或繳納遺產稅（遺產及贈與稅法八條一項），並得變賣遺贈物。但⑴受遺贈人不失為遺產債權人，除其遺贈違反特留分之限制而被扣減外，應先於繼承人及其債權人而受清償；⑵在特定物之遺贈，宜解釋對於繼承人及其債權人之關係「視為其所有權移轉於受遺贈人」，以保護受遺贈人（史著四七三頁）；在債務免除之遺贈，並解釋其債務於繼承開始時，即歸於消滅，而有物權的效力；⑶受遺贈人為保全其遺贈，得為假扣押或假處分；在不動產之遺贈，亦得依土地法第七九條之一為預告登記（參照史著四七三頁）；⑷繼承人於遺囑執行人執行職務中，不得處分與遺囑有關之遺產（民一二一六條前段）。

六、遺贈義務人

遺贈義務人云者，謂有依遺贈之本旨履行義務之人。遺贈，雖亦有不生遺贈義務者，例如債務免除之遺贈，然大都伴有遺贈義務，例如以特定物、不特定物或債權為標的之遺贈，均有履行遺贈標的物之登記或交付之義務之必要，從而，以有遺贈義務人為必要。我民法只使用「繼承人」字樣，而無遺贈義務人之名稱，解釋上，遺贈義務人原則上為繼承人，如有遺囑執行人，因其視為繼承人之代理人（民一二一五條二項）並於其執行職務中繼承人不得處分與遺囑有關之遺產（民一二一六條），故遺囑執行人亦為遺贈義務人。在無人承認之繼承，遺產管理人有交付遺贈物之職務（民一一七九條一項四款），其在繼承人承認繼承前所為之職務上行為視為繼承人之代理（民一一八四條），故於繼承人承認繼承前，亦為遺贈義務人。在後繼遺贈，前位受遺贈人亦得為後位受遺贈人之遺贈義務人（參照德民二一九一條一項）。

繼承人有數人時，除遺囑另有指定外，共同為遺贈義務人。在遺產分割前為公同共有債務人，在分割後各按其所受遺產價值之限度連帶負責任，而在相互之間，除另有約定外，按其應繼分比例負擔之（民一一五三條）。遺贈標的物縱屬於共同繼承人中之一人者，亦同，但遺囑人得指定共同繼承人中之一人負擔該遺贈（參照奧民六四九條）（史著四七四頁）。

遺贈義務人縱於遺囑人死亡時已死亡或喪失繼承權或拋棄繼承權，除遺囑另有意思表示外，對於遺贈之效力亦不生影響（參照瑞民四八六條二項、德民二一六一條前段），此時由因原遺贈義務人之出缺而直接受益之人，負擔遺贈義務（參照德民二一六一條後段）。

七、遺贈之無效、不生效與撤回

㈠遺贈之無效、不生效

遺贈本身為遺囑內容之全部或一部，故於遺囑之無效、不生效及撤銷所述者，於遺贈亦適用之。茲將遺贈之無效、不生效之原因列述於後：

1. 無遺囑能力人所為之遺贈無效（民一一八六條）。

2. 受遺贈人於遺贈人死亡以前死亡者，遺贈無效（民一二〇一條）。但遺贈人於遺囑中如另有意思表示者，宜解為應從其意思。例如，受遺贈人先死亡時，給與受遺贈人之長男。此為一種補充遺贈。第一遺贈不生效力，而第二遺贈發生效力。

3. 在附停止條件之遺贈，受遺贈人於條件成就前死亡者，其遺贈不生效力，但遺囑中另有意思表示者，宜解為應從其意思（參照日民九九四條二項）。例如，遺贈人表示甲結婚時，給與新臺幣三〇萬元，遺贈人死亡後，甲於結婚前死亡時，其遺贈無效。但遺贈人另又表示甲結婚前死亡時，該三〇萬元給與甲之弟乙者，則從其意思。此亦係一種補充遺贈。

4. 遺贈附有解除條件或終期而條件成就或期限屆至者，其遺贈不生效力。

5. 遺贈之財產於繼承開始時不屬於遺產者，其遺贈無效（不生效力），但遺囑人另有意思表示者，不在此限（民一二〇二條）。

6. 遺贈所依附之遺囑不具備法定方式者，其遺贈無效（民一一八九條），但法律不以之無效者，不在此限（民一一九三條）。

7. 違反強行規定或公序良俗所為之遺贈無效（參照七一條、七二條）。

8. 受遺贈人喪失受遺贈權，其遺贈不生效力（民一一八八條）。

9. 以胎兒為受遺贈人，而胎兒將來為死產者，其遺贈不生效力（民七條）。

遺贈無效或不生效力時，其遺贈之財產仍屬於遺產（民一二〇八條），詳容後述。

㈡遺贈之撤回

遺贈於何情形可撤回？法無明文，但遺贈本身既為遺囑內容之全部或一部，則關於遺囑撤回或視為撤回之規定，亦適用於遺贈。依民法規定，有下列事項：

1. 遺贈人依遺囑之方式撤回或變更其遺贈者（民一二一九條）。

2. 遺贈人為遺贈後，復以後遺贈就同一標的物之全部或一部遺贈（民一二二〇條）。

3. 遺贈人於為遺贈後所為之生前行為與遺贈有牴觸之部分（民一二二一條）。

4. 遺贈人故意破毀或塗銷遺囑書或在遺囑書上記明廢棄或僅就遺贈部分為廢棄者（民一二二二條）。

遺贈被撤回時，其遺贈即等於自始未曾存在，故經撤回之遺贈，自不發生任何效力。

第二項　遺贈之標的

一、特定物之遺贈

以一定之物或權利為遺贈時，在遺囑人之意思，通常係以遺囑發生效力時之狀態為遺贈，故遺贈標的物之範圍，除遺囑另有意思表示外，應以遺囑人死亡時為標準以決定之（參照日本大判大正六年一二月一二日民錄二三輯二〇九〇頁）。從而，於遺贈成立後，發生效力前，遺贈標的物之數量、價格如有增減，受遺贈人所得享受之利益，必因而有所出入，原屬當然。是以，為遺贈之物或權利，於遺贈成立之際，縱不屬於遺囑人所有，但於遺囑發生效力時，已屬於遺產者，自不妨為遺贈之內容；反之，其物或權利如在遺贈發生效力時，不屬於遺產，則遺贈自不發生效力（范著一九一頁、李著一二四頁、陳著二七四頁）。民法第一二〇二條規定：「遺囑人以一定之財產為遺贈，而其財產在繼承開始時，有一部分不屬於遺產者，其一部分遺贈為無效；全部不屬於遺產者，其全部遺贈為無效」，即明揭斯旨。遺贈財產於繼承開始時不屬於遺產之原因不一，有出於遺囑人之意思者，例如處分、毀棄；有非出於遺囑人之意思者，例如徵收、強制拍賣，惟以其於繼承開始時不屬於遺產為已足，其原因如何，在所不問，但須注意民法第一二〇三條之規定。又，法文既謂以一定之財產為遺贈，自僅適用於特定遺贈，固不待言。

然若貫徹上開原則，有時亦未必適合遺囑人之意思。遺贈既以尊重遺囑人之意思，故民法就此原則，更設有若干特別規定。惟其規定簡單而不周密，有必要參酌外國法律以為補充：

1. 遺贈之物或權利於繼承開始時雖不屬於遺產，但遺囑人原欲以之為遺贈內容，而另有意思表示者，其遺贈仍為有效（民一二〇二條但書）

⑴此係因尊重遺囑人之意思而設。⑵須遺囑人另有明白之意思表示時，始為有效。例如，遺囑人表示以屬於第三人甲之某筆土地，遺贈於乙，並命其繼承人須購買該土地以移轉登記於乙；遺囑人表示以某物遺贈與甲，如其物不屬於遺產，繼承人應以相當其價額之金錢給與甲是。⑶以他人之物或權利為遺贈而為有效時，遺贈義務人有取得其物或權利以移轉於受遺贈人之義務。如其物或權利不能取得或取得需費過鉅者，外國民法有明定，除遺囑另有意思表示外，遺贈義務人應補償其價額者（日民九九七條、韓民一〇八七條二項、德民二一七〇條），我民法雖無類此明文，但不妨為同一解釋（郁著七二頁、胡著二一四頁、羅著二一一頁、范著一九四頁、陳著二七四頁、戴著二六六頁、史著四七七頁）。

2. 「遺囑人因遺贈物滅失、毀損、變造或喪失物之占有，而對於他人取得權利時，推定以其權利為遺贈」（民一二〇三條前段）

⑴此為物上代位之推定。蓋遺贈之標的物本身雖不存在但其代位物存在時，推測遺囑人之意思通常欲以其代位物為遺贈之標的也。惟既為推定，則遺囑人另有意思表示時，自應從其意思。又，遺贈義務人亦得依反證推翻其推定。⑵得為代位標的之償金請求權：①在遺贈物滅失、毀損時，例如因第三人侵權行為所生之損害賠償請求權、因遺贈物曾付保險所生之保險金請求權、因土地徵收所生之補償金請求權，一部滅失或毀損，亦有適用，又例如遺贈之標的為共有物應有部分，因共有物分割結果而取得之償

金請求權；②在遺贈物之變造時，例如因附合、混合、加工，致新物之所有權由他人所取得時之價額償還請求權（民八一六條）；③在遺贈物之占有喪失時，例如因第三人侵奪占有之損害賠償請求權。(3)此等償金請求權，依日本民法解釋，與遺囑發生效力同時歸屬於受遺贈人（我妻、唄著二八三頁、中川編註釋下一二三頁〔加藤〕），在我民法，應解為應經遺贈義務人之債權讓與，然對於繼承人及其債權人之關係，應視為於繼承開始時，其權利已歸屬於受遺贈人（史著四七八頁）。①標的物之滅失等，於遺囑作成前發生者，無本段規定之適用，其遺贈為無效，然如遺囑人知其情事，而仍以之為遺贈者，則可認為有以其代位權利為遺贈之意思，而認其遺贈為有效（史著四七九頁同旨）。②遺囑人於生前將償金請求權讓與他人者，則係為與遺囑相牴觸之處分，就其遺贈部分，原遺囑視為撤回（民一二二一條）。③遺囑人生前受清償，而償金請求權消滅時，依日本通說，其遺贈為無效（穗積著四二二頁、近藤著判例一九三頁、我妻、立石著五九七頁、我妻、唄著二八三頁等），但有認為遺囑人生前受清償與否為偶然之事件，以生前清償之有無為區別並不適當，於此場合，不如準用其民法第一〇〇一條第二項，推定以其償金之金額為遺贈，反較符合遺囑人之意思（中川編註釋下一二三頁〔加藤〕）。在我民法解釋上，有參照後說及德國民法第二一七三條，解為此時以其償金之金額視為遺贈，較為妥當者（史著四七九頁）。愚從之。④遺囑人死亡後，善意第三人（例如繼承人）受清償時，在對於繼承人之關係，應以受遺贈人為權利人，縱對於債務人尚未為債權讓與之通知其清償為有效，受遺贈人對於繼承人，仍應有不當得利返還請求權。反之，如遺囑人死亡前，善意第三人受清償時，則遺囑人對於該第三人而有之不當得利返還請求權，應推定為遺贈之標的（史著四七九頁）。⑤為遺贈標的之房屋，設有抵押權而被燒毀時，其火災保險金請求權，縱已由遺贈義務人移轉於受移轉之受遺贈人，如抵押權人尚未受清償時，仍應解為抵押權人仍得追及之而為物上代位（史著四七九頁同旨）。質言之，受遺贈人對於償金之權利居後於擔保物權人之權利。

3.遺囑人「因遺贈物與他物附合或混合，而對於所附合或混合之物，

取得權利時」，亦推定以其權利為遺贈（民一二〇三條後段）

⑴遺囑人因遺贈物與他物附合或混合，而取得其合成物或混合物之單獨所有權或共有權時，推定以其所有權或共有權為遺贈之標的，蓋此時多可推測遺囑人之意思通常欲以其新物為遺贈也。添附結果，遺囑人喪失遺贈物之所有權時，為遺贈物之變造，而適用本條前段之規定，推定以遺囑人所取得之償金請求權為遺贈之標的。反之，遺囑人取得新物之所有權或共有權時，則適用本條後段之規定。此係一種物上代位之推定，與本條前段之情形同。⑵本條後段僅就遺贈物與他人之動產附合或混合（民八一二條、八一三條）而為規定（史著四八〇頁），他人之動產因附合於遺囑人之不動產而為其不動產之重要成分，遺囑人取得動產所有權時(民八一一條)，有主張亦同有適用（柳川著註釋下四五五頁、羅著二一三頁、劉鍾英著一五九頁、史著四八〇頁），然此時為遺贈標的之不動產之同一性並無變化，縱不適用本段之規定，亦當然以該被動產附合之不動產為遺贈之標的（參照梅著三六三頁、中川監註解三六七頁、我妻、唄著二八三～二八四頁）。關於加工，我民法如日本民法，未設有規定，解釋上，遺贈物被他人加工，因加工所增之價值未顯逾遺贈物之價值時，遺囑人取得加工物之所有權；遺囑人就遺贈物加上他人之材料而為加工，如遺贈物之價值加上因加工所增加之價值超過他人材料之價值時，亦由遺囑人取得加工物之所有權（民八一四條)，此時因加工而成之物與原物為另一物，應類推適用本段之規定，推定以其新物為遺贈（史著四八〇頁。羅著二一三頁以下、劉鍾英著一五九頁以下、李著一二五頁、戴著二六七頁均同旨)。⑶因附合、混合或加工，遺囑人取得標的物之所有權時，對於因此而喪失物之所有權之人，應依關於不當得利之規定，償還價額（民八一六條)。此價額之支付應由誰負擔？各國法律均無明文規定。解釋上，遺囑人於生前已支付者，可認為遺囑人有負擔之意思，然尚未支付而死亡時，其支付義務應由繼承人負擔或應由受遺贈人負擔？則不無疑問。有謂：此償金支付義務為不當得利之返還義務，而非附著於物，民法既無特別規定，則理論上應解為由繼承人負擔（近藤著判例一九五頁、我妻、有泉著四二八頁）；有謂：此種義務並非物的負

擔，故除遺囑人特別表示由受遺贈人負擔外，受遺贈人無負擔償金之義務（胡著二一六頁、辛著一七七頁）；有謂：應解為遺囑人之意思並不給與受遺贈人以該利益，故通常以由受遺贈人支付為妥當，此時可視為一種附負擔之遺贈（中川監註解三六七頁、中川編註釋下一二五頁〔加藤〕、中川著三八六頁、中川、泉著五一八頁、我妻、唄著二八三頁、戴著二六七頁、史著四八一頁）。愚從後說。又，遺囑人為善意時僅負現存利益之返還義務（民一八二條一項），如為惡意時亦應負損害賠償義務（民一八二條二項、一八四條）。此時，受遺贈人於現存利益之限度內負支付償金之義務，超過現存利益之差額，應解為由繼承人負擔（梅著三六三頁、中川編註釋下一二五頁〔加藤〕、史著四八一頁）。⑷添附原來係就不同所有人之物因添附而成新物時，定其新物之歸屬者，蓋同一所有人之二物縱被結合而成新物時，其歸屬仍屬明瞭之故。然遺贈標的物與遺囑人所有之他物附合、混合，或遺囑人自己加工於遺贈標的物，而生新物時，遺贈標的物消滅，故其遺贈是否有效即有問題。此時固應依其情況推測遺囑人之意思，然通常多可類推適用本條後段之規定，如遺贈標的物構成新物之主要部分時，應推定遺囑人有以其新物之所有權給與受遺贈人之意思（參照梅著三六五頁）。不能區別主從時，有主張不應推定為與繼承人共有，而應回歸原則，解為遺贈因標的物之滅失而失其效力（中川編註釋下一二五頁〔加藤〕），然此時解為應按遺贈標的物之價值與被結合物之價值比例，與受遺贈人以共有，似較符合遺囑人之意思（史著四八一頁同旨）。遺囑人就遺贈標的物為加工時，應推定以加工物為遺贈，但因加工所增之價值顯逾遺贈標的物之價值時，則應推定其遺贈為撤回（史著四八一頁同旨。梅著三六五頁反對）。

4.遺贈標的物之瑕疵

⑴權利瑕疵：特定遺贈之標的物權利有瑕疵時，遺贈義務人不負瑕疵擔保責任。此在外國民法多設有明文（例如德民二一六五條、二一六六條、法民一〇二〇條、瑞民四八五條一項、日民一〇〇〇條、韓民一〇八五條），我民法雖無規定，然自第一二〇二條規定之旨趣以觀，允宜依一般原則，為同一之解釋（史著四八三頁、戴著二六七頁、陳著一七五頁）。①遺贈標

的物，於遺囑人死亡時，已為第三人權利之標的者，不問其權利為用益物權、擔保物權或租賃權，亦不問其權利之成立係在遺囑作成前或作成後，亦不問遺囑人是否知其權利之存在，遺囑義務人均不負消滅第三人權利之義務。②遺囑人對於存在遺贈標的物上之第三人權利有使其消滅之請求權時，應解為此消滅請求權，作為遺贈標的物之從權利而移轉於受遺贈人，例如，遺囑人與出賣人約定於消滅抵押權之條件下買受設有抵押權之土地，而以之為遺贈時，受遺贈人對於出賣人得請求消滅其抵押權。③遺囑人於遺囑表示遺贈義務人有消滅第三人權利之義務時，遺贈義務人即負有此義務。例如，遺贈設有抵押權之不動產，如依遺囑，除去其抵押權以為遺贈之旨趣甚明時，則遺贈義務人有除去該抵押權之義務。⑵物之瑕疵：遺贈為無償行為，原則上應不生物之瑕疵擔保責任（參照民四一一條），在特定物之遺贈，亦同。遺贈標的物有物之瑕疵時，遺贈義務人以繼承開始時之狀態交付該物為已足（史著四八四頁、戴著二六七頁、陳著一七五頁），但應注意民法第一二〇三條之規定。

5.從物及從權利

遺贈之效力及於繼承開始時遺贈標的物之從物。此在法、德民法均設有明文（法民一〇一八條、德民二一六四條一項），我民法雖無規定，然因從物從主物之命運（民六八條二項），自亦應為同一之解釋（史著四八四頁、戴著二六七頁、陳著二七六頁）。從權利亦應與從物同樣看待。例如，以土地為遺贈時，其所屬之地役權；以債權為遺贈時，其擔保權，亦隨同為遺贈之標的（史著四八四頁）。遺贈標的物之從物及從權利，固亦為遺贈效力之所及，但遺囑如另有意思表示者，仍應從其意思。

6.孳　息

關於遺贈標的物之孳息之歸屬，外國立法例多設有規定（例如，法民一〇一四條、一〇一五條、德民二一八四條、日民九九二條、韓民一〇七九條），我民法並無規定，有主張：在特定物之遺贈，受遺贈人，從得請求遺贈物之交付時起，取得遺贈物之孳息（戴著二六七頁、陳著二七六頁）；有主張：在特定物之遺贈，受遺贈人，於遺囑人死亡之時，有收取孳息之權利（胡著二一五頁註二）；有主張：在特定物遺贈及限制種類物遺贈，均應以自得請求交付之日起，有取得孳息之權利（史著四八六頁）。愚意，不問在特定物或權利之遺贈或限定種類物之遺贈，均應解為受遺贈人，自得請求遺贈之履行時起，有取得孳息之權利。如此解釋，在認遺贈惟有債權的效力之我國通說，不無困難，然此時定孳息之歸屬並不以所有權之歸屬為依據，而係尊重遺囑人之意思及避免受遺贈人因遺贈之履行遲延而受不利益，推定遺囑人有使受遺贈人自得請求履行遺贈之時起如同取得標的物享受同一利益之意思（參照史著四八七頁）。從而，遺囑人於遺囑另有意思表示者，自應從其意思。①得請求履行遺贈之時，在單純遺贈，為遺囑人死亡之時；在附停止條件遺贈，為條件成就之時；在附始期遺贈，為期限屆至之時。②孳息包括天然孳息及法定孳息。例如，土地之收穫、儲金之利息、房屋之租金等是。在股票之遺贈，利益分配金亦為孳息（日本大判大正六年一二月一二日民錄二三輯二〇九〇頁）。但遺贈標的物現實不生孳息者，受遺贈人無取得孳息之權利。例如，遺囑人以自己所住之房屋為遺贈時，受遺贈人無請求相當租金額之權利（中川編註釋下一〇五頁〔谷口〕、中川著三八三頁、史著四八七頁）。

7.費用之償還

關於費用之償還，我民法無規定，依日本民法，「遺贈義務人，於遺囑人死亡後，就遺贈之標的物支出費用者，準用第二九九條（留置權人之費用償還請求權）之規定。為收取孳息所支出之通常必要費用，於不超過孳息價額之限度內，得請求償還」（九九三條。韓民一〇八〇條、一〇八一條之規定雷同）；依德國民法，「以屬於遺產之特定物為遺贈者，遺贈義務人就繼承開始後為其物所支出之費用，及為償付其物之負擔所支出之費用，得依關於占有人與所有人間之關係之規定請求償還」（二一八五條）；依瑞士民法，「遺贈義務人，就其於繼承開始後關於遺贈物所支出之費用，及於繼承開始後所發生之損害，有與無因管理人相同之權利義務」（四八五條二項），可供我國參考（史著四八八頁主張在我民法應準用關於所有人與占有人間關係之規定以定之）。

二、不特定物之遺贈

1.遺囑人得以不特定物為遺贈之標的，自屬當然。不特定物之遺贈云者，謂遺囑人僅以種類及數量指示遺贈標的物所為之遺贈也，亦稱為種類物遺贈。例如，指示遺贈稻谷十石或陳年紹興酒二十打是。金錢遺贈亦屬之。我民法關於此種遺贈無規定，解釋上，①遺贈義務人應依遺囑之本旨，給付種類、品質、數量相當之物於受遺贈人（范著一九六頁、李著一二五頁、戴著二六八頁、陳著二七六頁）；②不特定物之遺贈，不問遺產內有其物與否，遺贈義務人均有給付之義務，金錢遺贈亦然（史著四八九頁）；③依遺囑人之意思不能定遺贈標的物之品質時，遺贈義務人應給以中等品質之物（民二〇〇條）。

2.所給付之物，如有權利欠缺或物之瑕疵時，遺贈義務人應負如何責任？外國立法例多明定應負瑕疵擔保責任（德民二一八二條、二一八三條、日民九九八條、韓民一〇八二條），我民法未設明文，應分別情形為解釋：①在以一定數額之金錢為標的之遺贈，固亦為一種不特定物之遺贈，然金錢與普通之不特定物不同，不發生權利或物之瑕疵擔保問題（史著四九〇頁、中川編注民(26)一九四頁〔上野〕）。遺產中縱無此數額之金錢，遺贈義務人亦應籌措以為給付（中川編註釋下一二一頁〔加藤〕、史著四九〇頁）。②在限定種類物遺贈，即指示以遺產中某種不特定物之一定數量為遺贈時，例如遺囑人指示給與其所有之倉庫中之米一百石時，所給付之米有瑕疵者，倘倉庫中有無瑕疵之米時，應另易以無瑕疵之米。然如倉庫中之米全部有瑕疵時，則遺贈義務人，與特定物遺贈同，僅給付該有瑕疵之米即可，不另負擔保責任。又，倉庫中雖曾另有無瑕疵之米，然已被處分時，則遺贈義務人應負損害賠償責任（中川編註釋下一二二頁〔加藤〕、中川編注民(26)一九六頁〔上野〕）。倘倉庫中之米於繼承開始時僅存有一百石以下之數量者，則因遺贈之標的物業已特定，而應適用關於特定物遺贈之規定。③在例如指示給與米一百石之特定物遺贈，所給付之米有蟲蝕或變質時，遺贈義務人應再給付無瑕疵之米，不能僅以賠償損害了事（參照中川編注民(26)一九六頁〔上野〕）。④為遺贈標的之不特定物，不限於遺產中存在之物，即遺贈義務人須由第三人取得以移交於受遺贈人之物亦無妨。於此情形，遺贈義務人首應負權利瑕疵擔保責任。此時受遺贈人解除契約為不可能，結局僅得請求損害賠償。但給付物為動產時，雖屬於第三人所有，但受遺贈人大多得因善意受讓而取得其動產所有權，此時不受追奪，第三人惟得對於遺贈義務人以侵權行為或不當得利為理由，請求損害賠償或不當得利之返還。其次應負物之瑕疵擔保責任，此時受遺贈人解除契約及請求減少價金均不可能，惟有請求另行給付無瑕疵之物（民三六四條），不能另行給付無瑕疵之物時，應負不履行之損害賠償責任（參照史著四九〇頁以下）。

三、用益權之遺贈

以遺產之使用、收益為遺贈，而遺囑未定返還期限，並不能依遺贈之性質，定其期限者，以受遺贈人之終身為其期限（民一二〇四條）。

1. 遺贈通常固以財產權之終局的移轉為內容，但亦得以遺產之使用或收益或使用及收益為標的，其以地上權、農育權、不動產役權或典權之設定為內容者，則為權利設定之遺贈，遺贈義務人負有設定之義務。

2. 以遺產之使用、收益為遺贈者，該遺贈物之所有權仍屬於遺產，受遺贈人於使用收益至一定時期以後，仍應返還於遺贈義務人。其返還之時期，民法規定如次：⑴遺囑定有返還期限者，從其所定期限。例如，遺囑明定以某房屋遺贈與甲居住五年，則應於五年期限屆滿時返還房屋是。⑵遺囑未定有返還期限，但能依遺贈之性質定其期限者，則依遺贈之性質，定其期限。例如，遺囑表示以某房屋之收益供甲留學之用，則甲學成歸國之時，應為返還房屋之時是。⑶遺囑未定返還期限，又不能依遺贈之性質定其期限者，則以受遺贈人之終身為其期限。例如，以某物遺贈與甲使用，遺囑既未明定返還期限，又不能依遺贈之性質定其期限，則以甲死亡之時為其返還之時是。此乃推測遺囑人之意思而設之規定，與民法第七三一條第一項之立法旨趣相同。

3. 有問題者，遺囑定有返還期限，或雖未定返還期限但能依遺贈之性質定其返還期限者，受遺贈人若於期限屆滿前死亡，該遺產是否應於受遺贈人死亡時返還（即是否以受遺贈人之終身為期限）？抑應由受遺贈人之繼承人享受遺贈之權利？有主張：應以受遺贈人死亡時為遺產返還之期限，蓋在用益權之遺贈，遺囑人之意思係僅以該遺產之使用、收益遺贈於其所指定之受遺贈人，而不及於受遺贈人之繼承人；又就依遺贈之性質能定返還期限者，依該遺贈之性質，亦應因受遺贈人之死亡而為返還遺產之期限（劉含章著二一〇頁）；有主張：用益權遺贈之特點雖在遺贈之權利及於受遺贈人之本身而止，但受遺贈人死亡，而遺囑所定期限尚未屆滿，或依遺贈性質其期限尚未到來，則受遺贈人之繼承人，非不能因繼承而享受遺贈之權利，自不能謂受遺贈人死亡即為返還期限到來，蓋法文所謂以受遺贈人之終身為其期限，乃以遺囑未定返還期限，並不能依遺贈之性質定其期限而設之規定也（劉鍾英著一六三頁）；有主張：應依遺囑人之意思及遺贈之性質以為解釋，如前例以供甲留學之用而為用益權之遺贈時，倘受遺贈人未及完成學業而死亡，則應以其死亡為返還期限之屆至；但以某房屋遺贈與甲一家居住五年，則可解為甲雖死亡，其繼承人仍可繼續居住至滿期為止（史著四九五頁）。愚意，以後說為正當。

第三項　附負擔之遺贈

一、附負擔遺贈之意義

1. 附負擔之遺贈（legs avec charge, Vermächtnis mit Auflage），亦稱附有義務之遺贈，謂遺贈人為自己、其繼承人或第三人或一般公眾之利益，對於受遺贈人課以履行一定義務之負擔所為之遺贈。例如，遺贈房屋一幢，而附以受遺贈人須照顧及扶養遺贈人祖母之附款是。

2. 附負擔之遺贈與附負擔之贈與相似，皆不因其有負擔而失其為無償行為之本質，惟前者為單獨行為，無須相對人之承諾，而後者則係基於契約，而以相對人之承諾為必要，故有不同。然兩者既相類似，則在解釋適用上，不妨互為補充。

3. 附負擔之遺贈，就遺贈與負擔具有牽連關係之點而言，與附條件之遺贈雷同。然，負擔為附款，而非條件。因非以「負擔之履行」為停止條件，故受遺贈人縱不履行負擔，遺贈之效力依然發生。在附停止條件之遺贈，於其條件成就前，遺贈之效力雖被停止，但並非使負擔義務。又，因非以「負擔之不履行」為解除條件，故受遺贈人縱不履行負擔，遺贈亦不當然失其效力，僅受遺贈人不履行負擔時，繼承人得請求其履行或撤銷其遺贈耳㉟（類推適用民法第四一二條。參照日民一〇二七條）。附負擔遺贈與附條件遺贈之區別，乃遺囑解釋之問題。屬於何者不明時，宜推定為附負擔之遺贈，蓋置遺贈之效力於不確定之狀態，並不妥當故也（中川編注民(26)二一二頁〔上野〕）。

4. 我民法雖無關於包括遺贈之規定，然解釋上應承認包括遺贈，並應認包括遺贈亦得附負擔（范著一八六頁以下、一九八頁、戴著二六二頁、二六九頁、陳著二六九頁、二七八頁、史著四六五頁、四九八頁。反對說：胡著二一九頁註一）。

二、負擔之內容

1. 負擔之內容，須為實現可能之一定給付，但不以有經濟上利益為必要，又以與遺贈之標的完全無關之事項為內容，亦無妨。例如，為遺囑人辦理喪事、撰刻墓誌銘，或以執行遺囑、照料某人為其內容是。然，負擔之內容，須為法律上之義務。道德的教訓，例如要節儉不可浪費，則非負擔（史著四九八頁）。又，單純的為遺贈物用途之指定，例如要將遺贈財產用於學費，亦不得謂為負擔（羅著二一六頁、戴著二六九頁、陳著二七八頁、辛著一七八頁）。遺囑人苟非以違反其教訓或用途指定為解除條件，則此等教訓、用途指定在法律上不生任何效力（關於用途指定，羅氏即採此見解：羅著二一六頁）。雖有解為如遺囑人特以之為法律上之義務時，則應負其義務（關於用途指定，史氏參照奧國民法第七一一條而採此見解：史著四九八頁）。然此應為是否得請求負擔之履行或因不履行而撤銷其遺贈之問題，故仍以不認其有負擔之效力較為妥當（參照中川編注民(26)二一一頁

㉟ 有謂：「受遺贈人如不履行其負擔時，遺贈義務人得拒絕遺贈物之支付，或拒絕其遺贈而已。」（陳著二七八頁）然附負擔之遺贈，雖附有負擔，但仍為單獨行為、無償行為，負擔與遺贈並不構成對價關係，應不適用關於雙務契約之規定。故除遺囑另有意思表示外，遺贈義務人應先履行遺贈，始得請求負擔之履行。

〔上野〕）。

2.為負擔內容之給付以不能、不確定或不法之事項為標的，或違反公序良俗者，其負擔為無效（無異論）。然其遺贈是否亦無效？德國民法第二一九條規定「負擔之無效，以可認為遺囑人若知其無效即不欲為給與者為限，其因負擔所為之給與，亦屬無效」。日本民法無規定，通說從德民規定，解為得認定如遺囑人知負擔無效即不為遺贈時，遺贈為無效（近藤著判例二〇九頁、中川監註解三七三～三七四頁、中川編註釋下一三一頁〔藥師寺〕）。我民法亦無規定，通說亦仿德民規定，以為解釋（胡著三一九頁、劉含章著二一六頁、戴著二七〇頁、史著四九八頁），愚從之。從而，如不能認定遺囑人如知負擔無效即不為遺贈時，則僅負擔無效，而該遺贈成為無負擔之單純遺贈。

三、負擔履行義務人與負擔履行請求權人

㈠負擔履行義務人

1.負擔為附於遺贈之附款，故負其履行義務者為受遺贈人，了無疑義。

2.受遺贈人於遺贈發生效力後未履行負擔前死亡時，其繼承人是否須負履行負擔之義務？此應分別情形檢討之。

⑴受遺贈人未為遺贈之承認或拋棄而死亡時

於此情形，有主張：惟受遺贈人於承認遺贈以後未為履行以前死亡時，其繼承人始承繼其地位，而負履行負擔之義務（胡著二二〇頁、辛著一七八頁）；有主張：苟遺贈已發生效力（繼承開始時受遺贈人尚存在，而無喪失受遺贈權㊱情事），則其後受遺贈人雖在未為遺贈之承認或拋棄前死亡，其地位仍得由其繼承人承繼，即其繼承人亦得為遺贈之承認或拋棄（史著四九九頁）。愚意，應以後說為可採。日、韓民法亦明定：受遺贈人未為遺贈之承認或拋棄而死亡者，其繼承人得於自己之繼承權範圍內（韓民謂於應繼分之限度內）為承認或拋棄（日民九八八條本文、韓民一〇七六條本文）。德國民法亦設有同一旨趣之規定（德民二一八〇條三項、一九五二條三項）。從而，受遺贈人之繼承人如承認遺贈者，則於其應繼分之範圍內負

㊱　史著書為繼承權，應為筆誤。

履行負擔之義務。又，受遺贈人已承認遺贈但未履行負擔前死亡時，則承認繼承之繼承人負履行負擔之義務（中川監註解三七四頁、中川編註釋下一三一頁〔藥師寺〕、中川編注民㉖二一三頁〔上野〕）。繼承人有數人時，一部分繼承人為承認，其他繼承人為拋棄時，拋棄者應負擔之部分，按為承認者各自之應繼分，歸由為承認者負履行之義務。例如，遺囑人甲將價值三〇〇萬元之房屋遺贈與乙，而令乙須給與丙一二〇萬元，乙未為遺贈之承認、拋棄而死亡，其遺產繼承人為妻A子B女C，A拋棄遺贈，而BC承認遺贈時，則A應負擔之四〇萬元，按BC之應繼分歸由BC負給付與丙之義務，結果BC各須給與丙六〇萬元（三〇〇萬元之房屋，BC各得二分之一）。

⑵受遺贈人已為遺贈之承認或拋棄而死亡時

①受遺贈人已為承認時，遺贈標的物構成其遺產之一部分，其繼承人除拋棄繼承而外，於應繼分之限度內負履行負擔之義務，其負擔如為可分者則為可分債務，如為不可分則為不可分債務（參照民二九二條）。②受遺贈人已為拋棄時，其繼承人自無須負履行負擔之義務。此時，遺贈之財產仍屬於遺產（民一二〇八條），詳容後述。

㈡負擔履行請求權人

何人得請求受遺贈人或其繼承人履行遺贈之負擔？我民法並無明文規定，解釋上，遺囑人於遺囑中有指定履行請求權人者，應依其指定，無指定時，應為遺囑人之繼承人、遺囑執行人、繼承人以外之受益人、負擔有關公益時之主管機關。

1. 繼承人

遺囑人之繼承人為負擔履行請求權人（無異說）。蓋就負擔之履行最有利害關係者為遺囑人本身，則其繼承人有負擔履行請求權，自屬當然。繼承人有數人時，得各自請求履行，無須共同為之。繼承人中之一人為附負擔受遺贈人者，他繼承人得對其請求負擔之履行（中川編註釋下一三一頁〔藥師寺〕、史著五〇一頁）。

2. 遺囑執行人

遺囑執行人有管理遺產並為執行上必要行為之職務（民一二一五條一項），自應解為得請求負擔之履行。遺囑人以遺囑指定負擔履行請求權人時，被指定人可認為係關於履行負擔之遺囑執行人（近藤著判例三一七頁、史著五〇二頁）。

3. 受益人

受負擔之利益之第三人，是否得請求負擔之履行？外國立法例上，有為否定者（德民二一九四條前段明定繼承人、共同繼承人及由於原負擔義務人之出缺而將直接受益之人得請求負擔之履行，受益人則不與焉）；有為肯定者（瑞民四八二條一項、義民六四八條均明定有利害關係之人皆得請求負擔之履行）；有未為規定者（日民、韓民）。我民法亦無規定，學說中有謂：得請求負擔之履行者，原則上為繼承人，繼承人以外之受益人無請求履行負擔之權，惟負擔之內容，如係受遺贈人須將遺贈財產之一部分給與他人者，則可視為第二遺贈，其第二受遺贈人亦得對受遺贈人請求負擔之履行（羅著二一六頁、戴著二七〇頁、陳著二七八頁）；有謂：受益人亦為負擔履行請求權人（胡著二二〇頁、史著五〇二頁、辛著一七九頁），如為特定之受益人應得請求向自己為給付，雖非固有意義之債權人，於有因可歸責於負擔履行義務人㊲之事由，致負擔履行不能時，亦得請求損害賠償；非為受益人之負擔履行請求權人，例如繼承人、遺囑執行人，惟得請求向受益人為給付，不得請求不履行之損害賠償（史著五〇二頁）。愚意，以後說為可採，蓋我民法既無明定限於繼承人始有請求履行負擔之權，而此負擔之履行，由繼承人請求或由受益人請求應均屬無妨，故應解為受益人依為受益之意思表示而直接對於負擔履行義務人取得履行請求權。

4. 主管機關

負擔有關公益者，主管機關亦得請求負擔之履行，德國民法定有明文（德民二一九四條後段），我民法雖無規定，然負擔以公益為目的者，自應賦予主管機關以請求履行負擔之權，以貫徹遺囑人之意思（類推民四一二條二項。羅著二一七頁、胡著二二〇頁、范著一九八頁、戴著二七〇頁、

㊲ 史著書為遺贈義務人，應為筆誤。

陳著二七八頁、史著五〇二頁）。

四、附負擔遺贈之效力

1. 附負擔遺贈之受遺贈人，因承認遺贈或視為承認遺贈（民一二〇七條），而確定的負履行負擔之義務，然其責任以其所受利益為限度（民一二〇五條）。

⑴遺贈原係遺囑人以與受遺贈人以恩惠為目的所為之行為，故遺贈之負擔較遺贈之利益為大時，其遺贈已不能謂為恩惠。此種負擔，既有背於遺囑人之意思，縱其係依遺囑人之意思，然遺囑人亦不得依一方的意思而使受遺贈人蒙受不利益。故民法第一二〇五條明定「遺贈附有義務者，受遺贈人，以其所受利益為限，負履行之責。」其立法旨趣與第四一三條關於附負擔贈與之規定同。負擔大於遺贈利益時，非遺贈全部無效，僅超過遺贈標的之價額之部分無效而已。遺贈標的之價額與負擔之額相等時，似對於受遺贈人無利益，然此時得有財產的價值以外之利益，例如對於標的物之個人的摯愛之利益，故亦不無受遺贈人不拋棄遺贈而欲履行負擔之情形存在（史著五〇三頁）。

⑵依同一理由，並為公平起見，除遺囑另有意思表示外，如因繼承人為限定承認(新法以限定責任繼承為本則)、或因特留分權利人行使扣減權，致遺贈標的之價額減少時，受遺贈人自得按其減少之比例，免除其負擔之義務（參照日民一〇〇三條、德民二一八八條。胡著二二〇頁、羅著二一七頁、范著一九九頁、戴著二七〇頁、陳著二七九頁、史著五〇三頁、辛著一七九頁）。例如，遺囑人甲將價額一〇〇萬元之房屋遺贈與乙，而課乙以分給丙三〇萬元之負擔，今因特留分權利人行使扣減權，致乙實際取得之價額為五〇萬元，此時乙得按十分之三之比例，將其負擔之額減為一五萬元。

⑶遺贈負擔之價額是否大於遺贈標的之價額，應以何時為準決之？應以遺囑發生效力之時，或應以受遺贈人承認遺贈或視為承認遺贈之時，或應以受遺贈人履行負擔之時為準？不無疑問。一般認為因不得課受遺贈人以不利益，故應以履行負擔之時為準算定之（中川監註解三七五頁、中川

編註釋下一三三頁〔藥師寺〕、戴著二七〇頁、史著五〇三頁)，蓋屬允當。依負擔之內容，有時不能確定其數額。例如，遺贈二〇〇萬元與甲，而令甲從其中每月支付一萬元生活費與乙時，則負擔之額因乙活到何年何月而不同。此時宜解為：對於乙之給付，甲於用盡二〇〇萬元（附加法定利息）之時，即得停止給付；如乙越早死亡者，甲得受之利益則越多，然不問乙如何長壽，甲均無須以自己財產負給付之義務（參照中川編注民(26)二一五頁〔上野〕)。

(4)關於負擔之限度，當事人有爭執時，應由受訴法院決定之（史著五〇三頁)。

2. 附負擔遺贈之受遺贈人或其繼承人承認遺贈或視為承認遺贈，並已受給付，而不履行負擔時，宜類推適用民法第四一二條第一項規定，解為負擔履行請求權人得請求受遺贈人或其繼承人履行負擔或撤銷遺贈（戴著二七〇頁、史著四九七頁同旨)。

(1)負擔履行請求權人得先請求履行負擔，如履行義務人仍不履行，再撤銷遺贈，亦得不請求履行負擔，而逕行撤銷遺贈。然負擔如不能依強制執行之方法強制其履行者，則惟撤銷遺贈，始有意義。遺贈被撤銷時，其遺贈之財產應仍屬於遺產（類推適用民法第一二〇八條)，但受益人不負返還義務；除負擔之履行為客觀的不能外，因撤銷而取得其部分之遺產者仍應履行其負擔，以貫徹遺囑人之遺志並免於連累無辜之受益人（史著五〇五頁同旨）㊳。

㊳ 日本民法第一〇二七條規定：「受附負擔遺贈之人不履行其所負擔之義務者，繼承人，得定相當期間催告其履行，如於其期間內仍不履行時，得請求家庭裁判所撤銷遺贈。」關於其撤銷之效果，通說解為：遺贈被撤銷時，溯及於繼承開始時失其效力，從而，受遺贈人應受之物，歸屬於繼承人（日民九九五條)；其撤銷有絕對的效力，受益人自不得受負擔之利益，撤銷前就遺贈標的物取得權利之第三人，除依公信原則而受保護外，亦喪失其權利。少數說則解為：因遺贈之撤銷，本應歸屬於受遺贈人之物雖歸屬於繼承人（日民九九五條)，然因對於受益人負有負擔，故繼承人對於受益人負履行負擔之義務。依此說，遺贈之撤銷，乃對於受遺贈人遺贈部分之撤銷，對於為間接受遺贈人之受益人所

⑵負擔嗣後履行不能時，應解為：①如因不可歸責於負擔履行義務人❸❾之事由致履行不能者，負擔履行義務人❹⓪免履行負擔之義務（參照民二二五條一項）而保有遺贈，但因該事由而對於他人取得權利者，推定以其權利履行負擔（類推適用民一二〇三條）（史著五〇四～五〇五頁同旨）。②如因可歸責於負擔履行義務人❹❶之事由致履行不能者，特定受益人得請求損害賠償（參照民二二六條一項）。受益人不能為主張（例如遺囑人命為其埋葬供養），或無特定受益人（例如命為捐助行為或命為貧民救濟或命以庭園供公眾觀賞）而以公眾為受益人時，繼承人或遺囑執行人得撤銷其遺贈（參照民四一二條一項。史著五〇五頁同旨）。

第四項　遺贈之承認及拋棄

一、承認、拋棄之自由

遺贈為單獨行為，不問受遺贈人意思如何，於遺贈人死亡時當然發生效力；而遺贈通常又對受遺贈人有益，然縱為有益亦不能反於受遺贈人之意思而強制其受益，故與受遺贈人以承認、拋棄之自由。受遺贈人為承認時，遺贈之效力因此而確定，如為拋棄，則視為自始無遺贈。

有問題者，債務免除之遺贈可否拋棄？在日本有謂：以生前行為所為之債務免除為單獨行為，縱反於債務人之意思，亦生效力，為與此保持均衡，以遺囑所為之債務免除，受遺贈人亦應不許拋棄（中川編註釋下八九頁〔舟橋〕、我妻、立石著五八四頁、我妻、唄著二七三頁、青山著三七八頁）；另有謂：以生前行為所為之債務免除，原應為契約，而非單獨行為，且觀諸法律上無利害關係之第三人反於債務人之意思所為之清償，不生清償之效力（日民四七四條），應解為以遺囑所為之債務免除亦得拋棄（穗積

為遺囑內容仍有效力，結果生與受益人由遺囑人直接受遺贈同一之效果（以上參照中川編注民㉖三三三頁以下〔上野〕），特為介紹，用供參考。

❸❾ 史著均書為遺贈義務人，應為筆誤。

❹⓪ 同上。

❹❶ 同上。

著四一五頁、中川著三七八頁、中川編注民(26)一五四頁〔阿部〕、高野四八〇頁、中川、泉著五〇九頁）。我國學者有採否定說者（戴著二七二頁註一、史著五〇五頁），愚寧採肯定說，蓋既承認遺贈拋棄之自由，理應亦許債務免除遺贈之拋棄也。

二、承認、拋棄之時期

受遺贈人在遺囑人死亡後，得拋棄遺贈（民一二〇六條一項）。蓋遺囑人死亡時，受遺贈人始現實的取得受遺贈權。在遺囑人死亡前所為之承認或拋棄，不生任何效力。在遺囑人死亡後，受遺贈人得隨時拋棄遺贈。但遺囑人於遺囑就遺贈之拋棄定有期間者，應從其意思（胡著二二一～二二二頁、史著五〇五頁）。然遺囑人剝奪受遺贈人拋棄自由之意思表示，應為無效（史著五〇五頁）。繼承人或其他利害關係人得定相當期限催告受遺贈人為承認或拋棄，如於期限內不為表示，則視為承認遺贈（民一二〇七條）。故受遺贈人如欲為拋棄，則不得不於催告所定相當期限內為之。

三、承認、拋棄之方法

1. 遺贈之承認及拋棄，應依何種方式為之？我民法未設有規定，解釋上不以方式為必要，以言詞或書面為之，均無不可（胡著二二二頁、羅著二二〇頁、李著一二七頁、戴著二七二頁、陳著二八〇頁、史著五〇六頁）。

2. 遺贈之承認及拋棄，應對何人為之？我民法亦未設有規定，學說甚為紛紜：①有主張不必對特定相對人為之（李著一二七頁、劉含章著二一四頁、戴著二七二頁、陳著二八〇頁）；②有主張在通常情形應對繼承人為之，在特別情形（繼承人全部拋棄繼承或無人承認之繼承），應對遺產管理人為之（胡著二二二頁、范著二〇〇頁）；③有主張在通常情形，須對繼承人為之，在特殊情形，須對親屬會議為之，在附有義務之遺贈應對於因其義務之履行而受利益者為之（羅著二二〇頁、劉鍾英著一六六頁）；④有主張在通常情形，應對繼承人或有遺產管理權之遺囑執行人為之，在特別情形，應對遺產管理人為之，經利害關係人催告者，亦得對於為催告之人為之（史著五〇六～五〇七頁）。愚意，遺贈之承認及拋棄，應有相對人，德、日、韓民法均明定應向遺贈義務人為之（德民二一八〇條二項、日民九八七條後段、韓民一〇七七條二項），即本於此意，惟我民法既未明定應向遺贈義務人為之，則解釋上不必限於遺贈義務人，就民法第一二一五條之立法旨趣觀之，對於遺囑執行人應亦得為之；在繼承人全部拋棄繼承或無人承認之繼承時，允宜對於遺產管理人為之；再者，民法既賦予利害關係人為催告之權，則利害關係人依法為催告時，自宜解為亦得對其為之。質言之，以第④說最為可採。

3.遺贈之承認及拋棄，不限於明示的為之，默示的為之亦可（陳著二八〇頁、史著五〇六頁），例如，為遺贈履行之請求或遺贈給付之受領，可認為承認；遺贈給付之拒絕或聽任遺贈標的物之其他處分，可認為拋棄（史著五〇六頁）。

四、承認、拋棄之限制

1.遺贈之承認及拋棄，不得附條件或期限，我民法雖未如德國民法設有明文規定（德民二一八〇條二項後段），然解釋上應屬相同（胡著二二二頁、范著二〇一頁、劉含章著二一五頁、李著一二八頁、戴著二七二頁、陳著二八〇頁、史著五〇七頁、辛著一八〇頁）。

2.遺贈之承認及拋棄，不論就特定遺贈或包括遺贈，均得為之（戴著二七一頁）。在日本民法（九九〇條），包括受遺贈人，有與繼承人相同之權利義務，故通說認為包括遺贈人就承認或拋棄遺贈，應適用關於繼承承認、拋棄之規定（日民九一五條至九四〇條）（穗積著四一〇頁、四一五頁、中川監註解三三四頁〔小山〕、中川編註釋下八九頁〔舟橋〕、柚木著三八五頁、我妻、唄著二七三頁、中川、泉著五〇七頁、高野著四六七～四六八頁），在我民法，既不視包括受遺贈人為繼承人，自不得為同一之解釋（戴著二七三頁註三）。惟包括遺贈係抽象的以遺產（積極財產與消極財產）之全部或一部為標的，其承認或拋棄，自須包括的為之。至特定遺贈，其標的為具體的、特定的，受遺贈人又不負擔遺產債務，解釋上不妨為一部分之承認或拋棄（史著五〇七頁同旨。戴著二七二頁及陳著二八〇頁認為就包括遺贈亦得為一部分之承認或拋棄）。

3.遺贈之承認或拋棄，不得撤回（參照日民九八九條、德民二一八〇條一項)，我民法雖無規定，但為保護遺贈義務人及其他利害關係人，應為如是之解釋（胡著二二二頁、范著二〇一頁、李著一二八頁、陳著二八〇頁、史著五〇七頁)。

五、承認、拋棄之能力及權利人

1.遺贈之承認及拋棄，為財產行為，故其能力應適用民法總則編之規定（戴著二七一頁、史著五〇七～五〇八頁)。即：①無行為能力人，不得自為遺贈之承認或拋棄，縱令為之，亦屬無效（民七五條)，而須由其法定代理人代理為之（民七六條)。②限制行為能力人，如係單純遺贈，因係純獲法律上之利益，自得單獨為之（民七七條但書、一五條之二第一項但書)；如係附負擔遺贈，則應得其法定代理人之允許（民七七條本文、一五條之二第一項本文)，否則其承認或拋棄無效，因遺贈之承認或拋棄為單獨行為（民七八條)。

2.得為遺贈之承認或拋棄者，為受遺贈人（參照民一二〇八條一項)。受遺贈人未為遺贈之承認或拋棄而死亡者，其繼承人得於自己之繼承權範圍內，為承認或拋棄，但遺囑人於其遺囑另有意思表示者，從其意思（參照日民九八八條、韓民一〇七七條、德民二一八〇條三項、一九五二條三項)。受遺贈人之繼承人有數人時，各按其應繼分，就對於遺贈標的物之應得部分，為承認或拋棄，然無須共同為承認或拋棄。一部分繼承人拋棄其應得之部分時，其應得之部分，按各自之應繼分，歸屬於為承認之其他共同繼承人（柳川著註釋下四〇九頁、中川監註解三四〇頁〔小山〕、中川編註釋下九四頁〔舟橋〕、我妻、唄著二七五頁、中川編注民(26)一五九頁〔阿部〕、中川、泉著五〇八頁、高野著四八一頁)。例如，受遺贈人甲受有三〇〇萬元之遺贈，其遺產繼承人為妻乙子丙女丁，則乙丙丁各得於一〇〇萬元之限度內為承認或拋棄；如乙為拋棄，而丙丁為承認者，則乙所應得之一〇〇萬元；按丙丁之應繼分歸屬於丙丁，結果丙丁各多得五〇萬元，而為一五〇萬元。

茲有疑問者，受遺贈之法人，於遺囑人死亡後未為遺贈之承認或拋棄而解散時，應如何解決？按法人無繼承人，如其遺贈係以法人之存續為前提者，應解為其遺贈溯及於繼承開始時失其效力，否則清算法人得為遺贈之承認或拋棄。然如清算終結，法人喪失其法人格，受遺贈人不復存在，則應解為賸餘財產之歸屬權利人，不得為遺贈之承認或拋棄（史著五〇八頁同旨）。

六、承認與否之催告

1.遺囑人死亡後，受遺贈人得隨時承認或拋棄遺贈，惟我民法對此並未設有期間之限制，如受遺贈人日久未為承認或拋棄之意思表示，則繼承人及其他利害關係人之權利關係有久不安定之虞。故我民法規定：「繼承人或其他利害關係人，得定相當期限，請求受遺贈人於期限內，為承認遺贈與否之表示」（民一二〇七條前段），俾使有關遺贈之法律關係得以早日確定。

⑴繼承人或其他利害關係人有此催告權。繼承人，謂有履行遺贈義務之繼承人。其他利害關係人，例如遺囑執行人、遺贈義務人之債權人、補充受遺贈人、後位受遺贈人。在繼承人均拋棄繼承或無人承認之繼承，遺產管理人亦屬之。繼承人有數人時，各得單獨為催告（史著一五六頁）。

⑵所定期限是否相當，純屬事實問題，應依客觀的標準決定之，有爭執時，結局由法院判定之。

⑶催告無須特別方式，以書面或言詞為之，均無不可。

⑷催告之受領能力，準用關於意思表示受領能力之規定，蓋此催告性質上為意思通知。從而，受遺贈人為無行為能力人或限制行為能力人者，催告達到其法定代理人時，發生效力（民九六條）。但遺贈為純獲利益之單純遺贈者，可解為催告達到限制行為能力人時，發生效力（參照民七七條但書）。

⑸有疑問者，設繼承人或其他利害關係人定催告期間為二個月而為催告，受遺贈人於一個月後死亡者，其繼承人是否須於剩餘之一個月內為確答？或應自其繼承人知悉其得繼承之時起算催告期間？或應自其繼承人知悉有催告之事實之時起算催告期間？我國學者有主張應自受遺贈人之繼承人自知有催告事實之時，起算催告期間者（史著五〇九頁），惟鑑於繼承人拋棄繼承權之三個月期間係自其知悉其得繼承之時起算（民一一七四條二

項、一一七六條七項)，並為確保繼承人之利益，宜解為應以受遺贈人之繼承人知悉其得繼承之時並知有催告事實之時，為催告期間之起算點(我妻、立石著五八五頁、中川編註釋下八九頁〔舟橋〕、中川著三七七頁、高野著四八一頁)。

2.確答之意思表示應向何人為之？又應以何種方式為之？我民法別無規定。關於確答之意思表示之相對人，依日、韓民法規定，限於遺贈義務人(日民九八七條後段、韓民一〇七七條二項)，其理由謂因承認、拋棄之效力劃一的及於一切利害關係人，故對於催告之確答，應向主要利害關係人為之也(參照中川編注民(26)一五七頁〔阿部〕)。在我民法解釋上，有主張應以遺贈義務人為表示承認與否之相對人(胡著二二三頁)，然愚意，不必限於遺贈義務人，為催告利害關係人之遺囑執行人、遺產管理人，亦不妨為相對人。蓋在我民法以於確答期限內若無表示，則視為承認遺贈，固不必以對於遺贈義務人表示為限也(史著五〇九頁同旨)。至於確答之意思表示，不以方式為必要，用言詞或書面，均無不可。

3.受遺贈人於催告所定相當期限內有明白之表示者，固無問題，若期限屆滿，尚無表示者，則視為承認遺贈(民一二〇七條後段)，蓋以遺贈屬於受遺贈人之權利，受遺贈人原得為拋棄，乃不為確答，則從有利方面推定其有承認之意思，較為妥當故也(胡著二二三頁、羅著二二二頁)。此擬制承認之效力固依法律規定當然發生，然生「承認」之法律效力，與承認相同，應類推適用關於行為能力之規定(史著五〇九頁)。詳言之，①受遺贈人為限制行為能力人者，在純獲利益之單純遺贈，於催告期間內無確答時，雖發生承認之效力，然在附負擔遺贈，則非得法定代理人之允許，其單獨所為承認之確答無效(民七八條)，故除其催告係向法定代理人為之或為法定代理人所知者外，其催告不生效力，受遺贈人逾催告期間，而未為確答，亦不視為承認。②受遺贈人為無行為能力人者，除其催告係向法定代理人為之或為法定代理人所知者外，不問在單純遺贈或附負擔遺贈，其催告均不生效力。其確答非由無行為能力人，而應由法定代理人為之。法定代理人逾催告期間，而未為確答，始視為承認。

七、遺贈承認及拋棄之效力

㈠遺贈承認之效力

1.遺贈之效力，通常於遺囑人死亡時已發生，受遺贈人為遺贈之承認，不過確定維持遺贈之效力耳。遺贈承認後，不得再為拋棄（參照德民二一八〇條一項），其承認亦不得撤回（參照日民九八九條一項、韓民一〇七五條一項）。

2.受遺贈人，自遺贈發生效力時起，取得遺贈物交付、移轉請求權，在特定物之遺贈，由該物所生之孳息亦歸屬於受遺贈人（參照德民二一八四條）。

㈡遺贈拋棄之效力

1.受遺贈人拋棄遺贈者，溯及於遺囑人死亡時視為自始不發生效力（民一二〇六條二項）。蓋若不認其溯及效力，則在遺贈人死亡後迄於受遺贈人拋棄前，所有之權利尚應歸屬於受遺贈人，殊有背於受遺贈人拋棄之本意，並造成計算、移轉之煩難也（羅著二二一頁、胡著二二四頁、史著五一〇頁）。故遺贈一經拋棄，受遺贈人即與自始未受遺贈同。

2.遺贈無效或拋棄時，其遺贈之財產仍屬於遺產（民一二〇八條）。

⑴遺贈無效或拋棄時，其遺贈之財產，依外國立法例，有歸屬於繼承人者（日民九九五條、韓民一〇九〇條）；有歸屬於繼承順序居次之人者（德民二一八〇條三項、一九五三條二項）；亦有歸屬於遺贈義務人者（瑞民五四三條二項），我民法則規定屬於遺產。鑑於不獨法定繼承人，即關於特留分之計算、遺產債務之清償，於遺贈財產亦有攸關，而且在全部繼承人拋棄繼承或無人承認之繼承，則尚無繼承人之可言，自以歸屬於遺產為妥當（史著五一一頁同旨）[42]。

⑵遺囑人於遺囑另有意思表示者，應依其意思（參照日民九九五條但

[42] 「遺贈無效或拋棄時，其遺贈之財產仍屬於遺產」，因屬於遺產，在通常情形固歸屬於繼承人，惟仍屬於「遺產」並不等於仍屬於「繼承人」，學說多謂此係規定「其遺贈之財產仍屬於繼承人」（例如，胡著二二四頁、戴著二七四頁、陳著二八一頁、辛著一八一頁），似有誤會。

書)。須說明者有二：①以同一標的物遺贈於數人（共同受遺贈人），而其中一人或數人其遺贈不生效力或為遺贈之拋棄時，依法、德民法，其應受之部分應按其他共同受遺贈人之應有部分之比例歸屬之(法民一〇四四條、德民二一五八條)，故其他共同受遺贈人之應有部分因此而增加。我民法無此規定，論者謂：「在共同遺贈，多可認為遺贈人有將該遺產置於繼承人之範圍以外之意思。如無反對之意思表示，應解釋其應受之部分，按其他各受遺贈人之應有部分，分屬於其他共同受遺贈人。尤其繼承人全部拋棄繼承或無人承認之繼承，其歸屬於遺產，恐非遺贈人之意思」云云（史著五一二頁)，蓋為的論，愚從之。②遺囑人於遺囑依另一意思表示，以受遺贈人應受之遺贈於無效或拋棄時，應歸屬於他受遺贈人或特定第三人時，係以第一遺贈不生效力為停止條件，而為第二遺贈，其第二遺贈（補充遺贈）應認為有效（我妻、唄著二七九頁、史著五一二頁)，固不待言。

⑶附有負擔之遺贈之受遺贈人，拋棄遺贈時，其遺贈之財產誰屬？依日本民法，應受負擔之利益之人，得自為受遺贈人，但遺囑人於其遺囑另有意思表示者，從其意思（日民一〇〇二條二項)，例如，除遺囑另有意思表示外，於遺囑人甲遺贈一筆土地與乙，而令乙迄於丙死亡時每月給與丙生活費一萬元時，如乙拋棄遺贈者，丙得自為受遺贈人。我民法無規定，學者有採與日民相同之解釋者（羅著二一八頁)，其說謂：於此情形，如仍適用一般之規定，使該遺贈財產仍屬於遺產，歸繼承人之所取得，則不惟使因負擔而受利益之人因意外之事變而完全喪失其利益，亦且不合於遺囑人特別給予以利益之本意；許因負擔而受利益之人得自為受遺贈人，與繼承人之利益無所妨礙，而因負擔而受利益之人事實上亦不致因自為受遺贈人而受過大之利益，蓋在通常情形，如遺贈之價額，遠過於其所應負擔之義務，受遺贈人當不至於拋棄故也云云，然我民法既無明文，自不克為同樣解釋，而應依民法第一二〇八條之規定，解為附負擔遺贈之受遺贈人拋棄遺贈時，遺贈之財產仍屬於遺產（范著一〇三頁、李著一二九頁、戴著二七五頁、陳著二八一頁、辛著一八一頁)。有問題者，此時，遺贈所附之負擔是否失其效力？通說主張：於此場合，如以繼承人為受益人時，其負

擔之義務，自因混同而消滅；反之，如以第三人或一般公眾為受益人時，則所負擔之給付，亦應解為與遺贈財產同時歸屬於繼承人，以免受益人遭受意外之損失（范著一〇三頁、李著一二九頁、陳著二八一～二八二頁、戴著二七五頁、辛著一八一頁）㊸；更有主張：遺贈所附之負擔，不因受遺贈人㊹之失格或拋棄而失其效力，即因其失格或拋棄而取得其部分之遺產者，應負其負擔履行之責（史著五一二頁）。後一主張較為周延，愚從之。此時，受益人縱為遺囑人本人，取得復歸於遺產之遺贈財產者，亦應負履行負擔之義務，以實現遺囑人之遺意。

第七節　特留分

第一項　總　說

一、遺產之處分與特留分制度

特留分制度者，於繼承時，被繼承人必須遺留其遺產之一定部分於其繼承人之制度也。關於遺產之處分與特留分制度之關連，立法上大致有三

㊸ 胡氏謂：「遺贈無效或拋棄時，其遺贈財產固仍屬於繼承人，但在遺贈附有負擔時，繼承人應否履行其負擔，則屬疑問。於此問題，外國法律有以受負擔利益之人，為受遺贈人者（日民第一一〇四條第二項〔按係舊法〕），依此規定，繼承人既為受負擔利益之人，自應履行其負擔，我民法無明文規定，余以為解釋上應屬相同。此因負擔與遺贈有牽連關係，享受遺贈之人，即履行負擔之人，是為當然也」，並直指：羅氏採同說，范氏則持異說（胡著二二四～二二五頁）。學者因此而認為胡氏與羅氏均採與日民相同之解釋（戴著二七五頁、史著五一三頁）。惟核對兩者之所述，不難發見兩說之出入頗大。依愚所理解，羅氏採與日民相同之解釋，應無疑義，而胡氏則明認此時其遺贈財產仍屬於繼承人，並主張繼承人應履行其負擔，因負擔與遺贈有牽連關係，享受遺贈之人，當然即履行負擔之人，可見其說與通說似無不同。然胡氏謂依日民此項規定，繼承人既為受負擔利益之人，自應履行其負擔，則似有誤會。總之，胡氏誤解日民之此項規定及羅氏之見解在前，嗣學者又誤解胡氏之見解在後也。

㊹ 史著書為遺贈義務人，應為筆誤。

種立場（參照中川編注民㉖三三五頁以下〔中川（淳）〕）：

1.被繼承人得以遺贈或其他方法自由處分其全部遺產之立場（自由處分主義、遺囑自由主義）：英國法徹底採用遺囑自由原則，不認有特留分制度（惟自一九三八年 The Inheritance (Family Provision) Act 以來，已賦予一定遺族 (dependants) 即生存配偶、未婚之女、未成年之子及其他因身心障礙而不能自立生活之子或女， 以向法院請求由遺產中支付相當扶養費之權利）。又，在法制史上，羅馬法之民會遺囑、銅衡遺囑，均無特留分之問題存在。羅馬古法所以承認遺囑自由，並非基於個人主義的思想，乃是為防止家產之分散以維持其家而許家長得自由以遺囑指定繼承人也。

2.禁止被繼承人處分其遺產，而使其遺產歸繼承人取得之立場（禁止處分主義）：在日耳曼法，家產屬於家父與家屬之公同共有，家父之財產處分權受卑親屬之繼承期待權所拘束。然其後漸認家父就一定部分之遺產有處分權，遂而認有所謂自由分權。

3.被繼承人於無害於繼承人特留分之限度內得自由處分其遺產之立場（限制處分主義、特留分主義）：於此立場，有承襲後代羅馬法之義務分 (legitima) 思想者與屬於發展日耳曼法而來的法國習慣法之特留分 (réserve) 系統者。近代法上之特留分制度大致均屬於此二者中之一系統，雖然皆未保持其原貌。

二、特留分制度之沿革

㈠羅馬法

羅馬在十二銅表法時代，遺囑制度已逐漸普及，到紀元前二世紀，遺囑繼承已成為原則，迨至共和制末期，道義頹廢，遺囑之自由輒被濫用，竟有近親反而不得繼承之現象，爰自對於近親之慈愛義務及經濟的扶養之觀點，而創出義務分 (legitima pars) 之制度。即，遺囑人之尊親屬、卑親屬及同父母兄弟姊妹，於其由遺囑所受財產額未達義務分（應繼分之四分之一）時，得向指定繼承人提起不倫遺囑之訴 (querela inofficiosi testamenti)，撤銷其遺囑以回復其法定應繼分。此義務分，係基於倫理感，對於遺囑自由之限制，從而享有此權利者，並非基於法定繼承人之資格，而是由於一定近親之關係。優帝法上，除全然未受分文時而外，義務分權利人所受財產額不足義務分時，僅得提起義務分補充之訴 (actio ad supplendam legitimam)，向指定繼承人請求義務分之補充。此補充請求權係對於義務分不足額之支付之人的請求權（債權的請求權），對遺囑之效力不生影響。此外，並提高義務分之額數，於法定繼承人在五人以上時為法定應繼分之二分之一，在四人以下時為三分之一，新敕法第一一五號更規定其為必然繼承人之尊親屬、卑親屬僅基於法定之廢除理由始得由繼承被廢除，如被遺漏或無法定理由而被廢除時，得依不倫遺囑之訴，對指定繼承人請求其法定應繼分；然其他遺囑處分為有效，雖被指定為繼承人但所得義務分不足時，則得依義務分補充之訴，僅請求其不足額。關於兄弟姊妹，新敕法第一一五號則毫未觸及。此義務分補充之訴之制度，被德國民法及奧國民法所繼受。

源於羅馬法之特留分制度，乃義務分制度。此制度以遺產自由處分為基礎，認許被繼承人依遺囑指定繼承人，亦即以遺囑繼承主義為其出發點。其以一定財產保障近親之方法，並不依繼承權之形式的保障方式，而依給與一定數額之金錢債權之方式為之。被繼承人得以遺囑自由處分其遺產，其處分行為縱令超過義務分，仍為有效，義務分權人僅以對於指定繼承人之金錢債權而受保障。易言之，義務分權人非以繼承人之資格，而是以被繼承人之近親之資格，對於指定繼承人，請求其法定應繼分之代價而受保護耳。

㈡日耳曼法

日耳曼法上，家產屬於家父與家屬之公同共有，到法蘭克時代，被認為係繼承期待權，家父之財產處分權為卑親屬之繼承期待權所拘束，家父不得對於財產為遺囑處分。其後受羅馬法影響，尤其因教會獎勵施捨結果，始承認遺囑處分。然在日耳曼法上，家產制度根深蒂固，為維持家之存續，必須將主要財產保留於法定繼承人之手中，使被繼承人之遺產處分權，不得不限於該主要財產以外之一定數額，此即日耳曼法所謂自由分權 (Freiteilrecht)。故其所謂特留分，不外為扣除自由分後剩餘之財產。申言之，日耳曼法之特留分制度，係由於從家解除財產之拘束（財產原固著於家）而產生，故特留分權利人不得不限於繼承人，非繼承人不得請求特留分。然如為繼承人，則縱非近親，仍為特留分權利人。又，其特留分為不得自法定繼承人剝奪之繼承財產之一部，從而惟繼承人保有特留分，特留分被侵害時，得依扣減而取回現物。日耳曼法此種思想，成為法國習慣法區域之特留分 (réserve) 制度，而為法國民法所吸收，並為瑞士民法所繼受。

日耳曼法之特留分，係以被繼承人之財產屬於家之觀念為基礎，認為財產應由家屬承繼，被繼承人不得以遺囑自由處分，亦即以法定繼承主義為其出發點。被繼承人僅就遺產上之一定部分有為遺囑處分之自由，對其家屬之特留財產，則依被繼承人得自由處分而被減縮之繼承權保障之。申言之，此特留分制度，係對法定繼承人，於全部遺產之一定部分上保障其繼承權。被繼承人不得處分該一定部分之財產，否則被侵害人得扣減之。所謂特留分權為不可侵之繼承權，即此意義。

㈢我國法

1. 我國過去採取家產制度，法律上並無特留分制度，大清民律（繼承編）草案（八三條至九五條）始參考日本民法舊繼承編，導入特留分（稱為特留財產）制度，第二次民律草案（一四八九條至一五〇九條）承襲之。前大理院判例亦承認特留分，例如，「遺產之給與親女，不得超過嗣子所應承受之額數，且不得害及嗣子之生計」（五年上字六六一號）；「所繼人應留相當財產，俾子得維持生計」（七年上字一〇四六號）；「被繼承人或守寡老婦不得以其財產或遺產全部遺贈或捐施於他人」（八年上字七三七號）；民國一〇年更判示「所繼人只應於不害及應繼遺留分之限度內為處分之行為」（同年上字七二三號），其所謂「應繼遺留分」者，即茲所謂特留分也。

2. 民國民法特設特留分制度，大體上採取日耳曼、法蘭西型特留分制度（范著五七頁、李著一二九頁、戴著二七七頁、史著五五八頁）。此觀其用「特留分」文字，即可窺其一斑。

⑴我民法採取法定繼承主義（新法並廢除指定繼承人制度），對於一切之法定繼承人，皆與以特留分，法定繼承人係以繼承人之資格而享有特留

分，法定繼承權為特留分之基礎，從而喪失繼承權或拋棄繼承權之繼承人，縱為骨肉至親，亦無特留分權。

⑵我民法上，特留分權人係以繼承人之資格而享有特留分權，故特留分權具有繼承權之性質。

⑶我民法上，特留分係以繼承人應繼分之一定比例而定其數額，可謂係繼承人所應受之最小限度之法定應繼分，故特留分係遺產之一部分，並存於遺產本身之上。

⑷我民法之特留分既係遺產之一部分，並存於遺產本身之上，則特留分被侵害時，請求返還之對象原則上應為遺產之現物。

⑸然另一方面，我民法上特留分扣減之標的，僅限於死後處分，故我民法之特留分制度，僅限制被繼承人之死後處分而已。由此觀之，我民法之特留分制度，亦可謂為對被繼承人遺囑自由加以限制，以保護法定繼承人（近親）之制度（戴著二七七頁）。再者，我國家產繼承之觀念已趨淡薄，特留分制度之機能已由家產之維持轉化為遺族生活之保障，故因扣減而生之返還請求對象，解釋上不妨傾向於價額返還主義。職是，我民法之特留分制度亦不無帶有羅馬、德意志型特留分制度的色彩。

3. 最後須一言者，我民法關於特留分之規定，僅寥寥三條而已，在比較法上堪稱最為簡陋，在適用上難免捉襟見肘，亟待依解釋以補充其不備；而我民法上特留分扣減之標的，又僅限於死後處分，而不及於生前贈與，對於特留分權人之保護，有名而無實，在比較法上亦不無相形見絀之憾，而有待將來修法改進也。

三、特留分制度之存在理由

特留分之概念，就廣義而言，乃被繼承人必須保留一定比例之財產於其繼承人之制度。在近代個人主義的法制下，基本上必須承認遺囑自由之思想，准許個人得以遺囑自由處分其遺產，惟其反面，就一定限度之財產不認有處分之自由，而應保留於近親之家族主義的思想，亦根深蒂固，而且自社會政策的考慮，亦有禁止個人處分一定財產而將之遺留於其繼承人以保障其生活之必要。近代特留分制度之重點，即在於給與被繼承人之共同生活者或期待其死後仰靠其財產者一定之特留財產，以為生活之保障。

關於特留分制度之存在理由，綜合我國學說，有下列三點：

⑴基於道義人情之要求

設有人焉，有直系卑親屬、直系尊親屬、配偶及兄弟姊妹之近親，依法應為其繼承人，卻將其遺產全部或大部分遺贈於他人，不免不近人情，違背義理（李著一二九頁、羅著二五一頁、戴著二七八頁、陳著二八二頁、陳著問題四三五頁、史著五五六頁）。

⑵基於近親扶養之要求乃至社會利益之保護

素由被繼承人受扶養之近親，倘因被繼承人死後處分而不獲一物，則生活頓失憑藉，反而需仰靠其他親屬扶養，或國家、社會救濟，勢將累及國家、社會；反之，如能承受一定之特留分，則得因特留分之取得而成為有獨立生活能力之社會一員，此直接或間接亦為社會全體之利益（陳著問題四三五頁、史著五五六頁、李著一二九頁、羅著二五二頁、戴著二七八～二七九頁）。

⑶基於家制維持之要求

我民法尚承認家制，特留分制度仍兼有保障家族生活及維持其家之意義（史著五五六頁、陳著問題四三七頁）。

惟須注意，在我民法，個人以生前行為將其全部財產為如何之處分均屬無妨，而生前贈與又不為特留分扣減之標的，則應無不許被繼承人以死後行為自由處分其全部遺產之理。然我民法採取法定繼承主義，明定死者之遺產必須由法定繼承人所承繼，倘貫徹財產處分之自由，勢必因被繼承人之恣意而致法定繼承制度根本摧毀。惟為繼承人而限制財產處分之自由，在古代、中世紀姑且勿論，在近代社會到底不能承認。如因隨時均可能開始之繼承而限制財產處分之自由，必然威脅自由經濟交易之安全。然被繼承人之遺產處分權如毫無限制，又何以保護繼承人之繼承利益？因而，近代法上特留分制度可謂係私有財產制度下財產處分自由之要求與法定繼承主義下繼承人繼承利益之保護兩者妥協、調和的產物（參照中川著大要下三一三頁以下、高野著五一三頁以下），殊值注意。

四、特留分之性質

日耳曼、法蘭西型特留分制度，以特留分為遺產之一部分，非繼承人不得享有之，特留分被侵害時，返還之對象，以現物為原則；反之，羅馬、德意志型特留分制度，以特留分為特留分權人對於繼承人之金錢債權，惟被繼承人之一定近親享有之，特留分被侵害時，返還對象為金錢，而非遺產本身，已如前述。此兩主義以何者為優？德國民法，採取完全的金錢返還主義，對於利害關係人不因遺產之現物分割而帶來不安與不便，尤其能使繼承人得保有大耕地、大工廠及其他重要財產之利益，此其優點也。然遺產除遺贈而外，非繼承人不得繼承，有特留分權之人限於繼承人，從而以特留分視為遺產之一部分，為當然之理，雖因此而導致現物分割對於利害關係人帶來不安與不便，亦為不得已之事（史著五五七頁）。而在我民法雖未如日、瑞民法，設有直接承認依價額補償之明文（日民一〇四一條一項：「受贈人及受遺贈人，得於應受扣減之限度內，對特留分權利人，補償贈與或遺贈標的之價額，以免返還之義務」；瑞民五二六條：「以非毀損其價值不能分割之個物為遺贈，而該遺贈將受扣減時，受遺贈人得補償超過價額而請求其物，或請求其可得處分部分之價額以代其物」），然解釋上，如因現物分割而減少遺產之價值時，不妨由當事人協議，以定其現物之歸屬，而由一方補償差額於他方，如當事人不能為協議時，為尊重遺囑人之意思，以由受遺贈人保持現物，而支付差價於繼承人為妥（史著五五八頁）。果如此解釋，則因遺產之現物分割所生之困擾，亦可迎刃而解矣！

我民法關於特留分，係採日耳曼、法蘭西型，以特留分為繼承開始時，必須保留於繼承人之遺產之一部分，申述如次：

1. 特留分為繼承人於繼承開始後所享有之特權

⑴特留分，非繼承人不得享有之。繼承人而喪失繼承權或拋棄繼承權者，均無特留分權（胡著二五八頁、李著一三〇頁、戴著二七九頁、陳著二八六頁、史著五五八頁）。然繼承人承認繼承者，則不問其為單純承認或限定承認，均有特留分權（范著五八頁、胡著二五八頁、李著一三〇頁、戴著二七九頁、陳著二八六頁、史著五七六頁）。在新法，則應解為衹要是

繼承人，不問其為限定責任繼承或法定單純承認繼承，均有特留分權。

⑵法定繼承人，在繼承開始前，並無現實之特留分權（羅著二五五頁、李著一三〇頁、戴著二七九頁、史著五七六頁），蓋繼承人為何人，於繼承開始前，固不克確定；又特留分數額究為若干，非俟繼承開始之際不能算定故也（李著一三〇頁、陳著二八六頁）。

⑶承受特留分為繼承人之權利，而非義務，繼承人不獨得拋棄繼承而不承受特留分，即令特留分被侵害時，亦可不行使其扣減權（范著五九頁、李著一三〇頁、陳著二八六頁、史著五五九頁）。

2. 特留分為必須保留於繼承人之遺產之一部分

⑴所謂遺產之一部分，並非指被繼承人遺產中之某特定財產而言，僅係遺產中之一定數額而已（羅著二五三頁、范著五八頁、李著一三〇頁、戴著二七九頁、陳著二八六頁）。其一定數額，依法律規定，以繼承人應繼分一定比例定之（民一二二三條）。故被繼承人，固須特留一定數額財產於繼承人，但於全部遺產中，究以何種財產，遺留於繼承人，則完全屬於其自由（李著一三〇頁、戴著二七九頁、陳著二八六頁）。

⑵特留分既係遺產之一部分，而存在於遺產本身之上，則扣減被繼承人所為之遺贈時，受遺贈人應返還之財產，以現物為原則（參照日民一〇三六條）（史著五五九頁）。

3. 特留分為不得以死後處分，減損繼承人一定比例應繼分之權利

⑴特留分為繼承人所應受之最低限度之法定應繼分，特留分因被繼承人所為遺贈（民一二二五條）、應繼分之指定（包括遺產分割之指定）或可與遺贈同視之死因贈與及為第三人之無償的死因處分而被侵害時，特留分權利人得行使扣減權。

⑵對於債權人之權利行使，繼承人不能主張特留分，故被繼承人所遺債務，超過積極財產時，繼承人亦不能主張特留分（范著五八頁、李著一三〇頁、戴著二八〇頁、陳著二八七頁）。

五、特留分之拋棄

1. 特留分為繼承人最低限度之繼承利益，如許任意拋棄，未免無視繼

承人之利益，然過於尊重繼承人之利益而任意限制被繼承人之遺產處分自由，而使侵害特留分之遺贈或死因贈與當然歸於無效或視為撤銷，則顯然有害交易之安全。因此，民法尊重被繼承人之遺產處分自由並考慮交易安全，不以侵害特留分之遺贈或死因贈與為當然無效或視為撤銷，而仍以其為有效，僅使其服於繼承人之扣減權而已。

2. 特留分為繼承人之權利（個人的財產權），而非其義務，自許拋棄，殆無問題，然是否得在繼承開始前為拋棄？則不無疑問。在德、瑞民法，如同繼承，得以與被繼承人之拋棄契約為拋棄（德民二三四六條二項、瑞民四九五條）。日本民法新法為防止農地細分特規定「繼承開始前特留分之拋棄，以經家庭裁判所之許可者為限，始生效力」（日民一〇四三條）。我民法無規定，解釋上在繼承開始前不得拋棄（戴著二八一頁、史著五九二頁、陳著問題四九三頁），蓋我民法無積極之明文；而繼承開始前，尚無現實之繼承權，亦無現實之特留分權；且繼承權不許於繼承開始前拋棄，則特留分權自亦不許於繼承開始前拋棄故也。

3. 繼承開始後之拋棄，特留分權利人自可自由為之。①特留分之拋棄，以向受扣減之人，以意思表示為之為已足（戴著二八一頁），不須任何方式（史著五九二頁）。②特留分權利人如明知其特留分被侵害，而仍為遺贈之履行者，可認為特留分權利之拋棄（戴著二八一頁、史著五九二頁）。③繼承人拋棄繼承時，當然亦拋棄特留分，然拋棄特留分並非即拋棄繼承，故拋棄特留分者，仍不失為繼承人（史著五九二頁）。④繼承開始後，扣減權已個別的、具體的發生，其拋棄應對特定處分行為之相對人為之，但為全部或一部之拋棄，均屬無妨（陳著問題四九三頁、史著五九二頁）。

4. 拋棄之效力：①特留分權人拋棄特留分者，其特留分於拋棄之範圍內消滅。然特留分權人中一人所為特留分之拋棄，對其他特留分權人之特留分不生影響（參照日民一〇四三條二項），其他特留分權人之特留分並不因此而增加。蓋我民法之特留分，係個別的就各特留分權人之應繼分比例定之之故。即特留分權人為拋棄時，其反射結果僅被繼承人得自由處分之部分因而增加而已。②特留分權人中一人拋棄特留分，其他特留分權人並不視同為拋棄，而仍保有特留分權。

5.對於被繼承人各處分行為之扣減權之拋棄，對其他處分行為不生影響。然在我民法，受遺贈人有數人時，應按其所得遺贈價額比例扣減（民一一二五條後段），故對於其一人扣減權之拋棄，於其一人應扣減之部分，對於其他受遺贈人亦生效力，即，不得就該拋棄之部分，再轉嫁於其他受遺贈人而為扣減（史著五九二頁）。

第二項　特留分權利人及特留分之比例額

一、特留分權利人

㈠外國立法例

1.法國民法僅對於直系卑親屬與直系尊親屬，認有特留分（法民九一三條至九一五條），而對於旁系親屬及配偶則否（法民九一六條）。法民以特留分為遺產之一部分，如拋棄繼承權，則不得以訴請求特留分。

2.德國民法對於直系血親卑親屬、父母及配偶，認有特留分（德民二三〇三條），對於祖父母、曾祖父母及其他親屬，則否。訂有拋棄繼承契約（德民二三四六條、二三四九條）、受繼承權喪失之宣告（德民二三四四條、二三四五條）、被剝奪特留分權者（德民二三三三條），均不認有特留分權。

3.瑞士民法對於直系血親卑親屬、父母、兄弟姊妹及配偶，均認有特留分（瑞民四七〇條），但許各州廢止兄弟姊妹之特留分請求權或將此請求權擴張至兄弟姊妹之直系血親卑親屬（瑞民四七二條）。繼承人對被繼承人或其近親犯重罪者，或繼承人對被繼承人或其親屬中之一人，違反其所負親屬法上之義務，而情節重大者，被繼承人得依死因處分，剝奪繼承人之特留分（瑞民四七七條）。

4.奧國民法對於子女、孫子女、曾孫子女、父母、祖父母、曾祖父母，認有特留分（奧民七六二條、七六三條）。拋棄繼承權，依法應排除其繼承權，或經被繼承人合法剝奪其繼承權者，不得主張特留分（奧民七六七條）。

5.日本民法以被繼承人之直系卑親屬、配偶及直系尊親屬為特留分權利人，而不及於兄弟姊妹（日民一〇二八條）。繼承人缺格者、被廢除者、拋棄繼承者，均無特留分權。

6.韓國民法以直系卑親屬、配偶、直系尊親屬及兄弟姊妹為特留分權利人，而不及於旁系血親（韓民一一一二條）。對於繼承人缺格者及拋棄繼承者，不認有特留分權。

㈡我國法

在我民法，法定繼承人全部，即被繼承人之直系血親卑親屬、父母、兄弟姊妹、祖父母及配偶，均為特留分權利人（民一二二三條）。直系血親卑親屬，包括胎兒及代位繼承人。喪失繼承權者及拋棄繼承權者，均無特留分權。

二、特留分之比例額

㈠外國立法例

外國立法例就特留分之比例額，有採全體特留主義者，有採各別特留主義者，分述之如次：

1.全體特留主義

依此主義，其特留之部分係為有特留分權之繼承人全體保留，特留分之比例額，就遺產全部若干分之幾而為規定。採此主義者，例如：

⑴在法國民法，繼承人僅婚生子女一人時，被繼承人得處分之財產為全部遺產二分之一；有二人以上時，為三分之一（特留分財產為三分之二）；有三人以上時，為四分之一（特留分財產為四分之三）。非婚生子女經認領者，有特留分，其特留分為其人如為婚生子女時應取得特留分之一定比例，按無遺囑繼承對於非婚生子女應給與之部分與在同一情形應給與婚生子女之部分之比例計算之（法民九一三條二項）。即僅非婚生子女為繼承人時，其繼承權與婚生子女同（法民七六〇條），其特留分亦然。①與婚生子女同為繼承時，在無遺囑繼承，法定應繼分之比例，非婚生子女為婚生子女應繼分二分之一（法民七五八條），其特留分亦同。即婚生非婚生子女各一人時，婚生者三分之一，非婚生者六分之一；婚生者二人，非婚生者一人時，婚生者四分之一，非婚生者八分之一。婚生者一人，非婚生者二人時，婚生者四分之一，非婚生者八分之一。②與直系尊親屬同為繼承時，只有非

婚生子女一人時，得處分之財產為二分之一；有二人時為三分之一（即特留分財產為三分之二）；有三人以上者為四分之一（即特留分財產為四分之三）。如此特留分之財產，其中以全部遺產八分之一為限度，由直系尊親屬承受，其餘歸非婚生子女承受（法民九一五條）。③與旁系血親同為繼承時，非婚生子女與特權旁系即兄弟姊妹同為繼承時，此時非婚生子女之應繼分為全部遺產四分之三（法民七五九條），婚生子女則排除特權旁系而單獨繼承。從而，此時其比例，非婚生子女為婚生子女四分之三。在婚生子女之特留分，只有一人時為遺產二分之一；有二人時為三分之二；有三人以上時為四分之三；非婚生子女則更為其四分之三，故非婚生子女為一人時則為八分之三（$\frac{1}{2}\times\frac{3}{4}$）；有二人時則為十二分之六（$\frac{2}{3}\times\frac{3}{4}$），每人為十二分之三；有三人時則為十六分之九（$\frac{3}{4}\times\frac{3}{4}$），每人為十六分之三。④被繼承人無子女，父系或母系各有一人或數人之直系尊親屬時，得處分之財產為二分之一；父系或母系只一方有直系尊親屬時，為四分之三（即特留分為四分之一），為直系尊親屬如此特留之財產，依法律所定之順序由在其親等之人承受。直系尊親屬雖依與旁系血親屬共同應行遺產分割，不能受取相當自己特留分之財產額，仍不喪失此特留分之請求權（法民九一四條）。無直系尊親屬及直系卑親屬時，遺產全部得自由處分（法民九一六條）。

⑵在日本民法，僅直系卑親屬為繼承人時，或直系卑親屬與配偶為繼承人時，為被繼承人財產二分之一；其他情形，為被繼承人財產三分之一（日民一〇二八條）。所謂其他情形，即僅直系尊親屬為繼承人時，為被繼承人財產三分之一；配偶與直系尊親屬同為繼承人時，亦為被繼承人財產三分之一；配偶與兄弟姊妹同為繼承人時，僅配偶為被繼承人財產三分之一，兄弟姊妹為零；僅配偶為繼承人時，亦為被繼承人財產三分之一。上述情形，有數繼承人時，其數人為一團，分別為被繼承人財產二分之一或三分之一。

2. 各別特留主義

依此主義，其特留之部分係為有特留分權之繼承人各別保留，其計算係就各繼承人應繼分幾分之幾而為規定。採此主義，例如：

⑴在德國民法，不問被繼承人之直系卑親屬，父母、配偶，均為其應繼分二分之一（德民二三〇三條）。

⑵在瑞士民法，直系卑親屬各為其法定繼承請求權（應繼分）四分之三；父母各為二分之一；兄弟姊妹各為四分之一；配偶與其他法定繼承人同為繼承時，為其請求權（應繼分）之全部；為單獨繼承時，為其應繼分二分之一（瑞民四七一條）。

⑶在奧國民法，子女（包括孫子女及曾孫子女），各為其應繼分二分之一（奧民七六五條）；直系尊親屬（父母、祖父母、曾祖父母），各為其應繼分三分之一（奧民七六六條）。

⑷在韓國民法，直系卑親屬為法定應繼分二分之一；配偶為二分之一；直系尊親屬為三分之一；兄弟姊妹為三分之一（韓民一一一二條）。

以上兩種主義，結果大不相同，其中最顯著者，有特留分權之繼承人中有一人喪失繼承權者，依全體特留主義，則其特留分即歸其他享有特留分之繼承人，不影響被繼承人自由處分之部分。反之，在各別特留主義，則其特留分歸入被繼承人自由處分之部分，不影響其他特留分權利人。此兩種主義，以各別特留分主義較為允當，我民法採之。

㈡我國法

我民法採取各別特留主義，惟就各別特留分之比例，不採德國民法之均等主義，而採瑞、奧民法之差等主義，依繼承人與被繼承人關係之親疏遠近而設有差別，欲知其特留分如何，須先知其應繼分如何，始得具體算定之。

1. 直系血親卑親屬、父母及配偶為其應繼分二分之一。

⑴直系血親卑親屬

除本位繼承外，尚包括代位繼承。①在本位繼承，例如，被繼承人僅遺有子女甲乙丙三人，則甲乙丙之應繼分各為遺產三分之一，其特留分為其三分之一的二分之一，即各為遺產六分之一。②在代位繼承，代位繼承人之應繼分，以被代位人之應繼分為其應繼分，例如，被繼承人僅有子女甲乙丙三人，甲已先死亡，而遺有一子丁一女戊（被繼承人之孫子女）時，則乙丙之應繼分各為遺產三分之一，其特留分為其三分之一的二分之一，即各為遺產六分之一，甲之應繼分（遺產三分之一），由丁戊代位繼承，其應繼分各為甲的三分之一的二分之一，即各為六分之一，其特留分各為六分之一的二分之一，即各為遺產十二分之一。③倘上例甲乙丙於繼承開始前俱已死亡，甲遺有一子丁，乙遺有一子戊一女己，丙無子女，於此情形，如認應由次順序繼承人（孫輩）基於固有之繼承權繼承之者（民一一三九條）（持此立場者，例如，戴著五九頁、六〇頁、史著八〇頁、林菊枝〈論我國民法上之代位繼承〉《政大法學評論》二三期二三二頁、戴東雄〈代位繼承〉《法學叢刊》一〇四期三一頁），則被繼承人之遺產由丁戊己三人平均繼承，其應繼分各為遺產三分之一，其特留分各為其三分之一的二分之一，即各為遺產六分之一；如認於此情形仍應由孫輩代位繼承者（持此立場者，例如，陳著四五頁、五八頁註二、前司法行政部五九年一二月一七日台五九函字九一三號函，載《民事法令彙編》二四〇頁、郭教授本書前述），則甲之應繼分（遺產二分之一），由丁代位繼承，其特留分為二分之一的二分之一，即為遺產四分之一，乙之應繼分（遺產二分之一），由戊己代位繼承，其應繼分各為乙的二分之一的二分之一，即各為四分之一，其特留分各為四分之一的二分之一，即各為遺產八分之一。

⑵父　母

①父母單獨為繼承時，其應繼分各為遺產二分之一，其特留分各為其二分之一的二分之一，即各為遺產四分之一。②僅父或母為繼承時，其應繼分為遺產全部，其特留分為遺產二分之一。③父母與配偶同為繼承時，其應繼分各為遺產四分之一，其特留分為其四分之一的二分之一，即各為遺產八分之一；僅父或母與配偶同為繼承時，其應繼分為遺產二分之一，故其特留分為遺產四分之一。

⑶配　偶

①配偶單獨為繼承時，其應繼分為遺產全部，其特留分為遺產二分之一。②與被繼承人之直系血親卑親屬同為繼承時，其應繼分與他繼承人平均。例如，甲遺有妻及子女三人，則妻之應繼分為遺產四分之一，其特留分為四分之一的二分之一，即為遺產八分之一。③倘與前⑴③例之人同為

繼承時，如認應依固有順位繼承者，則被繼承人之遺產，由妻與丁戊己平均繼承，則妻之應繼分為遺產四分之一，從而其特留分為遺產八分之一；如認應代位繼承者，則妻之應繼分為遺產三分之一，從而其特留分為遺產六分之一。④與被繼承人之父母或兄弟姊妹同為繼承時，其應繼分為遺產二分之一，因而其特留分為遺產四分之一。⑤與被繼承人之祖父母同為繼承時，其應繼分為遺產三分之二，因而其特留分為遺產六分之二。

2. 兄弟姊妹、祖父母之特留分，為其應繼分三分之一。

⑴兄弟姊妹

①如被繼承人遺有兄弟姊妹各一人，而無直系血親卑親屬、父母及配偶時，則其應繼分各為遺產四分之一，其特留分各為四分之一的三分之一，即各為遺產十二分之一。②如僅遺有兄弟或姊妹二人，則其應繼分各為遺產二分之一，因而其特留分各為遺產六分之一。③與配偶同為繼承，如兄弟姊妹有四人，則其應繼分各為遺產八分之一（配偶之應繼分為遺產二分之一），因而其特留分各為遺產二十四分之一；如僅有二人，則其應繼分各為遺產四分之一，因而其特留分各為遺產十二分之一；如僅有一人，則其應繼分為遺產二分之一，因而其特留分為遺產六分之一。

⑵祖父母

①祖父母單獨為繼承時，如父系母系祖父母均存在時，則其應繼分各為遺產四分之一，因而其特留分各為遺產十二分之一。②如父系父母或母系父母已不存在，或父系或母系之父或母已不存在時，其應繼分各為遺產二分之一，因而其特留分各為遺產六分之一。③與配偶同為繼承時，如父系母系父母均存在時，則其應繼分為遺產十二分之一（配偶之應繼分為遺產三分之二），因而其特留分各為遺產三十六分之一；如僅有二人存在時，則其應繼分各為遺產六分之一，因而其特留分各為遺產十八分之一；如僅一人存在時，則其應繼分為遺產三分之一，因而其特留分為遺產九分之一。

第三項　特留分之算定

一、總　說

1. 民法第一二二三條僅規定法定繼承人之抽象的特留分之比例，故欲算定其具體的特留分之數額，必須先計算特留分之基本數額，而後算定繼承人之應繼分數額，最後依特留分之比例，算定繼承人之特留分數額。

2. 依民法第一二二四條規定，特留分由第一一七三條算定之應繼財產中，除去債務額，算定之。亦即，將被繼承人之生前特種贈與額加入繼承開始時被繼承人之實際的積極財產，為應繼財產，然後除去債務額，以算定特留分。

二、特留分基本數額之算定

㈠繼承開始時現存積極財產之價額

1. 被繼承人死亡時所有之財產，亦即，繼承人所承繼之積極財產，除一身專屬權，不得為繼承之標的外，其他一切財產，不問其為物權、債權或無體財產權，凡得以金錢估計價值者，皆算入積極財產。

2. 被繼承人對於繼承人之債權亦應算入，土地徵收之補償金，亦屬於積極財產。

3. 被繼承人所為遺贈及可與遺贈同視之死因贈與之標的財產，當然包含於積極財產之中，故無須另行算入。

4. 為第三人之無償的死因處分，實質上亦與遺贈相同，故亦應算入積極財產。例如，出賣人與買受人約定於出賣人死亡時，買受人將價金支付於第三人；存款人與銀行約定於存款人死亡時，銀行將存款支付於第三人。此等價金、存款亦應算入積極財產（參照日民五五四條）（史著五六六頁同旨）。

5. 關於人壽保險之保險金額，依保險法規定，如死亡保險契約未指定受益人者，則作為被保險人遺產（保一一三條）；如約定於被保險人死亡時給付於其所指定之受益人者，則不得作為被保險人之遺產（保一一二條）。

6. 附條件之權利或存續期間不確定之權利，是否應算入積極財產？學者間雖有主張如為附停止條件或始期之權利，固須算入，如為附解除條件或終期之權利，則不必算入（胡著二五二頁），但通說不作此區別，而認為皆應算入（戴著二八四頁、史著五七〇頁、戴著繼承一六三頁），應以通說為可採。

㈡生前特種贈與之價額

1. 民法第一一七三條第一項規定：繼承人中有在繼承開始前因結婚、分居或營業，已從被繼承人受有財產之贈與者，應將該贈與價額加入繼承開始時被繼承人所有之財產中，為應繼遺產。申言之：①僅共同繼承人所受之特種贈與，始須算入，故對於繼承人以外之第三人所為之贈與，並不包括在內（羅著二六三頁、范著六三頁、戴著二八五頁、史著五六六頁、陳著二八九頁）。②應算入之贈與，僅以上述特種贈與為限，其他目的之贈與則不及之。③被繼承人於贈與時有反對之意思表示者，亦不得算入（民一一七三條一項但書）（胡著二五三頁、羅著二六四頁、范著六二頁、戴著二八五頁、陳著二九〇頁、史著五六六頁）。④苟為生前特種贈與，不問其贈與日期之遠近，均應算入（胡著二五三頁、戴著二八五頁、陳著二九〇頁、史著五六六頁）。⑤生前特種贈與雖應算入應繼財產之內，但不為特留分扣減之標的（二一年院字七四三號、羅著二六六頁、胡著二五六頁、李著一一三頁、戴著二八五頁、史著五六六頁。但陳教授主張得為扣減之標的：陳著一三九頁以下、二九一頁，後詳）。

2. 關於應加算之贈與，在比較法上，我民法上之規定，可謂是異例。例如，依日本民法，不問何種贈與，均應加算（日民一〇二九條一項），但以繼承開始前一年間所為之贈與為限，始予算入，惟如當事人雙方明知對特留分權利人加以損害而於一年前贈與者，仍應算入（日民一〇三〇條）；韓國民法與日本民法雷同（韓民一一一三條一項、一一一四條）；依德國民法，亦不問何種贈與，均應加算（德民二三二五條一項），但於繼承開始時其贈與標的物之給付已逾一〇年以上者，則不加算，對於配偶所為之贈與，於婚姻關係消滅時此期間不進行（德民二三二五條三項），對於履行道德上義務或合於禮儀上考慮所為之贈與，亦不算入（德民二三三〇條）；依瑞士民法，為供婚嫁立業之資財或財產讓與所為之給與，可認為應繼分之預付，而無須補償者、因拋棄繼承權所受補償及因出賣繼承權所受金額、得自由撤回之贈與、於死亡前五年內所為慣例上以外之贈與、被繼承人顯然以迴避處分限制為目的所為之財產讓與，均與死因處分同受特留分之扣減（瑞民五二七條）；依法國民法，生前贈與或死因贈與，超過得自由處分財產額者，於繼承開始時扣減至其定額（法民九二〇條）。大清民律（繼承編）草案，亦規定不問何種贈與，均應算入，但贈與係在六個月以前，贈與人及受贈人均無惡意者，不得算入（八四條一項），此項規定為第二次民律草案第一四九三條第一項所承繼。前法制局繼承法草案亦規定在繼承開始前一年內所為之贈與須算入，如贈與人及受贈人均係惡意，則雖一年前之贈與仍應算入，但以自贈與時起尚未滿三年者為限（六〇條）。現行民法捨一般立法例而創此特例，對於特留分權之保護，有欠周密，向為學者所詬病（郁著九三頁、羅著二六三頁、范著六三頁、胡著二五三頁、戴著二八五頁）。其最可訾議者有二：其一，被繼承人以死因處分將其全部或大部分遺產遺贈於他人時，繼承人固有扣減權，然如以生前處分，將其全部財產贈與他人時，繼承人並無任何救濟方法，致特留分之規定，形同虛設；其二，對繼承人所為之特種贈與，既須算入應繼財產，然對繼承人以外之第三人如為特種贈與者，卻不必算入，亦不無軒疏輊親、權衡失當之嫌。

㈢**債務額之除去**

1. 凡一切債務均應除去，不獨私法上之債務，即公法上之債務，例如稅捐、罰金、罰鍰、受益負擔等，均應除去。

2. 不問為對於特留分權人之債務或為對於第三人之債務，苟屬於被繼承人之金錢或得以金錢估計之債務，均應除去。

3. 被繼承人一身專屬債務，及因遺贈、死因贈與或酌給遺產所生之債務，則不在除去之列。

4. 法律上歸遺產負擔之債務，例如，遺產管理、分割及執行遺囑之費用，是否亦應除去？瑞士民法明定「於計算時，應由遺產中扣除被繼承人之債務、喪葬費用、封印及編製財產清冊之費用、以及同居家屬一個月間之扶養費用」(瑞民四七四條二項)。依日本民法，關於繼承財產之費用，無須以特留分權利人，因扣減贈與所得之財產支付之(日民八八五條二項)；關於遺囑執行之費用，由繼承財產中負擔之，但不得因而減少特留分(日民一〇二一條)。我民法僅規定「除去債務額」，並未限定為被繼承人之債務，亦無上述日民之特別限制規定，故宜解為：凡與繼承開始有關聯而應歸遺產負擔之債務，例如，死亡宣告、遺囑開視、埋葬、遺產估價之費用，於算定特留分，亦應扣除；至於遺產管理及清算費用，乃為繼承人或債權人之利益，應不計算在內(史著五六八頁同旨)。

三、積極財產、生前特種贈與及債務之估價

(一)估價方法

積極財產、生前特種贈與及債務，應如何估價？我民法無明文規定，宜解為：應以客觀的交易價格為標準，不受被繼承人之意思所拘束(參照德民二三一一條)，蓋如許被繼承人指定價格或估價方法，無異承認被繼承人得任意變更法定特留分之數額故也(李著一三三頁、戴著二八四頁、陳著二八九頁、史著五六八頁)。

1. 不問動產不動產，均應依交易價格估價之。然如農地，通常不為交易對象，而僅由繼承人承繼而繼續經營，倘以交易價格估價，反而不妥，應以依收益價格算定為合理(參照德民二三一二條、史著五六八頁、陳著問題四八三頁以下)。

2. 債權應斟酌債務人之資力、擔保之有無等，具體的估定其價格。如債務人有足夠之資力，且有擔保該債權之抵押權或其他物權時，則可以其全額為價額(史著五六九頁、陳著問題四八三頁)。擔保物之價額不足債權額，又不能期待債務人個人為清償者，惟算入其擔保物之價額。債務人絕對無支付能力，且無任何擔保者，其債權不算入。質言之，債權，不依債面額，而依其交易價格估價之。

3. 擔保物權，應以被擔保債權為限度而估價。故被擔保債權額已算入應繼財產中時，擔保物權之價額不再算入。設有抵押權之不動產之生前特種贈與，應由不動產之價額扣除抵押權所擔保之債權額，而以其差額為價

額（參照日本大判昭和一五年一〇月二六日新聞四六三九號五頁）。

4.多數之物或權利，結合而構成經濟上一個營業或設備時，此等物或權利應以為一體而估價，不可合算個個之物或權利之價額而為估定，蓋此等物或權利通常全體具有一個交易價值也（近藤著下一一四一頁、史著五六九頁、陳著問題四八三頁）。

5.附條件之權利或存續期間不確定之權利，依日本民法，應依家庭裁判所所選定之鑑定人之估價，決定其價格（日民一〇二九條二項），我民法無規定，但宜解為：應由法院選定鑑定人估價之（戴著二八四頁、戴著繼承一六三頁。史著五七〇頁同旨。陳著問題四八三頁謂：「似應解釋：當事人在裁判上或裁判外，得聲請法院或由雙方協議選定鑑定人從事評價」）。又，連帶債務、保證債務等，估價甚為困難者，亦應由鑑定人估定其價額（中川編註釋下二二七頁〔島津〕、史著五六九頁、陳著問題四八三頁）。

6.在實務上，關於遺產之估價，遺產及贈與稅法施行細則第四章估價（二三條至四一條），可作參考。

7.債務之估價方法，與上述就積極財產所說明者相同，茲不再贅。

㈡估價之基準時

估價之基準時，為繼承開始時，即被繼承人死亡時（通說）。因死亡宣告而繼承開始者，為法院宣告死亡判決內所確定死亡之時（民九條）。生前特種贈與之估價，則應以贈與時之價值為標準（民一一七三條、一二二四條），縱令其後標的物滅失或價值有增減，亦同（通說）。

四、計算之順序及特留分之算定

1.計算特留分時，先將生前特種贈與價額算入於積極財產之內，然後由其總和除去債務額（民一二二四條）。然，先將債務額除去後，再加算生前特種贈與額，其結果亦無不同。

2.計算結果，如為零或負數，即無特留分之可言；如有基本額，則由應繼分（民一一四四條）與特留分之比例（民一二二三條）算定具體的特留分數額。加算及除去結果，無論債務額與應繼財產額相等或超過時，特留分均等於零，此為代數學上之計算方法。

3.在法、日等國，特留分係就遺產全部，定其比例，其反面即為得自由處分之財產，而且生前贈與，既須算入應繼財產之中，又為特留分扣減之標的，故有區別積極財產（不包含生前贈與）比債務多與比債務少兩種情形，而異其計算方法，因而有代數學上及法律學上計算方法之差異。但在我民法，特留分之比例係採各別特留主義，而且生前特種贈與又不為特留分權扣減之標的，應不發生法律上計算方法之問題（史著五七一頁、戴著二八六頁同旨）㊺。

第四項　特留分之扣減

一、扣減權之概念

1.因採用特留分制度之結果，被繼承人之財產，在觀念上，可分為兩部分：一為被繼承人得自由處分之部分，即自由分 (Freiteil) 或可讓分 (quotité disponible)；他為必須留給繼承人之部分，即義務分 (Pflichteil) 或特留分 (réserve légale)。被繼承人如超過此可讓分之價額而為贈與或遺贈，致繼承人所得遺產之價額不足特留分之價額時，則構成特留分之侵害。在一般法制，特留分被侵害時，特留分權人得按其不足之額，回復遺產上之利益以保全特留分。此保全特留分之權利，即為特留分權。其實現之方法，使侵害特留分之遺贈或贈與之全部或一部當然無效或視為撤銷，亦為可行㊻，然我民法並不強制特留分權人保持其利益，而僅使特留分權人，於

㊺ 按法國民法第九二一條解釋上，遺產負債等於資產或超過資產時，被繼承人對於繼承人不復有得自由處分財產部分，例如，被繼承人甲有積極財產十萬元，贈與五萬元，債務十五萬元時，特留分之計算方法如次：先由積極財產，除去債務，然後將贈與額算入。此時，由積極財產十萬元，除去債務十五萬元，則其財產為負五萬元，不復有得處分之財產，其贈與額五萬元係得處分部分以外之財產，應為扣減之標的。如甲有子女為特留分權利人時，此五萬元之一半即二萬五千元則為其共同之特留分，為其得由贈與扣減之數額。此即法律學上之計算方法。然若依代數學上之計算方法計算，則其特留分之基本額為零，繼承人即毫無特留分之可言。

㊻ 例如，捷克一九五〇年民法第五五一條規定：未成年之直系卑親屬之特留分，

被繼承人所為之遺贈，致其應得特留分之數不足時，得按其不足之數，由遺贈財產扣減之而已（民一二二五條）。此即特留分之扣減，主張此扣減之權利，謂之特留分扣減權（Pflichtteilsanspruch, Herabsetzungsklage, action en réduction，遺留分減殺請求權）。特留分被侵害時，是否行使扣減權，完全委諸特留分權人之自由。故所謂扣減權者，可稱為特留分權人於特留分被侵害時，在保全特留分必要之限度內，得本於其自由意思而使被繼承人所為之遺贈或可與遺贈同視之死後處分失其效力，以補充特留分之權利（參照史著五七三頁）。

2. 侵害特留分之行為，自特留分為繼承人所應受之最小限度之法定應繼分及民法第一一八七條「遺囑人於不違反關於特留分規定之範圍內，得以遺囑自由處分遺產」之規定以觀，似亦可將之解為無效㊼。然在我民法，侵害特留分之行為並非無效，僅侵害特留分之遺贈或可與遺贈同視之死後處分，成為扣減之對象而已。因此，縱使被繼承人將其遺產全部遺贈於他人，顯然侵害繼承人之特留分，其遺贈仍為有效（通說、判例㊽）。

3. 又，被繼承人將其遺產之全部或大部分遺贈於他人甚而於其姘婦，而置其妻子老幼於不顧，是否違反公序良俗而無效？應為否定解釋（參照

與應繼分同，其直系卑親屬及生活困難不能工作之父母及祖父母，為其應繼分四分之三，配偶無特留分。違反特留分之處分，當然無效。又，依希臘民法第一八二五條以下規定，直系卑親屬、父母、配偶為必然繼承人，特留分為其法定應繼分二分之一，違反特留分之遺囑指定，視為未指定，無須扣減之訴（引自史著五七三頁）。

㊼ 劉鍾英著六三頁謂：「違反特留分之規定之遺囑，該遺囑即全部無效，抑僅違反之部分無效，按特留分為保護特留分權利人而設，祇須回復其權利即與特留分之規定已不違反，故解為僅違反之部分無效，該遺囑並非全部無效」；羅著二二三頁謂：「違反關於特留分規定遺贈，其違反部分無效」；李著一四一頁謂：「我國民法第一二二五條之規定，既專以遺贈為對象，則被繼承人侵害特留分權利之遺贈，似不如逕解為當然無效，或更適合強行法之精神也歟？」

㊽ 最高法院五八年台上字第一二七九號判例謂：「民法第一二二五條，僅規定應得特留分之人，如因被繼承人所為之遺贈，致其應得之數不足者，得按其不足之數由遺贈財產扣減之，並未認侵害特留分之遺贈為無效。」

日本最判昭和二五年四月二八日民集四卷四號一五二頁、同昭和二九年一二月二四日民集八卷一二號二二七一頁、同昭和三七年五月二九日家裁月報一四卷一〇號一一一頁)。蓋民法第七二條雖規定違反公序良俗之法律行為無效，然此乃法律無特別規定時之抽象的、一般的命題，如法律另有特別規定時，則不適用。我民法就侵害特留分之行為，既規定有特留分扣減制度(民一二二五條)，則縱被繼承人將其遺產全部遺贈於他人，而置其繼承人於不顧，亦不適用民法第七二條，僅特留分權人得行使扣減權而已。

二、扣減權之性質

1. 扣減權之內容在於保全特留分必要之限度內使被繼承人之遺贈或可與遺贈同視之死因處分失其效力，以回復其財產，即直接以財產為對象，屬於財產權，與繼承回復請求權、繼承之拋棄等不同，其享有及行使，並非一身專屬權，故可為繼承及讓與之對象(但關於讓與，史著五七九頁持反對說)，並得由特留分權人之債權人代位行使。

2. 扣減權之性質如何？此在日本有三說：

①物權的形成權說

此說解為：侵害特留分之行為，因特留分權利人行使扣減權當然失其效力，標的物上之權利當然復歸於特留分權利人。從而，因此扣減權之行使，超過自由分所為遺贈、贈與之處分，於超過自由分之範圍內絕對的失其效力，其結果，特留分權利人，於處分標的財產尚未給付於相對人時，取得拒絕相對人給付請求之抗辯權；如已給付者，得基於物權的請求權或不當得利返還請求權請求標的財產之返還。此說為日本學者之通說(例如，穗積著四三九頁、近藤著判例二六三頁、谷口知平〈遺留分〉《家族制度全集法律篇 V》一九三頁、中川編註釋下二三三頁〔島津〕、我妻、立石著六三八頁、柚木著四二三頁、中川、泉著五七七頁、高野著五三六頁等)，日本判例亦採之(大判昭和一三年二月二六日民集一七卷三號二七五頁、最判昭和三五年七月一九日民集一四卷九號一七七九頁、最判昭和四一年七月一四日民集二〇卷六號一一八三頁、最判昭和四四年一月二八日判時五四八號六八頁、最判昭和五一年八月三日民集三〇卷七號七六八頁)。

②債權的形成權說

此說解為：特留分權利人行使扣減權時，特留分侵害行為視為撤銷而失其效力，然標的物上之權利並非當然復歸於特留分權利人，僅受遺贈人、受贈人對於特留分權利人負返還標的物之義務耳（梅著四三四頁、牧野菊之助《日本相續法論》三四五頁）。此說認為：標的物之受益人得以標的物之價額償還特留分權利人（日民一〇四一條），如依物權的形成說，則因扣減權之行使而一度復歸於特留分權利人之標的物將再依價額補償而復歸於受益人，而使權利關係趨於複雜，故解為扣減之結果，侵害行為雖失其效力，然受益人負返還標的物之義務，惟依價額補償，得免此義務，乃較直率的解釋（鈴木著一〇五頁）。然認許價額補償之第一〇四一條乃考慮受益人利益之便宜的例外規定，日本民法係採取原物返還主義，而以特留分為不可侵之應繼分，如被侵害者，應取回標的物本身（日民一〇三一條），故此說與日本民法之基本原則不合（高野著五三六頁）。

③債權說即請求權說

此說解為：特留分權利人縱行使扣減權，侵害特留分之行為亦非當然失其效力，僅標的物之受益人負返還標的物之債務而已（川島著二一二頁、谷田貝三郎〈減殺請求後の轉得者に對する減殺請求の許否〉《法律時報》三三卷二號九四頁、槙悌次〈遺留分の減殺請求〉《家族法大系 VII》二八〇頁以下）。申言之，「扣減請求權係為特留分之保全，對於一定受遺贈人、受贈人所為之財產交付請求權，或係未履行之遺贈或贈與之履行拒絕權，而非以使已為之遺贈或贈與本身失其效力為目的。使遺贈或贈與失其效力，作為財產交付請求之觀念的前提，而為理論構成，雖亦屬可能，然作為法的技術，未必有將贈與或遺贈之失其效力作為獨立之一階段而構成之必要」（川島著前揭）。此說係根據以扣減權為請求權而構成之德國民法（二三一七條）而為立論者，然日本民法之特留分制度係採日耳曼、法蘭西型特留分制度，而非採羅馬、德意志型特留分制度，故難為如此解釋（高野著五三七頁）。

我國學說中雖亦有認扣減權係一種債權者（劉鍾英著二一四頁），然通說將扣減權解釋為形成權（羅著二六六頁、范著六五頁、戴著二八八頁、史著五七五～五七六頁、陳著問題四八六頁)，但究採物權的形成權說抑採債權的形成權說，有未明白表示者（羅著二六六頁、范著六五頁、戴著二八八頁)；有明採物權的形成權說者（史著五七五～五七六頁、陳著問題四八六頁、最高法院八一年度台上字一〇四二號、九一年度台上字五五六號及一〇三年度台上字二〇七一號民事判決)。

愚意，我民法上特留分制度，在系譜上既係傳承日耳曼、法蘭西型特留分制度，自不宜仿照德國民法，採取債權的請求權說，而應參酌法國民法、瑞士民法以扣減權之行使應依特留分扣減之訴 (action en réduction, Herabsetzungsklage) 為之，其訴之性質為形成之訴（詳見史著五七五頁)，而採取形成權說，尤其我民法逕用「得……扣減之」之文字（民一二二五條)，而未如日本民法謂「得請求扣減……」(日民一〇三一條、一〇三八條、一〇四〇條)、「扣減之請求」(日民一〇三六條)，應採形成權說，更無容置疑，惟我民法既未如法、瑞民法明定扣減權之行使以起訴為必要，則其行使以特留分權利人一方的意思表示為已足。又，我民法既以法定繼承為原則，而對法定繼承人皆認有特留分，並以特留分為最小限度之法定應繼分，則解為因扣減權之行使，被侵害之部分當然復歸於特留分權利人，最適於保護繼承人；而且如解為因扣減權之行使，被侵害之部分當然復歸於特留分權利人，從而當然納入遺產之中，結果繼承債權人即容易獲致清償，此亦有資於繼承債權人之保護，故以採物權的形成權說為妥當（參照陳著問題四八六頁)。

三、扣減權之發生

在我民法，有特留分權之人以確定的法定繼承人為限。⑴特留分權因繼承之開始而發生（參照德民二三一七條一項)，在繼承開始前，繼承人無現實之特留分權。⑵特留分權因特留分之侵害而發生。被繼承人超過可讓分而為應繼分之指定、遺贈或其他可與遺贈同視之死因贈與、為第三人之無償的死因處分，致特留分權人現實所受遺產之額不足特留分，即為特留分之侵害。其侵害因對於第三人之處分或因對於繼承人中之一人或數人之處分而發生，在所不問。從而，因共同繼承人中之一人或數人，受應繼分之指定、遺贈或其他可與遺贈同視之死因贈與而侵害其他繼承人之特留分時，其他繼承人有扣減權；第三人受遺贈、可與遺贈同視之死因贈與或為第三人之無償的死因處分而侵害繼承人之特留分時，繼承人有扣減權。(3)須繼承人為繼承，其為限定責任繼承或法定單純承認繼承，在所不問。如喪失繼承權或拋棄繼承權，則無特留分權之可言（胡著二五八頁、史著五七六頁等）。

四、扣減之標的

1. 我民法僅明定「遺贈」為扣減之標的，因此關於扣減之標的如何？解釋上意見紛歧，分述之如下：

(1)應繼分之指定及遺產分割之指定，侵害特留分時，得為扣減之標的。關於此點，尚無異說。遺囑處分究係遺贈，抑係應繼分之指定，應就具體情形審究遺囑人之意思定之。如遺囑之內容為將坐落某處某號水田一筆分與其子某，似應為應繼分之指定，而非遺贈（參照前司法行政部五一年三月八日台五一函民字一二五八號函，載《民事法令彙編》二六七頁）。

(2)贈與，是否亦為扣減之標的？此應區別①生前贈與、②生前特種贈與與③死因贈與三者，加以檢討：

①生前贈與

茲所謂生前贈與，係指對於第三人之一切生前贈與及對於繼承人之特種贈與以外之生前贈與而言。我民法就此既未設有積極之明文，自難為肯定之解釋（戴著二八九頁、二九〇頁、史著五七七頁、陳著問題四九〇頁等），解釋例㊾及判例㊿亦均持否定見解。

㊾ 司法院二五年院字第一五七八號解釋：「生前贈與，並無特留分之規定，自不受此限制。」

同三一年院字第二三六四號解釋：「民法僅於第一二二五條規定應得特留分之人，如因被繼承人所為之遺贈，致其應得之數不足者，得按其不足之數由遺贈財產扣減之，並未如他國立法例，認其有於保全特留分必要限度內，扣減被繼承人所為贈與之權，解釋上自無從認其有此權利。院字第七四三號解釋，未便予以變更。」

㊿ 最高法院二一年上字第七二四號判例：「特留分，為遺贈財產時所設之規定，

②生前特種贈與

指對於繼承人因其結婚、分居或營業所為之生前贈與而言。關此，學者有為肯定者，謂：「此等贈與雖非如遺贈有第一二二五條得扣減之明文規定，但此等贈與既因被繼承人未有反對表示，而應加入遺產中計算，則其贈與數額過大，致使特留分之數額欠少時，與分割遺產時添補他人不足之應繼分同樣，亦應受特留分權利人之主張扣減，殊無容疑」（范著六七頁）；或謂：「特種贈與如有侵害其他共同繼承人之特留分者，特留分權利人則可行使其扣減權。蓋特種贈與為應繼分之前付……，而指定繼承分如侵害其他繼承人之特留分時，特留分權利人既可行使扣減權……，故於特種贈與違反特留分規定時，亦應為同一之解釋，以期法律解釋之統一，且可避免法律行為之煩雜」、「如特種贈與或其免除歸扣之意思表示，對共同繼承人之特留分有所侵害者，則不妨特留分權利人行使其扣減權」（陳著一三九頁、一四一頁。陳教授在本書有更堅定之主張，請見前述）；更有謂：特留分規定之為強行規定無容置疑，惟特種贈與額如超過其應繼分時，若不許特留分權人行使扣減權，則特留分之規定不幾等於虛設？此豈符合民法全體之精神？故非解釋為超過於應繼分之部分應行返還，無以濟事實之窮，縱受特種贈與人拋棄繼承，亦同，蓋此種贈與，性質上無妨解釋為應繼分之預付，既受應繼分之預付，即不得藉口於繼承之拋棄而免除其返還之責任（羅著一三七～一三八頁）。又有進而主張：「若贈與價額多於應繼分時，應否由該繼承人補出，法律並無明文，依本條第一項，贈與價額既應加入繼承開始時被繼承人所有財產中計算，而為應繼財產，則超過應繼分之贈與價

如有所有權人在生時，將全部家產分歸各子承受或承值者，應視為分別贈與，並非遺贈，不生特留與否之問題。」

同二五年上字第六六〇號判例：「民法第一二二五條僅規定應得特留分之人，如因被繼承人所為之遺贈，致其應得之數不足者，得按其不足之數由遺贈財產扣減之，並未認特留分權利人有扣減被繼承人生前所為贈與之權。是被繼承人生前所為之贈與，不受關於特留分規定之限制，毫無疑義。」

同四八年台上字第三七一號判例：「被繼承人生前所為之贈與行為，與民法第一一八七條所定之遺囑處分財產行為有別，即可不受關於特留分規定之限制。」

額，若不由該繼承人補出，他繼承人之應繼分即有不足之虞，與各繼承人按應繼分平等享受遺產上權利之原則不能貫徹，故以應由該繼承人補出為宜」（劉鍾英著八八頁以下）。肯定說之立論固值得傾聽，尤其在特留分權人之保護上更為可取，然我民法既僅規定生前特種贈與應算入遺產，以為應繼財產，而未明定其亦為扣減之標的，似難為積極解釋，故通說採否定說（胡著一四四頁、李著一一三頁、戴著二八五頁、二八九頁、史著二二六頁、五七七頁、戴著繼承八一頁、一六三頁、戴著解說（一）一九九頁。羅氏仍認在現行法解釋上，生前特種贈與不為扣減之標的：羅著二六六頁），解釋例及判例亦均持否定見解㉛㉜㉝。

㉛ 此從前揭㉙、㉚所揭解釋例及判例，即可窺其端倪，而觀諸下列解釋例，更可明瞭。

司法院二一年院字第七四三號解釋：「繼承人之特留分，依民法第一二二四條固已規定由應繼財產中除去債務額算定之，而所謂應繼財產，則依第一一七三條算定之。查第一一七三條第一項前半段，雖規定繼承人中有在繼承開始前因結婚、分居或營業，已從被繼承人受有財產之贈與者，應將該贈與價額加入繼承開始時被繼承人所有之財產中，為應繼財產。惟同條項後半段之但書，已明有被繼承人於贈與時有反對之意思表示者，不在此限之規定，而關於特留分，民法繼承編又僅明定遺囑人以遺囑自由處分遺產時，應不違反特留分規定之範圍，及被繼承人所為之遺贈，致應得特留分人應得之數不足者，得按其不足之數，由遺贈財產扣減（參照第一一八七條、一二二五條），可見特留分之規定，僅係限制遺囑人處分其死後之遺產，若當事人處分其生前之財產，自應尊重當事人本人之意思。故關於當事人生前贈與其繼承人之財產，其贈與原因若非第一一七三條所列舉者，固不得算入應繼財產中，即其為第一一七三條所列舉之原因，如贈與人明有不得算入應繼財產之意思表示，自應適用第一一七三條但書之規定，而不得於法定之外，曲解特留分規定，復加何項限制。」

㉜ 繼承人中有從被繼承人受有生前特種贈與時，應將該贈與額算入應繼財產之內，「但被繼承人於贈與時有反對之意思表示者」，則無須加算，為民法第一一七三條第一項所明定。此歸扣（扣除）免除之意思表示，如侵害其他繼承人之特留分時，有謂：「該贈與縱仍應予歸扣，但不為扣減之標的……，僅受贈與之繼承人，不能再因繼承有所得而已」（戴著一二九頁以下。戴教授原主張：「僅當然發生歸扣之效力，不能再因繼承有所得而已，無待特留分扣減之請求，

③死因贈與

死因贈與是否為扣減之標的？學說中雖有持否定者，謂：死因贈與就其於贈與人死亡時發生效力之點雖與遺贈無異，然此種贈與究不失為生前行為，與一般贈與同；一般贈與既無扣減明文，死因贈與之不得扣減，自不待言（胡著二五六頁），但通說則為肯定解釋，謂：「死因贈與係生前行為，固與遺贈有別，然就其於贈與人死亡時發生效力之一點觀之，則與遺贈無異；我民法不許對於贈與行扣減者不外尊重受贈人之既得權與避免法律關係之錯綜複雜，死因贈與，其情形與一般之贈與不同，不發生此類問題，則使其得行扣減，與我民法之立法主義精神上並無牴觸，似以採積極說為宜也」（羅著二六七頁。戴著二九〇頁、史著五七七頁、戴著解說（一）二〇〇頁均同旨）。愚從積極說，蓋死因贈與，亦係所謂死後處分，且如否

且生前贈與不為扣減之標的（民一二二五）」〔引自陳著一四一頁註一〕）；有謂：「解釋上，似應類推適用民法一二二五條，則其為特留分權人之共同繼承人，可以行使其扣減權，並非當然發生歸扣之效力」（陳著一四一頁）；有謂：「我民法第一二二四條明定『特留分由依民法第一一七三條算定之應繼財產中，除去債務額算定之』，並不以不應扣除之特別贈與算入遺產，則在算定之前尚難以確定特留分，更難謂有特留分之侵害」（史著二一九頁）。愚意，解為「有歸扣之免除者，生前特種贈與，無須算入應繼財產，更不為扣減之標的」，似較合乎我民法之法意，蓋我民法並未設有「歸扣免除之意思表示，於不違反關於特留分規定之範圍內，有其效力」旨趣（參照日民九〇三條三項）之規定也。

53 設夫甲妻乙，育有A、B、C、D四子女，A因結婚從甲受有六〇萬元之贈與，B因營業從甲受有一二〇萬元之贈與，茲甲死亡，遺有積極財產一〇〇萬元，債務七〇萬元，乙、A、B、C、D應得之數額，依此等解釋之不同而有差別：

1. 依通說、判解之見解，則乙、C、D各得一〇萬元；A得六〇萬元；B得一二〇萬元。
2. 依陳棋炎教授等之見解，則乙、C、D各得二一萬元；A得四九萬元；B得九八萬元。
3. 依劉鍾英氏之見解，則乙、A、B、C、D均各得四二萬元。

以上三種見解，1.之見解最切合現行法之規定；2.之見解可貫徹特留分制度之目的；3.之見解更能實現各繼承人間應繼分之公平。

定其為扣減之標的，則被繼承人盡可以死因贈與而達成規避扣減之目的（生前贈與及生前特種贈與又均不得為扣減之標的），則特留分制度，將形同虛設矣！同理，為第三人之無償的死因處分，亦應採積極解釋（史著五七七頁同旨）。

2. 綜上所論，在我民法解釋上，得為扣減之標的者，除「遺贈」而外，為「應繼分之指定」、「遺產分割之指定」及「可與遺贈同視之死因贈與及為第三人之無償的死因處分」而已，至對於繼承人之生前特種贈與固勿論，即對於第三人之任何生前贈與及對於繼承人之特種贈與以外之贈與，除可與遺贈同視之死因贈與及為第三人之無償的死因處分者外，亦均不為扣減之標的。

3. 在我民法，特留分扣減之標的不及於生前贈與、生前特種贈與，此自貫徹財產處分自由原則、尊重受贈人之既得權及保護交易之安全等觀點觀之，洵屬正確，而且特留分係以遺產之一部分保障特留分權人，則僅以遺產即繼承開始時存在之財產為扣減之對象，亦屬理所當然。惟扣減之對象僅限於遺囑處分，則被繼承人大可無限制的為生前贈與，藉以迴避特留分規定之適用，然則特留分制度豈非等於虛設！愚意，民法既特設特留分制度以保護特留分權人，則在立法論上允宜仿照前揭外國立法例，至少將繼承開始前一定期間內所為之一切贈與及贈與人與受贈人均為惡意之贈與，皆列為扣減之標的（日民一〇二九條、一〇三〇條、韓民一一一三條一項、一一一四條、瑞民五二七條、法民九二〇條等），而關於扣減之次序，則以遺贈為先，贈與為後（參照日民一〇三三條、瑞民五三二條、法民九二三條、九二五條）；在贈與，以在後之贈與為先，在前之贈與為後（參照日民一〇三五條、瑞民五三二條、法民九二三條）；應繼分之指定及死因贈與則與遺贈同列。至遺贈之間，則除遺囑另有意思表示外，無先後之分，而按標的價額之比例扣減之（參照日民一〇三四條、瑞民五二五條、法民九二六條、九二七條）。

五、扣減權人及其相對人

㈠扣減權人

1.特留分權人（即享有特留分之繼承人）為扣減權人，了無疑義。

2.扣減權為財產權而非一身專屬權，故扣減權人（即繼承人）之承繼人（一般承繼人、包括承繼人）亦得行使扣減權。關於此點，尚無異說。惟其他承繼人是否亦有扣減權，則有爭論，①有主張繼承人之特定承繼人，例如繼承人之受遺贈人亦有此權利（胡著二五八頁、范著六五頁）；②有主張從特留分權人讓受其應繼分之人亦享有此權利（羅著二六七頁）；③有主張特留分權人之特定繼承人，例如繼承人之受遺贈人或各處分行為之個別的扣減權之受讓人，亦有扣減權（戴著二九四頁）；④有主張特留分權利人之包括受遺贈人、應繼分之受讓人、個別的扣減權之受讓人亦得行使扣減權（陳著問題四八八頁）；⑤有主張在我民法既未定特留分之承繼人有此權利，而且應繼分原則上不得以物權的效力而讓與，包括遺贈亦僅有債權的效力，應如瑞士民法解釋，惟特留分權利人之繼承人亦有此權，即扣減權僅得為繼承，而不得讓與（史著五七九頁）。愚意，扣減權既與繼承權有別，為財產權，而其歸屬及行使上均非一身專屬權，自宜解為不僅得繼承，亦得讓與，故以④說為可採。

3.繼承人之固有債權人（羅著二六七頁、胡著二五八頁、戴著二九四頁等）、及繼承人破產時，其破產管理人（戴著二九四頁、史著五七九頁、陳著問題四八八頁），繼承人不在（失蹤）時，其遺產管理人（史著五七九頁、陳著問題四八八頁），亦得代位繼承人行使扣減權。

4.被繼承人之債權人（即繼承債權人），是否亦得代位行使？在改採以限定責任為繼承之本則前，學者間有主張應仿照法國民法第九二一條之規定，解為被繼承人之受遺贈人及債權人無此權（胡著二五八頁）；有主張享有特留分之繼承人為單純承認時，被繼承人之債權人成為繼承人之債權人，自應承認其代位行使扣減權，反之，為限定承認時，因在限定繼承，被繼承人之債權人應先於受遺贈人而受清償（民一一六〇條），而在我民法生前贈與不為扣減之標的，似無（戴著謂「自無」）承認其代位行使之必要（戴著二九四頁、史著五八〇頁），然死因贈與或為第三人之無償的死因處分之扣減權，亦非不得有被繼承人之債權人代位行使，不過在我國此項扣減權之機會甚少而已（史著五八〇頁）；有主張縱繼承人為限定繼承，亦應承認其得代位行使扣減權，蓋繼承人行使扣減權所得財產，固為應繼財產之一部，繼承債權人當然有權取償，但繼承人不行使扣減權，而致繼承債權人坐觀損失，無從獲得救濟，亦顯與公平原則不合，故應作肯定解釋（陳著問題四八八頁）。愚意以後說為正當。

㈡相對人

扣減係有相對人之單獨行為，其相對人即侵害特留分之人。在我民法，生前贈與、生前特種贈與均不為扣減之標的，故相對人如次：

1. 因遺贈而侵害特留分時，為受遺贈人。

2. 因應繼分之指定或遺產分割之指定而侵害特留分時，其相對人為受利益之共同繼承人。

3. 侵害特留分之行為如係可與遺贈同視之死因贈與或為第三人之無償的死因處分，則為受贈人或受益人。

4. 以上所列之人之繼承人。

5. 有遺囑執行人時，亦得以之為相對人。

六、扣減權之行使

在我民法，扣減權之行使，向相對人以意思表示為之即可，不以起訴為必要（無異說），此點與日民、韓民同，而與法民（九三〇條）、瑞民（五三三條）異。然如以相對人之給付為必要而相對人拒絕其給付時，則特留分權利人即不得不以訴為之。

七、扣減之方法

1. 扣減之標的物為可分時，於保全特留分必要之限度內，為分割而扣減即可；如標的物為不可分時，得請求返還標的物之全部，而償還超過特留分部分之價額，或僅請求償還特留分部分之價額。然既將特留分扣減權解為具有物權的效力之形成權，則因扣減之意思表示，遺贈或死因贈與於侵害特留分之限度當然失其效力，侵害之部分當然復歸於特留分權利人，從而解為於扣減之意思表示時，特留分權利人與相對人就標的物發生共同關係，理論較為一貫（參照中川監註解四六〇頁〔島津〕、中川編註釋下二五八頁〔加藤〕、中川編注民(26)三七九頁〔宮井〕、奧田昌道等七人編《民法學 7》三〇八頁〔阿部〕、日本德島地判昭和四六年六月二九日判時六四三號八四頁）。

2. 扣減不問受遺贈人、死因贈與之受贈人，已受取遺贈或贈與之利益與否，均得為之。已履行者，於保全特留分必要之限度內，得請求標的物之返還，然此時多尚未給付，於此情形，不生返還標的物之問題，而僅須以扣減之剩餘部分給付於受遺贈人，無剩餘時以不履行為已足。此時得主動的對於受益人為扣減之意思表示，或被動的於受履行之請求時，為拒絕之抗辯（史著五八一頁）。

3. 關於附條件之權利及存續期間不確定之權利，如須俟條件成就、不成就或權利確定時，始得扣減者，則權利關係因此而永遠處於不安定狀態，反而使法律關係趨於複雜，而招來不便，故應解釋於繼承開始後，即得為扣減。此時全部應扣減者，未給付者全部不給付，已給付者請求全部返還。惟應扣減其一部時，除當事人另有合意外，依鑑定價格應以其剩餘價額為給付（參照日民一〇三二條）。為給付後停止條件確定的不成就或解除條件成就時，受遺贈人或死因贈與受贈人，須依不當得利之規定返還其所受之給付於繼承人。其他受遺贈人，因同受扣減而生損失者，取得其不當得利之請求權。例如，被繼承人以六〇萬元之財產附停止條件遺贈於甲，以四〇萬元遺贈於乙，此外既無財產亦無債務，設對於甲之遺贈鑑定為四〇萬元，單獨繼承人丙對於甲乙各扣減二〇萬元，其後停止條件之不成就確定，六〇萬元之遺贈歸屬於丙，因而成為無扣減之必要，丙對於甲所給付之二〇萬元為甲之不當得利，當然由乙取得，應返還於乙。

4. 關於存續期間不確定之權利，例如年金債權，應扣除其鑑定額之一部時，例如，每年應給付一〇萬元之年金，依鑑定價格估價為一〇〇萬元，其三〇萬元為扣減之對象時，依日本民法，應將餘額七〇萬元一次給付於受遺贈人（日民一〇三二條），我民法無類此規定，應解為如當事人另有合意時，依其合意，如無合意，應依估價額給付年金（史著五八一頁同旨），至每年給付一〇萬元或七萬元，得由遺贈義務人任擇其一。

5. 關於附有負擔之死因贈與，受贈人不因扣減而免除其負擔，至少應保有相當於其負擔之利益，故應由其標的之價額中扣除其負擔之餘額而為扣減（參照日民一〇三八條）。反之，在附有負擔之遺贈，除遺囑另有意思表示外，受遺贈人按其減少之額，免除其所負擔之義務（參照日民一〇〇三條）。

八、扣減之限度

扣減須於保全特留分必要之限度內為之（參照日民一〇三一條），我民法謂「按其不足之數……扣減之」（民一二二五條），即特留分權利人現實所受之繼承利益，與其特留分額比較，其特留分額有不足時，於其不足之限度內得為扣減。所受繼承利益，其生前所受特種贈與，應予加算。例如，被繼承人甲，遺有五〇〇萬元之財產及三〇〇萬元之債務，妻乙子丙為其繼承人，生前因丙結婚而贈與一〇〇萬元，對丁曾為二〇〇萬元之遺贈。此時，乙、丙之特留分額均為七五萬元〔$(500+100-300)\times\frac{1}{2}\times\frac{1}{2}$〕，丙因受有生前特種贈與一〇〇萬元，故其特留分未受侵害，而乙之特留分則全部受侵害 (500–300–200=0)，故乙得對丁由二〇〇萬元之遺贈中扣減七五萬元。

九、扣減之順序

在我民法，特留分扣減之標的僅限於死後處分，而不及於生前贈與，故不發生扣減之先後順序問題，而悉以同一順序而受扣減（戴著二九〇頁、史著五八三頁、五八四頁）[54]。

關於遺贈之扣減，我民法規定「受遺贈人有數人時，應按其所得遺贈價額比例扣減」（民一二二五條）。在適用上應注意下列各點（參照史著五八五頁）：

---

[54] 陳棋炎教授主張對於繼承人之生前特種贈與亦為扣減之標的，並主張「扣減順序應如次：①指定繼承分（包括分割方法之指定）；②遺贈；③特種贈與（有『免除歸扣意思表示』之特種贈與，殿後）」；「特種贈與為應繼分之前付，故特種贈與無庸分別先後，同時受扣減。」（陳著問題四九二頁）

⑴遺贈不問遺囑作成之先後，均因遺囑人之死亡而發生效力，其間不必認有軒輊。例如，遺贈總額為一〇萬元，其中只應扣減七萬元時，則就各遺贈只應扣除其十分之七。在附有負擔之遺贈，應就標的物扣除其負擔價額後之餘額扣減之。

⑵可與遺贈同視之死因處分有數個時，亦應按比例扣減。

⑶對於有特留分權利之繼承人中之一人所為之遺贈，他繼承人僅得按超過其特留分額之比例為扣減（參照德民二三一八條二項）。

⑷被指定之應繼分超過其法定應繼分之繼承人與受遺贈人，除遺囑另有意思表示外，應按同一比例為扣減（參照瑞民五二五條一項）。

⑸受有遺贈同時負有遺贈義務之人，如其所受遺贈被扣減時，除遺囑另有意思表示外，得請求亦按比例扣減其所負遺贈（參照瑞民五二五條二項）。

⑹被繼承人得以遺囑指定遺贈扣減之順序及其比例（日民一〇三四條但書、法民九二七條、瑞民五二五條）。

⑺特留分權利人不得隨意決定扣減之順序及比例，但按上述規定算定各應負擔之扣減額後，則得依選擇，先後或同時行使扣減權，或對於其中一人或數人行使，而對於其餘之人拋棄扣減權，然就該不行使或拋棄之部分，不得轉嫁於其他受遺贈人而為扣減，已如前述。

一〇、扣減之效力

經扣減之遺贈或死因贈與，於侵害特留分之部分，失其效力，已履行者，標的物上之權利當然復歸於特留分權利人，特留分權利人得基於物權的請求權請求回復其標的物；未履行者，該侵害之部分消滅，受遺贈人或受贈人不得為請求，如為請求，特留分權利人自得拒絕其履行。

㈠當事人間之效力

1.遺贈物或死因贈與物，有特留分權之繼承人於繼承開始後明知其特留分被侵害之事實，而交付於受遺贈人或受贈人時，可認為扣減權之拋棄，否則有回復請求權。其由遺囑執行人交付者，除繼承人明知特留分被侵害而為同意外，仍應有回復請求權。遺贈物或死因贈與物於繼承開始後，由受遺贈人或受贈人占有者，亦同。於繼承開始前，已由受遺贈人因租賃、使用借貸或寄託而占有標的物，而被繼承人以之為遺贈時，繼承人仍得行使抗辯權，依其原前之法律關係請求其返還（參照史著五八六頁）。

2.受遺贈人或死因贈與受贈人，除應返還原物外，是否應一併返還其孳息？依日本民法，「受贈人，除其應返還之財產外，亦應將自行使扣減之日以後之孳息返還之」（日民一〇三六條），此規定，依日本通說，亦類推適用於遺贈（近藤著下一一七七頁、中川監註解四六三頁〔島津〕、中川編註釋下二六一頁〔太田〕、我妻、唄著三二八頁、柚木著四三〇頁、青山著二七一頁。少數說主張應返還自繼承開始時之全部孳息，例如，梅著四四三頁、穗積著四四八頁、高野著五四九頁）。我民法關於此點未設有規定，應解為：於特留分權人為扣減以前，受遺贈人可認為善意占有人，而取得其孳息（民九五二條）；惟自扣減權行使以後，可認為惡意占有人，而負返還孳息之義務（民九五八條）（史著五八六頁、羅著二七二頁同旨）。在死因贈與，亦應為同一之解釋。

3.返還雖以原物為原則，但——

⑴標的物為有代替性質之物或權利者，以同種同等之物或權利返還為已足。

⑵標的物為不代替物或不代替權利時，應返還原物，但受遺贈人或受贈人施以勞力或資本致增加其價值者，就其增加部分得請求償還；減少其價值時，除返還原物外，並應補償其減少之價額。

⑶標的物或權利於扣減時已毀損或滅失時，其因可歸責於受遺贈人或受贈人之事由者，應依關於占有之規定，以定其責任。如受遺贈人或受贈人為善意時（即不知侵害特留分之事實而受交付時），僅以因毀損或滅失所受之利益為限，負賠償之責（民九五三條）；如為惡意者，除能證明標的物縱為特留分權利人占有仍不免毀損或滅失者外，應負繼承開始時標的物價額損害賠償之責（民九五六條）（史著五八七頁）。

4.特留分之扣減，固以返還現物為原則，惟受遺贈人或死因贈與受贈人是否得依價額補償，以免除返還現物之義務？依瑞士民法，「以非毀損其價值不能分割之個物為遺贈，而該遺贈將受扣減時，受遺贈人得補償超過價額而請求其物，或請求其可得處分部分之價額以代其物」（瑞民五二六條）；依日本民法，「受贈人及受遺贈人，得於應受扣減之限度內，對特留分權利人，補償贈與或遺贈標的之價額，以免返還之義務」（日民一〇四一條一項），日本通說更主張：贈與或遺贈標的物尚未交付者，受贈人或受遺贈人亦得依價額補償，而請求交付其標的物（穗積著四五〇頁、中川監註解四七〇頁〔島津〕、柚木著四三三頁、中川編註釋下二七三頁〔磯村〕）。我民法無明文規定，多數說採與日民同樣之解釋（羅著二七三頁、戴著二九七頁）；但有主張：「惟標的物不可分時，始可例外的如瑞士民法為此解釋。（標的物）如為可分，除遺囑人於遺囑另有意思表示外，則仍以現物返還為合於法意。標的物如為不可分，例如一營業一農場或一房屋，則以尊重遺囑人之意思，使受遺贈人取得其標的物為妥，蓋遺囑人得認為受遺贈人為其標的物之適當的經營人或管理人也」（史著五八二頁）。愚意，必為現物之返還，對於受遺贈人或受贈人，有時殊有不便；對特留分權利人而言，如已充分取得特留分之價額，則應以此為滿足；又，由受遺贈人或受贈人依價額補償而取得現物，通常較合於遺囑人之本意；更何況特留分原係以遺產之一定比例保障繼承人，自不妨還原為價值、價額之權利，故宜解為不必區別標的物為可分或不可分，已交付或未交付，均得依價額補償而免除返還現物之義務或請求標的物之交付。此在應受扣減之受遺贈人或受贈人，將標的物讓與於第三人，而第三人受占有（在動產）、登記（在不動產）之公信力之保護時，對於特留分權利人，更惟有補償標的物之價額一途（參照日民一〇四一條）。至應補償之價額，應於受扣減之範圍內，以繼承開始時標的物之交易價額定之（參照中川監註解四七〇頁〔島津〕、中川編註釋下二七三頁〔磯村〕）。

5. 應受扣減之受遺贈人或死因贈與受贈人，如無資力時，其損失應由何人負擔？依外國法律，扣減之標的殆及於生前贈與，就此在立法上或解釋上有三種立場，其一，於算定特留分額時，將無資力之部分除外，結果特留分額減少，然在前之贈與為扣減之標的，從而其損失由特留分權利人與在前之受贈人分擔；其二，以特留分優先於贈與，其損失應由在前之受贈人負擔；其三，應保護受贈人，而使特留分權利人負擔其損失（參照史著五九〇頁、中川編註釋下二六一頁以下〔太田〕、中川編注民㉖三八七頁以下〔高木〕）。日本民法採取第三種立場，明定「因應受扣減之受贈人之無資力所生之損失，由特留分權利人負擔之」（一〇三七條），本條規定亦類推適用於遺贈、死因贈與（近藤著下一一六五頁、中川編註釋下二六三頁〔太田〕、中川監註解四六四頁〔島津〕、我妻、唄著三二八頁、柚木著四三三頁、青山著四〇六頁）。我民法，關於此點無規定，通說認為自民法為貫徹保護特留分權利人之權利，規定比例扣減之立法旨意觀之，以解為應由其他受遺贈人比例分擔為妥當（羅著二七四頁、胡著二五九頁、史著五九一頁）。愚從之。

㈡**對於第三人之效力**

受遺贈人或死因贈與受贈人，將遺贈或贈與標的讓與於他人或於其標的上設定權利者，對於第三人之效力如何？

⑴①依法國民法，「因扣減結果應回復之不動產，應除去受贈人所設債務或抵押權之負擔而回復之」（法民九二九條）；「扣減或回復之訴權，得由繼承人對於由受贈人受讓為贈與標的之不動產第三占有人，以對於受贈人之同一方法及同一順序行使之，但應先就受贈人之財產為執行，此訴權應依讓與處分時之順序，自其最新者開始」（法民九三〇條），質言之，在法國民法，扣減生物權的效力，以返還原物為原則，但在標的物讓與於第三人時，僅得請求返還價額，並限於受贈人無資力時，始得追及第三人。②瑞士民法亦如同法國民法，以特留分為應繼分之一部而構成，然就返還義務，規定「基於善意，與被繼承人為法律行為而取得利益之人，於繼承開始時現存利益之限度內，負返還之義務」（瑞民五二八條一項），即善意受贈人僅負不當得利返還義務，因係債的關係，故原則上不認有追及力，僅於受贈人無資力時，始依不當得利法之內在的法理，例外的得追及第三人（參照史著五八八頁）。③依日本民法，「應受扣減之受贈人，將贈與之標的讓與他人者，應對特留分權利人，補償其價額。但受讓人於讓與時，明

知對特留分權利人加以損害者，特留分權利人，亦得對之請求扣減。前項之規定，於受贈人在贈與之標的上設定權利者準用之」（日民一〇四〇條），本條規定，依日本通說，亦類推適用於遺贈（中川監註解四六七頁〔島津〕、中川編註釋下二七二頁〔磯村〕、柚木著四三二頁、高野著五五〇頁）。④德國民法以特留分為遺產債務，特留分權僅為金錢債權，就生前贈與規定「特留分權利人，在繼承人不負補足特留分義務之範圍內，得依關於不當得利之規定，請求受贈人返還贈與物」（德民二三二九條一項前段）；「受贈人得支付不足額，以免為贈與物之返還」（同條二項），即原則上由繼承人負補足不足額之義務，受贈人僅補充的負第二次責任，而其責任亦僅以返還價額為已足。因係債權的構成，故對於第三人無追及力，惟於受贈人無償給與第三人時，該第三人亦負返還義務（德民八二二條），然此為不當得利之內在問題。又，「特留分權利人所受取之應繼分，不及其法定應繼分二分之一者，得向共同繼承人請求不足二分之一部分之價額，作為其特留分」（德民二三〇五條），此項請求權亦係對於繼承人之請求權，構成遺產債務；後於被繼承人之債權人，先於受遺贈人，由其他共同繼承人連帶負責（德民二〇五八條）（參照史著五八九頁）。

⑵關於此點，我民法無明文規定，惟我民法之特留分制度既屬於日耳曼、法蘭西型特留分制度，則解釋上，受遺贈人或死因贈與受贈人如占有標的物而將之讓與於第三人或於其上設定權利者，在動產除第三人已因善意即時取得，在不動產除第三人已因信賴登記而為新登記，應受占有及登記公信力之保護外，對於第三人應亦得追及之（史著五八九頁同旨）。①此時，特留分權利人固得對於第三人請求現物之返還，但應許第三人依價額補償，以免除返還現物之義務（參照日民一〇四一條二項）。由受遺贈人或受贈人受讓之第三人甲更將其標的物轉讓於第三人乙者，如甲乙俱為惡意時，特留分權利人得對於轉得人乙請求現物之返還（此時亦應許乙依價額補償而免返還現物之義務），如甲為惡意，而乙為善意時，則特留分權利人對於已取得權利之乙不得行使扣減權，惟得對於受讓人甲請求價額之返還（參照中川監註解四六六頁〔島津〕、中川編註釋下二七一頁〔磯村〕、青

山著四〇五頁、史著五九〇頁)。受遺贈人或受贈人數回將標的物讓與於數人時，例如將標的物之一半讓與甲後，又將其餘之一半讓與乙時，特留分權利人應先對於乙行使扣減權，次及於甲（參照史著五九〇頁)。②受遺贈人或受贈人於標的物上設定權利（用益物權、擔保物權等）者，依法國民法（九二九條)，無條件使其權利消滅；依日本民法（一〇四〇條二項)，限於權利取得人為惡意(於設定權利時明知對特留分權利人加以損害)時，得使其權利消滅。在我民法，應仿傚日本民法，解為：第三人為惡意時，特留分權利人得消滅該權利，而自受遺贈人或受贈人取回不附著該權利之標的物。③受遺贈人或受贈人讓與標的於第三人時，就其所受利益，仍負不當得利返還之義務，其讓與為無償者，第三人於善意受遺贈人或受贈人因此免返還義務之限度內，負返還責任（民一八三條）（史著五九〇頁)。

一一、扣減權之消滅

扣減權除因繼承之拋棄、特留分之拋棄、價額之補償而消滅外，是否亦因消滅時效或一定期間之經過而消滅？

關於扣減權之消滅時效，各國法律，大都設有明文，依德國民法，「特留分請求權，自特留分權利人知悉繼承開始及對其有損害之處分時起，三年間不行使而罹於時效，自繼承開始時起已逾三十年者，亦同。第二三二九條所定特留分權利人，對受贈人之請求權，自繼承開始時起三年間不行使而罹於時效。特留分請求權，縱於拒絕繼承或遺贈後始得行使，其時效仍不因此而不完成」(德民二三三二條)；依瑞士民法，「扣減之訴，自繼承人知悉其權利受侵害時起，經過一年間而罹於時效；不問何種情形，在遺囑處分，自其開視時起，在其他給與，自被繼承人死亡時起，逾十年者，亦同。先為之處分，因後為之處分受無效之宣告而生效力者，其時效期間，自此時起算。扣減請求權，得隨時依提出抗辯之方法主張之」(瑞民五三三條)；依日本民法，「扣減請求權，自特留分權利人知悉繼承開始及有應予扣減之贈與或遺贈時起，一年間不行使者，因時效而消滅。自繼承開始時起已逾十年者，亦同」(日民一〇四二條)；韓國民法之規定與日民完全相同（韓民一一一七條)。我民法未設規定，有謂：「吾國民法上，扣減之標的，除死因贈與外，通常贈與不為扣減標的；而死因贈與及遺贈，非有物權的效力，僅有債權的效力……，其標的物尚未交付；而應繼分之指定，更不待言。故吾國民法上，扣減權僅有消極的效力而已。扣減既僅有消極的效力，拒絕標的物之給付而已，自屬於抗辯權，固不待言。因此，扣減不發生時效問題，吾國民法不規定扣減之消滅時效，職此之故」（戴著二九六頁以下。李著一三四頁同旨），然通說肯定遺贈物或死因贈與物，不無於繼承開始後已經給付者，此時即有積極的請求回復標的物之必要，從而主張扣減權亦有時效問題存焉，惟關於時效期間之根據，立論則不一，有謂：「解釋上自應適用第一二五條普通消滅時效之規定，但期間過長，似不如以另定消滅時效期間為宜」（胡著二五九頁。郁著九八頁、羅著二七〇頁同旨）；另有謂：「解釋上，似應援用民法一九七條之規定（二年間不行使；或自繼承開始時起逾十年者，即行消滅），以期及早確定因繼承而發生之各種法律關係」（陳著二九四頁。陳教授其後改為應援用民法一一四六條，並以二年為時效期間；十年為除斥期間，詳見陳著問題四九四頁以下）；又有謂：「此項扣減權類似繼承回復請求權，應解釋準用第一一四六條之規定，即知其特留分被侵害之時起二年間不行使而消滅，自繼承開始時起逾十年者亦同」（史著五九一頁）。依愚所見，在遺贈、死因贈與，扣減權之行使，亦應認有期間限制之必要，此從外國法律就應予扣減之遺贈之扣減權多明定消滅時效期間，即可了然，我民法雖無規定，但扣減權性質上與繼承回復請求權相類似，解釋上不妨類推適用民法第一一四六條之規定，以早日確定有關扣減之法律關係，而保護交易之安全[55]。

第五項　實　例

一、特留分基本額之算定

1.〔設例I〕：夫甲妻乙有親生子女A、B、C、養女D，甲死亡時，遺

[55] 歷次民法草案就扣減權之行使，均設有短期消滅時效之規定，例如大清民律（繼承編）草案第九四條、前法制局繼承法草案第六四條分別規定為一年及十年、一年及五年之短期消滅時效期間。

有土地一筆價值250萬元，房屋一幢價值350萬元，動產價值50萬元，現金300萬元，欠X 250萬元，欠Y 150萬元。甲生前因A營業而贈與150萬元，因B出國留學而贈與120萬元，因C結婚而贈與100萬元，因義子E結婚而贈與50萬元，以遺囑遺贈其母F 300萬元，並與乙訂立「甲死亡後，乙除法定應繼分額外，更取得甲之財產200萬元」之契約。試問，本件特留分基本額為若干？

2.解答：特留分基本額之計算公式如下〔公式一〕：

特留分基本額＝被繼承人死亡時現存積極財產額＋生前特種贈與額－債務額

故：本件特留分基本額＝(250萬元＋350萬元＋50萬元＋300萬元)＋(150萬元＋100萬元)－(250萬元＋150萬元)

＝800萬元

3.說明：⑴繼承人在繼承開始前因結婚、分居或營業，已從被繼承人受有財產之贈與者，始應將該贈與額算入應繼財產之內（民一二二四條、一一七三條），故A、C所受之生前特種贈與應予算入。但其他目的之贈與，則無須算入，故B因出國留學所受之生前贈與不必算入。⑵義子，並非養子，故非繼承人，從而被繼承人對其義子所為之贈與，縱係因結婚、分居或營業所為者，亦不須算入應繼財產之內，故E所受之贈與不必算入。⑶甲對於F之遺贈額及對於乙之死因贈與額均已包含於積極財產之中，自無須另行算入。

二、繼承人特留分額之算定

1.於前揭〔設例I〕，各繼承人之特留分額為若干？

2.解答：繼承人特留分額之計算公式如下〔公式二〕：

繼承人之特留分額＝特留分基本額×繼承人之應繼分×繼承人之特留分比例

故：本件繼承人乙、A、B、C、D之特留分額＝800萬元 $\times \frac{1}{5} \times \frac{1}{2}$ ＝80萬元。

3.說明：⑴本件之繼承人為乙、A、B、C、D。⑵D為養女，在新法之下，其應繼分與親生婚生子女同；數繼承人共同繼承時，按人數平均繼承（民一一四一條本文）；配偶與直系血親卑親屬同為繼承時，其應繼分與他繼承人平均（民一一四四條一款），故甲之遺產應由乙、A、B、C、D五人平均繼承。⑶直系血親卑親屬及配偶之特留分均為其應繼分二分之一（民一二二三條一、三款）。

三、特留分受侵害額之算定

㈠特留分因遺贈或死因贈與而受侵害之場合

1.於前揭〔設例I〕，何繼承人之特留分受有侵害？受侵害額為若干？

2.解答：於此場合，特留分受侵害額之計算公式如下〔公式三〕：

特留分受侵害額＝〔(繼承人之特別受益額，即生前特種贈與額、遺贈額、死因贈與額等)＋(繼承人之純應繼分額，即扣除繼承債務分擔額後實際取得之積極財產額)〕－繼承人之特留分額

故：本件繼承人乙、A、B、C、D之特留分是否受有侵害？受侵害額若干？可依此公式檢視之：

乙之特留分受侵害額＝{200萬元（特別受益額）＋〔(950萬元（現存積極財產額）－400萬元（債務額）－300萬元（遺贈額）－200萬元（死因贈與額）)× $\frac{1}{5}$（應繼分）〕}－80萬元（特留分額）

＝130萬元……乙特留分不受侵害

A之特留分受侵害額＝(150萬元（特別受益額）＋10萬元（純應繼分額）)－80萬元（特留分額）＝80萬元……A特留分不受侵害

B之特留分受侵害額＝(0＋10萬元)－80萬元＝−70萬元……B特留分受侵害

C之特留分受侵害額＝(100萬元＋10萬元)－80萬元＝30萬元……C特留分不受侵害

D之特留分受侵害額＝(0＋10萬元)－80萬元＝−70萬元……D特留

分受侵害

結論：B、D 之特留分受有侵害，受侵害額各為 70 萬元。

㈡特留分因應繼分之指定而受侵害之場合

1. 就全部繼承人均為應繼分之指定時

⑴〔設例 II〕：夫甲妻乙，無子女，有父 A 母 B，甲因車禍而死亡，生前立有遺囑，就應繼分指定為：妻乙為遺產十分之一，父 A 十分之三，母 B 十分之六。甲死亡時，有積極財產 530 萬元，負債 170 萬元，生前因乙營業而贈與 40 萬元。試問，何繼承人之特留分受有侵害？受侵害額為若干？

⑵解答：此時，特留分受侵害額之計算公式如下〔公式四〕：

特留分受侵害額＝〔(特別受益額) ＋ (指定應繼分額)〕－特留分額

茲依此公式檢視如次：

$$\text{妻乙之特留分受侵害額}=\Big\{\overset{\text{特別受益額}}{\overline{40\text{ 萬元}}}+\Big[\Big(\overset{\text{現存積極財產額}}{\overline{530\text{ 萬元}}}+\overset{\text{生前特種贈與額}}{\overline{40\text{ 萬元}}}-\overset{\text{債務額}}{\overline{170\text{ 萬元}}}\Big)\times\overset{\text{指定應繼分}}{\overline{\frac{1}{10}}}\Big]\Big\}-\Big[\Big(530\text{ 萬元}+40\text{ 萬元}-170\text{ 萬元}\Big)\times\frac{1}{2}\text{＜妻乙之應繼分＞}\times\frac{1}{2}\text{＜特留分比例＞}\Big]=\Big(\overset{\text{特別受益額}}{\overline{40\text{ 萬元}}}+\overset{\text{指定應繼分額}}{\overline{40\text{ 萬元}}}\Big)-\overset{\text{特留分額}}{\overline{100\text{ 萬元}}}=-20\text{ 萬元}$$

……乙特留分受侵害

$$\text{父 A 之特留分受侵害額}=\Big\{\overset{\text{特別受益額}}{\overline{0}}+\Big[\Big(530\text{ 萬元}+40\text{ 萬元}-170\text{ 萬元}\Big)\times\overset{\text{指定應繼分}}{\overline{\frac{3}{10}}}\Big]\Big\}-\Big[\Big(530\text{ 萬元}+40\text{ 萬元}-170\text{ 萬元}\Big)\times\frac{1}{2}\text{＜父 A 與母 B 之應繼分＞}\times\frac{1}{2}\text{＜父 A 或母 B 一人之應繼分＞}\times\frac{1}{2}\text{＜特留分比}$$

例＞〕＝ $\overset{\text{指定應繼分額}}{\text{120 萬元}}$ － $\overset{\text{特留分額}}{\text{50 萬元}}$ ＝70 萬元……父 A 特留分不受侵害

母 B 之特留分受侵害額＝{ $\overset{\text{特別受益額}}{0}$ ＋〔(530 萬元＋40 萬元－170 萬元）× $\overset{\text{指定應繼分}}{\frac{6}{10}}$ 〕}－〔(530 萬元＋40 萬元－170 萬元）× $\frac{1}{2}\times\frac{1}{2}\times\frac{1}{2}$ 〕＝ $\overset{\text{指定應繼分額}}{\text{240 萬元}}$ － $\overset{\text{特留分額}}{\text{50 萬元}}$ ＝190 萬元……母 B 特留分不受侵害

結論：乙之特留分受有侵害，受侵害額為 20 萬元。

2.就部分繼承人為應繼分之指定時

⑴〔設例 III〕：夫甲妻乙，有子 A 女 B，甲因病而死亡，生前立有遺囑，指定妻乙之應繼分為遺產五分之四。甲死亡時，有積極財產 350 萬元，負債 100 萬元，生前因 A 結婚而贈與 50 萬元。試問，何繼承人之特留分受有侵害？受侵害額為若干？

⑵解答：此時，特留分受侵害額之計算公式如下〔公式五〕：

①被指定應繼分之繼承人為：

特留分受侵害額＝〔(（特別受益額）＋（指定應繼分額)〕－特留分額

②未被指定應繼分之繼承人為：

特留分受侵害額＝〔(（特別受益額）＋（被指定應繼分者以外繼承人之純應繼分額)〕－特留分額

茲依此公式檢視如次：

乙之特留分受侵害額＝{ $\overset{\text{特別受益額}}{0}$ ＋〔($\overset{\text{現存積極財產額}}{\text{350 萬元}}$ ＋ $\overset{\text{生前特種贈與額}}{\text{50 萬元}}$ － $\overset{\text{債務額}}{\text{100 萬元}}$ ）× $\overset{\text{指定應繼分}}{\frac{4}{5}}$ 〕}－〔(350 萬元＋50 萬

元－100萬元）$\times \frac{1}{3}$＜乙之應繼分＞$\times \frac{1}{2}$＜特留分比例＞〕＝ $\overset{\text{指定應繼分額}}{\text{240 萬元}}$ － $\overset{\text{特留分額}}{\text{50 萬元}}$ ＝190萬元……乙特留分不受侵害

A之特留分受侵害額＝｛$\overset{\text{特別受益額}}{\text{50 萬元}}$ ＋〔（ $\overset{\text{現存積極財產額}}{\text{350 萬元}}$ － $\overset{\text{債務額}}{\text{100 萬元}}$ － $\overset{\text{乙之受指定應繼分額}}{\text{240 萬元}}$ ）$\times \frac{1}{2}$＜A之應繼分＞〕－ $\overset{\text{特留分額}}{\text{50 萬元}}$ ＝（ $\overset{\text{特別受益額}}{\text{50 萬元}}$ ＋ $\overset{\text{純應繼分額}}{\text{5 萬元}}$ ）－ $\overset{\text{特留分額}}{\text{50 萬元}}$ ＝5萬元…… A特留分不受侵害

B之特留分受侵害額＝｛$\overset{\text{特別受益額}}{0}$ ＋〔（350萬元－100萬元－240萬元）$\times \frac{1}{2}$＜B之應繼分＞〕｝－ $\overset{\text{特留分額}}{\text{50 萬元}}$ ＝（ $\overset{\text{特別受益額}}{0}$ ＋ $\overset{\text{純應繼分額}}{\text{5 萬元}}$ ）－ $\overset{\text{特留分額}}{\text{50 萬元}}$ ＝－45萬元…… B特留分受侵害

結論：B之特留分受有侵害，受侵害額為45萬元。

說明：乙已被指定應繼分，故在計算A、B之純應繼分額時，應將乙排除，因而A、B之應繼分各為二分之一。

四、特留分扣減權之行使

㈠遺贈或死因贈與之扣減

1. 於前揭〔設例I〕，B、D應如何行使扣減權？

2. 解答：B、D各受侵害之70萬元之特留分額得分別由F之遺贈額各扣減42萬元；由乙之死因贈與額各扣減28萬元。

結果，本件甲之純遺產550萬元中，乙得10萬元（純應繼分額）＋144萬元（原為200萬元，被B、D共扣減56萬元）即154萬元；A得10萬元（純應繼分額，A 另有特種贈與額 150 萬元）；B 得 10 萬元（純應繼分額）+ 70 萬元（分別向乙、F 扣減）即 80 萬元（特留分額）；C 得 10 萬元（純應繼分額，C 另有特種贈與額 100 萬元）；D 得 80 萬元（特留分額）；F 得 216 萬元（被 B、D 共扣減 84 萬元）。

3. 說明：⑴生前贈與、生前特種贈與均不為扣減之標的（解釋例、判例、通說）。⑵遺贈（民一二二五條）、死因贈與（通說）均為扣減之標的。⑶遺贈與死因贈與，除遺囑另有意思表示，應從其意思外，以同一次序比例扣減之（通說）。⑷繼承人所受生前特種贈與額，尚未達其法定應繼分額時，仍得就不足額受分配（無異說），本件各繼承人之法定應繼分額均為 160 萬元，故 A、C 仍得受分配，但得受分配額應僅止於純應繼分額。

㈡指定應繼分之扣減

1. 就全部繼承人均為應繼分之指定時

⑴於前揭〔設例 II〕乙應如何行使扣減權？

⑵解答：乙受侵害之 20 萬元之特留分額得由純遺產扣減之。

結果，本件甲之純遺產 360 萬元，乙得 60 萬元（受指定應繼分額 40 萬元 + 由純遺產扣減之 20 萬元）；

A 得 100 萬元〔$(\overset{\text{純遺產}}{\overline{360\text{萬元}}} - \overset{\text{乙所得之額}}{\overline{60\text{萬元}}}) \times \overset{\text{A之應繼分}}{\overline{\frac{1}{1+2}}}$〕；B 得 200 萬元〔$(360\text{萬元} - 60\text{萬元}) \times \overset{\text{B之應繼分}}{\overline{\frac{2}{1+2}}}$〕。

⑶說明：被繼承人就全部繼承人指定其應繼分時，如其中有繼承人其被指定之應繼分額少於特留分額者，其不足額應先由純遺產扣減之，然後再就剩餘之純遺產按其他各繼承人被指定應繼分額比例分配之。

2. 就部分繼承人為應繼分之指定時

⑴於前揭〔設例 III〕，B 應如何行使扣減權？

⑵解答：B 受侵害之 45 萬元之特留分額得由乙之受指定應繼分額扣減之。

結果，本件甲之純遺產 250 萬元，乙得 195 萬元（原應得 240 萬元，被 B 扣減 45 萬元）；A 得 5 萬元（純應繼分額，另有特種贈與額 50 萬元）；B 得 50 萬元（特留分額，即純應繼分額 5 萬元 + 由乙扣減之 45 萬元）。

⑶說明：①乙、A、B 之法定應繼分額各為 100 萬元〔(350 萬元 + 50 萬元 − 100 萬元) × $\frac{1}{3}$〕。② A 所受生前特種贈與額只 50 萬元，尚未達其法定應繼分額，仍得就不足額受分配，但 A 僅得再受分配純應繼分額 5 萬元。

五、綜合實例研習

㈠綜合實例研習一

1.〔設例 IV〕：夫甲妻乙有婚生子女 A、B，甲與丙女間生有非婚生子 C，並已為認領，甲於丙購屋時贈與 100 萬元，甲乙因此而不睦，A 因營業由甲受有 200 萬元之贈與，甲生前獨偏愛 C，以遺囑表示於其百年之後其繼承人之應繼分：C 為遺產十分之八，A、B 各為遺產十分之一，乙為零。茲甲死亡，遺有財產 500 萬元，負債 300 萬元。試問：

⑴本件特留分基本額為若干？

⑵各繼承人之特留分額為若干？

⑶各繼承人之特留分是否受有侵害？若是，受侵害額為若干？

⑷特留分受侵害之繼承人應如何行使扣減權？

⑸特留分受侵害之繼承人均行使扣減權時，甲之遺產應如何分配？

2.解答：

⑴本件特留分基本額 =500 萬元（現存積極財產額）+ 200 萬元（生前特種贈與額）− 300 萬元（債務額）= 400 萬元……依〔公式一〕計算。

說明：①丙並非繼承人，其所受生前贈與，縱為特種贈與，亦無須算入應繼財產之內（解釋例、判例、通說）。② A 為繼承人，其所受生前特種贈與，則須加算（民一二二四條、一一七三條）。

⑵各繼承人之特留分額 = 400 萬元（特留分基本額）× $\frac{1}{4}$（各繼承人之應繼分）× $\frac{1}{2}$（各繼承人之特留分比例）= 50 萬元……依〔公式二〕計算。

說明：乙、A、B、C 為共同繼承人，其應繼分均等（民一一四一條、一一四四條一款）；特留分比例均各為其應繼分二分之一（民一二二三條一、三款）。

⑶各繼承人之特留分是否受有侵害？受侵害額為若干？因被繼承人就全部繼承人均指定應繼分，故應依〔公式四〕檢視之：

乙之特留分受侵害額 $= (\overset{\text{特別受益額}}{0} + \overset{\text{指定應繼分額}}{0}) - \overset{\text{特留分額}}{50\text{ 萬元}} = -50\text{ 萬元}$……乙特留分受侵害

A 之特留分受侵害額 $= \{200\text{ 萬元} + [(500\text{ 萬元} + 200\text{ 萬元} - 300\text{ 萬元}) \times \frac{1}{10}]\} - 50\text{ 萬元} = 190\text{ 萬元}$…… A 特留分不受侵害

B 之特留分受侵害額 $= \{0 + [(500\text{ 萬元} + 200\text{ 萬元} - 300\text{ 萬元}) \times \frac{1}{10}]\} - 50\text{ 萬元} = -10\text{ 萬元}$…… B 特留分受侵害

C 之特留分受侵害額 $= \{0 + [(500\text{ 萬元} + 200\text{ 萬元} - 300\text{ 萬元}) \times \frac{8}{10})]\} - 50\text{ 萬元} = 270\text{ 萬元}$…… C 特留分不受侵害

結論：乙、B 之特留分受有侵害，受侵害額乙為 50 萬元、B 為 10 萬元。

⑷乙、B 受侵害之特留分額 50 萬元、10 萬元得向 C 行使扣減權，實即由純遺產扣減之。

⑸乙、B 均行使扣減權時，A 仍保有所受生前特種贈與額 200 萬元，甲之純遺產 200 萬元，則由乙得 50 萬元（特留分額，全部向 C 扣減）；由 B 得 50 萬元（特留分額，即受指定應繼分額 40 萬元 + 向 C 扣減之 10 萬元）；由 C 得 100 萬元。

說明：① A 為繼承人，其所受生前特種贈與應算入應繼財產之內（民一二二四條、一一七三條），但不為扣減之標的（解釋例、判例、通說）。②丙非繼承人，其所受生前贈與既不須算入應繼財產之中，更不為扣減之標的（無異說）。③ A 所受生前特種贈與額已超過其法定應繼分額，不得再受分配，但超過部分，無須返還（通說），故 A 保有所受生前特種贈與額 200 萬元。

㈡綜合實例研習二

1.〔設例 V〕：甲死亡，配偶乙、子女 A、B、C、D 為其繼承人，甲死亡時遺有積極財產 400 萬元，負債 100 萬元。甲生前以遺囑遺贈 E 大學 60 萬元，並以死因處分贈與其母 F 40 萬元，復指定乙之應繼分額為 100 萬元。又，甲生前因 B 出國留學而贈與 50 萬元，因 C 營業而贈與 40 萬元，因 F 七十歲生日贈與 10 萬元。試問：

⑴本件特留分基本額為若干？

⑵各繼承人之特留分額為若干？

⑶各繼承人之特留分額是否受有侵害？若是，侵害額為若干？

⑷特留分受侵害之繼承人應如何行使扣減權？

⑸特留分受侵害之繼承人均行使扣減權時，甲之遺產由何人各取得若干？

2.解答：

⑴本件特留分基本額 = 400 萬元（現存積極財產額）+ 40 萬元（生前特種贈與額）− 100 萬元（債務額）= 340 萬元……依〔公式一〕計算。

說明：對 B（繼承人）之非特種贈與 50 萬元及對 F（繼承人以外之人）之贈與 10 萬元，均無須算入應繼財產（民一二二四條、一一七三條、通說）。

⑵各繼承人之特留分額 = 340 萬元（特留分基本額）× $\frac{1}{5}$（各繼承人之應繼分）× $\frac{1}{2}$（各繼承人之特留分比例）= 34 萬元……依〔公式二〕計算。

說明：乙、A、B、C、D 為共同繼承人，其應繼分均等（民一一四一條本文、一一四四條一款），而特留分比例均為其應繼分二分之一（民一二二三條一、三款）。

⑶各繼承人之特留分是否受有侵害？受侵害額為若干？因被繼承人僅就乙指定應繼分，故應依〔公式五〕檢視之：

$$\text{乙之特留分受侵害額} = (\overset{\text{特別受益額}}{0} + \overset{\text{指定應繼分額}}{100\text{萬元}}) - \overset{\text{特留分額}}{34\text{萬元}} = 66\text{萬元}\cdots$$

……乙特留分不受侵害

$$\text{A之特留分受侵害額} = \{\overset{\text{特別受益額}}{0} + [(\overset{\text{現存積極財產額}}{400\text{萬元}} - \overset{\text{債務額}}{100\text{萬元}} - \overset{\text{遺贈額}}{60\text{萬元}} - \overset{\text{死因贈與額}}{40\text{萬元}} - \overset{\text{乙之受指定應繼分額}}{100\text{萬元}}) \times \frac{1}{4}]\} - \overset{\text{特留分額}}{34\text{萬元}}$$

$$= (\overset{\text{特別受益額}}{0} + \overset{\text{純應繼分額}}{25\text{萬元}}) - 34\text{萬元} = -9\text{萬元}\cdots\cdots$$

A 特留分受侵害

B 之特留分受侵害額＝(0＋25 萬元)－34 萬元＝–9 萬元…… B 特留分受侵害

C 之特留分受侵害額＝(40 萬元＋25 萬元)－34 萬元＝31 萬元…… C 特留分不受侵害

D 之特留分受侵害額＝(0＋25 萬元)－34 萬元＝–9 萬元…… D 特留分受侵害

結論：A、B、D 之特留分受有侵害，侵害額各為 9 萬元。

說明：①乙已被指定應繼分額為 100 萬元，故不必再計算其純應繼分額。②（400 萬元－100 萬元－60 萬元－40 萬元－100 萬元）$\times \frac{1}{4}$＝25 萬元為 A、B、C、D 之純應繼分額。

⑷ A、B、D 之特留分各受侵害 9 萬元，可分別由乙之受指定應繼分額扣減 4.5 萬元，由 E 之受遺贈額扣減 2.7 萬元，由 F 之受死因贈與額扣減 1.8 萬元。

說明：應繼分之指定、遺贈及死因贈與，除遺囑另有意思表示，應從其意思外，均以同一順序按比例扣減之（通說）。

⑸ A、B、D 均行使扣減權時，甲之純遺產 300 萬元中，乙得 86.5 萬元（原應得 100 萬元，被 A、B、D 共扣減 13.5 萬元）；A、B、D 均得 34 萬元（特留分額，即純應繼分額 25 萬元＋向乙、E、F 扣減之 9 萬元）；C 得

25 萬元（純應繼分額。此 25 萬元 + 特種贈與額 40 萬元仍少於法定應繼分額 68 萬元）；E 得 51.9 萬元（原應得 60 萬元，被 A、B、D，共扣減 8.1 萬元）；F 得 34.6 萬元（原應得 40 萬元，被 A、B、D 共扣減 5.4 萬元）。

說明：①乙、A、B、C、D 之法定應繼分額為：〔400 萬元（現存積極財產額）+ 40 萬元（生前特種贈與額）− 100 萬元（債務額）〕× $\frac{1}{5}$（各自之應繼分）= 68 萬元。② C 所受生前特種贈與額為 40 萬元，尚未超過其法定應繼分額，仍得就不足額受分配（無異說），但得受分配額應僅止於純應繼分額。

主要參考文獻

一、中　文

郁　嶷　繼承法要論　民國二〇年　郁著

范　揚　繼承法要義　民國二四年　范著

羅　鼎　民法繼承論　民國三五年　羅著

胡長清　中國民法繼承論　民國三五年　胡著

李宜琛　現行繼承法論　民國三五年　李著

劉含章　繼承法　民國三五年　劉含章著

劉鍾英　民法繼承釋義　民國三五年　劉鍾英著

戴炎輝　中國繼承法　民國四六年　戴著

陳棋炎　民國繼承　民國四六年　陳著

史尚寬　繼承法論　民國五五年　史著

辛學祥　民法繼承論　民國六五年　辛著

戴東雄　財產之繼承　民國六五年　戴著繼承

戴炎輝、戴東雄　中國繼承法　民國七五年　戴合著

陳棋炎　親屬、繼承法基本問題　民國六五年　陳著問題

陳棋炎　親屬、繼承法判例判決之研究　民國六九年　陳著研究

戴東雄　繼承法實例解說（一）　民國七四年　戴著解說（一）

立法院公報　法律案專輯第八〇輯　民法繼承編部分條文修正及民法繼承編施行法修正案　民國七四年　《立法院法律案》八〇輯

二、日　文

梅謙次郎　民法要義卷之五（相續編）　明治三三年　梅著

柳川勝二　日本相續法註釋上、下　大正七年、九年　柳川著註釋上、下

穗積重遠　相續法　昭和五年　穗積著

近藤英吉　相續法論上、下　昭和一一年、一二年　近藤著上、下

近藤英吉　判例遺言法　昭和一三年　近藤著判例

川島武宜　民法（三）　昭和二六年　川島著

柚木馨　判例相續法論　昭和二八年　柚木著

中川善之助　民法大要下（全訂版）　昭和三〇年　中川著大要下

我妻榮、有泉亨　民法 III（親族法、相續法）　昭和三一年　我妻、有泉著
我妻榮、立石芳枝　親族法、相續法（法律學體系コンメンタ丨 IV 篇）　昭和三一年　我妻、立石著
中川善之助　相續法（法律學全集 24）　昭和三九年　中川著
我妻榮、唄孝一　相續法（判例コンメンタ丨ル）　昭和四一年　我妻、唄著
鈴木祿彌　相續法講義　昭和四三年　鈴木著
中川善之助、島津一郎編　民法 III 親族法、相續法　昭和四六年　中川、島津編
青山道夫　改訂家族法論 II　昭和四六年　青山著
中川善之助、泉久雄　相續法〔新版〕（法律學全集 24）　昭和四九年　中川、泉著
高野竹三郎　相續法　昭和五〇年　高野著
遠藤浩、川井健、原島重義、廣中俊雄、水本浩、山本進一編集　民法(9)相續〔新版〕　昭和五六年　遠藤、川井等六人編
泉久雄、久貴忠彥、久留都茂子、宮井忠夫、米倉明、上野雅和、加藤永一　民法講義 8 相續　昭和五三年　泉、久貴等七人著
山畠正男、泉久雄編　演習民法（相續）　昭和六〇年　山畠、泉編
中川淳　相續法逐條解說上卷　昭和六〇年　中川淳著

＊　＊　＊　＊　＊　＊

中川善之助監修　註解相續法　昭和二六年　中川監註解
中川善之助編　註釋相續法上、下　昭和二九年、三〇年　中川編註釋上、下
中川善之助編集　注釋民法(24)相續(1)　中川編注民(24)
谷口知平編集　注釋民法(25)相續(2)　谷口編注民(25)
中川善之助編集　注釋民法(26)相續(3)　中川編注民(26)
中川善之助教授還曆記念　家族法大系 VI 相續(1)、VII 相續(2)
中川善之助先生追悼　現代家族法大系 4 相續 I、5 相續 II

擔當部分

陳棋炎

第一章　繼承法基本問題

第二章　遺產繼承人

第七節　繼承回復請求權

第三章　遺產之繼承

第一節　繼承之效力

郭振恭

第二章　遺產繼承人

第一節　繼承之開始

第二節　遺產繼承人之資格、種類及其順序

第三節　各種繼承人

第四節　代位繼承

第五節　應繼分

第六節　繼承權之喪失

第三章　遺產之繼承

第二節　繼承人之限定責任、拋棄繼承及法定單純承認

第三節　無人承認之繼承

黃宗樂

第四章　遺　囑

最新綜合六法全書

陶百川；王澤鑑；葛克昌；劉宗榮／編纂

三民書局綜合六法全書嚴選常用法規近七百種，依憲、民、民訴、刑、刑訴、行政及國際法七類編排，條號項下參酌立法原意，例示最新法規要旨，重要法規如民、刑法等並輯錄立法理由、修正理由、相關條文及實務判解。書末列有法規索引及簡稱索引，悉依筆畫次序排列，幫助快速搜尋法規；並於每類法規首頁設計簡易目錄、內文兩側加註條序邊款及法規分類標幟，提高查閱便利。另蒐錄最新司法院大法官解釋等資料，可以說是資料最豐富、更新最即時、查閱最便利的綜合六法全書，適合法學研究、實務工作、考試準備之用，為不可或缺之工具書。

基本六法　三民書局編輯委員會／編著

本書蒐錄常用之基礎法規共計七十餘種，在分類上依法規之主要關聯區分為八大類，除傳統熟悉之憲法、民法、商事法、民事訴訟法、刑法、刑事訴訟法、行政法規外，特別蒐錄對於法學研習日益重要之智慧財產權法規，以因應多元社會下繁瑣肇生之新類型紛爭，並於書末臚列司法院大法官會議解釋及憲法法庭裁判彙編，便利讀者對應參照。

全書在法條篩選上僅取實用性較高之基礎法規，在分類上囊括基礎法學及新興法學之領域，除供有志研習法律者於比較分析之查詢對照外，冀望對於掌管基礎法令之實務工作者亦有助益。

本書開本上設計為易攜帶的五十開，讓讀者能輕鬆一手掌握重要法規，是本不可或缺的小六法！

圖解學習六法：民法

劉宗榮／主編、審訂

本書蒐集民法相關法規與勞工社會相關法規，包括民法、司法院釋字第七四八號解釋施行法、涉外民事法律適用法、勞動基準法、勞動事件法等，重要法規如民法等並佐以豐富的法律名詞解釋、實務見解與概念圖解，期能輔助讀者於法學領域的探索與學習，更有助於國家考試的準備。

四大特色：

- **豐富的圖解表格**
- **易懂的名詞解釋**
- **學者把關，品質保證**
- **收錄大量判解，內容充實**

國家圖書館出版品預行編目資料

民法繼承新論／陳棋炎,黃宗樂,郭振恭著.－－修訂十二版一刷.－－臺北市：三民，2022
面； 公分

ISBN 978-957-14-7493-9（平裝）
1. 繼承

584.5 111011380

民法繼承新論

作　　者 | 陳棋炎　黃宗樂　郭振恭
發 行 人 | 劉振強
出 版 者 | 三民書局股份有限公司
地　　址 | 臺北市復興北路 386 號 (復北門市)
　　　　 | 臺北市重慶南路一段 61 號 (重南門市)
電　　話 | (02)25006600
網　　址 | 三民網路書店 https://www.sanmin.com.tw

出版日期 | 初版一刷 1989 年 3 月
　　　　 | 修訂十二版一刷 2022 年 9 月
書籍編號 | S583010
I S B N | 978-957-14-7493-9

三民書局